第 2 版

日本文学史

高鹏飞　（日）平山崇　著

苏州大学出版社
Soochow University Press

图书在版编目(CIP)数据

日本文学史：日文 / 高鹏飞，(日)平山崇著. —2版. —苏州：苏州大学出版社，2022.7
　　ISBN 978-7-5672-3804-6

Ⅰ.①日… Ⅱ.①高… ②平… Ⅲ.①日语-阅读教学-高等学校-教材 ②日本文学-文学史 Ⅳ.①H369.4 ②I

中国版本图书馆CIP数据核字(2022)第118144号

Riben Wenxueshi（Di-2 Ban）
书　　名：日本文学史（第2版）
著　　者：高鹏飞　（日）平山崇
责任编辑：杨　华
装帧设计：刘　俊
出版发行：苏州大学出版社(Soochow University Press)
社　　址：苏州市十梓街1号　邮编：215006
印　　刷：常州市武进第三印刷有限公司
网　　址：www.sudapress.com
邮购热线：0512-67480030
销售热线：0512-65225020
开　　本：787 mm×1 092 mm　1/16　印张：27.25　字数：663千
版　　次：2022年7月第2版
印　　次：2022年7月第1次印刷
书　　号：ISBN 978-7-5672-3804-6
定　　价：68.00元

凡购本社图书发现印装错误，请与本社联系调换。服务热线：0512-65225020

序言一

■ 本書の意義

　日本において現存する最古の文献は『古事記』とされる。この書物は周知のように、全文が中国の文字で記されており、日本文学と中国語が上代から密接な繋がりをもっていたことを示している。古代日本では中国語の変化に伴い、平安時代初期に典籍を漢音で読むことがさかんになると、日本語の内に拗音や音便が生じた。また漢字から片仮名や平仮名が作られていった。古代の詩はもちろん、『万葉集』に集められた和歌も、また『源氏物語』などの物語も、中世の鴨長明『方丈記』などの随筆、近世の曲亭馬琴の読本も、みな中国から渡来した文化の影響を受けながら成立したものである。近現代には欧米からの影響を強く受けるが、夏目漱石や芥川龍之介、川端康成らの小説にも中国文化の影は深く射している。日本語と日本文学の歴史は、実に長いあいだ、中国語と中国文学の影響を受けながら独自に展開してきたのである。

　それゆえ、日本文学の個々の作品や、上代から近現代までの歴史を考察するには、中国人と日本人の共同研究が不可欠であり、またそれが重要な役割を果たす。それによってこそ、公正で、厳密で、視野の広い考察が可能になる。現在、日本および中国で夥しい数の「日本文学史」の書物が出版されているが、ほとんどは日本人か中国人のどちらか片方の著作であり、共著は稀である。その意味で、中国人の高鵬飞氏と日本人の平山崇氏による本書『日本文学史』は、大きな意義があり、今後の研究のありかたを示唆するものといえる。

　文学史に名前を残すどんなに独創的に思える作品も個性的な作家も、空中に独立して存在していたわけではない。そこには常に先行作品やその時代背景が働いている。それゆえ、文学研究には広範囲な視野が要求される。たとえば中世、鎌倉幕府の第三代将軍、源実朝の歌集に『金槐和歌集』がある。この事実だけを記す本は文学史の名に値しない。当時は執権政治が敷かれ、北条氏が実権を握り、源実朝は将軍という身分にありながら権力の外に置

かれていた。そのため実朝は、和歌に打ち込み、当時、歌人の第一人者と目された藤原定家に教えを請うた。これには後鳥羽上皇が院政を敷き、台頭する幕府勢力をおさえるため、実朝を異例の早さで右大臣に昇進させ、自分の側にとりこもうとしたことが関係する。それゆえにこそ、実朝は自分の歌集を『金槐和歌集』と名づけたのである。その「金」は鎌倉幕府の「鎌」の偏、「槐」は大臣の異称「槐門」からとられている。自分は鎌倉幕府の将軍であり、かつ上皇から右大臣に任命された者である、ということが、その書名に含意されているのである。日本文学を学ぶには、作者の環境や執筆動機、書名の由来など全体的な理解を目指したい。それには政治制度や権力関係、文化状況を知ることも必要になる。それらを総合的にとらえてこそ、作品の理解も格段に深まる。本書は、そのような学習を可能にする教科書として、よく工夫されている。

　また、現代文学に関しても、たとえば「文学と心理」の関係が考察されている。19世紀後半、ヨーロッパでは心理的障害や異常心理に関心が集まり、心理学、精神医学が誕生した。ヨーロッパの文芸にも、日本文学にもそれらを盛んに取り入れる動きが起こった。本書では、実例をあげて、それを考察している。さらに今日の電子書籍やハイパーテキスト、ケータイ小説など、科学技術の発達に応じて出現した新しい媒体や現象をも紹介し、名実ともに古代から当代に至る日本文学史になっている。

　本書は、全文日本語で書かれ、中国語訳が付されていない。そのため、敷居が高いと感じる読者もいるだろう。だが、日本文学の詳細な解説は、日本語で学ぶのが一番である。中国語に翻訳すると概念にズレが生じ、誤解も生じやすい。学校で教科書として本書を用いる場合には、教師の解説が理解を助けてくれるだろう。本書を独習する場合には、最初から、すべてを理解しようと意気込むことなく、本文の太字や図表を見て、重要事項をまず頭に入れ、おいおい理解を深めてゆくことを心がけてほしい。日本語学習の進行とともに、本文の詳細な意味も次第にわかってゆくはずである。なお、総計60万字ほどの大著であり、自分なりに計画を立てて、読み進めてゆく心構えが必要だろう。

■ 構成

　本書は古代編と近現代編から構成されている。古代編には上代から近世までの重要作品30、近現代編には明治時代から現代までの作者30人をとりあげ、総計60項目からなる。時代区分は「上代」「中古」「中世」「近世」「明治」「大正、昭和（戦前）」「戦後、現代」の7つに分けられている。各時代の最初に「概観」が置かれ、それによって概略を掴むことができる。

各時代の最後にまとめてある「重要事項一覧」は学んだことの整理に役立つ。

各章の見出しも機能的に工夫されている。第1章の「古事記」には、＜■成立：712年　■史書　■全3巻　■撰録：太安万侶＞と記され、基本的情報が一目瞭然である。その下にキーワードが配列され、読解の指針を示している。

本文は分かりやすく書かれ、専門用語や歴史用語などは章末の注釈で説明される。また適宜、図や表が用いられ、理解を助けている。作品原文も引用され、具体的に接することができる。これを入口にして、関心をもった作品には、進んで全文にふれてほしい。

個々の作品や作者の紹介を重んじる形式には、文学史の流れが掴みにくくなる。その欠点を補うべく、本書では文学史別（1～50）と各種コラム（1～100）を設け、「日記文学」「物語文学」「小説の変遷」「詩壇の変遷」など、ジャンルごとに項目を立て、その成立、発展、衰退を素描してある。「自然主義」や「新感覚派」など数が多く、その実態も複雑な文芸諸流派についても、理路整然と明快に提示している。

また各章の最後には5つの研究課題が設けられている。この問題を解くことで、本文の理解を更に深めることができるし、そこから新たな研究に進むこともできる。日本文学の研究も日進月歩である。個々の作品についても、そして、それらが織りなす文学史も、研究は絶えず深められ、更新されている。やがて本書の学習者のなかから、新しい研究が生まれてくるにちがいない。

本書は、見出し、本文、コラム、注釈、課題研究と全てにわたって学習者の立場を十分考慮して執筆され、編集されている。日本文学の学習者のすべてに最適な良書として、本書を強く推薦したい。

鈴木貞美

国際日本文化研究センター教授

■日本文学史

　当『日本文学史』は日本の文学を古代から現代までを独自の観点から考察する研究書である。全書日本語で書かれ、使用される文型や単語も難解なものがあって、決して簡単に読了できる本ではない。しかし、作者の学習者への配慮として、漢字にはルビが振られ、細かい注釈もつけてある。また、ほぼ全ページに図表があり、読みやすくなっている。

　本書の特徴は、まず、中国人と日本人による共同執筆ということである。中国人の高鵬飞氏は３０余年という長期にわたって日本語教育および日本文学の教育と研究に従事され、日本での留学経験や教授経験もある。その蓄積された経験と学識を元にして日本文学史を執筆された。一方の日本人の平山崇氏は、日本語教育能力検定など正規の資格を持つ日本語教師であり、その教授経験は約８年に及ぶが、日本文学の専門家ではない。この点について疑問や不満を持つ読者もいるかもしれない。しかし、そもそも日本語と日本文学は密接な関係を持っているのであり、両者を区別して考えることはできない。日本語がどのように移り変わって現在に至ったのか、言文一致はどのように達成されたのか、これらは日本語教師が身に付けておくべき知識として認識されている。よって、日本語教師の平山氏が日本文学の本を書いたとしても、不思議なことはないのである。むしろ、専門家とは違った角度から文学史を考察し、新しい知見を読者に提供することができ、好ましい事と私は思っている。

　我が国ははるか昔から偉大なる中華文明によって同時代の国々に影響してきた。その最たる国が日本である。日本はおよそ６世紀から19世紀末まで、中国の各種文物を摂取しつつ成長してきた。その伝統は明治維新から断絶され、あろうことか中国を軽視し、侵略戦争さえ仕掛け、暴虐の限りを尽した。1945年に敗戦を迎えて、周恩来首相によって中日平和友好条約が結ばれたが、我々中国人の日本への憎悪感は消えないのが正直なところである。一千年以上の、多方面にわたって日本への貢献が、仇で返されたのだから、当然の憎しみであろう。

　しかし、中国の一般市民ならともかく、我々のような日本語・日本文学

の研究者は、ここで冷静さを保たなければならない。中国を侵略したのは兵士であり、軍部である。では、当時の日本市民はどのような気持ちであったのか。暴走する日本政府に踊らされるように日々を送っていたのではなかったか。我々中国人は、彼らを単純に「中国を侵略した加害者」と言うことができるだろうか。同じ日本人というだけで、兵士たちと同一視していいだろうか。

本書には多くのコラムがあるが、近現代編ではアメリカと日本の関係について論じたものも多い。具体的には、原爆被害、GHQ の過剰な検閲、在日米軍の犯罪、水爆実験の被害などである。中国人にとって日本は加害国であるが、その日本もまた原爆などの被害に遭っているのである。こうした総合的、客観的な視点は、日本を正しく理解する上で必須のものである。そして、文学が社会という土壌から生み出された以上は、日本文学への理解も日本社会への理解を前提とすべきなのである。本書は以上のように、文学のみならず、時代背景や社会情勢も考慮したうえに執筆されていて、ユニークで画期的な著作と言える。やはり中国人の高氏と日本人の平山氏の共同執筆だからこそ実現できたと思う。

谭晶华

上海外国語大学　教授

目次

―――― 古代編 ――――

■ **上代文学概観 / 3**
　第1章　古事記 / 5
　第2章　日本書紀 / 11
　第3章　風土記 / 14
　第4章　懐風藻 / 17
　第5章　万葉集 / 20
　◆上代文学重要事項一覧 / 26

■ **中古文学概観 / 27**
　第6章　凌雲集 / 29
　第7章　日本霊異記 / 33
　第8章　竹取物語 / 36
　第9章　伊勢物語 / 40
　第10章　古今和歌集 / 43
　第11章　土佐日記 / 50
　第12章　枕草子 / 56
　第13章　源氏物語 / 60
　第14章　栄花物語 / 67
　第15章　今昔物語集 / 70
　◆中古文学重要事項一覧 / 75

■ **中世文学概観 / 76**
　第16章　新古今和歌集 / 78
　第17章　方丈記 / 89
　第18章　金槐和歌集 / 95
　第19章　平家物語 / 99
　第20章　徒然草 / 107
　第21章　増鏡 / 112

第22章　菟玖波集 / 119
◆中世文学重要事項一覧 / 126

■ 近世文学概観 / 127

第23章　好色一代男 / 129
第24章　奥の細道 / 135
第25章　曽根崎心中 / 144
第26章　雨月物語 / 149
第27章　玉勝間 / 157
第28章　東海道中膝栗毛 / 162
第29章　南総里見八犬伝 / 167
第30章　東海道四谷怪談 / 172
◆近世文学重要事項一覧 / 177

近現代編

■ 明治文学概観 / 181

第31章　二葉亭四迷 / 184
第32章　尾崎紅葉 / 192
第33章　樋口一葉 / 198
第34章　森鴎外 / 203
第35章　島崎藤村 / 209
第36章　夏目漱石 / 216
第37章　正岡子規 / 226
第38章　与謝野晶子 / 234
第39章　石川啄木 / 242
◆明治文学重要事項一覧 / 247

■ 大正、昭和(戦前)文学概観 / 248

第40章　宮沢賢治 / 250
第41章　谷崎潤一郎 / 258
第42章　志賀直哉 / 266
第43章　芥川龍之介 / 274
第44章　川端康成 / 282
第45章　小林多喜二 / 289

第46章　岸田国士／295
　　第47章　堀辰雄／302
　　第48章　太宰治／311
　　第49章　中島敦／320
　　第50章　小林秀雄／328
　　第51章　江戸川乱歩／335
　　◆大正、昭和（戦前）文学重要事項一覧／342

■戦後、現代文学概観／344
　　第52章　井上靖／348
　　第53章　三島由紀夫／354
　　第54章　安部公房／361
　　第55章　遠藤周作／366
　　第56章　大江健三郎／372
　　第57章　司馬遼太郎／377
　　第58章　瀬戸内寂聴／383
　　第59章　村上龍／391
　　第60章　村上春樹／396
　　◆戦後、現代文学重要事項一覧／408

参考文献／409
附録1　文学史年表／412
附録2　主要な文学賞（創立年、主催者）／418

コラムの目次（1～100）
　　第1章　1. 大化の改新と文化の発展／8
　　　　　　2. 第16～33代天皇／9
　　第2章　六国史／13
　　第3章　1. 近世の風土記／15　　2. 古代の歌謡／15
　　第4章　1. 推古朝の遣隋使／18　　2. 鑑真／18
　　第5章　1. 万葉仮名とその読み方／23
　　　　　　2. 8人10代の女性天皇／23
　　第6章　1. 四道／31　　2. 最澄と空海／31
　　　　　　3. 弘仁・貞観文化／31
　　第7章　1. 仏教伝来と行基／34　　2. 平安遷都の理由／35
　　第8章　仮名の歴史／38

第 9 章	国風文化 / 42		
第 10 章	1. 古今伝授 / 46	2. 『万葉集』と『古今和歌集』 / 47	
	3. 物名 / 47	4. 『後撰和歌集』 / 48	
第 11 章	荘園制 / 54		
第 12 章	1. 摂関政治と女房文学の隆盛 / 58		
	2. 「をかし」の変遷 / 59		
第 13 章	1. 『源氏物語』の影響について / 64		
	2. 源氏名 / 65		
第 14 章	1. 摂関政治の終局 / 68	2. 「花」と「華」 / 69	
第 15 章	江戸時代まで続いた院政 / 73		
第 16 章	1. 13 代集と時代背景 / 81	2. 和歌所と歌合 / 87	
	3. 後鳥羽院 / 87	4. 『小倉百人一首』 / 87	
第 17 章	1. 神職 / 92	2. 禰宜 / 92	
	3. 神道と仏教 / 93	4. 隠者文学 / 93	
第 18 章	1. 執権政治 / 96	2. 室町時代 / 97	
	3. 西行 / 97	4. 私家集 / 97	
第 19 章	1. 平氏の隆盛と凋落 / 102	2. 熊野詣 / 104	
	3. 院政 / 104	4. 宋朝と日本の貿易 / 104	
	5. 後白河法皇 / 105		
第 20 章	1. 『徒然草』に関して / 110	2. 『徒然草』と鴨長明 / 110	
	3. 「随筆」という言葉 / 111		
第 21 章	1. 『増鏡』の参考文献 / 115	2. 『増鏡』の舞台 / 116	
	3. 楠木正成 / 117		
第 22 章	1. 和漢聯句 / 124	2. 宗祇 / 124	
	3. 「挙句」という言葉 / 125	4. 桃山文化 / 125	
第 23 章	『好色一代男』流行の理由 / 133		
第 24 章	与謝蕪村の生涯 / 142		
第 25 章	元禄文化 / 147		
第 26 章	山東京伝 / 155		
第 27 章	1. 仮名遣い / 160	2. 蘭学事始 / 160	
第 28 章	『東海道中膝栗毛』の主人公 / 166		
第 29 章	犬について / 171		
第 30 章	名跡 / 176		
第 31 章	1. 福沢諭吉 / 190	2. ペリー来航 / 190	
第 32 章	1. 欧化政策 / 196	2. 徳富蘇峰 / 196	
第 33 章	産業革命 / 201		
第 34 章	1. 明治維新以後の医学 / 207	2. ゲーテ / 207	
第 35 章	日露戦争と日比谷焼打ち事件 / 214		

第36章	日本とイギリス / 223	
第37章	1. 安政の仮条約 / 232	2. 俳人たちの経歴 / 232
	3. 特高警察 / 232	
第38章	1. 関東大震災 / 239	2. 平塚らいてう / 240
	3. 釈迢空 / 240	
第39章	金田一 / 246	
第40章	米騒動 / 256	
第41章	1. ＧＨＱの検閲 / 263	2. 文学者と中国旅行 / 264
第42章	札幌農学校 / 272	
第43章	芥川賞・直木賞受賞者 / 279	
第44章	川端康成の晩年と日本 / 287	
第45章	戦前と戦後の検閲 / 293	
第46章	1. 大政翼賛会 / 300	2. 日本文学報国会 / 300
	3. 公職追放 / 300	
第47章	日本の心理学の創生期 / 309	
第48章	ＧＨＱの占領政策 / 318	
第49章	朝鮮戦争の影響 / 326	
第50章	第五福竜丸 / 333	
第51章	景気と社会問題 / 339	
第52章	歴代の日本ペンクラブ会長 / 352	
第53章	戦時下の生活 / 360	
第54章	インターン / 365	
第55章	1. 日本キリスト教史 / 370	2. 文化勲章 / 371
第56章	風流夢譚事件 / 375	
第57章	1. 新撰組 / 381	2. 元新聞記者の作家 / 381
第58章	1. 女性の地位向上 / 388	2. 宗教と文学 / 388
第59章	日米安全保障条約と在日米軍 / 394	
第60章	日本文化としての心理療法 / 404	

文学史別の目次（1～50）

■ 古典文学

物語文学（中古上）（第9章）/ 41

日記文学（中古、中世）（第11章）/ 51

物語文学（中古下）（第13章）/ 63

説話文学（中古）（第15章）/ 72

説話文学（中世）（第17章）/ 91

軍記物語（中古、中世）（第19章）/ 101

歴史書（中世）（第21章） / 115
国学（近世）（第27章） / 158
随筆（近世）（第27章） / 159

■ 小説

小説の変遷1（室町〜江戸時代初期）（第23章） / 132
小説の変遷2（江戸時代初期〜18世紀末）（第26章） / 152
小説の変遷3（18世紀初期〜19世紀初期）（第28章） / 163
小説の変遷4（18世紀末〜江戸時代末）（第29章） / 170
小説の変遷5（明治時代前半）（第31章） / 189
小説の変遷6（戦時中〜戦後まもなく）（第49章） / 324
小説の変遷7（文学と心理）（第60章） / 400
小説の変遷8（戦後まもなく〜現代）（第60章） / 401
女流文学の変遷1（平安〜明治時代）（第33章） / 200
女流文学の変遷2（明治時代〜現代）（第58章） / 386
大衆文学（明治時代〜現代）（第51章） / 337
児童文学（明治時代〜現代）（第36章） / 222

■ 評論

評壇の変遷（戦前〜戦後）（第50章） / 331

■ 小説の文学流派

自然主義（第35章） / 212
耽美派（第41章） / 261
白樺派（第42章） / 269
新思潮派（第43章） / 277
新現実主義（第43章） / 278
新感覚派（第44章） / 285
新興芸術派（第44章） / 286
プロレタリア文学（第45章） / 291
新心理主義（第47章） / 308
無頼派（第48章） / 317
戦後派（第52章） / 350
翻訳文学（第53章） / 359
前衛文学（第54章） / 364
第三の新人（第55章） / 369
昭和30年代の作家（第56章） / 374

内向の世代（第57章）／ 380

■ 詩歌文学
　＜和歌＞
　歌壇の変遷（明治時代～現代）（第38章）／ 237
　生活派（第39章）／ 245
　＜連歌、俳諧、川柳＞
　連歌の変遷（第22章）／ 120
　俳諧の連歌（第22章）／ 123
　俳諧の変遷（第24章）／ 139
　川柳の変遷（第24章）／ 141
　俳壇の変遷（明治時代～現代）（第37章）／ 229
　＜詩＞
　詩壇の変遷1（明治時代～大正時代後半）（第40章）／ 251
　詩壇の変遷2（大正時代後半～現代）（第40章）／ 253

■ 劇文学
　人形浄瑠璃の盛衰（第25章）／ 147
　歌舞伎の変遷（第30章）／ 174
　近現代の劇文学（歌舞伎、新派、新劇）（第46章）／ 297

古代編

上代文学概観

時代区分：文学の誕生から794年の平安京遷都の頃まで

■ **社会・文学の発展** 縄文時代は狩猟と漁労という採集生活であったが、弥生時代に入ると水稲栽培を主体とする農耕が社会を形成し、人々の定住化、集団生活を促進した。血縁関係の氏族集団が発生し小国へと発展していった。中国の史書『魏志』の倭人伝によると、2世紀末、日本では邪馬台国が数多くの小国を統合し、4世紀前半には、大和地方を中心に有力な豪族が出現し、他の国を服属させて巨大な政治勢力を形成した。ここに大和朝廷が誕生し、中国の先進文化を学びながら、天皇を中心とする中央集権国家が目指

■ 上代文学 ■
紀元　　口承文学（神話・歌謡）
5世紀前後　漢字の伝来
607年　遣隋使派遣
630年　遣唐使派遣
7世紀後半　白鳳文化発達
712年　『古事記』
713年　『風土記』編纂の勅命
720年　『日本書紀』
733年　『出雲国風土記』
751年　『懐風藻』
8世紀後半　『万葉集』
794年　平安京遷都

された。聖徳太子の一連の政策、大化の改新（645年）による律令制を通して、日本は支配体制を構築していった。紀元710年（和銅3年）の平城京遷都から紀元794年（延暦13年）の平安京遷都までが奈良時代である。

　文学的観点から振り返ると、古代の人間は自然を畏怖し、神々として祭っていた。その祭りの場で呪術的な韻文の詞章が唱えられ文学の原型となった。詞章は言語表現的に洗練されていき、神話・歌謡へと発展した。日本は当初文字を持たなかったので文学表現は口誦に限定されていたが、4世紀頃には大陸から漢字が伝来すると、漢字で神話・歌謡を記載する試みがなされた。神事の際に発する言葉は呪詞、神のお告げや神への祈願は祝詞、

更に和文で書かれた詔勅は宣命である。日本語の音韻に漢字を当てはめて読む万葉仮名が考案され、神話は散文となり、歌謡は定型化され、はっきりとした形を持つに至った。万葉仮名から片仮名と平仮名が生まれ、日本人は独自の文字による文学表現を実現するのであった。宣命書きや万葉仮名の発明によって、口承文学の記録化が盛んになり、記載文学へと大きく変化、発展したのは上代文学の特徴と言える。

■ **文学作品** 中国大陸の文化の影響で日本は飛鳥文化、白鳳文化、天平文化を開花させた。先進国中国への意識は日本の国家意識をも目覚めさせ、史書の『古事記』、『日本書紀』及び地誌の『風土記』を成立させる原動力になった。歌謡から派生した和歌は五七五七七の短歌を中心に多くの人々に詠まれ、『万葉集』に集められた。中国文化を受容する中で漢詩文の創作もなされ、『懐風藻』が編纂された。

第1章 古事記

■成立：712年　■史書　■全3巻　■撰録：太安万侶

キーワード：神話伝説、飛鳥文化、大化の改新、最古の典籍、変体漢文

＜編者＞

太安万侶（おおのやすまろ）　生年未詳～723年（元正天皇養老7年）。奈良時代の名高い学者。文武・元明・元正天皇に仕え、役職は従四位下民部卿である。天武天皇は686年に世を去り、『古事記』の選録には至らなかったので、元明天皇がその意志を引き継ぎ、太安万侶に命じてこれを完成させた。後に『日本書紀』の編集にも加わっている。1979年（昭和54年）奈良市此瀬（田原）町の茶畑より銅板墓誌とともにその遺骨が発見された。

■『古事記』の序文■

於是天皇詔之　朕聞諸家之所　帝紀及本辭　既違正實　多加虚僞　當今之時　不改其失　未經幾年　其旨欲滅　斯乃邦家經緯　王化之鴻基焉　故惟撰録帝紀　討覈舊辭　削僞定實　欲流後葉　時有舍人　姓稗田名阿禮　年是廿八　爲人聰明　度目誦口　拂耳勒心　即勅語阿禮　令誦習帝皇日繼　及先代舊辭

＜成立＞

712年（和銅5年）成立。太安万侶は711年（和銅4年）元明天皇の命を受け、舎人の稗田阿礼[1]の誦習[2]した帝紀、本辞[3]を筆録して、翌年に『古事記』の編纂を終えた。天地創造から推古天皇までの帝紀（天皇の系譜）と旧帝（神話・伝説）とからなる。

紀元672年、天智天皇の死後、**壬申の乱**[4]に勝利した大海人皇子が天武天皇となり、天皇律令制を完成したのである。序文によると、

■『古事記』■
＜原文＞夜麻登波　久爾能麻本呂婆　多多那豆久　阿袁加岐　夜麻碁母禮流　夜麻登志宇流波斯
＜訓読＞大和は国のまほろば　たたなずく青垣　山隠もれる　大和しうるはし

当時、皇室の系譜を記した帝紀と、皇室や民間に伝わる神話を記した本辞があったが、誤りが散見されたので、天武天皇は、これらの書物を比較・検討し、間違いを正し、氏姓の尊卑による社会秩序を回復する目的で定本[5]を作り、稗田阿礼に、それを誦み習わせた。「定本を作った」というのは一説[6]で、実証されてはいない。

■ 日本文学史

●性格・価値　『古事記』には天地開闢や英雄物語、悲恋物語などの神話、伝説、歌謡などが古代人の豊かな創造力によって伝承されているが、大和政権により政治的な改変を受けているものもある。歌謡や歌物語風の説話、伝承、神話などを多く含み、文学性にも富んでいる。現存する**日本最古の典籍**として価値が高い。

●表記　当時の日本はまだ平仮名が発明されていない時代で、使用文字はすべて漢字であった。序文は正式な漢文体であるが、それ以外は漢字の音と訓を交ぜ合わせた変体漢文を使っている。変体漢文とは日本語的にアレンジした変則的な文法の漢文を示す。太安万侶は、漢字の音読みと訓読みも駆使して筆録したのである。

　前ページは望郷の念をこめて詠んだ歌である。古典中国語の文法は無視して、一つの漢字に一つの音を当てた**万葉仮名**が使われている。仮名発明以前の日本語の音を表す工夫であった。

＜内容＞

●概要
　『古事記』の構成、内容、言語は表 1-1 の通りである。「漢文」とは古代中国の文語体の文章を示す。神々の歴史から天皇の神話・説話に到る三巻からなり、112 首の歌謡が盛り込まれている。各巻ごとに概要を紹介する。

表 1-1　『古事記』の構成、内容、言語

構成	内　　容	言　　語
上巻	序文（『古事記』の成立過程など）	純粋な漢文
上巻	天地開闢、神々の活躍などの神話	変体漢文。ただし歌謡はいずれも万葉仮名
中巻	神武（初代）〜応神（第 15 代）	変体漢文。ただし歌謡はいずれも万葉仮名
下巻	仁徳（第 16 代）〜推古（第 33 代）	変体漢文。ただし歌謡はいずれも万葉仮名

●上巻
　数々の神が生まれ、天地開闢から神武天皇に至る神代の物語である。天照大御神の天の岩戸物語や火照命、火遠理命の物語が有名である。神は実在しないが、天皇を神と結びつけることで権力の正統性を強調することを意図した。

> ■ 最初の歌 ■
> 八雲立つ出雲八重垣妻籠みに八重垣作るその八重垣を

　『古事記』は散文ばかりでなく歌謡も含められている。最初に登場する歌謡は男と女が結婚して新居を作った際の情景を詠んだものである。この結婚の歌が**日本文学最初の和歌**ということになる。

●中巻
　初代の神武天皇から第 15 代応神天皇までの神話・説話が中巻の内容である。天皇の系譜は表 1-2 のようになる。当時は旧暦であったが、表 1-2 では便宜上、在位期間を現在の新暦で計算している。

第12代景行天皇の皇子、**倭建命**は日本古代史における伝承上の英雄である。倭建命は武勇に優れたが、感情が高ぶると乱暴だった。穏健な天皇は彼を自分から遠ざけようとして、倭建命に九州の熊襲[7]、東国の蝦夷[8]の討伐を命じた。倭建命は父の意図に気づき、嘆き悲しむのであった。紆余曲折があり、倭建命はその後亡くなってしまい、その魂は白鳥となって天に飛んでいく物語が伝説として伝えられている。

表1-2　第1~15代の天皇

代	天皇	在位期間
1	神武	前660年2月11日～前585年4月3日
2	綏靖	前581年2月17日～前549年6月22日
3	安寧	前549年8月13日～前510年1月11日
4	懿徳	前510年3月9日～前477年10月1日
5	孝昭	前475年2月16日～前393年8月30日
6	孝安	前392年2月16日～前291年2月22日
7	孝霊	前290年2月14日～前215年3月22日
8	孝元	前214年2月16日～前158年10月10日
9	開化	前158年12月18日～前98年5月20日
10	崇神	前97年2月14日～前29年1月6日
11	垂仁	前29年2月1日～70年8月6日
12	景行	71年8月22日～130年12月13日
13	成務	131年2月18日～190年7月29日
14	仲哀	192年2月10日～200年3月8日
15	応神	270年2月8日～310年4月1日

　ところで、第2代から第9代は実在しないと言われている。これを**欠史八代**[9]という。この8人の天皇は『古事記』に系譜の記載があるのみで、実績が書かれておらず、さらに一部の天皇は在位期間が異常に長く、第5代孝昭天皇は82年、第6代孝安天皇は101年となっている。おそらく朝廷は自国の威信のために歴史を古くさせようとして、架空の天皇を設定したのであろう。

　また初代の神武天皇については、第10代の崇神天皇をモデルとして造形されたと見られている。『日本書紀』において、神武を「始馭天下之天皇」と記し、崇神を「御肇国天皇」と表わし、ともに「ハツクニシラススメラミコト」と読むからである。意味は「初めて国を建てた天皇」である。

●下巻

　中巻が神話的、伝説的な内容だったのに対し、下巻は**仁徳天皇**から**推古天皇**まで現実の天皇を描く。そこには仁徳天皇の恋物語など人間的なドラマが展開される。もっ

■ 日本文学史

> ■『古事記』研究 ■
> 『古事記』は正史の『日本書紀』と違い、人々にあまり読まれなかったようである。平安時代に『古事記』の写本がないことがその証となる。その後の1371年、真福寺の僧が古事記を写本した。時代が下って1764年、江戸時代の国学者、**本居宣長**がこの写本を手にし、30余年かけて注釈書を書いた。ここから古事記研究が本格化することになる。現在、『古事記』の原本は失われており、真福寺の写本が現存最古のものとなる。

とも『古事記』の目的は皇室系譜を正確に記し伝えることであるから、この面の記述もしっかりしている。

なお、下巻に登場する天皇のうち第24代から第33代の10人は系譜だけで実績の記載がない。これを**欠史十代**という。ただし『日本書紀』には記載があり、両書の叙述の違いを巡って様々な説が出ているが、推測の域を超えてはいない。『古事記』の謎は日本古代史の謎に直結しているのである。

◆ ◆ ◆

【コラム 1. 大化の改新と文化の発展】

4世紀ごろになると現在の奈良県に該当する大和地方を中心とした豪族があらわれ、**大和政権**を作り、国家統一を果たした。朝鮮半島諸国や中国と交流を持つようにもなった。国内では6世紀までの間に各地の豪族への支配体制が整えられていったが、**氏姓制度**はその中心となる制度である。**氏**は同じ祖先を持つ同族の集団であるが、財産として、血縁関係のない一般の民を奴隷として所有した。**姓**は家柄や政治的地位に応じて与えられる称号であり、中央の豪族は臣や連、地方の豪族は君や直という姓を有した。姓は先祖から子孫へと世襲された。氏と姓と名の関係を、『古事記』の著者太安万侶を例に出して説明すると、まず正式名は太朝臣安万侶である。このうち、「太」が氏、「朝臣」が姓、「安万侶」が名となる。

この氏姓制度も**大化の改新**という政治改革で廃止し、代わって唐の律令制度を取り入れた。その際、日本の実情に合うように変更が加えられ、例えば唐は**三省六部**であるが、日本は**二官八省**とした。また科挙のような厳しい試験制度を採用せず、有力者の師弟関係から人材を得た。701年編纂の**大宝律令**、718年編纂の**養老律令**により、日本の律令制は完成した。

都についても中国の長安城に倣い、694年に持統天皇が**藤原京**を作った。宮

> ■ 律令制の中央官制 ■
> <二官>
> 神祇官（宮中の祭祀）
> 太政官（最高行政機関）
> <八省>
> 中務省（天皇の側近事務）
> 式部省（大学の管理など）
> 治部省（外交など）
> 民部省（租税の管理など）
> 兵部省（兵士の管理など）
> 刑部省（訴訟、刑罰）
> 大蔵省[10]（財政、物価調整）
> 宮内省（宮中の庶務）

の周囲に市街地を配置した本格的な都で、以降の都市はこれをモデルに建設された。中央集権体制の国家建設をめざして、702年に遣唐使を復活して唐の文化や制度を取り入れた。710年に平城京に遷都して、奈良時代が始まった。日本が中央集権国家を目指して体制を整える時代に『古事記』は編纂されたのである。

　文化の面では、まず**飛鳥文化**が栄えた。**推古天皇**の治世の593年から628年を中心とする時代[11]で、南北朝文化の影響を受け、日本美術の質は飛躍的に高まり、仏教文化が開花した。推古天皇の摂政の**聖徳太子**（547～622）は**法隆寺**を建立したが、これは飛鳥時代の建築様式をよく示すもので、**世界最古の木造建築**である。

　天武朝を中心とする7世紀後半には、**白鳳文化**が栄えた。大化の改新から平城京遷都まで、初唐文化の影響を受けた建築、彫刻、絵画のほか、貴族社会における漢詩の隆盛や和歌の発展も見られた。

　8世紀の**天平文化**は、天平時代（729～749）に最盛期を迎えた貴族文化であり、最盛期の唐文化や西域文化の影響を強く受け、国家の保護のもとで仏教文化も栄えた。漢詩文が公的な文学としてますます重んじられ、和歌は日常的な表現手段として私的に詠まれるようになった。仏教美術、奈良文化の黄金時代とされ、東大寺の大仏や、万葉集などがその代表である。上代における五つの文学作品『古事記』、『日本書紀』、『風土記』、『懐風藻』、『万葉集』はすべて天平文化の産物である。

【コラム　2. 第16～33代の天皇】

　本文に掲載した天皇の一覧表は第15代までであったが、残りの第16代から第33代までを表1-3に紹介し、且つ特記事項のある天皇に解説を加える。

　第16代仁徳天皇は朝鮮・中国と交渉して日本文化を向上させ、大和朝廷の最盛期を築いた

表1-3　第16~33代の天皇

代	天皇	在位期間
16	仁徳	313年1月3日～399年1月16日
17	履中	400年2月1日～405年3月15日
18	反正	406年1月2日～410年1月23日
19	允恭	412年12月?日～453年1月14日
20	安康	453年12月14日～456年8月9日
21	雄略	456年11月13日～479年8月7日
22	清寧	480年1月15日～484年1月16日
23	顕宗	485年1月1日～487年4月25日
24	仁賢	488年1月5日～498年8月8日
25	武烈	498年12月?日～506年12月8日
26	継体	507年2月4日～531年2月7日
27	安閑	531年2月7日～535年12月17日
28	宣化	535年12月?日～539年2月10日
29	欽明	539年12月5日～571年4月?日
30	敏達	572年4月3日～585年8月15日
31	用明	585年9月5日～587年4月9日
32	崇峻	587年8月2日～592年11月3日
33	推古	592年12月8日～628年3月7日

> と言われる。
> 　第20代安康天皇は親族間の争いから暗殺された。
> 　第21代雄略天皇は強大な権力を持った専制的君主で、『宋書』倭国伝に記される「倭王武」は雄略天皇を指すと見られる。
> 　第30代敏達天皇は多事の時代を生きた。治世中、仏教を受容するかどうかの激しい論争などが発生した。
> 　第31代用明天皇は聖徳太子をもうけた。
> 　第32代崇峻天皇は豪族の蘇我馬子に暗殺された。
> 　第33代推古天皇は初の女帝である。欠史十代の中で最も活躍が知られる天皇である。

課題研究

1. 飛鳥時代について簡潔に説明しなさい。
2. 大化の改新という政治改革について箇条的にまとめなさい。
3. 天平文化について簡潔に説明しなさい。
4. 『古事記』の成立と主な内容を百字以内でまとめなさい。
5. 『古事記』の性格と文学性について簡単に論じなさい。

注　釈

1. 舎人は律令制下で、天皇ほか貴人の雑務・護衛の任に当たった下級官僚。稗田阿礼は性別、生没年など不詳。大和・奈良時代の人。「聡明で暗誦に優れている」と『古事記』序文にある。
2. 誦習は書物などを口に出して繰り返し読むこと。
3. 『帝紀』も『本辞』も現存しない。また『本辞』は『旧辞(きゅうじ)』ともいう。
4. 壬申の乱は672年、天智天皇（668〜671）の長子大友皇子(おおとものおうじ)（648〜672）と天皇の弟大海人皇子の間に皇位継承を巡って起こった内乱である。大友皇子は敗れて自殺した。1870年(明治3年)に、在位（671〜672）を認め、弘文(こうぶん)天皇（第39代）諡(おくりな)を贈った。
5. 定本は異本（同一の原典に由来しながらも、伝承の過程で異同が起こった本）を比較・検討して誤りや脱落を正し、その本の最初の姿に復元した書物。
6. 鈴木武晴．1997．「第一章　古事記」．久保田淳（編）．『日本文学史』おうふう。
7. 熊襲は九州南部の種族で、大和朝廷に反抗した。
8. 蝦夷は北陸・関東北部から北海道にかけて居住した人々。
9. 『日本書紀』も同様にこの8人の天皇の記述がない。
10. この名称は2000年まで存続した。現在は「財務省」という。
11. 推古朝は592年からという説もある。推古天皇（554〜628）は日本最初の女帝で、33代天皇である。欽明天皇の第三皇女、敏達天皇の皇后、崇峻天皇が蘇我馬子に滅ぼされたのち即位した。飛鳥時代は、狭義にはこの推古朝を中心とする推古時代である。

第2章　日本書紀

■成立：720年　■歴史書　■全30巻　■編者：舎人親王ら

キーワード：最初の編年体史書、六国史、純粋漢文

<編者>

舎人親王（とねりしんのう）　生年未詳（676年？）～735年（天平7年）。天武天皇の皇子である。720年（養老4年）元正天皇の詔を受けて太安万侶らとともに編集した『**日本書紀**（にほんしょき）』を完成させ奉上。同年、知太政官事となり政務を総攬した。

<成立>

720年（養老4年）成立。神代（かみよ）から第41代持統天皇までを編年体[1]で記した、**日本最初の勅撰の歴史書**であり、六国史の第一である。全30巻と系図1巻からなるが、系図は散逸している。編纂の目的は対外的（主に中国）に日本の立場を明確に示そうとすることにあり、当時の漢文が国際標準語であることを意識して、純粋漢文で書かれた。128首の歌謡は万葉仮名で書かれている。日本紀、また書紀とも言われる。

■天皇記・国記■

『日本書紀』の「推古天皇」の巻に、用明天皇の皇子聖徳太子が、敏達・用明・崇峻・推古の四朝大臣の蘇我馬子（そがのうまこ）（？～626）とともに**日本最初の史書**といわれる『天皇記』と『国記』などの撰録を行ったが、いまは伝わっていない。『天皇記』は『古事記』の「序文」でいう「帝紀」であり、『国記』は「本辞」と同類のものと推定される。

<内容>

内容は仏教の伝来や**白村江の戦い**（はくそんこうのたたかい）[2]など国内外の史実を含む。壬申の乱の時の私的記録、朝鮮・中国の史書など多数の文献を用いて、客観的、多角的に執筆されている。「一書曰」、「一書云」、「一本云」、「別本云」、「旧本云」、「或本云」という表現で、異伝や異説を併記している点も特徴的である。

参考資料には皇室系図、神話、宮府の記録、諸氏の家記（いえのき）、寺院の縁起など多岐にわ

たっていることが伺える。しかし具体的な文献名は記さず、「旧本云」や「或本云」などとぼかしている。一部に『晋起居注』（267年）、『日本旧記』（477年）など書名が明示される箇所もあるが、それらの書物は現存していない。『日本書紀』の参考文献は謎に包まれている。

> ■ 第7巻　景行天皇時代 ■
> 卌年夏六月、東夷多叛、邊境騒動。秋七月癸未朔戊戌、天皇詔群卿曰今東國不安、暴神多起、亦蝦夷悉叛、屢略人民。遣誰人以平其亂。群臣皆不知誰遣也。日本武尊奏言臣則先勞西征、是役必大碓皇子之事矣。時大碓皇子愕然之、逃隱草中。則遣使者召來、爰天皇責曰汝不欲矣、豈強遣耶。何未對賊、以豫懼甚焉。（中略）於是日本武尊、雄詰之曰熊襲既平、未經幾年、今更東夷叛之。何日逮于大平矣。臣雖勞之、頓平其亂。
> ＜説明：この場面に関して、『古事記』では景行天皇が息子の日本武尊の乱暴な性格に困って、自分から遠く離すために、日本武尊を辺境の地に派遣させた、と記されている。しかし、『日本書紀』では日本武尊は自ら進んで東国へ向かっている。＞

＜『古事記』との比較＞

表2-1に示すように、『古事記』は神代の物語が三分の一を占め、文学性が強い。一方、『日本書紀』は客観的な史書としての体裁を強く出している。『古事記』成立からわずか8年後に『日本書紀』が成ったのが、朝廷は『古事記』に天皇や朝廷の歴史が少ないことを不服とし、新たに史書を作ることを意図したのであろう。

表2-1　『古事記』と『日本書紀』

書名	『古事記』	『日本書紀』
成立・編者	712年(和銅5年)・太安万侶	720年(養老4年)・舎人親王ら
表記	変則の漢文。語り物的叙述	純粋な漢文。客観的、論理的な叙述が主
内容	神代～推古天皇	神代～持統天皇
神代の比重	全3巻のうち1巻	全30巻のうち2巻
目的と特色	①国内的／皇室中心の国家統一をはかる。②神話、伝承を重視した語り物。③文学性に富んだ史書	①対外的／日本の威信を示すことが目的。②史実の客観的な記録に重点をおく。③編年体の史書
外国文献	なし	多用

どちらも原本は存在せず写本のみとなっている。『古事記』の写本は南北朝時代、室町時代に作られるようになったが、『日本書紀』はすでに奈良時代、平安時代に作られていた。またその量も日本書記のほうが遙かに多い。これは『日本書紀』への重視を示すものである。『古事記』と『日本書紀』は合わせて**記紀**(きき)と称される。

【コラム　六国史】

　『日本書紀』は貴族の教養として欠かせなかったが、漢文で書かれているため読解は困難であった。そこで721年から、宮中で博士が貴族たちに読み方を講義した。第一回目を担当した博士は『古事記』の筆録者である太安万侶であった。全30巻のためすべて講義するのに数年がかかった。以降、812年、843年、878年、904年、936年、965年と合計7回の講義が行われた。

　『日本書紀』は日本の歴史を体系化する契機となり、以降、表2-2に示すように、天皇を中心にした歴史書が編纂されていった。これら六冊を総称して**六国史**（りっこくし）と呼ぶ。いずれも漢文体、編年体で統一されている。

表2-2　六国史

	書名	巻数	成立	編者	描かれる時代
1	『日本書紀』	30	720年	舎人親王	神代～持統
2	『続日本紀』	40	797年	藤原継縄	文武～桓武
3	『日本後紀』	40	840年	藤原緒嗣	桓武～淳和
4	『続日本後紀』	20	869年	藤原良房	仁明
5	『日本文徳天皇実録』	10	879年	藤原基経	文徳
6	『日本三代実録』	50	901年	藤原時平	清和～光孝

　六国史の後、第59代から第61代天皇の時代を記す『新国史』が編纂される予定であたが、実現しなかった。六国史の続きは11世紀前半の『**栄花物語**』によって書き継がれることとなる。これは歴史物語の体裁をとり、文体も漢文ではなく仮名文であった。

課題研究

1. 白村江の戦いの経緯や歴史的意義について要約しなさい。
2. 『日本書紀』の編纂目的について述べなさい。
3. 『日本書紀』と『古事記』を比較しなさい。
4. 『日本書紀』の後世への影響について論じなさい。
5. 言霊信仰について調べなさい。

注　釈

1. 編年体は年月の順を追って記事を配列する方法。
2. 663年、朝鮮半島の白村江で、日本・百済連合軍と、唐・新羅連合軍との戦いを指す。「白村江」は「はくすきのえ」とも言う。

第3章 風土記

■勅命：713年　■地誌　■編集：各国の役人

キーワード：地方の神話、国引伝説、出雲国風土記

<成立>

　『古事記』成立翌年の713年（和銅6年）、元明天皇が六十余の諸国[1]に地誌の編纂を命じた。これが『**風土記**』である。平安時代以後編纂のものと区別して『古風土記』と称される。記すべき項目として、天皇から次の五つが提示された。その中で特に地名起源伝説には興味深いものが多い。

1. 郡郷の名前（良い意味の漢字2字を使って表わすこと）。
2. 郡内の産物の名品。
3. 土地が肥えているかどうか。
4. 山、川、原野の名前、およびその由来。
5. 老人らが語り伝える旧聞異事（伝説）。

　各国の役人が各地方の民間説話、習俗、歌謡等を『風土記』に記したが、内容・文体ともに文学性が濃い。漢文体、和文脈の漢文表現、また六朝風の四六駢儷体などが使われている。現存しているのは出雲（島根県）、播磨（兵庫県）、肥前（佐賀県と長崎県の一部）、常陸（茨城県）、豊後（大分県）の五か国のみである。しかも完本は出雲のみであり、他の四つは一部欠損している。これら以外の風土記については後世の書物（『釈日本紀』、『万葉集注釈』など）の引用から逸文として部分的にしか知ることができない。

　出雲の『風土記』の正式名称は『**出雲国風土記**』であり、勅命が下ってから20年後の733年（天平5年）に完成し、聖武天皇に奏上された。

■ 史料的価値 ■
　『風土記』の編纂の勅命が『古事記』の翌年に下ったのは、国家統一を目指す天皇が諸国の状況を把握しよう意図したからであろう。執筆や編集が諸国の役人に委ねられたため、記紀にはない神話や伝説が表れることとなった。朝廷の意図や操作を受けず、地方に生きる日本人の思想が表出されたところに、『風土記』の史料的価値が認められる。

■ 大原郡の郷 ■
屋裏郷　郡家東北10里116歩[2]。古老傳云「所造天下大神令殖笑・給處」。故、云「矢内」。神亀3年、改字「屋裏」。
佐世郷　郡家正東9里200歩。古老傳云「須佐能袁命、佐世乃木葉 頭刺而、踊躍 為時。所刺、佐世木葉 墜地。」故、云「佐世」。

<出雲国風土記>

　この風土記は冒頭に「総記」があり、次に各郡ごとの記述がある。各郡は、意宇郡・島根・秋鹿・楯縫・出雲・神門・飯石・仁多・大原である。巻末には出雲国内の公道とその距離を掲載している。

　この他、産物や神社などについても非常に詳細な記述がなされており、成立に20年を費やしたのも理解される。

　意宇郡では**国引伝説**が紹介されている。八束水臣津野命は、出雲の国は小さいため他の国から土地を引っ張ってきて継ぎ足そうと考えた。そして外国の土地に大きな網をかけ、「国来国来」と言いながら引っ張って来て、現在の島根半島を作ったという。この神話は『古事記』と『日本書紀』には載っていない。

■ 川の情報 ■
斐伊川　郡家正西57歩。西流。入出雲郡多義村。有年魚・麻須。
海潮川　源、出意宇與大原2郡堺笑村山。北流。自海潮 西流。有年魚少々。

■ 山の情報 ■
菟原野　郡家正東。即、屬郡家。
城名樋山　郡家正北1里100歩。所造天下大神「大穴持命」、為伐八十神、造城。故、云「城名樋」也。

【コラム　1．近世の風土記】
　上代以来、国家的規模の地誌は編纂されていなかったが、近世になって幕府より命が下り、全国で『**新編武蔵国風土記稿**』、『**新編会津風土記**』、『**紀伊続風土記**』など多数の風土記が作られた。中でも完成度の高いのが紀伊国を調査した『紀伊続風土記』である。全195巻で、1839年に完成した。

【コラム　2．古代の歌謡】
　古代の日本人は、言葉には不思議な霊力が宿っていて、口に出した言葉は出来事として実現すると信じていた。これを**言霊信仰**という。『万葉集』の中にも「言霊」という語を用いた歌がある。

　朝廷を中心とする中央集権国家ができると、皇室の繁栄や国家の安泰が神に祈願されるようになった。この祈りの言葉が**祝詞**で、文飾され、韻律が重視された荘厳な詞章となった。現存するのは律令の施行細則を集大成した『延喜式』（927年）所収の27編、藤原頼長の日記『台記』（1136～1155）所収の1編である。

　宣命は天皇が国家的行事の意志を臣下に伝えるという意味だったが、平安時代からはその文章自体を指すようになった。『続日本記』の文武天皇即位（697年）の宣命が現存最古となる。**宣命書き**は自立語は漢字で大きく書き、活用語尾や助詞は万葉仮名で小さく記す表記法で、誤読を避けるために考え出された。祝詞も宣命も宣命書きで記された。

課題研究

1. 『風土記』の概略について述べなさい。
2. 上代と近世の『風土記』を比較して気づいたことを述べなさい。
3. 『風土記』の成立過程について述べなさい。
4. 『風土記』の史料的価値について述べなさい。
5. 中古と中世に、『風土記』が編纂されなかった理由を考えなさい。

注 釈

1 日本は律令制を参考にして地方行政区分を設置していた。これを令制国といい、明治時代初期までの地方行政の基本単位だった。
2 「116歩」などは距離を示す。当時はまだ尺度というものが発明されていないため、人の歩幅によって距離を示していたのである。

第4章 懐風藻

■成立：751年　■漢詩集　■全1巻　■編者未詳

キーワード：最古の漢詩集、六朝の詩風、五言詩

＜編者＞

　選者は不明であるが、淡海三船（おうみのみふね）（722～785）とする説が有力。奈良時代の学者で、大友皇子の曾孫である。漢詩文にすぐれ、第一級の文人と評された。著書には『唐大和上東征伝』（とうだいわじょうとうせいでん）などがある。

　日本が中国の漢詩文への関心を高めたのは天智天皇在位の頃からである。当時、日本は隋の律令制を摂取していたため、漢詩文の知識と創作も官人にとって重要であった。天皇も漢詩文を愛好し、創作を奨励した。こうして漢詩は伝統的な和歌に対して公的な性質を帯びるようになる。このような背景の下で漢詩文が編集されたが、当時の漢詩文として現存するのは『懐風藻』（かいふうそう）だけである。

■ 神武天皇と建国記念の日 ■
　日本は中国の影響で長い間、旧暦を採用していたが、明治期の文明開化にともなって新暦に変えた。神武天皇の在位開始は旧暦では「1月1日」であったが、新暦では「2月11日」となった。そこで明治政府はこの日を「紀元節」と定め、祝日としたのである。これは戦後の1948年に廃止されたが、1966年に「建国記念の日」として復活し現在に至る。

■『懐風藻』の漢詩 ■

●「侍宴」　大友皇子
皇明光日月　帝徳載天地　三才並泰昌　萬國表臣義
＜解釈：天皇の御威光が照り渡る様は太陽や月の光のようだ。天皇の徳の大きさは天地が万物を包み込むようだ。三才（天・地・人）はみな安定しているばかりか盛んになっている。このような天皇にすべての国が儀礼を表す。＞

●「春苑言宴」　大津皇子
開衿臨霊沼　遊目歩金苑　澄徹苔水深　暗曖霞峰遠
驚波共絃響　哢鳥與風聞　羣公倒載歸　彭澤宴誰論
＜解釈：襟を開いて楽にして、御苑の池のそばで、春の景色を楽しみながら、散歩する。池の水は澄んでおり、深い底に苔がある。暗くぼんやりとした峰が遠くにある。池の波が荒々しいが、琴の音と響き合い、鳥のさえずりが風の間に聞こえてくる。諸公は酷く酔いつぶれている。陶淵明の酒宴も顔負けだ。＞

■日本文学史

<成立>

　751年（孝謙天皇、天平勝宝3年）成立。現存**最古の漢詩集**で、天智朝から約八十年間にわたる64人の作品、約120編を作者別、年代順に収録する。官僚貴族の宮廷の宴席や遊覧の詩が多く、個人の感情を吐露したものはほとんどない。詩風は中国の**六朝**[1]を真似ている。

　五言詩は六朝で発達したから、六朝の詩風を模した『懐風藻』の詩体も五言詩が大部分である。書名の「懐風」とは「古い詠風を懐かしむ」という意味であるが、確かに当時から見れば六朝の詩は古く懐かしいものであった。「藻」は美しい詩文を示す。

　作品の中には創造性に欠け、中国詩の模倣に終わっているものもあるが、日本人が漢詩を公的な文学として認識し、創作に励み、編纂した意義は大きいと言える。漢詩にのちに桓武天皇、嵯峨天皇のもとで更に隆盛していくこととなる。

　代表的な作者には天武天皇、河島皇子、大友皇子、大津皇子、藤原宇合、葛井広成などがいる。『懐風藻』の作者のうち18人が『万葉集』にも和歌を残している。

【コラム　1.　推古朝の遣隋使】

　推古天皇の時代、聖徳太子の提言で、**小野妹子**（生没年未詳）らが第一回**遣隋使**として派遣された。中国から得た知識は日本の文化形成や大化の改新に大きく貢献した。『日本書紀』によれば、遣隋使は607年、608年、614年の3回中国に渡ったとあるが、『隋書』では600年の遣使も記述している。聖徳太子の制定した**冠位十二階**は、氏姓制度による政治的地位の世襲を廃して、能力に応じて位階を授与する制度である。**十七条憲法**は、儒教・法家・仏教の典籍を参考に、大和朝廷の官僚や豪族の守るべき道徳的訓戒を定めた成文法である。いずれも遣隋使が大陸から得た知識を元に実施した政策である。推古朝に遣隋使を派遣することは日本の土台を築く重要な政策であった。

　隋が滅びて唐王朝が始まると、今度は**遣唐使**が大陸の新知識の摂取に努めた。630年から894年に中止されるまで10数回派遣され、日本の制度や文学を発展させた。日本は多方面で基礎を築き、その安定の上に**国風文化**を実らせていった。

【コラム　2.　鑑真】

　鑑真（688～763）は唐の名僧、揚州江陽県人、日本律宗の祖である。日本からの招聘に応じて海難、失明の困難を乗り越えて、753年六回目の航海でようやく日本に着いた。日本初の授戒の師となった。東大寺に戒壇[2]を建て、聖武天皇らに授戒[3]した。その後、大和上の称号を受け、唐招提寺を建立した。過海大師、唐大和尚と尊称される。

課題研究

1. 『懐風藻』の文学史的意義について述べなさい。
2. 『懐風藻』の内容を簡潔に述べなさい。
3. 六朝について概略を述べなさい。
4. 『懐風藻』が編纂された当時の漢詩文と和歌の関係について述べなさい。
5. 唐風謳歌時代について述べなさい。

注 釈

1. 六朝とは後漢の滅亡から隋の統一までの間の、呉・東晋・宋・斉・梁・陳の六つの王朝の総称である。五字の句で詩を作る五言詩は、後漢から作られ六朝時代に発達した。一方の七言詩は六朝末から徐々に作られ、唐の時代に次第に隆盛していく。
2. 戒壇は仏教用語。仏教僧に戒律を授ける儀式を行うための特定の壇、式場のこと。
3. 授戒は仏門に入る者に戒律（信仰生活において守るべき規律）を授けること。

■ 日本文学史

第5章　万葉集

■成立：8世紀後半　■和歌集　■全20巻　■編者：大伴家持（？）

キーワード：最古の和歌集、万葉仮名、防人歌

<編者>

大伴家持（おおとものやかもち）　生年未詳（718年？）～785年（聖武天皇天平7年）。奈良時代万葉歌人、旅人[1]の長男。地方、中央の諸官を歴任したが、政治的には不遇の生涯であった。歌は優美、繊細を基調とし、優れた技巧と叙情性を示し、万葉末期を代表する。『**万葉集**』（まんようしゅう）の歌人中、歌数が最多となる473首を残し、その編纂にも携わった。

<成立>

成立は不明であるが、天平年間の760年前後であろうと推定される。現存する**日本最古の和歌集**である。収録されている歌は4世紀から8世紀後半まで[2]と長く、歌の作者も天皇、皇族から庶民まで[3]と幅広い。仁徳天皇の4世紀ごろから天平宝字3年（759年）まで約三世紀半の、あらゆる階層の生きた声が率直に表現されている。『万葉集』は『古歌集』（こかしゅう）などの先行歌集を資料として、奈良時代初期（8世紀初頭）頃から歌が集められ、整理された原型本があり、複数の編者によって編纂されていき、最終的に政治家・歌人の大伴家持が20巻に編集したとされる。『万葉集』という名前は、「葉」を「代（世）」として、万代にまで末長く伝わる歌集の意味を込めたとする説が有力である。

<歌体>

各巻で部立（ぶだて）は異なるが、**相聞**（そうもん）、**挽歌**（ばんか）、**雑歌**（ぞうか）に大別される。相聞は主に恋愛を主題にした歌、挽歌は死者への弔いや哀惜の歌、雑歌は相聞・挽歌以外の歌である。歌体は、全4500首のうち、**短歌**が約4200首と大多数を占め、その他に**長歌**（ちょうか）が約260首、**旋頭歌**（せどうか）が約60首、**仏足石歌**（ぶっそくせきか）が1首ある。

旋頭歌の「旋頭」は「頭句に帰る」という意味である。五七七の後、また五七七を詠むという形式の理由がここにある。旋頭歌は歌謡における応答的、対立的様式を持っていたため、短歌のような個人の表現にはそぐわず、廃れていった。

— 20 —

仏足石歌の「仏足石」とは、釈迦の足の裏の形を表面に刻んだ石のことである。この足跡を礼賛するために石の傍に歌碑を立てた。その歌が仏足石歌である。

■ 額田王の長歌 ■

冬ごもり 春さり來れば 鳴かざりし 鳥も來鳴きぬ 咲かざりし 花も咲けれど 山を茂み 入りても取らず 草深み 取り手も見ず 秋山の 木の葉を見ては 黄葉をば 取りてそしのふ 青きをば 置きてそ歎く そこし恨めし 秋山われは

＜解釈：冬が過ぎて春が来ると、鳥がさえずり、花が咲きます。けれども、山には木が生い茂り、入っていって取ることができません。草が深くて取って見ることもできないのです。秋山は、紅葉した木の葉をとっていいなと思います。まだ青いまま落ちてしまったのを置いて溜息をつくのが残念ですけれど。でも、私はそんな秋を選びます。＞

＜歌風と時期区分＞

『万葉集』は歌風の変遷などで4期に分けられている。

● 第1期　舒明天皇期〜672年（壬申の乱）

中央集権体制への過渡期の歌で、情感にあふれた素朴さ、素直さ、清新さ、大らかさ、力強さに特徴がある。相聞歌が多く、挽歌と自然観照の歌があり、五七音による定型が確立している。民謡的な色彩が濃く、集団的歌謡から個性的な創作歌への過渡期であり、壬申の乱前後の動乱時期に作られ、初期万葉の開花期に当たる。舒明天皇、天智天皇、天武天皇、**額田王**など皇室の歌人が活躍した。

■ 柿本人麻呂の短歌 ■

去年見てし秋の月夜は照らせれど相見し妹はいや年離る

＜解釈：去年の秋に見た月は、今も明るく照らしているけれど、この月を一緒に見た私の妻は、離れて遠くへ逝ってしまった。＞

● 第2期　672〜710年（平城京遷都）

飛鳥、藤原宮時代に当たる。律令体制が一段と整備され、宮廷が繁栄した背景に和歌も隆盛期を迎え、歌には力強さ、重厚さがあり、表現技巧が発達し、長・短歌の形式の完成も見られる。枕詞、序詞、対句などの技巧も発達し、専門の宮廷歌人も出現し、万葉調の完成期、万葉時代の黄金期である。柿本人麻呂は万葉最大の歌人であり、絢爛たる修辞を多用し、雄大な構想と、重厚、壮大、格調高い長歌を多く残し、後世に**歌聖**と称された。ほかにも持統天皇、大伯皇女、高市黒人などがいる。

● 第3期　710〜733年（山上憶良没年）

仏教、儒教、老荘思想を受容し、『古事記』、『日本書紀』の編纂もされた時期である。歌は洗練され、清澄な情景や人生の哀歓を詠むところに特徴がある。個性に富む作品が華々しく

■ 山上憶良の短歌 ■

秋の野に咲きたる花を指折りかき数ふれば七種の花

＜解釈：秋の野に咲いている花を、指折り数えてみると、七種類の花があります。＞

開花し、主情的なものから客観性を持った歌へと発展を遂げた。叙景歌に優れ、絵画的な宮廷歌人の山部赤人、社会の苦悩、家族愛、子供や病気、貧乏など人生を主題とする歌を残した山上憶良、漢籍、仏典の知識に詳しく、風流の世界に遊んだ大伴旅人、伝説歌人の高橋虫麻呂などが代表的歌人である。山部赤人は柿本人麻呂とともに歌聖と称された。

■ 大伴家持の短歌 ■
ひさかたの雨の降る日をただ独り山辺に居ればいぶせかりけり
＜解釈：空から雨の降る日にただひとり山辺にいると気分がすっきりしないものです。＞

■『万葉集』裏話 ■
編者とされる大伴家持の家柄はもともとは有力な豪族だったが、藤原氏に押されて勢力が衰えた。家持は785年8月に他界したが、その約1か月後に、貴族である藤原種継の暗殺事件が起こった。家持はこの事件の主謀者とされ、すでに死去していながら官位を剥奪された。『万葉集』も罪人の書として倉庫に保管され、世間から遠ざけられた。その後の806年、桓武天皇の病気が平癒し、大赦によって家持は罪を許された。そして万葉集はようやく世に出て、歌人たちに読まれることになったのである。

● 第4期　734～759年（万葉集の最後の歌が作られた年）

東大寺の造営、大仏開眼に代表される天平文化の爛熟期にあたるが、万葉時代の終焉を告げる落日が静かに余光を放っていた衰退期でもある。歌は繊細で感傷的な傾向が強まり、実感を率直に表現する力強さを失った。長歌が衰え、短歌が隆盛した。代表的歌人は大伴家持であり、400以上の歌が収録され、『万葉集』の中で最多である。そのほか、湯原王、笠女郎などがいる。

中央の流れとは別に『万葉集』は民衆たちの哀歓を表わしている歌も多く収めている。特に感情豊かな歌は東歌と防人歌である。遠く離れた東国の民衆が恋と労働を歌った東歌（巻14、約230首）は東国方言で生活に密着した素朴感情に溢れている。防人歌（巻20、84首、一説82首）は故郷を離れ北九州の守備を命じられた兵士たちの歌である。兵士は東北地方から徴発され、多くの場合、徒歩で北九州まで行った。任期の3年が経つと次の者と交代する制度だがその通りにはいかないこともあった。また故郷への道の途上で力尽きて命を落とすこともあった。だから防人歌には家族との別れの悲しさ、旅の苦しさを率直に詠んだものが多い。

＜『万葉集』の影響＞

後世の和歌の影響については、まず鎌倉時代前期の源実朝の『金槐和歌集』がある。この家集は『万葉調』が強く認められる。明治時代では正岡子規、斎藤茂吉らが『万葉集』を絶賛し、国民的歌集と位置付けた。

研究では、江戸時代に契沖が『万葉集』の注釈書『万葉代匠記』を完成させ、同時代の賀茂真淵も『万葉考』を著している。

◆ ◆ ◆

【コラム 1. 万葉仮名とその読み方】

古代歌謡を振り返ると、人々は共同体の中で神への祈りや感謝の表現として歌を歌っていた。最初は字数なども無関係だったが、共同体の成長とともに歌に形式が生まれ、整然たる姿を持ち始める。統一国家が形成され都市ができると、人々は個別的な思想や感情を歌で表現す

あ	阿、安、足、余、吾、網
い	伊、夷、以、異、移、射、五
う	宇、羽、有、卯、得、兎、菟
え	衣、依、愛、榎、荏、得
お	意、憶、於、応、於、飫、億、隠

るようになる。このような背景から『古歌集』や『柿本人麻呂歌集』などが編集されたが現存していない。『万葉集』はこれらの歌集から和歌を収集して成立したのである。『万葉集』に短歌が多いのは、短歌が個人の想いを詠みやすい形式だからであろう。長歌は**柿本人麻呂**によって最盛期を迎えたが、それ以降は衰えてしまう。

『万葉集』の時代にはまだ日本語の文字がなかったため、歌人たちは中国から伝来した漢字の音を使って歌を表した。漢字の音読み、訓読みいずれも巧妙に使われた。これを**万葉仮名**といい、7世紀頃に成立したと見られる。万葉仮名は『古事記』や『日本書紀』にも使われていたが、『万葉集』でもっとも用法が発達したためこの名前になった。表は「あ行」の例である。

日本語の音を表すのに漢字を表音文字として用い、更に訓も利用した複雑巧妙な表記の『万葉集』は、平安時代の貴族が見ても理解できなかった。漢字だけの和歌はそれほど難解なのであった。そこで951年（天暦5年）、村上天皇の命で、5人の歌人（**梨壺の五人**[4]）が歌に訓点（読み方）を付けるという試みがなされた。これを**古点**という。だが、古点は完全なものではなく、平安後期から鎌倉初期にかけて、更に訓点が加えられていった。これを**次点**という。1246年、『万葉集』学者の仙覚が古点、次点の読みを改め、さらにまだ訓点のなかった歌152首に訓点を加えた。これを**新点**という。

【コラム 2. 8人10代の女性天皇】

日本にはかつて8人の女性天皇がいた。このうち2人が2回天皇に即位しているので、計10代の女性天皇が存在することになる。「女性天皇」は天皇の性別が女性であることを差すが、「女系天皇」はその天皇の性別は問われず、父親が天皇または皇子であり、父方の血筋で継承していくことを表す。日本は歴史的に男系であり、男系女性天皇はいるが女系女性天皇は存在しない。表5-1において、女性天皇は6世紀末から8世紀末に集中していることがわかる。

33代推古天皇は史上初の女性天皇であり、聖徳太子を摂政とし、冠位十二階

の設定、「十七条憲法」の制定、『天皇記』、『国記』の編纂、遣隋使の派遣などの国政を行った。

35代皇極天皇は642年に即位し、655年重祚（ちょうそ）（一度退位した天皇が再度即位すること）して37代斉明天皇となった。

41代持統天皇は班田収授法を実行し、大宝律令の編纂にも当たった。仏教に熱心で、歌にも優れ『万葉集』に入集している。

43代元明天皇は、平城京遷都、『古事記』、『風土記』の編纂に当たった。

44代元正天皇は元明天皇の皇女であり、在位中に「養老律令」と『日本書紀』が完成した。

46代孝謙天皇は重祚（ちょうそ）して48代称徳天皇となった。僧の道鏡を寵愛した。

この後から約900年男性天皇が続き、江戸時代になって明正天皇と後桜町天皇の2人の女性天皇が現われた。後桜町天皇は和歌を好み、千数百首を残した。

表5-1　歴代女性天皇

代	天皇	在位期間
33	推古（すいこ）	593年1月15日～628年4月15日
35	皇極（こうぎょく）	642年2月19日～645年7月12日
37	斉明（さいめい）	655年2月14日～661年8月24日
41	持統（じとう）	690年2月14日～697年8月22日
43	元明（げんめい）	707年8月18日～715年10月3日
44	元正（げんしょう）	715年10月3日～724年3月3日
46	孝謙（こうけん）	749年8月19日～758年9月7日
48	称徳（しょうとく）	764年11月6日～770年8月28日
109	明正（めいしょう）	1629年12月22日～1643年11月14日
117	後桜町（ごさくらまち）	1762年9月15日～1770年5月23日

課題研究

1. 『万葉集』の歌について要点を述べなさい。
2. 『万葉集』の文学的な意義について述べなさい。
3. 万葉仮名という名称の由来について説明しなさい。
4. 梨壺の五人について調べ、わかったことをまとめなさい。
5. 『万葉集』の後世への影響について述べなさい。

注　釈

1. 大伴旅人(たびと)（665～731）は奈良時代の歌人、家持の父。「讃酒歌」が有名。
2. 『万葉集』に記された最古の歌は第16代の仁徳(にんとく)天皇の皇后磐姫(いわのひめ)の歌（巻2、85～88）であるが、歌の大部分は第34代の舒明天皇（629～641）の頃、七世紀前半から八世紀中ごろまでの150年間に作られたものである。
3. 大半の作者は貴族層である。
4. 村上天皇の勅により、宮中梨壺に和歌所を設け、後選集の編纂と『万葉集』の付訓に当たった5人の寄人を**梨壺(なしつぼ)の五人(ごにん)**という。五歌仙(ごかせん)ともいう。坂上望城(さかのうえのもちき)、紀時文(きのときふみ)、大中臣能宣(おおなかとみのとしのぶ)、清原元輔(きよはらのもとすけ)、源　順(みなもとのしたごう)。

◆上代文学重要事項一覧◆

□『**古事記**』
　712年成立／稗田阿礼（誦習）／太安万侶（撰録）／全3巻
　概要：天地創造から推古天皇までの歴史を伝える。
　日本現存最古の史書だが文学的。
　文体は変体漢文。

□『**日本書紀**』
　720年成立／舎人親王ら（編集）／全30巻
　概要：神代から持統天皇までの事績を記した編年体の歴史書。
　日本最初勅撰の歴史書、『古事記』より史書的。
　純粋な漢文。

□『**風土記**』
　713年勅命／元明天皇（勅命）
　概要：諸国の産物、地名の由来、古伝記などを収録した地誌。
　漢文体。完本は『出雲国風土記』のみ。

□『**懐風藻**』
　751年成立／全1巻
　概要：日本最古の漢詩集。
　六朝から初唐の詩風。

□『**万葉集**』
　8世紀後半成立／大伴家持か（編集）／全20巻、約4500首
　概要：現存最古の和歌集。
　部立は雑歌、相聞、挽歌、東歌、防人歌。
　第1期（歌人：額田王、特徴は素朴で大らか）
　第2期（歌人：柿本人麻呂、特徴は重厚）
　第3期（歌人：山上憶良、特徴：人生の哀歓
　　　　　歌人：山部赤人、特徴は清澄）
　第4期（歌人：大伴家持、特徴は繊細、感傷的）

中古文学概観

時代区分：平安遷都から鎌倉幕府成立の頃まで

■ **時代背景** 紀元794年（延暦13年）、平安遷都から紀元1192年（建久3年）鎌倉幕府開設までの約400年間を中古（古代後期）と呼ぶ。藤原氏を中心とする貴族が政治と文化を担ったことから王朝時代（平安時代）ともいう。藤原道長が摂関政治体制で頂点を極め、文化の面でも宮廷を中心に女流文学が栄え、平安時代は最盛期を迎える。その後、藤原氏の勢いが衰え、政権が上皇による院政と新興の武士階級出身の平氏へと移り、王朝文化も衰退してゆく。

■ 中古文学 ■

794年	平安京遷都
814年	『凌雲集』
818年	『文華秀麗集』
827年	『経国集』
10世紀初め	『竹取物語』、『伊勢物語』
905年	『古今和歌集』
935年	『土佐日記』
974年頃	『蜻蛉日記』
1001年頃	『枕草子』
1008年頃	『源氏物語』
1030年	『栄花物語』
12世紀初め	『大鏡』、『今昔物語集』
1192年	鎌倉幕府成立

■ **漢詩文と和歌** 嵯峨天皇の治世に漢詩文は宮廷の公的文学という位置づけがなされ、律令制をはじめ唐の文化を摂取していた日本は文章経国の思想を背景にして漢詩文の学才と貴族の立身出世を関係づけた。和歌は私的な場で詠まれるだけであったが、仮名が発明されると次第に復興し、公の場で詠まれるようになり、六歌仙の活躍も見られた。894年に遣唐使が廃止されると、国風文化が発達して和歌も隆盛し、初めての勅撰和歌集『古今和歌集』が編纂された。

■ **仮名文字** 仮名文字の普及は自由な表現を可能にし、散文による文学作品を促した。『竹取物語』は民間の伝承に取材した伝奇文学の祖であり、『伊

勢物語』は貴族社会の歌語りに発した歌物語の始めである。日記はそれまで漢文による公的な記録という表現形式しか持たなかったが、男性貴族である紀貫之が仮名で個人の心情を綴った『土佐日記』を発表し、日記文学の可能性を開いた。

■ **摂関政治期**　摂関政治期の女房の地位は高く、宮廷では文学の創作が奨励された。この環境で女房文学が開花した。女性初の日記文学『蜻蛉日記』は『和泉式部日記』、『紫式部日記』など多くの後続作品を生んだ。『源氏物語』は伝奇物語、歌物語、日記、和歌を統合し、虚構の中に人間の真実を描いた。『枕草子』は独自の美意識から物事に理知的な美を見いだし、軽快な筆致で想いを綴る日本文学初の随筆である。

■ **院政期**　多くの作者が『源氏物語』に触発されて『夜の寝覚』、『狭衣物語』などの物語を書いたが、『源氏物語』を超えるものは生まれなかった。やがて院政の開始と武士階級の台頭の中で貴族は自らの没落を意識し、かつての栄華を回顧して『栄花物語』や『大鏡』を著した。文学の題材を宮廷から外部に向けて、庶民や武士に取材し、『今昔物語集』などの説話集も編集された。

第6章 凌雲集

■成立：814年　■勅撰漢詩集　■全1巻　■編者：小野岑守ら

キーワード：初の勅撰漢詩集、文章経国思想、唐風謳歌時代

<編者>

小野岑守(おののみねもり)（778～830）　平安時代の公卿(くぎょう)、学者、詩人。漢詩人、歌人である小野篁(たかむら)の父に当たる。詩は『**経国集**』、『**文華秀麗集**(ぶんかしゅうれいしゅう)』にも見える。編者は他に菅原(すがわら)清公(きよきみ)[1]らがいる。清公は804年、僧の**最澄**(さいちょう)、**空海**(くうかい)などと共に遣唐使で唐に渡って文化を学び、この経験を漢詩の創作や編纂に生かした。

<成立>

814年（弘仁5年）成立。嵯峨天皇の勅命による**日本初の勅撰漢詩集**であり、漢詩文の隆盛を示したが、『**凌雲集**(りょううんしゅう)』の名前は「雲を凌ぐほどの優れた詩集」という意味を込めて付けられた。正式名称は『凌雲新集』であるが、『凌雲集』と呼ばれるのが普通である。

■冒頭文■
臣岑守言：魏文帝有曰：「文者經國之大業，不朽之盛事。年壽有時而盡，榮樂止乎其身。」信哉。

<内容>

782年（延暦元年）から814年（弘仁5年）の間の詩人23人、詩90首[2]を収録し、漢詩文全盛期を象徴する格調高く華麗な作品が多い。
　最初は平城上皇(へいぜい)で、次に嵯峨天皇、その次に嵯峨天皇の皇太弟(こうたいてい)[3]の大伴親王(おおともしんのう)が続き、以降は上位から下位の貴族である[4]。
　序文冒頭の「岑守」とは、編者の小野岑守を示す。魏の文帝(ぶんてい)の「文章は経国の大業にして不朽の盛事なり」という言葉を引用し、詩文と国家との深い関わりを説く。この政治思想を**文章経国思想**(もんじょうけいこくしそう)といい、嵯峨天皇の時代に最重要視された。

■『凌雲集』の漢詩 ■

● 「秋日入深山」　嵯峨天皇

歷覽那逢節序悲	深山忽感宋生詞	牛天極嶂煙氣入	暗地幽溪日影遲
聽裏清猿啼古木	望前寒雁雜涼飇	炎氛盛夏風猶冷	況□高秋落照時

● 「秋晚侍内殿宴」　大伴親王

李序將除風既冷	禁垣木葉共含秋	當時聖主賜霑澤	不測鴻恩分外優
舞態近□看處變	歌聲遙入聽中留	微臣荷德良無力	但壽天基獻山丘

● 「遠使邊城」　小野岑守

王事古來稱靡監	長途馬上歲云闌	黃昏極嶂哀猿叫	明發渡頭孤月團
旅客期時邊愁斷	誰能坐識行路難	唯餘敕賜裘與帽	雪犯風牽不加寒

＜漢詩集＞

　表 6-1 に示される通り、勅撰漢詩集には、『**凌雲集**』の他に『**文華秀麗集**』、『**経国集**』がある。このうち『経国集』は漢詩の他に漢文もある。いずれも中唐期の影響を受けて五言詩が少なく七言詩が多い。三つの漢詩集を成立順に見ると、巻数、作者数、作品数において規模が拡大していくのがわかる。嵯峨天皇の作った漢詩文の数は、三集でいずれも最多である。淳和天皇は『経国集』のほかに『新撰格式』、『令義解』などを撰した。

表 6-1　勅撰漢詩集

作品名	成立	巻数	作者・詩の数	勅命した天皇
『凌雲集』	814 年	1	23 人・90 首	嵯峨
『文華秀麗集』	818 年	3	28 人・140 余首	嵯峨
『経国集』	827 年	20	178 人・1000 編余	淳和(じゅんな)

＜唐風謳歌時代＞

　平安時代初期の日本は、律令国家体制を模範とするなど唐風文化の摂取に力を入れた。第 50 代桓武天皇（在位 25 年、父は光仁天皇）の時代にはその傾向が特に強まり、三人の皇子、平城（在位 3 年）、嵯峨（在位 14 年）、淳和（在位 11 年）も漢詩文を愛好したので、宮廷人の間で漢文詩が盛んとなった。盛唐の詩にならった華麗な七言詩を中心とする漢詩が流行し、宮廷の宴会などでは詩賦が作られた。まさに**唐風謳歌時代**であり、漢詩は公的な文学とみなされ、『凌雲集』をはじめとして『文華秀麗集』(818年)、『経国集』（827 年）などの勅撰漢詩集が編纂されるに至った。一方、日本独自の文学である和歌は私的な文学と認識され、個人的にひっそりと詠まれる程度であ

った。この時代を**国風暗黒時代**とも称する。

ともに示す時代は同じだが、視点が異なり、呼称もそれに反映されるわけである。

◆　◆　◆

■ 四道 ■
- 紀伝道……史記、漢書、文選などの史書や詩文
- 明経道……論語や孝経などの経学
- 明法道……律、令などの法律
- 算道……算術、数学

【コラム　1. 四道】

　日本は隋の時代から律令制を学び、政治体制の中に組み入れようと志向してきたが、律令制が本格化するのは701年の**大宝律令**の制定・施行[5]からである。そして8世紀初期から後期にかけて律令制の最盛期となる。時代の進展とともに律令制が日本の実情に合致しない点も出現したが、修正するなどして対応した。この頃の日本は、制度のほか長安を真似た平安京や漢詩文など唐文化を摂取して自国の水準を高めていた。平安時代の官僚養成機関である**大学寮**[6]では、六学科が設置され、官僚候補生の学生に講義がなされていた。中でも重要な四学科を総称して**四道**といった。学問は他に音道（中国語の発音）と書道がある。

　嵯峨天皇が治世する時代にもっとも重視されたのは紀伝道であった。漢詩の学習と創作の気運が最高潮に達する中で『凌雲集』が編まれたのである。嵯峨天皇自身、優れた詩文を書き、書道の技術も高く**三筆**[7]の一人に数えられる。天皇の教養の高さはこの時代の漢詩文隆盛に少なからず影響している。

【コラム　2. 最澄と空海】

　平安時代になり、天才的僧の**最澄**（767〜822、諡号は伝教大師など）と**空海**（774〜835、諡号は弘法大師）が現れる。ともに唐で仏教を学び、帰国後、最澄が806年に比叡山で**天台宗**を開き（日本天台宗の開祖）、空海が816年に高野山で**真言宗**を開いた（日本真言宗の開祖）。山中に寺を建てそこで修行する**山岳仏教**[8]が平安仏教の特徴であった。奈良時代の政治に密着した仏教を世俗化させ、真剣に仏道を求める姿勢が山岳仏教を産んだ。しかし仏教は庶民からは遠い存在であった。空海が布教したり**空也**[9]が念仏による庶民の教化を行っているが、全般的にこうした活動は少なく、仏教が真の意味で庶民に解放されるのは鎌倉時代まで待たなければならなかった。

【コラム　3. 弘仁・貞観文化】

　日本の文化史は飛鳥文化、白鳳文化、天平文化と続き、**弘仁・貞観文化**に至る。時代的には弘仁（810〜824）・貞観（859〜877）の期間を中心とし、特色として晩唐文化の影響が挙げられる。文学では勅撰漢詩集の他、空海の漢詩文集を弟子が編纂した『**性霊集**』（835年頃）がある。他に説話集『日本霊異記』がある。

　芸術では、空海と最澄が伝えた密教の影響で密教画などの仏教文化が隆盛し

> た。特に空海は中国から多数の絵画、仏典、法具類を持ち帰り、病気・災難を除く儀式を行った。それは鎮護国家としての仏教が個人の現世利益にも関わっていくという変化を意味した。教育では大学教育が最盛期を迎え、大学別曹(だいがくべっそう)も設置された。これは有力貴族が師弟の教育のために大学寮付近に設けた私的な寄宿・学問施設であり、下に一例を記す。
> - 和気広世(わけのひろよ)……弘文院(こうぶんいん)
> - 藤原冬嗣(ふじわらのふゆつぐ)……勧学院(かんがくいん)
> - 橘嘉智子(たちばなかちこ)・氏公(うじきみ)[10]……学館院(がっかんいん)
> - 在原行平(ありわらゆきひら)……奨学院(しょうがくいん)
>
> 庶民教育機関としては空海が創立した綜芸種智院(しゅげいしゅちいん)がある。これは**日本最初の私塾**で、儒教・仏教などを教えていたが、空海の死後は後継者がなく廃絶となった。

課題研究

1　『凌雲集』が成立した背景を述べなさい。
2　漢詩文が隆盛した原因を述べなさい。
3　3つの勅撰漢詩集を比べて分かることを述べなさい。
4　『凌雲集』の概略を述べなさい。
5　大学寮について要点をまとめなさい。

注　釈

1. 日本の朝廷の儀式や風俗が唐の様式に改められたのは菅原清公（770～840）の建議による。
2. のちに1人1首が加えられた。そのため現存する『凌雲集』では24人、91首となっている。
3. 皇太弟は皇位を継ぐことになっている天皇の弟。
4. 平城は第51代、嵯峨は第52代、淳和(じゅんな)（大伴親王）は第53代天皇である。
5. 大宝律令の編纂に携わった藤原不比等は、その後、宮廷で権力を握り、のちの藤原氏の繁栄の基盤を作った。
6. 大学寮は律令制による官僚養成のための最高の教育機関、式部省の管轄に属する。
7. 三筆は平安時代初期の能書家、空海、橘逸勢(たちばなのはやなり)、嵯峨天皇の三者を指す。
8. 山岳佛教は平安時代の天台宗、真言宗及び修験道などを指す。山林仏教ともいう。
9. 空也（903～972）は平安中期の僧。諸国を巡り、踊り念仏と、阿弥陀仏の名号を唱え民衆を教化した。
10. 橘嘉智子と氏公は、姉・弟の関係。

第7章　日本霊異記

■成立：9世紀初め　■説話文学　■全3巻　■編者：景戒

キーワード：初の説話集、仏教伝来、平安遷都

<編者>

景戒　景戒は「きょうかい」ともいう。生没年不詳。平安初期の法相宗の僧。紀伊国名草郡（今の和歌山県）の出身と推測される。最初私度僧[1]として宗教活動を行い、のちに薬師寺の正式な僧となった。「仏像、経典、出家者の三つを信心すれば利益が得られる」という教えを中心とした。

<成立>

『**日本霊異記**』は日本**最初の説話集**である。『にほんれいき』ともいう。成立年は未詳であるが、810年から824年の間とされる。元慶6年（882年）ごろ成立という説もある。正式には『日本国現報善悪霊異記』という。中国の説話集『冥報記』などに触発されて編集したと思われる。中国説話の翻案、記紀説話と民間の古伝承、因果応報説話などを含み、雄略天皇から嵯峨天皇の頃まで、約350年に渡る説話が収録されているが、その多くは奈良時代のものである。上巻35話、中巻42話、下巻39話、合計116話で、年代順に配列、文体は変体漢文である。平安時代後期の最大の説話集『**今昔物語集**』は70話以上を『日本霊異記』から引用している。

　説話の内容は、キツネと人間の恋、雷神と人間との対決など怪異的である。聖徳太子や**行基**など実在する人物にまつわる話も出てくる。登場人物は、皇族、貴族、高僧、乞食僧、庶民と非常に幅広い。説話の大部分は因果応報に関係し、善い行いをすれば善い報いを受け、悪い行いをすれば悪い報いを受けるとする。景戒の意図は、この因果応報の話を通して人々に善行を進め、悪行を戒めるところにあった。景戒は若い頃、私度僧として庶民とともに暮らしていたので、民間伝承も採集できたと思われる。

<景戒の意図>

　上述したように景戒の時代、民衆と仏教の関係は希薄であったので、民間伝承の仏教説話も無かったと思われる。景戒は市井で得た怪異性の強い話に因果応報を絡めて

庶民に仏教を説いたのが実情だと推察される。仮に仏教の因果応報だけを説いても、具体性や面白みがないため庶民を引き付けることは出来ない。景戒はやがて国から僧と認められて薬師寺に定住し、それらの説話を元に『日本霊異記』の撰述を開始することになる。

この書物の中で景戒は行基を賛美し、文殊菩薩（もんじゅぼさつ）の生まれ変わりだとさえ述べている。景戒の『日本霊異記』編纂の意図は、この書物を通して庶民への教化を行うことであったと思われる。庶民は病や貧困で苦しんでおり、強奪などの反道徳的行為に走る者もいたであろう。そこに因果応報の道理を持ち込み人々の考えと行動を改めることを期待したのである。庶民は文字など読めないが、僧侶はこの書物をもとに話を聞かせることができる。

■『日本霊異記』本文■

昔、故き京の時に、一人の愚人有りき。因果を信けず。僧の食を乞ふを見て、忿りて撃たむと欲ふ。時に、僧、田の水に走り入る。追ひて執ふ。僧、忍ぶること得ずして、咒縛す。愚人顛沛れ、東西に狂ひ走る。僧、即ち遠く去り、眄瞻ること得ず。其の人に二の子有り。父の縛を解かむと欲ひ、便ち僧の房に詣りて、禅師を勧請す。禅師、其の状を問ひ知りて、行き肯にす。二の子、懃に重ねて拝み敬ひ、父の厄を救はむことを請ふ。其の師、乃ち徐に行き、観音品の初段を誦し竟れば、即ち解脱すること得たり。然して後に、乃ち信心を発し、邪を廻らして正に入りき。（悪人、乞食の僧を逼して、現に悪報を得し縁　第十五）

<解釈：昔、因果応報を信じない一人の愚人がいて、食べ物を恵んでもらおうとする僧を馬鹿にして殴った。すると僧に呪いをかけられ、気が狂ってしまった。愚人の二人の子は禅の師に、父を救ってもらうように強くお願いした。師は「経典の初段を唱えれば、正気が戻る」とした。それを実行すると、愚人は無事に正気に戻ることができた。（悪人は乞食の僧を見下したから悪報を受けた　第十五）>

<本文>

『日本霊異記』における善行は、施し、放生（ほうじょう）[2]、写経（しゃきょう）などである。悪事は盗み、殺人、動物の殺生などで、特に悪いのが僧侶を侮辱したり危害を加えたりすることである。これらの価値観がよくわかる説話を右に抜粋する。

◆　◆　◆

【コラム　1．仏教伝来と行基】

仏教が日本に伝わったのは紀元 538 年、または 552 年と言われている。最初は仏教を排斥する動きもあったが、最終的には国家を鎮め護るためのものとして保護された。僧侶は官僚としての身分を与えられ、寺院で学問と修行に努め、**鎮護国家**（ちんごこっか）のために法会（ほうえ）や祈祷（きとう）を行った。律令の僧尼令（そうにりょう）は僧の規則を定め、民間への布教活動を禁止していたが、奈良時代の私度僧の行基（668〜749）は庶民に仏教の伝道を行っていた。土木技術の知識も生かして、自分を慕う者たちを

引き連れて各地に橋を架けたり堤を築いたりした。朝廷はこの事態が民衆を支配する妨げになると判断し、行基を弾圧したが、のちに行基を利用して民衆の労働力と資本を引き出し国分寺や大仏を建築した。その背景には、藤原広嗣の乱³、風水害による飢饉、天然痘の流行など社会の乱れがあり、聖武天皇は仏教に帰依して寺院建築を決意したのであった。建築事業は順調に進み、745年、朝廷は行基に仏教界の最高の地位である大僧正の位を贈った。

【コラム　2．平安遷都の理由】

　平安遷都にはいくつかの理由がある。奈良時代末期、794年（延暦13年）、桓武天皇は藤原氏の勢力を抑え、崩壊の危機に瀕した律令政治を立て直すために、都を平城京から平安京に移した。しかしこの目標は達せられず、結果的に藤原氏が広大な荘園を土台にして子女を入内させ、摂関政治を始めるに至った。

　別の理由として、怨霊から逃れるためだったという説がある。早良親王や、他戸親王とその母親の井上内親は、権力を握ろうとする藤原氏の策謀にかかり不本意な死に方をした。彼らの死後、怪奇現象が発生したり、桓武天皇の周囲の者達が次々に怪死を遂げたりした。桓武天皇は怨霊を恐れ、中国の風水で新都の最適な造営地を探し、平安京を建てたと言われる。当時は怨霊の実在が信じられていたのである。

　最後に、朝廷からの仏教勢力の排除が遷都の理由として挙げられる。鑑真らの活躍で仏教が発展したが、鎮護国家思想と政治が密接に結びついたため、僧の権力が強まり、道鏡は天皇の座を狙おうとさえした。桓武天皇はこれらの勢力を削ぐために遷都を断行したと言われる。

課題研究

1. 『日本霊異記』の概略を述べなさい。
2. 『日本霊異記』に見られる価値観や思想について述べなさい。
3. 奈良時代の仏教について述べなさい。
4. 平安時代の仏教について述べなさい。
5. 行基、景戒、空也について調べてまとめなさい。

注　釈

1. 私度僧は寺院で正式な修行を積んだことのない僧。
2. 放生は捉えた鳥や魚を、殺さずに、放してあげること。
3. 藤原広嗣の乱は九州で起こった反乱事件。

■日本文学史

第8章 竹取物語

■成立：9世紀末〜10世紀初め　■伝奇物語　■全1巻　■作者未詳

キーワード：仮名文字、物語の祖、伝奇物語

<作者・成立>

　作者、成立ともに不詳であるが、作者は漢学や民間伝承の知識が物語に生かされていることから、作者は男性の知識人と考えられている。成立は平安初期の9世紀末から10世紀初めと推定される。原本は現存していないが、最古の写本は安土桃山時代のものである。

　元々口承文学として伝えられたものが、『後漢書』[1]、『白氏文集』[2]など漢籍の影響を受け、漢文の形で完成され、後に平仮名で書き改められたと考えられている。チベットにも『竹取物語』とそっくりの物語がある。斑竹の中から出現した可憐な童女をヒロインにした『斑竹姑娘』である。

<評価・文体>

　『竹取物語』は日本**現存最古の物語、仮名文字による物語文学の最初の作品**である。古くは「竹取の翁」、「かぐや姫」とも呼ばれて親しまれてきた。『万葉集』16巻の第3791歌には「竹取の翁」が天女を詠んだ長歌もあり、『源氏物語』にも「**物語の出で来はじめの祖**」と評されている。10世紀の『大和物語』、『宇津保物語』や11世紀の『栄花物語』、『狭衣物語』等にも言及が見られる。

　文体は漢文の訓読文体風で、中国の古典と古くからの**伝説**を巧みに融合させている。

<内容>

　『竹取物語』は三部構成である。光り輝く竹の中から現れ、竹取の翁の夫婦に育てられたかぐや姫が、五人の貴公子の求婚に難題を出し、帝の召しにも応じず、満月の夜、月の世界に去る。羽衣説話を中心として、化生、致富長者、求婚難題など各説話が生かされている。

第1部
　竹細工作りの老人が光り輝く竹を見つける。竹を割ると，10センチほどの女の子がいて，老人はその子を連れて帰り、妻と育てた。3ヵ月で、その子は美しい女性に成長した。

第2部
　かぐや姫は美しく成長し、やがて5人の貴公子から求婚された。かぐや姫は結婚の条件として、入手不可能な贈り物を彼らに要求した。貴公子たちは偽物を持ってきたり、作ったりしたが、すべてかぐや姫に見透かされ、拒否されてしまう。帝もかぐや姫の噂を聞き「宮仕えに来てほしい」と遠まわしにプロポーズするが、断られてしまう。

第3部
　3年が経った頃、かぐや姫は老夫婦に「自分は月の世界の人間で、次の8月15日の満月の夜、月から迎えが来る」ということを打ち明ける。帝は老夫婦からその話を聞き、兵士を準備してかぐや姫を守ろうとした。しかし月から船がやって来た途端、謎のパワーで兵士たちは身動きが取れなくなる。かぐや姫は老夫婦との別れを惜しむが、船の使者に着せられた「天の羽衣」ですぐに記憶を失ってしまう。そしてかぐや姫は月に帰っていくのであった。

■ 竹取翁説話 ■
竹を取ることを生業とする翁が、山野で神女と出会う、という説話。

■ 難題求婚説話 ■
青年が、娘の父親から課せられた難題を克服し結婚に到る。

■ 白鳥処女説話 ■
天界の少女が白鳥になって地上に降りる。湖で入浴中に人間の男に衣を隠され、男の妻となるが、衣を取り戻して天界へ戻る、という説話。

■『竹取物語』の冒頭文 ■
　今は昔、竹取の翁(おきな)といふ者ありけり。野山にまじりて竹を取りつつ、よろづのことに使ひけり。名をば、さかきの造となむ言ひける。その竹の中に、もと光る竹なむ一筋ありける。あやしがりて寄りて見るに、筒の中光りたり。それを見れば、三寸ばかりなる人、いとうつくしうてゐたり。
＜解釈：今はもう昔のことだが、竹取の翁という者がいた。野山に入って竹を取り、いろいろなことに使っていた。名前を、さかきの造と言った。さて、竹の中に、根元が光る竹が一本あった。不思議に思って近寄ってみると、竹の筒の中が光っている。中を見ると、三寸ぐらいの人が、とても可愛らしい様子で座っている。＞

＜貴公子のモデル＞

　『竹取物語』には五人の貴公子が出てくるが、そのうち三人は実在する人物の名前が使われ、いずれも奈良時代の権力者である。残りの二人も実際にモデルがいるのではないかと推測された。多治比嶋は石作氏を一族に持つから、江戸時代の学者が、「石作皇子は多治比嶋である」とみなした。また実在の藤原不比等の母親が車持氏であることから、「車持皇子は藤原不比等である」とした。モデルはすべて『竹取物語』の成立より約200年も前の人物である。登場人物とそのモデルを表8-1にまとめる。

表 8-1　『竹取物語』登場人物とモデル

貴公子	モデル	生没年	要求された贈り物
石作皇子	左大臣多治比嶋	624～701	天竺の仏の御石の鉢
車持皇子	右大臣藤原不比等	659～720	蓬莱の玉の枝
右大臣阿部御主人	右大臣阿部御主人	?～703	火鼠の皮衣
大納言大伴御行	大納言大伴御行	635～701	龍の頸の五色の玉
中納言石上麻呂	左大臣石上麻呂	640～717	燕の子安貝

　「天竺の仏の御石の鉢」はインドにある。当時は渡海するだけでも命がけであり、仮にインドに無事に着けたとしてもその宝物が見つかるとは限らない。「蓬莱の玉の枝」は東の海の蓬莱山にあり、根は白銀、茎は黄金、実は白玉（真珠）でできている木の枝である。「火鼠の皮衣」は大陸の南方に棲息する伝説の生き物「火鼠」の皮で作った服で、火を付けても燃えない。「龍の頸の五色の玉」は龍の口の中にある五色の玉で、龍を倒さなければ得られない。「燕の子安貝」は雀が生んだ子安貝である。子安貝自体はそれほど珍しくないが雀はそれを産めない。

　以上のように贈り物の入手は困難を極めた。それでも貴公子たちはかぐや姫との結婚を切望し、贈り物を求めて怪我をしたり、しつこく姫を口説くも無視されたりと無様な姿が描かれる。ここから『竹取物語』の作者は、実在する人物・一族に恨みを持つ者という推測が成り立つ。作者の祖先が権力争いの中で憂き目に遭わされ、その子孫が物語の中で復讐を果たしたのであろう。

【コラム　仮名の歴史】

　平仮名はどうやって生まれたのだろうか。まず万葉仮名があった。これを早書きするために字体を崩す、画数を省略する、といった工夫がなされ、草仮名が生まれた。草仮名で文章が書かれるようになると字体は次第に洗練されていった。草仮名は書き崩され、一つの字体が持つ音も一つに絞り込まれていった。要するに書き手が使いやすいように変わったのである。こうして現在の平仮名ができたと言われる。

　『竹取物語』は成立年がはっきりしないので、平仮名で書かれた一番初めの作品と断じることはできないが、最初期の作品であることは間違いない。そのほか、905年の『古今和歌集』の仮名序、935年の『土佐日記』、10世紀中頃までに成立した『伊勢物語』も平仮名で書かれている。

　平仮名が歌の表記に用いられるようになったのは9世紀後半からである。公

的な文書の登場では『古今和歌集』の仮名序である。それ背景には国風文化の隆盛があった。平仮名の文章は漢文より一段低いものとして捉えられていたが、徐々に漢文と同等の地位が与えられるようになった。

課題研究

1. 『竹取物語』の概略について述べなさい。
2. 『竹取物語』が成立した時代背景を述べなさい。
3. 『竹取物語』が後世の伝奇物語に与えた影響について述べなさい。
4. 仮名の歴史について述べなさい。
5. 『竹取物語』と現実の関係について述べなさい。

注 釈

1. 『後漢書』は史書、120巻。南北朝宋の范曄(はんよう)(398〜445)らの編。その中の「東夷伝」に日本に関する記述があり、日本でも有名。
2. 『白氏文集』は全71巻、中唐詩人白居易(772〜846)の詩文集。

■ 日本文学史

第9章 伊勢物語

■ 成立：10世紀初め～中頃　　■ 歌物語　　■ 全1巻　　■ 作者未詳

キーワード：初の歌物語、物語文学、国風文化

<作者と書名>

作者については諸説あるが不明。『源氏物語』、『狭衣物語』などに「在五が物語」、「在五中将の日記」という別称も見え、古くはこのように呼ばれていたと推定できる。

<成立>

阿保親王の第五男、第51代平城天皇の孫である**在原業平**（ありわらのなりひら）にゆかりのある人によって、原型の『**伊勢物語**』（いせものがたり）が書かれたのは9世紀の終わり頃であり、業平の歌とそれにまつわる物語が中心であったようである。以後70年の間に複数の作者の手を経て、何回かにわたって書き継がれて、10世紀の半ば頃、現在の形になった。

■ 第1段の冒頭文 ■

　むかし、男初冠して、奈良の京春日の里に、しるよしして、狩りに往にけり。その里に、いとなまめいたる女はらから住みけり。この男かいまみてけり。思ほえず、ふる里にいとはしたなくてありければ、心地まどひにけり。男の、着たりける狩衣の裾を切りて、歌を書きてやる。その男、しのぶすり（※忍草の葉をすりつけて染たもの）の狩衣をなむ着たりける。
　春日野の若紫のすりごろもしのぶの乱れかぎり知られず。
<解釈：ある男が成人したとき、奈良の春日の里に狩りに出かけたが、そこには美しい姉妹が住んでいて、男は見とれてしまった。男は着ていた服の裾に歌を書いて、女に送った。その服はしのぶずりの文様だった。あなたがたは春日野の若紫のように美しい。私の心も、この狩衣のしのぶの模様のように乱れ狂っています。＞

<評価と文体>

『伊勢物語』は日本文学**初の歌物語**である。歌を中心として散文で物語を描き、和歌で心情を詠む短編集であり、和歌の詞書が拡大されて出来たとも言える。その成立の背景には、和歌の意味やその作者や成立事情を人の前で語る**歌語**（うたがたり）がある。歌語は口

第9章 伊勢物語

頭表現であるが、これが文字で記され、創作が加えられて、歌物語の基盤となった。

　『伊勢物語』の和歌には回想、詠嘆性の強い助動詞「けり」が効果的に使われ、全体的に簡潔で、優雅さに富む。和歌の叙情性を叙事的な散文の世界に生かし、新しい物語文学を作り上げた点に文学史的価値があり、『源氏物語』の主人公光源氏の人物造型にも大きな影響を及ぼした。絶世の美男子といわれた業平は、その愛と**みやび**によって、日本古典文芸の中心に位置している。

■ 後世への影響 ■
　『伊勢物語』は中古の物語文学の変遷に大きな影響を与え、中世以降にもいくつかの作品が『伊勢物語』から翻案しており、時代を通じて人々の関心を集めている。
●中世……能の作品『井筒』、『杜若』
●近世……浮世草子『好色一代男』
●近代……小説『たけくらべ』

＜内容＞

　『伊勢物語』は全125段で、書き出しのほとんどは「昔、男ありけり」で始まる。各段に一首以上の和歌を配し、計209首を収める。男女の恋愛にまつわる話が多い。
　物語中、主人公の具体的な名前はないが、この「男」は実在の人物、在原業平だと考えられている。業平は六歌仙[1]の一人であり、貴族出身で、恋愛の情趣を理解する男性として、人々の理想像であった。第1段は元服[2]

■ 第69段の冒頭文 ■
　むかし、男ありけり。その男伊勢の国に、狩の使いにいきけるに、かの伊勢の斎宮なりける人の親、「常の使よりは、この人、よくいたはれ」といひやれりければ親のことなりければ、いと懇にいたはりけり。
＜解釈：昔、男がいた。その男は狩の使いとして伊勢に行った。すると、伊勢の斎宮の親が、「この人を、いつもの勅使よりも丁重におもてなしするのですよ」と言ったので、女は言われたとおり、手厚くもてなしたのだった。＞

であり、最後の125段は死で終わっている。ここから伊勢物語は業平の一代記を描いたものとして認識されているが、すべてが実話ではなく、明らかに虚構の物語もある。
　全125段の中で、最初に伊勢を舞台とする第69段が書かれ、そのあと各エピソードを付け足していって最終的に完成したと考えられており、作者も複数いたと思われる。

＜文学史　1．物語文学（中古上）＞

　最初の物語系譜は大別して伝奇物語と歌物語という二つの系列に分けられる。伝記物語は伝承説話から発展した空想的、伝奇的な物語で、次第に現実性を帯びるようになり、『竹取物語』に始まって、『宇津保物語』、『落窪物語』という流れを組む。歌物語は、ある歌に関してその事情を語る歌語から発展した短編物語であり、『伊勢物語』に始まって、『大和物語』、『平中物語』と続いていく。
　11世紀前半、この二種類の文学を融合し、さらに日記文学の伝統も引き継いで、

平安女流文学最盛期の『源氏物語』が生まれた。その後、貴族社会の衰退にともない、物語文学も衰微していく。『源氏物語』の世界に憧れ、『夜の寝覚』など多くの物語が書かれたが、評価のあるものは少ない。表9-1に物語文学の系譜を整理する。

表9-1　物語文学の系譜

平安時代前期～中期	中期	平安時代後期
＜伝奇物語＞『竹取物語』→『宇津保物語』→『落窪物語』 ＜歌物語＞『伊勢物語』→『大和物語』→『平中物語』	『源氏物語』	『夜の寝覚』『狭衣物語』 『堤中納言物語』など

◆　◆　◆

【コラム　国風文化】
　日本は7世紀から9世紀にかけて中国文化の摂取に努めたが、10世紀から12世紀は日本固有の文化を育成した。894年に遣唐使が停止されたことが契機となり、万葉仮名を基本として、その草体を簡略化した平仮名文字の発明と普及は、細やかな感情表現をも可能にした。平仮名は最初、女性の間で発達したので、「女手」とも呼ばれた。平安時代中期からは男性も私的な書き物に平仮名を使うようになった。その一方、漢詩文は衰退して、和歌が再び盛んになり、『古今和歌集』が編纂されて貴族文学の中心となった。平仮名の発明と普及は国風文化発展の大きな要因である。
　六国史の最後の書『日本三代実録』（901年）が完成し、六国史の分類書『類聚国史』（892年）が成ったのもこの時代である。浄土教が流行し、美術や建築に影響を与え、更に藤原氏が栄華を極めた優雅な貴族文化でもあった。

課題研究

1. 『伊勢物語』の概略について述べなさい。
2. 歌物語の定義を述べなさい。
3. 『伊勢物語』と関連のある文学作品を挙げなさい。
4. 『伊勢物語』の文学史的意義を述べなさい。
5. 国風文化の発生とその内容について説明しなさい。

注　釈

1. 六歌仙は和歌の巧みな六人で、在原業平、小野小町、僧正遍昭、文屋康秀、喜撰法師、大伴黒主。いずれも9世紀末の人。業平（825～880）の歌は『古今集』に30首が採用され、宮廷の史書『三代実録』によると、「よく倭歌を作る」として大変ほめそやしている。
2. 元服は奈良時代以降の、男子が成人になったことを示す儀式。11～16歳に実施された。

第10章　古今和歌集

■成立：905年　■勅撰和歌集　■全20巻　■撰者：紀貫之ほか

キーワード：初の勅撰和歌集、仮名序、六歌仙、古今伝授

<撰者・成立>

905年（延喜5年）醍醐天皇の勅命により、当時の代表的歌人である**紀貫之**（きのつらゆき）、紀友則[1]、壬生忠岑（みぶのただみね）、凡河内躬恒（おおしこうちのみつね）の4人が撰者となって、『**古今和歌集**』（こきんわかしゅう）を完成させた[2]。略して『古今集』ともいう。「古」は『万葉集』から後の時代を、「今」は撰者たちの時代を指している。成立当時は『続万葉集』とも呼ばれる。日本**最初の勅撰和歌集**として、後の勅撰歌集（8代集）の規範となった。

平安時代初期において、宮廷や貴族社会は中国文化の影響が強く、和歌は私的に細々と詠まれるのみであった。その後、和歌の地位が次第にあがり、双方の文学の交流が見られるようになる。893年の『新撰万葉集』は和歌と漢詩訳を配置し、翌年の『句題和歌』は漢詩の句を題にして和歌を詠んでいる。この過渡期を過ぎた後、和歌が隆盛し、宮廷の公的文学の地位を占めるに至る。**歌合**（うたあわせ）や**屏風歌**（びょうぶうた）が盛んに行われ、優れた歌人を輩出した。多彩な表現技法の発達、美意識や心情表現する新風を導き、「古今調」として確立した。

漢詩文衰退の原因としては平安中期以降から門閥が重視され、漢詩文に出世という現実的効用がなくなったことも挙げられよう。また、女性たちの手によって仮名が生まれ、歌文が仮名で書かれるようになった。唐の衰滅を理由に894年遣唐使派遣が廃止されたことも**国風文化**[3]を促進した。こう

■ 歌合と屏風歌 ■

歌合は歌人が左右2組に分かれ、歌題をもとに歌を詠み、優劣を競いあう遊戯である。9世紀末から実施され、鎌倉時代まで続いた。屏風歌も同時期に始まったもので、大和絵の屏風に和歌を詠み添える遊戯である。和歌はもともと抒情的な性格だったが、このように社交の場で詠まれるようになってから、知的、客観的、技巧的な傾向を増していくのだった。

■ 仮名序の冒頭文 ■

やまとうたは、人のこころを種として、万の言の葉とぞなれりける。世の中にある人、ことわざ繁きものなれば、心に思ふ事を、見るもの聞くものにつけて、言ひ出せるなり。花に鳴く鶯、水に住む蛙の声を聞けば、生きとし生きるもの、いづれか歌をよまざりける。力をも入れずして天地を動かし、目に見えぬ鬼神をもあはれと思はせ、男女のなかをもやはらげ、猛き武士の心をもなぐさむるは、歌なり。

して宮廷の公的な文学は漢詩から和歌に代わっていき、醍醐天皇が勅撰和歌集を発案するのも自然な流れであった。

<内容>

『古今集』は全20巻、約130人の歌を収録する。1111首の歌があり、長歌5首、旋頭歌4首以外はすべて短歌である。仮名文の**仮名序**と漢文の**真名序**が付されている。前者は紀貫之、後者は**紀淑望**（？〜919）が執筆したもので内容に大差はない。仮名序は流麗かつ平明な文章で和歌の本質や性格、分類を述べる他に、歌聖の柿本人麻呂と山部赤人を称賛している。また六歌仙についても評している[4]。ここで貫之は、和歌は漢詩と対等の文学であることを主張している。「古今時代」の歌風に対する文学的自覚と抱負を示し、日本文学史上**最初の歌論**（文学論）としての史的意義も高い。

部立[5]を表10-1に示す。数字は巻数を表す。

表10-1 『古今和歌集』の部立

1	2	3	4	5	6	7	8	9	10
春上	春下	夏	秋上	秋下	冬	賀	離別	羈旅	物名
11	12	13	14	15	16	17	18	19	20
恋一	恋二	恋三	恋四	恋五	哀傷	雑上	雑下	雑体	大歌所御歌他[6]

1巻から6巻までの春・夏・秋・冬は文字通り四季の歌である[7]。『古今集』以後も勅撰和歌集が編纂された。表10-2に見るように歌集名は「〇〇和歌集」で統一され、巻数も『金葉和歌集』と『詞花和歌集』を除き20巻である。また部立も、「春」、「夏」と季節が展開されてから「賀」や「離別」などが続く。

表10-2 八代集

代	歌集名	巻数	成立	勅命者	主な撰者
1	『古今和歌集』	20	905年	醍醐天皇	紀貫之
2	『後撰和歌集』	20	951年以降	村上天皇	源順
3	『拾遺和歌集』	20	1005〜1008年	花山院	花山院
4	『後拾遺和歌集』	20	1086年	白河天皇	藤原通俊
5	『金葉和歌集』	10	1127年	白河院	源俊頼
6	『詞花和歌集』	10	1151〜1154年	崇徳院	藤原顕輔
7	『千載和歌集』	20	1187年	後白河院	藤原俊成
8	『新古今和歌集』	20	1205年	後鳥羽院	藤原定家

このような形式が8代の『新古今和歌集』まで踏襲された。もっとも部立の名称や種類は各和歌集によって異なる。例えば『拾遺和歌集』では「雑春」、「雑秋」、「雑恋」、「釈教歌（仏教関係の歌）」など新しい名称があり、『金葉和歌集』では「連歌」の部立が新たに設置されている。

ところで4代の『後拾遺和歌集』の歌風には、『古今集』の伝統を守るものと新しさを志向するものの両面がある。このうち新しさを重視したのが5代『金葉和歌集』で、庶民的な題材、かつてないような清新な叙景歌、奇抜な着想・表現が認められる。6代『詞花和歌集』も基本的に『金葉』を引き継ぎ、巻数もともに10巻で、部立も「連歌」がないだけで他は一致している[8]。

■部立■
- ◆ 賀……老齢を祝う歌
- ◆ 離別……官人の地方赴任に際しての送別歌
- ◆ 羇旅（きちょ）……官人の旅中の歌
- ◆ 物名（もののな）……物の名称を隠し題として詠み込んだ歌
- ◆ 哀傷……人の死を悲しむ歌
- ◆ 雑（ぞう）……老齢や無常を嘆く歌
- ◆ 雑体（ざってい）……長歌、旋頭歌、誹諧歌
- ◆ 大歌所御歌……その他の儀式歌

この流れを止めて伝統的な和歌に立ち戻ろうとしたのが7代の『千載和歌集』であった。編纂作業の時期は、平氏と源氏の戦い、そして源氏政権が始まろうとする激動期である。編者には、王朝文化への憧憬から伝統に立ち返ろうとする意識が働いたのであろう。その意識は武家政権樹立後に成立した8代『新古今和歌集』で最高の高まりを見せる。

1代から3代を「**三代集**」、1代から8代を「**八代集**」という。勅撰和歌集はこの後21代まで続くが、9代から21代を「**十三代集**」と呼ぶ。

＜歌風と時期区分＞

■第1期■
山桜我が見にくれば春霞峰にもをにも立ち隠しつつ　（巻1）
＜解釈：自分が山桜を見に来ると、春霞が峰にも尾にも広がって、桜を見せてくれない。＞
梅の花 見にこそきつれ うぐひすの ひとくひとくと いとひしもをる[9]（巻19）
＜解釈：梅の花を見にきたのに、そこにいるウグイスが「人が来た」と私のことを嫌がっている。＞

『古今集』は9世紀の初めから10世紀の中頃まで、約150年の間に詠まれた歌を収録しているが、歌風の展開上、次のように大きく三つの時期に分かれる。

● **第1期　詠み人知らずの時代**

漢詩文が隆盛した時期に詠まれた和歌。『万葉集』から『古今集』への過渡的の歌で、平明、素朴、民謡風、五七調を特徴とする。第1期の歌が全体の四割を占める。「詠み人知らず」の歌の中には、「歌合」や「私家集」の研究から、作者の分かる歌もある。

● 第2期　六歌仙の時代

　時期的には六歌仙が活躍した850年から890年に当たる。古今集の歌風を確立しつつある段階で、七五調の技巧的な歌が目立つ。

　六歌仙のうち、**喜撰法師（きせん）、文屋康秀（ぶんやのやすひで）、大伴黒主（おおとものくろぬし）** の詳細は不明である。僧侶としても功績をあげ、逸話も多い僧正遍昭（照）は17首入集、『伊勢物語』でも知られる在原業平は30首で、歌人としての評価の高さを示す。18首入集した小野小町は古代屈指の女流歌人だが、生涯は伝説に包まれている。昔から絶世の美女とされてきたが、出自、閲歴、生没年等一切は謎である。

> ■ 第2期 ■
> 世の中にさらぬ別れのなくもがな千代もとなげく人の子のため　在原業平（巻17）
> <解釈：世の中に避けられない別れなどなければよいのに、千年でも生きて欲しいと願う子のために。>
> 草深き霞の谷にかげ隠し照る日の暮れし今日にやはあらぬ[10]　文屋康秀（巻16）
> <解釈：草深き霞の谷にお隠れになり、光り輝く日が暮れた、それが今日この日ではなかったか。>

● 第3期　撰者たちの時代

　第3期は国風文化の時代に該当し、技巧的、理知的で優美繊細な「たをやめぶり（女性風）」と呼ばれる「古今調」の完成期である。七五調、三句切れ、観念的、理知的で、縁語・掛詞・擬人法などの技巧が洗練されている。作者は撰者及び同時代の歌人たちである。

> ■ 第3期 ■
> うばたまの我が黒髪やかはるらむ鏡のかげに降れる白雪[11]　紀貫之（巻10）
> <解釈：私の黒髪が変ったのだろうか、鏡に映るこの白雪は>
> 夏と秋と行きかふ空のかよひぢはかたへ涼しき風や吹くらむ　凡河内躬恒（巻3）
> <解釈：夏が往き秋が来る空の路では、片方に涼しい風が吹いているのだろう。>

【コラム　1．古今伝授】

　『古今集』の難解な歌の解釈方法などは、和歌の家の権威と結びつき、秘伝として子や弟子に伝えられていった。藤原俊成（としなり）が藤原基俊（もととし）から教えを受けたのを嚆矢とする。俊成は子の定家に伝授し、定家が弟子に教えて、そうして『古今集』の奥義が後世へ継がれていった。伝授の形式は、二条派の歌人東常縁（とうつねより）が弟子の宗祇（そうぎ）に伝えたときから本格的に整備された。具体的には切紙（きりがみ）に記し、それを子や弟子に伝える手法が採られた。これが**古今伝授（こきんでんじゅ）**である。『古今集』の解釈の伝承は平安時代からあったが、室町時代の東常縁が切紙という新しい形式を用いたので、これを古今伝授の始まりとするのである。宗祇がそれを

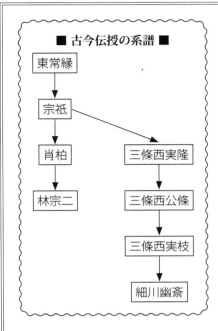

さらに秘儀化したので、宗祇を創始者とする見方もある。切紙自体にそれほどの学問的価値がないにも関わらず、切紙の存在だけが重要視されてしまい、江戸時代には形骸化して歌人たちの批判を受けることになる。宗祇は三条西実隆（さんじょうにしさねたか）に伝え、更に三条西公条（きんえだ）、三条西実枝（さねき）、**細川幽斎**（ほそかわゆうさい）へと伝達されていく。この流れを**御所伝授**（ごしょでんじゅ）といい、二条派の正統派とされた。また宗祇から堺に在住の肖柏（しょうはく）に伝わったものを**堺伝授**、肖柏から奈良の林宗二に伝わったものを**奈良伝授**という。

1600年、細川幽斎は智仁親王（としひと）に古今伝授を行ったが、その途中、**関が原の戦い**（せきがはらたたかい）が勃発する。これは徳川家康らの東軍と、石田三成（いしだみつなり）らの西軍が天下を争った戦いであった。家康の東軍に属していた細川幽斎にも危機が迫り、伝授を中断して田辺城に籠城したが、このとき、後陽誠天皇（ごようぜい）は古今伝授の唯一の継承者幽斎を救うために勅令を出し、西軍の攻囲を解かせた。古今伝授がいかに重要視されたかがわかる一件である。

二条家の血統は室町時代で途絶えているが、二条家の歌学の伝統は古今伝授によって江戸時代まで脈々と続いた。

【コラム　2.『万葉集』と『古今和歌集』】

『万葉集』の歌は五七調である。五七調というのは、五音の句と七音の句が意味的に続き、五・七、五・七の形式で続くものである。下は『万葉集』の持統天皇の和歌だが、この句は最初の五七で切れ、次の五七でまた切れている。切れ目を「／」で示す。

● 春過ぎて夏来たるらし／白栲（しろたへ）の衣乾したり／天の香具山（かぐやま）

一方、『古今和歌集』は七五調である。第2句と第3句が緊密に続き、第3句で切れるものを言う。下は紀友則の短歌である。初めの五七五が意味のまとまりを作って切れている。

● めづらしき声ならなくに　郭公／ここらの年をあかずもあるかな

江戸時代の国学者、**賀茂真淵**（かものまぶち）は『万葉集』の歌風が男性的で大らかだとして、これを「ますらおぶり（益荒男振り）」と呼び、**本居宣長**（もとおりのりなが）は『古今集』の歌風が女性的で優美だとして、これを「たおやめぶり（手弱女振り）」と呼んだ。

『古今集』以降の勅撰集も七五調である。

【コラム　3.　物名】

部立の一つ「物名」における「隠し題」とは、ある事物の名称を和歌の中に

■ 日本文学史

詠み込むものである。その名称と和歌の意味は、関係ある場合もない場合もある。
　下は在原滋春(ありはらのしげはる)の歌である。
● 浪の打つ瀬見れば玉ぞ乱れける拾はば袖にはかなからむや
　（訳：浪の打つ瀬を見ると水が玉のように乱れているが、それを拾えば袖の中で果かなくも消えてしまうだろう。）
「浪の打つ瀬見れば」の「うつせみ」は「空蝉」と書き、この世・この世の人、を示す。この世は蝉の抜け殻のように果かないという意味が和歌に巧みに作用している。
　次は、『古今集』の撰者でもある壬生忠岑(みぶのただみね)の歌である。
● 夏草のうへはしげれるぬま水のゆく方のなきわが心かな
　（訳：繁った夏草が水面を覆う沼水のように、私の心は行方もない。）
ここには「ゆく方のなき」に一つの地名が詠み込まれている。その地名とは「かたの(交野)」で、現在の大阪府北東部の町である。この場合、「かたの」がただ詠まれているだけで、和歌全体の意味とは関係がない。

【コラム　4．『後撰和歌集』】
　2番目の勅撰集『後撰和歌集』は951年、和歌所を後宮の昭陽舎(しょうようしゃ)に設置して編纂された。昭陽舎の庭には梨の木が植えられていたので、昭陽舎を梨壺ともいった。選者は藤原伊尹(ふじわらのこれただ)を長官とし、大中臣能宣(おおなかとみのよしのぶ)、清原元輔(きよはらのもとすけ)、源順(みなもとのしたごう)、紀時文(きのときぶみ)、坂上望城(さかのうえのもちき)の5人である。この選者たちを**梨壺の五人**という。清原元輔は清少納言の父である。
　彼らは和歌集編纂と同時に『万葉集』に訓点を施す作業も行った。『万葉集』は万葉仮名と呼ばれる漢字で書かれているため、その読み方を平仮名・片仮名で記し、読みやすくしたのである。
　醍醐天皇は『古今和歌集』を作ったが、その子である村上天皇も『古今集』に倣った勅撰集を目指して『後撰和歌集』の編纂を命じた。しかし、序文がないことや部立・配列に乱れがあることなどから、『後撰和歌集』を未完成だとする説がある。
　入撰した歌は日常生活の中で詠まれたものが多い。また、和歌の主題や成立事情などを記した詞書(ことばが)きが多いのも、当和歌集の特徴である。

課題研究

1　『古今和歌集』の概略について述べなさい。
2　『古今和歌集』と『万葉集』の相違点を述べなさい。
3　『古今和歌集』の成立した時代背景について述べなさい。
4　『古今和歌集』の歌風の移り変わりについて述べなさい。
5　古今伝授の概略を述べなさい。

注 釈

1. 紀有則は紀貫之の従兄。編纂の途中で死去した。
2. 905年は"一応の完成"であり、この後もさらに編纂が続けられ、最終的に完成したのは913年頃と推察される。序文に延喜5年とあるが、勅命の下った年か、あるいは撰進の年かは不明である。
3. 国風文化には和歌（文学）のほか、阿弥陀堂（建築）、阿弥陀像（彫刻）、寝殿造（住宅）、大和絵（絵画）などがある。
4. 紀貫之は六歌仙を称賛ではなく批判している。例えば僧正については「真実味がない」、業平は「言葉が足りない」、小町は「趣があるようで弱い」としている。
5. 部立は和歌をその内容に応じていくつかの部類に分けること。
6. 「他」とは、この他に東歌などがあることを示す。
7. 古今和歌集は「四季」と「恋」の歌が全体の7割を占める。
8. 両歌集には批判も多い。鴨長明は『金葉』を「軽々なる歌多かり」と評し、藤原為経は『詞花』を自分で改撰して『後葉和歌集』を著した。
9. この和歌は俳諧歌というジャンルに属し、滑稽味がある。
10. 仁明天皇の命日に詠まれた和歌。深草とは京都市伏見区北部の地名で、ここに天皇陵がある。
11. 「うばたま」は「黒髪」の枕詞である。

第11章　土佐日記

■成立：935年頃　■日記文学　■全1巻　■作者：紀貫之

キーワード：初の日記文学、女流文学、蜻蛉日記

<作者>

紀貫之(?～945?)は醍醐天皇、朱雀天皇に仕えた平安時代前期の代表的歌人である。36歌仙の一人で、学者でもある。『古今集』撰者の中心的存在で『仮名序』を執筆した。歌風は理知的、技巧的かつ流麗な調べにより『古今調』を代表し、日記文学の先駆作者である。家集『貫之集』、撰集『新撰和歌』などがある。

<成立>

『土佐日記』は紀貫之が土佐守[1]の任期[2]を終えて934年（承平4年）12月21日国司の館を出発し、翌年2月16日京都の自邸に着くまでの55日間をつづった旅日記である。日記の内容は、送別の様子、船内の人々の言動、すぐれた自然の姿、航海への不安・恐怖[3]のほか、京への憧れ、諧謔、人間批評、和歌の評論などである。しかしその中心は任期中、土佐国で亡くした一人娘への哀慕である。和歌は57首が詠まれている。

当時の日記は宮廷の行事や儀式などの「備忘録」で、漢文で書かれた。また、男性は仮名文字は和歌以外使わないのが普通であった。しかし、『古今和歌集』の仮名序を書いた紀貫之は、感情を表すには、類型的表現に制約される漢文よりも仮名文字のほうが適していることを知っていた。そこで自分を女性に仮託して仮名で日記を書いたのである。

■ 冒頭文 ■
　男もすなる日記といふものを、女もしてみむとてするなり。それの年の師走の二十日あまり一日の日の、戌の時に門出す。そのよし、いささかにものに書きつく。
＜解釈：男が書く日記というものを、女の私も書いてみようと思う。ある年の12月21日午後8時、出発した。これから旅の様子を書いていこう。＞

<評価と特色>

　平安中期の日記文学の傑作であり、仮名による最初の画期的な日記文学作品である。日記の形式をとった文学を総称して日記文学というが、『土佐日記』はこの新しいジャンルを切り開いた作品として文学史上大きな意義を持っている。文章は簡潔、平明で、洒脱の趣をもち、和文脈に漢文訓読調も生かされている。
　『土佐日記』で示された仮名散文はのちの**女流文学**の開花にも大きく関わっていった。

<文学史　2．日記文学（中古、中世）>

【中古】

　『土佐日記』を出発点にして、多くの日記文学が書かれたが、作者の多くは女性であった。
●『**蜻蛉日記**』　作者は藤原道綱母[4]（？～995？）で、生没年、本名共に不明。平安中期の歌人、中古36歌仙の一人、三大美人の一人といわれている。日記が974年（天延2年）で終わり、成立はその以後数年と推定される。上・中・下の三巻からなり、**最初の女流日記文学**である。『更級日記』の作者は、藤原道綱母の妹の娘に当たる。
　954年（天暦8年）から974年まで歌を交えて、正妻ではない作者の21年間の結婚生活を回想し、多情な夫兼家の漁色ぶりなど、一夫多妻制による女性の悲しみや苦悩、嫉妬、絶望等を描いた。愛児に期待をかけ、芸術の世界に平安を見出してようやく心の落ち着きを得る内的省察の作品である。

■『蜻蛉日記』の冒頭文■
　世の中に多かる古物語の端などを見れば、世に多かるそらごとだにあり。
<解釈：世間で人気がある物語は嘘ばかりが書いてある。>

書名は自身の果かなさを寿命の極短い蜻蛉に例えたことによる。
　また『竹取物語』、『伊勢物語』とは異なり、貴族社会の男女恋物語に対して否定的立場を取り、作者の人生の真実を追求している。後の女流日記文学と『源氏物語』に大きな影響を与えた。
●『**和泉式部日記**』　作者は平安中期歌人の和泉式部で、生没年未詳である。成立は1007年（寛弘4年）以後と推定される。敦道親王との10か月の恋愛を歌を交えて物語風に記したものである。親王の死後、一条天

■紫式部の人物寸評■
和泉式部　おもしろう書きかはしける。（中略）はづかしげの歌詠みやとはおぼえはべらず。
<解釈：趣深い手紙のやり取りをしたが、……ことらが恥ずかしく思うほどのすばらしい歌人とは思われない。>
清少納言　したり顔にいみじうはべりける人。さばかりさかしだち、真名書きちらしてはべるほども、よく見ればまだいとたらぬこと多かり。
<解釈：実に高慢ちきな顔をして、偉そうにしている人。利口ぶって漢字の教養を皆にひけらかしているが、よく見ればまだ不十分な点が多い。>（『紫式部日記』による）

皇中宮彰子に仕え、やがて藤原保昌（やすまさ）と結婚して丹後（京都府北方）に下った。

● **『紫式部日記』** 成立は1010年（寛弘7年）頃である。『源氏物語』の作者による華やかな宮廷生活を克明に描くと同時に、自己の内面にも鋭く言及して、人間観察の深さが光る。芸術上の諸問題を論じる文章や、娘の賢子（けんし）に書き与えたものを交えていて、日記というより随筆に近い。

● **『更級日記』** 『更科日記』ともいう。日記の日付は1059年（康平2年）で終わっているので、成立はその後の数年であろうと推定される。作者の菅原孝標女（すがわらのたかすえのむすめ）が晩年を迎え、夫との死別を機に、自己の人生を振り返り記述したものである。冒頭部分は上総（かずさ）から京都への道中を描く紀行文になっている。その後は都での40年間の生活が描かれる。作者は学問の神と言われる菅原道真（みちざね）の玄孫（げんそん）に当たり、また母の姉は『蜻蛉日記』作者の藤原道綱母である。ほかに『夜半の寝覚』、『浜松中納言物語』の作者ともされる。

● **『讃岐典侍日記』（さぬきのすけにっき）** 上・下二巻からなる。作者は藤原長子（ちょうし）で、藤原道綱の孫に当たる。堀河天皇の女房で、天皇の発病から崩御までを愛情をこめて描いた。讃岐典侍は女房名である。以上の作品を表11-1に整理する。

表11-1　中古の日記文学

作品名	作者	成立
『蜻蛉日記』	藤原道綱の母	974年以降
『和泉式部日記』	和泉式部	1007年頃
『紫式部日記』	紫式部	1010年頃
『更級日記』	菅原孝標女	1060年頃
『讃岐典侍日記』	讃岐典侍	1108年以降

【中世】

女房文学は平安時代中頃以降廃れていったが、日記文学だけは中世の鎌倉時代まで書かれ続けた。日記文学の後には、紀行文学が生まれた。鎌倉に幕府が置かれ、京都と幕府の間の東海道が整備されたことから、旅を題材とした文学が誕生したのである。また武家政権における貴族の王朝時代の回想文も生まれた。

表11-2は中世の主要な日記文学を整理したものである。

表11-2　中世の日記文学

作品名	作者	成立
『たまきはる』	藤原俊成の娘	1219年
『建礼門院右京大夫集』	建礼門院右京大夫	1233年頃
『平家公達草子』	未詳	鎌倉初期
『源家長日記』	源家長	鎌倉初期
『明月記』	藤原定家	1235年以降

続表

作品名	作者	成立
『弁内侍日記』	弁内侍（藤原信実の娘）	1278年以前
『中務内侍日記』	中務内侍（藤原経子）	1292年以降
『十六夜日記』	阿仏尼	1282年頃
『とはずがたり』	後深草院二条（久我雅忠の娘）	1313年以前
『海道記』	未詳（源光行か）	1223年以降
『東関紀行』	未詳	1242年以降

● 『建春門院中納言日記』　成立は1219年（建保7年・承久元年）、藤原俊成の娘の作である。後白河天皇の女御平滋子、後の建春門院（高倉天皇の母）に女房として出仕したときの回想日記で、平家全盛期から1219年までの約50年を描いたものである。作者の死後、弟の定家がまとめたという。『たまきはる』とも称する。

● 『建礼門院右京大夫集』　鎌倉初期の私家集、二巻、自撰。平資盛との恋愛、壇の浦の戦いで死んだ資盛への追慕を中心に歌約360首をほぼ年代順に収めたものである。平清盛の娘、高倉天皇の中宮、安徳天皇の母、平徳子に宮廷女房として仕えたこと、平家没落前後の見聞、後鳥羽院への再仕、宮廷生活の回想などが書かれている。建礼門院とは平徳子の尊称である。

● 『平家公達草子』　平家やその周辺の公達の逸話を記したもので、作者は不明である。公達とは、摂関家や平家の子弟を指す。

● 『源家長日記』　作者の源家長は鎌倉初期の歌人。『新古今集』の編纂過程を仮名で描き、日本和歌史の貴重な資料である。鴨長明の出家など歌人の消息にも触れている。

● 『明月記』　作者は藤原定家。1180年（治承4年）から1235年（嘉禎元年）に渡る56年間を、宮廷・貴族・庶民生活などの公武関係と、古典研究、作歌活動などの歌道に関する見聞について漢文体で記したもの。

● 『弁内侍日記』　作者は後深草院弁内侍、成立は1252年（建長4年）。宮廷生活など歌を中心に書いたもの。

● 『中務内侍日記』　作者は伏見院中務内侍、成立は1290年（正応3年）頃。散文を中心にして歌をあしらった宮仕えの記録であり、暗い仏教的無常観が流れている。

● 『十六夜日記』　成立は1280年（弘安3年）か。作者阿仏尼の実子藤原為相と継子為氏の間で領地相続が起こり、阿仏尼が幕府の裁決を仰ぐために京都から鎌倉へ赴くのであるが、その道中と鎌倉での生活、勝訴祈願の長歌を内容とする。全編が子を思う母性愛で貫かれている。書名は旅立ちの日が十六夜であったことによる。

● 『とはずがたり』　宮廷での生々しい恋愛とその後の出家の旅が描かれる。

● 『海道記』　成立、作者ともに不明。隠者が1223年（貞応2年）東海道を下り、鎌倉につき、十数日滞在して帰京するまでの紀行文で、華麗な和漢交文である。

● 『東関紀行』　成立、作者ともに不明。京都から鎌倉への旅を和漢混交文で記し、

■ 日本文学史

その文体は『平家物語』などに影響を与えた。
　近世にも日記は書かれたが目立ったものはない。

◆　◆　◆

【コラム　荘園制】

　荘園とは私的土地所有の形態とその土地を示す。大化の改新の際、土地と人民を国家の所有とする**公地公民**の制度が施行されたが、743年に**墾田永年私財法**で墾田の私的所有が認められた。その目的は農地の面積を増やし税収を安定させることにあった。同年に聖武天皇の全国的な神社・大仏の造営が予定されており、朝廷は資金を必要としていた。

　10世紀以降、受領が一国の徴税を担当し、土地開発をした地方豪族・有力農民は激しい徴税から逃れるために土地を貴族・寺院に形式的に寄進した。土地を開発した領主を**荘官**、寄進を受ける貴族・寺院を**領家**と呼ぶ。荘官は土地の実際上の支配権を持ち、年貢や雑税などを徴収して領家に納めた。領家は不輸不入の権で、荘園に対する租税免除と受領らの立入禁止を実現し、荘園を保護した。領家もまた荘園を保護するために、**本家**と呼ばれる上級の貴族、大神社、皇族に寄進することもあった。このように荘官――領家――本家の間で寄進されて成立する荘園を**寄進地系荘園**という。

　荘園の増大は貴族らを富裕化させるが国家の税収は減少してしまう。1068年に即位した後三条天皇は荘園整理令を発布し、荘園設置の取り締まりや違法性のある荘園の停止を行い、公領を回復させて国家財政を回復させた。後三条天皇は藤原氏を外戚としないため、摂関家領も審査の対象にすることができた。後三条は4年の在位で譲位するが、次の白河天皇がのちに院政を開始した。開発領主は上皇・法皇に荘園を寄進するようになり、これが**院政**の財政的基盤を形成した大土地所有制度である。

　また、中国の荘園は、均田制の崩壊後に現れ、宋代以後の官僚地主の経済的土台をなした。ヨーロッパの荘園は一種の地主制、土地所有者が経営せず地代のみを受けとる制度として存在した。

課題研究

1. 『土佐日記』の概略を述べなさい。
2. 『土佐日記』以前の日記の内容・形式について述べなさい。
3. 『土佐日記』の文学史的意義について述べなさい。
4. 『土佐日記』以降の男性の日記について考察しなさい。

5. 中古と中世の日記文学の相違点を述べなさい。

注 釈

1. 土佐は旧国名、現在四国の高知県にあたる。守は律令制下の地方官、各官庁の最高責任者。国司(こくし)は守(すけ)、介、掾(じょう)、目(さかん)の四等官のうちの最上の官。任期は4～6年。国司は一国の行政、司法、警察、軍事の広い領域にわたり権限を持った。
2. 任期は930～934年。
3. 当時の航海は、暴風雨や海賊などで危険なものであった。
4. 「右大将道綱母」と呼ばれる場合もある。

■ 日本文学史

第12章　枕草子

■成立：1001年頃　■随筆　■全3巻　■作者：清少納言

キーワード：初の随筆文学、女房文学、をかし

<作者>

清少納言は平安中期の女流随筆家、歌人であり、平安時代女流文学の代表的存在で紫式部と並称される。本名は不明、別称は清女である。「清」は清原氏から、「少納言」は親族の役職名から採ったものと推定される。生没年も異説があり、966年（康保3年）～1025年（万寿2年）頃か。父は**清原元輔**（「梨壺の五人」の一人、『後撰和歌集』の撰者）である。曾祖父の深養父も『古今和歌集』時代の歌人である。その影響で清少納言は幼少から和漢の教養を身につけていた。それは白居易の詩の一節「香炉峰雪撥簾看」を背景にして書いた「香炉峰の雪」という章段からもうかがい知れる。

■ 清少納言年表 ■	
966年	誕生
981年	橘則光と結婚
991年	離婚
993年	中宮定子に宮仕えする
1000年	定子没。宮仕えを辞去
1001年頃	枕草子成立
1024年	没

981年に橘則光と結婚し、翌年、則長を出産している。則長は文官であり、歌人でもあった。その歌は『後拾遺和歌集』に3首、『新続古今和歌集』に1首入っている。

<成立>

『**枕草子**』は**日本文学初の随筆**である。現存の諸本は類纂形態の本と雑纂形態の二つに分かれる。日記文学は時間の経過に従って自身の内面を表現するものだが、随筆文学は時間から束縛を受けず、繊細な感覚で想うことを綴る。作者の清少納言は993年から一条天皇の中宮である定子に出仕し、重んじられた。明敏な才知と機知、漢詩文で、特異な才華を発揮した。

あるとき定子から紙を与えられ何か書くよう勧められた。そこで書いたの

■ をかし ■

元々は滑稽なものに対し、笑いたくなる気持ちをいう。おおむね外から受ける興趣と感動で、知的で晴れやかで明るい感情である。『枕草子』で多用される。しみじみとした哀感を表わす『源氏物語』の「もののあわれ」と並んで日本王朝の美意識を代表する。

第12章　枕草子

が『枕草子』であった。「枕」の意味は諸説あるが、手控え、身辺雑記の類を指すという。

『枕草子』が成立する頃の中宮定子は、父関白藤原道隆の死や兄弟の左遷などで一家全体が辛い事態に直面していたが、『枕草子』にはそういった没落の悲劇や悲しみがない。清少納言は暗い雰囲気を打ち破ろうとして、宮廷文化を賛美謳歌し、理知的で明るい情趣の「**をかし**」を発揮している。物事におかしさや美しさを積極的に見出し、軽妙な言語感覚で文章を綴ったのである。鋭い審美的な観察力と明快で繊細な表現が突出している。『枕草子』は『徒然草』など後世の作品に大きな影響を与えた。

定子は1000年に他界し、清少納言も宮仕えを辞めたが、『枕草子』は書き続け、1001年頃に完成した。他に家集『清少納言集』がある。

<内容>

『枕草子』は長短300余の章段からなる。自然や人事の写生や批評感想、史実に関する回想的日記的叙述などがあるが、各章段は内容から下記の3つに分類される[1]。

● **類聚[2]的章段**

「ものづくし」の段。「山は」、「すさまじきもの」、「虫は」などの形式で、題材、主題を最初に明示し、連想される事柄を書き綴ったもの。作品全体の半数を占める。

● **回想日記的章段**

宮仕えの体験を回想的に描く。中宮定子を中心にして後宮生活での出来事を短い話にまとめている。「職の御曹司（しきのみぞうし）に」、「大進生昌（だいじんなりまさ）が家」などのように、いずれも中宮定子との心の交流や中宮の人柄、それを慕い敬ってやまない作者の姿が描き出されている。

● **随想的章段**

「春は曙」、「正月一日（むつきついたち）」などのように類聚的章段と日記的章段に該当しない章段がここに分類される。自然や人間に関する事柄を鋭い観察力で捉えている。

■ **類聚的章段** ■

冬はつとめて。雪の降りたるはいふべきにもあらず、霜のいと白きも、またさらでもいと寒きに、火など急ぎおこして、炭もて渡るもいとつきづきし。昼になりて、ぬるくゆるびもていけば、火桶の火も白き灰がちになりてわろし。

<解釈：冬は早朝が素晴らしい。雪が降っているとき趣が深いのは言うまでもなく、霜が真っ白に降りているのも素晴らしい。またそうでなくても、とても寒い時に人を急いで起こし、炭を持って廊下を渡るのもよい。しかし昼になって、だんだん温かくなり、火鉢の火が白い灰ばかりになるのはみっともない。>

■ **随想的章段** ■

ことごとなるもの。法師の詞。男女の詞。下司の詞にはかならず文字あまりしたり。

<解釈：同じ内容なのに、聞いた感じが異なるものがある。法師の言葉。男の言葉。女の言葉。身分の低い者の言葉には、必ず不要な言葉が付いている。>

【コラム　1．摂関政治と女房文学の隆盛】

　日本は唐に倣って律令体制を維持してきたが、平安時代初期に藤原氏が摂政、関白となり、天皇の代わりに政治の実権を握る摂関政治が始まった。自分の娘を

> 親：藤原兼家・藤原時姫
> 子：道隆　道兼　道長　超子　詮子
> 孫：定子　　　彰子　　一条天皇

天皇の妻とし、生まれてくる子供が将来天皇になれば、外戚として絶大な権力をふるうことができる。こうして藤原家内部の権力争いが繰り広げられた。藤原兼家(かねいえ)を基準に子と孫の代を見たものである。例えば道隆の子は定子、道長(みちなが)の子は彰子となる。

> 円融天皇──藤原遵子中宮
> 　　　　　藤原詮子女御

　円融天皇の皇后媓子(こうし)が病没し、遵子が中宮、詮子(じゅんこ)が女御となった。円融天皇が退位し、師貞(もろさだ)親王が花山天皇となる。藤原兼家は自分の孫（円融天皇と詮子女御の息子）懐仁(やすひと)を天皇にしたくて、花山天皇を退位させた。懐仁が即位して一条天皇になり、遵子は円融上皇の皇后、詮子は皇太后[3]となった。このとき、権力を狙う道隆は、「皇后は天皇の嫡妻[4]」という条文を根拠に、在位の一条天皇の中宮定子を立后させ、皇后にさ

> 円融上皇（退位）──遵子皇后
> 一条天皇（現役）──定子中宮

せようとした。本来、皇后は1人だけであり、皇后という地位にはすでに遵子が就いている。しかしそれは、あくまでも退位した円融上皇に対する地位であり、先帝の皇后と今上の皇后は並存しうるというのが道隆の主張であった。こういう、2名の「皇后」が出現することとなったが、呼称上の区別として、遵子を「皇后」、定子を「中宮」と呼んだのである。道隆は宮廷から批判を受けながらもこれを押し通し実現させた。

　定子は996年に皇女を、999年に皇子を産んだ。これを見て焦燥した道長は理

> 一条天皇──定子皇后[5]
> 　　　　　彰子中宮

由を付けて娘の彰子を一条天皇の妃にしようと図った。その際に、道隆の作った前例を生かして、定子を「中宮」から「皇后」へと格上げし、彰子を「中宮」として妃の地位を得させたのである。こうして日本史上初めての**一帝二后**[6]が実現した。表12-1は定子と彰子の比較である。

表12-1　定子と彰子

藤原家の娘	生没年	父	女房
定子	976～1000	藤原道隆	清少納言
彰子	988～1074	藤原道長	紫式部、和泉式部ら

　本来なら、一条天皇の第一皇子がのちの天皇になるところだが、道隆は995

年に他界し、兄弟の失脚もあり、道隆家は勢力を失っていた。その影響を受けて第一皇子も天皇になれなかった。反対に彰子の産んだ子供二人がのちの後一条天皇、後朱雀天皇になった。このように兄弟の道隆と道長、従兄弟の一条天皇、定子、彰子の間で壮絶な権力争いが行われ、最終的に道長が勝者となるのである。

　宮仕えする身分の高い女官のことを**女房**というが、その多くは受領階級の中級貴族の娘で、教養を身に付けていた。女房は経済的・身分的に高価な紙を手に入れることができ、和漢の素養もあったから、文学の書き手となる条件を満たしていた。当世の一条天皇は『**本朝文粋**[7]』に作品を残すほどの才学があって、文学が生まれやすい土壌を作っていた。道隆・道長も女房が優れた文学を為すことは定子・彰子の教育上好ましいことだから奨励した。これらの背景があって平安時代、女房文学は大いに隆盛したのである。

【コラム　2.「をかし」の変遷】

　愚かな物を表す「をこ」という言葉が、平安時代に、明るい情趣を示す「をかし」に変わった。平安から鎌倉時代にかけて、歌合の評価の時や歌論にも「をかし」が使われている。そして室町時代には、能楽の狂言方の滑稽を「をかし」で表現した。江戸時代には「をかし」は卑俗美となり、川柳、狂歌、滑稽本などに影響を与えた。そして現在、「をかし」は「おかしい」という言葉として生きている。

課題研究

1. 『枕草子』の概略について述べなさい。
2. 『枕草子』が成立した理由を、作者の素質・才能の観点から述べなさい。
3. 女房文学が隆盛した背景を述べなさい。
4. 『枕草子』の「をかし」が後世に与えた影響を簡潔に述べなさい。
5. 『枕草子』に定子の凋落が記述されていない理由を考えなさい。

注　釈

1. この分類は池田亀鑑（1957年）が提唱したもので、以降、多くの学者がこれに従い、定着した。
2. 類聚は同じ種類の事柄を集めたもの。
3. 前天皇の皇后。
4. 正式の妻。
5. 多くの文献では皇后と中宮を厳密に分けず、どちらも天皇の妻の地位という意味で、「定子中宮」としている。「中宮定子」という書き方もされる。
6. 定子は1000年、第二皇女を出産後に崩御したので、一帝二后もすぐに終わった。
7. 『本朝文粋』は平安時代中期の漢詩文集。

第13章　源氏物語

■成立：11世紀初め　■作り物語　■全54巻(帖)　■作者：紫式部

キーワード：古典文学の最高峰、もののあわれ、最初の短編、物語集

<作者>

紫式部は、36歌仙の一人で、平安時代女流文学を代表する文学者である。生没年は不詳であるが、970年（安和3年・天禄元年）〜1015年（長和4年）頃という説がある。本名は不明だが、香子という説がある。宮仕えして藤式部と呼ばれた。紫式部と呼ばれる「紫」は、女房名の「藤」との縁故、または作品の「紫の上」から取られたと言われている。「式部」は父為時の官位に由来している。父は藤原為時文学者、著名な漢学者である。母は藤原為信女で、早世した。父方にも母方にも著名な勅命和歌集の歌人が多く紫式部も勅撰集に60余首が入集している。

『源氏物語』のほかに『紫式部日記』、家集『紫式部集』などがあり、紫式部の資料として貴重である。

■ 紫式部年表 ■
970年頃　　誕生
998年頃　　結婚
1001年　　『源氏物語』執筆開始
1005年頃　　彰子に出仕する
1007年　　『紫式部日記』成立
1013年頃　　宮仕えを辞去
1015年頃　　没

■ もののあわれ ■
生の感動ではなく対象に触れた時に内面から引き出される優美繊細、哀愁の感を示す言葉。和歌や物語を中心とする平安朝文芸の美的理念。

<成立>

紫式部は幼少の頃から父より漢詩文、和歌、音楽などの教育を受けてきた。999年（長保元年）藤原宣孝と結婚、一女（賢子・大弐三位）を生んだが、1001年（長保3年）夫と死別してから『源氏物語』を執筆し始めたと推定される。そこには死別の寂しさを紛らわせる意図があったと思われる。『源氏物語』の評判は宮廷に届き、1005年（寛弘2年）頃、一条天皇の中宮彰子に仕えた。1008年（寛弘5年）頃、一条帝の後宮で本書が愛読されていたという記録があり、このときに大部分が完成していたと見られるが、54帖すべてがいつ書き終わったかは定説がない。原本は現存しておらず、最古の写本は鎌倉時代のものである。

第13章　源氏物語

『源氏物語』は単独で成立したのではなく、様々な文学の影響を受けている。まず伝奇物語の『竹取物語』からは虚構性が模倣されている。歌物語『伊勢物語』からは歌と物語の融合、一代記という体裁が参考にされている。長編物語の『宇津保物語』からは写実性が採られ、日記文学からは内面描写を取り入れて、『源氏物語』の綿密な人間関係の描写に生かされている。中国文学の影響も強く受けており、特に白居易の詩文の引用が多い。白居易の『白氏文集』は824年に成立し、その写本が平安時代に日本に入ってきて、李白や杜甫を超える人気ぶりとなった。「長恨歌」は安史の乱から50年後に書かれたが、その当時はまだ唐朝であったので、白居易は「漢皇重色思傾国」とした。『源氏物語』でも「いずれの御時にか」と時代を曖昧にしている。

■ 執筆動機 ■

紫式部は藤原一族だった。そして藤原氏は政権を握るために、陰謀や密告で多くの政敵を排斥してきた。その中には源高明や源融など源氏も多い。そこで紫式部は彼らの恨みや怨念を鎮めるために、光源氏を主人公にして活躍させたという説がある。平安時代は死霊がいると信じられていたので、この説も一定の説得力がある。

＜内容＞

その内容は貴族社会を舞台にして、主人公の光源氏の生涯を中心に、子の薫、孫の匂宮までの74年間を描く大長編物語である。登場人物は300人を超え、帝も4代に渡って描かれる。虚構の物語の中で人間の真実に迫り、かつ約800首の和歌を配している。

全54帖にはそれぞれ名前が付けられている。例えば1帖は「桐壺（きりつぼ）」、2帖は「帚木（ははきぎ）」、3帖は「空蝉（うつせみ）」である。全体は3部に分かれている。

第1部　第1帖「桐壺」から第33帖「藤裏葉」までである。身分の低い更衣は桐壺帝に寵愛され、光源氏を産んで、妃たちの嫉妬や反感を買い、その憂鬱でまもなく逝去した。光源氏は母の愛を求めて、母に似た藤壺や藤壺に似た紫の上に恋をするなど多くの女性と関係を持つ。須磨への流謫（るたく）を経て準太上天皇となる。主人公40年間の多様な恋の遍歴と栄達が描かれる。

■ 冒頭文 ■

いづれの御時にか、女御、更衣、あまたさぶらひたまひけるなかに、いとやむごとなき際にはあらぬが、すぐれて時めきたまふありけり。初めより「われは」と思ひあがりたまへる御方々、めざましきものに、おとしめそねみたまふ。同じほど、それより下臈の更衣たちは、ましてやすからず。
＜解釈：どの帝の御時世であったが、女御や更衣などの地位の女性が宮廷にたくさんいらっしゃった頃、それほど家柄がいいわけでもないのに、帝の寵愛を一身に受けていた更衣がいた。宮仕えの初めから「自分こそは」と自負していた女性たちは、この更衣を目ざわりな者と軽蔑したり憎んだりした。彼女と同じ身分、またはそれより低い身分の更衣たちは、なおさら穏やかではいられなかった。＞

第2部 第34帖「若菜上」から第41帖「幻」までである。光源氏に降嫁した女三宮と柏木との密通、その子薫の誕生により、若き日の乱倫の因果応報による恋や罪の苦悩がうずまく。出家を決意する光源氏の晩年生活と、傷つけあい悩む人間の内面を中心とする場面で、源氏の39歳から死までを描く。

第3部 第42帖「匂宮」から54帖「夢浮橋」までである。このうち、45帖から54帖までは宇治を主要な舞台としているため「宇治十帖」という。暗い出生の秘密に悩む光源氏の子の薫、また孫の匂宮らと姫君たちとの満たされない恋が描かれる。全体として男女の悲劇と彼岸浄土への志向が語られる。

『源氏物語』は清少納言の『枕草子』と並称され、女流文学の中でも特に精彩を放っている。二人は共にすぐれた文学者であり、また一条天皇の中宮・皇后の女房であったが文学の特色は異なる。『枕草子』は「**をかし**」の文学と言われる。これは清少納言が、明るく理知的な美を示す「**をかし**」という言葉および精神性を基調として随筆を書いたからである。一方の『源氏物語』の本質は「**もののあわれ**」で、しみじみとした情趣や哀愁が基調になっている。表13-1で両作品を比較する。

表13-1　『源氏物語』と『枕草子』

項目	『源氏物語』	『枕草子』
作者 成立 仕え・期間	紫式部（970～1015） 1008年（寛弘5年）頃完成か 彰子・1005～1013年	清少納言（966～1025） 995年（長徳元年）以後、1001年成立か 定子・993～1000年
構成・内容	54帖。主人公光源氏の誕生から死に至るまで一生にまつわる前編と、その子薫の半生を語る後編からなる	三百余長短さまざまな章段からなる。類聚と日記回想と随想という三種類の形態に分けられる
ジャンル	物語	随筆
文体 特色	古今の詩歌典籍の教養を駆使した、古典的美意識の情趣と和歌的叙情に富む流麗で密度の高い文体 帝王四代70余年、登場人物300以上、和歌800首を交えて描いた雄大な構想	軽妙簡潔で余情性に富む独創的鋭い和文体 日記と異なって単に宮廷生活の日録ではなく、見聞と所感を興の趣くままに書きとめる。鋭い審美的な観察力と明確で繊細な表現力に特色がある
情趣・理念 主旨・性格	「もののあわれ」 仏教的宿世観、平安貴族の理想と社会矛盾、苦悶と憂愁	「をかし」 明朗で知的な感覚美の世界、史実、自然や人事の写生、批評感想
評価・地位	平安朝文学集大成、物語の最高傑作、日本古典文学の最高峰	日本随筆文学の祖、随筆文学の傑作

紫式部の『紫式部日記』には、「清少納言は実に高慢な顔つきの人です」という批判が見られる。このため2人はライバル関係にあったという見解があるが、紫式部が宮仕えを始めた時には清少納言はすでに宮仕えを退いていた。紫武部の一方的なライ

バル意識と考えるべきであろう。

<評価>

『源氏物語』についての主な評価は次の6点に集約される。
① 世界文学史上、最古の長編小説、近代小説の先駆。
② 内外の先行文学を受けながら、漢詩文や和歌、物語、日記文学、随筆などの流れを融合して書かれた日本古典文学の集大成。
③ 優美、繊細、哀愁を織り込み、陰影に富んだ「もののあわれ」は、それ以後の日本文学理念と後世の文学創作に大きな影響を与えた。
④ 和歌の叙情性を散文に生かし、自然と人間心理を融合させた細やかで流麗な和文体。
⑤ 雄大な構想、周到かつ緊密な組建て、壮大な物語で日本中古王朝世界を理想主義的写実的に展開。
⑥ 日本中古の社会や人情に潜んでいる人間模様、人生の真実、女性の悲運、貴族盛衰の本質などを追求し、物語文学として完成された傑作。

<文学史 3. 物語文学（中古下）>

『源氏物語』以後、表13-2に見るように多くの物語が作られたが、いずれも質的量的に『源氏物語』を超えていない。

表13-2 『源氏物語』以後の物語文学

作品名	作者	成立
『夜の寝覚』	菅原孝標女か	11世紀中頃
『浜松中納言物語』	菅原孝標女か	11世紀中頃
『堤中納言物語』	未詳	未詳
『狭衣物語』	六条斎院宣旨	11世紀後半
『とりかへばや物語』	未詳	11世紀末

● 『夜の寝覚（よるのねざめ）』　平安中期の物語。作者未詳であるが、菅原孝標女という説が有力。『源氏物語』の「宇治十帖」の影響が強い。女性主人公の視点から恋の苦悩が描かれ、克明な心理描写が特徴的である。
● 『浜松中納言物語（はままつちゅうなごん）』　平安後期の物語。菅原孝標女の作とされる。主人公浜松中納言の恋を日本と唐を舞台にして描く。輪廻転生の思想が含まれており、平安時代の物

誑の中でも一際伝奇性が強く、浪漫的・神秘的色彩が濃い。なお、**三島由紀夫**がこの作品にヒントを受けて『豊饒の海』を書いている。

●『**堤中納言物語**』は**日本最初の短編物語集**である。毛虫を集めて観察する姫君が登場するなどの10編と、断章1つを収める。鋭い才気や感覚をきらめかせ、奇抜な趣向を凝らした人生の断面を描いている。1055年(天喜3年)、小式部[1]作の「逢坂越えぬ権中納言」以外は作者と編者、及び成立年代ともに未詳である。ほぼ平安末期から鎌倉時代にかけて制作されたと言われている。

●『**狭衣物語**』は全四巻で、『源氏物語』の影響を強く受けた物語であり、「宇治十帖」の発展と見られる。主人公狭衣大将は嵯峨天皇の弟君である堀河御大臣の子で、学力・容貌ともに秀でた貴公子である。従妹の源治の宮という女性への叶わぬ恋に悩む物語であり、まとまった構成と劇的な場面変化で、新古今時代には『源氏物語』とともに高い評価を受け、平安時代後期の代表作として鎌倉時代まで愛読された。狭衣は薫、源氏宮は藤壺を思わせることから、作者は曾て大弐三位(紫式部の娘、賢子ともいう)であろうと言われていたが、現在では六条斎院に仕えた源頼国の娘とする説が有力である。

●『**とりかへばや物語**』は異母兄弟が性を取換えて育てられるという異色の設定の物語で、官能的な描写もあり猟奇的、退廃的傾向が強い。作者は不明。古本を改作したのが現存本であり、成立は平安末期高倉天皇の1168年(仁安3年)であると推定される。

◆ ◆ ◆

【コラム　1.　『源氏物語』の影響について】

　歴史、伝記、王朝、恋愛とさまざまな要素が詰まった『源氏物語』はすぐに貴族社会で好評となった。帝直系の光源氏が六条院で女性たちを寵愛する光景は、後宮に入って帝に愛されて皇后になりたがる姫君の夢や憧れを擬似的に満たすものであった。菅原孝標女の『更級日記』には、伯母から『源氏物語』をもらい、朝から夜まで耽読していた様子が書かれた。歌人の藤原俊成は「源氏見ざる歌詠みは遺恨の事なり」と言っている。歴史物語『増鏡』には、「御歌合ありしかば、内の女房ども召されて、色々の引き物、源氏五十四帖の心、さまざまの風流にして、上達部・殿上人までも、分ち給はす」と書かれ、その多彩な描写で宮廷貴族に享受されたことがわかる。

　『源氏物語』は歴史物語の分野にも影響を与え、『栄花物語』や『増鏡』が成った。また鎌倉時代に**擬古物語**[2]といって、平安期の物語を模倣した作品が作られたが、すべて『源氏物語』の影響下にある。

　この他に、関連する絵巻物、注釈書、系図、辞書も多数発表された。例えば「源氏物語系図」は作中の膨大な登場人物を整理するために系図化したもの、「源

語梯」は作中の言葉を「いろは順」に配列した辞書である。鎌倉期、仏教が普及するにつれて主人公の色恋は悪いものとみなされ、それを描いた罪深き紫式部は地獄に落ちたと信じられ、紫式部の霊を救済するために「源氏供養」という儀式がたびたび行われた。平安時代以降しばらくは写本によって『源氏物語』を複製していた。藤原定家の日記『明月記』には「以家中女小女等、令書源氏物語五十四帖、昨日表紙訖、今日書外題」という一文があり、家の女性たちに源氏物語の五十四帖を書写させたことを示している。江戸時代に至って印刷技術が発達し、識字率も上がり、『源氏物語』は町人まで広く普及するようになった。源氏絵の浮世絵が描かれ、歌舞伎としても上演された。**井原西鶴の『好色一代男』**は主人公の恋愛遍歴を描き、『源氏物語』の「五十四帖」を真似て「五十四章」からなる。「源氏物語歌留多」は遊戯道具のカルタ、「其紫湖月雙六（そのうかりこげつすごろく）」もまた遊び道具のすごろくである。また『**源氏物語玉（たま）の小櫛（おぐし）**』は、国学者**本居宣長**が『源氏物語』の本質を「もののあわれ」とした画期的な注釈書である。明治時代から『源氏物語』の現代語訳がなされたが、昭和初期から光源氏と藤壺の姦通部分の描写が禁じられた。藤壺は光源氏の継母であり、それと関係を持つことは皇室の侮辱であるとされた。**谷崎潤一郎**は国語学者山田孝雄の監修のもとで現代語訳を行なっている。戦後は表現の自由が認められ、制限も消え、田辺聖子、瀬戸内寂聴などの著名な小説家が『源氏物語』を現代語訳し、現代日本人に古典鑑賞の機会を与えている。

　『源氏物語』は歌舞伎、歌劇、能、浄瑠璃、戯曲など伝統芸術でも再現されている。現代文化ではラジオドラマ、テレビドラマ、映画、漫画、さらには物語のテーマにした邦楽や現代音楽など、あらゆる形式で表現されている。海外では現在20言語以上の翻訳書が出され、中国語訳では例えば豊子愷の『源氏物語上・中・下』などがある。

　『源氏物語』はただの文学作品ではない。その魅惑的な物語で人々の感情を豊かにし、国文学界や出版業界を賑わせ、さらには「女性作家」、「大長編物語」「西暦1000年頃成立」という特徴で世界文学史上に残り、日本文学の権威を高めたのである。

【コラム　2．源氏名（げんじな）】

　源氏名とは、源氏物語54帖の題名にちなんで付けられた宮廷の女官の名前である。古い日本の伝統的な言霊思想の影響で、名前を呼ばれると魂が抜かれるなどと考えていたので、当時の人々は自分の名前を公にすることを避けていた。本名を知っているのは親または配偶者で、それ以外の人とは違う名（たとえば父親の官職名）で呼び合っていた。これは男性も女性も同じである。しかし実際には男性よりも女性の実名がわからない例のほうがはるかに多い。なぜかと言うと叙位任官したときに文書に官職名と実名を記す決まりがあるが、官位官

職に就くのは女性より男性のほうが多いからである。女性の場合、皇后など地位の高い女性しか我々は名前を知ることができないのである。本名を使わない女性たちは『源氏物語』の各巻の名前を自分の名とした。これが源氏名である。『源氏物語』の人気を物語る一例であろう。後に、大名や高家の奥女中にもこの風習が伝わった。

なお、京都の路には高倉小路、室町小路、西大宮大路などの名前があったが、これらを自分の名前とする方法もあった。

課題研究

1. 『源氏物語』が他の日本文学作品から受けた影響について、簡潔にまとめなさい。
2. 紫式部と清少納言の作品を比較しなさい。
3. 擬古物語について説明しなさい。
4. 『源氏物語』に見られる「長恨歌」の影響を挙げなさい。
5. 『源氏物語』の後世への影響について述べなさい。

注 釈

1. 小式部内侍（？～1025）は平安中期の歌人。母は和泉式部で、中宮彰子に出仕した。百人一首の歌で有名。
2. 鎌倉時代以降、擬古物語は100編ほど作られたが傑作はなく、南北朝時代にほぼ消えた。現存する作品は10編余である。

第14章　栄花物語

■成立：11世紀初め～12世紀初め　■歴史物語
■全40巻　■作者：赤染衛門（？）

キーワード：初の歴史物語、貴族栄華の回顧、摂関政治の終局

＜作者＞

　諸説あるが、正編は藤原道長の妻倫子に仕えた赤染衛門、続編は中宮彰子らに仕えた出羽弁、後冷泉天皇らに仕えた周防内侍の二人と言われている。赤染衛門は生没年不詳で、平安中期の女流歌人、36歌仙の一人。ほかに家集『赤染衛門』がある。

＜内容・成立＞

　『栄花物語』は歴史と文学を融合させ、仮名文字で書かれた**最初の歴史物語**である。全40巻で、第59代宇多天皇～第73代堀河天皇の約200年間の歴史を編年体で物語風に記述している。全40巻は文体や主題の違いによって正編と続編に分けられる。

　正編は1巻から30巻までで、**藤原道長**が権力争いに勝ち、栄華を極め、病に倒れるまでを描く。全体として道長を賞賛した記述が多い。この他、道長による摂関政治のために宮廷の表舞台に立てなかった人々の悲哀も書かれている。成立は1028年から1037年の間と推定される。

　続編は31巻から40巻までであり、道長のような中心となる人

■『栄花物語』本文■

　聞けば、「太上天皇を殺し奉らむとしたる罪一、御門の御母后を呪はせ奉りたる罪一、公家より他の人未だ行はざる大元の法を私に隠して行はせ給へる罪により、内大臣を筑紫の帥になして流し遣す。又中納言をば出雲権守になして流し遣す」といふことを読みののしるに、宮の内の上下、声をとよみ泣きたるほどの有様、この文読む人もあわてたり。検非違使どもも涙を拭ひつつ、あはれに悲しうゆゆしう思ふ。

＜解釈：宣旨を聞くと、「花山法皇を矢で射殺そうとした罪、東三条院への呪詛の罪、呪術を私的に行おうとした罪により、内大臣の伊周を太宰権帥に、中納言の隆家を出雲権守に左遷とする」ということだった。宮廷では誰もが大泣きし、この宣旨を読みあげる人も動揺している。検非違使も涙を拭い、悲しんでいる。＞

物はおらず、宮廷生活、行事、女房の服飾など事実の列挙に終始しており、正編のような物語性は乏しい。作者は女流歌人の出羽弁、周防内侍という説があるが決定的ではない。また31巻から37巻、38巻から40巻の作者は異なるとも言われていて謎が多い。成立は11世紀末から12世紀初めとされる。

＜本文＞

　藤原道長と藤原伊周(これちか)は関白の後継者争いをした結果、関係者の死者などが出て、伊周が不利になった。そして996年、藤原伊周・隆家(たかいえ)兄弟に対して左遷の宣旨が下った。『栄花物語』に描かれるこの事件は物語ではなく史実である。

＜『栄花物語』の性格＞

　歴史に関する書物は『栄花物語』以前に**六国史**があった。六国史が描くのは第58代光孝(こうこう)天皇までで、『栄花物語』もそれを引き継ぎ、第59代の宇多(うだ)天皇から記している。しかし宇多から醍醐、朱雀に至る3代の天皇は系譜が書かれているのみで詳述がない。
　更に六国史は出来事を発生順に記す編年体で天皇中心に描いている。作者は男性で、文体は漢文である。これに対して『栄花物語』は同じく編年体を採用しながらも天皇より藤原道長を中心に据え、事実を物語の流れに合わせて書き改める箇所がある。
　こう比較すると、『栄花物語』は形式的にしか六国史の後を継いでいないと言える。作者は歴史の真実よりも人々の感情描写を含めた物語性を重視したのである。そこに『源氏物語』の影響が認められる[1]。
　『栄花物語』は歴史書という観点から見れば史実と合わない欠陥があるが、作者のもともとの意図は文学的立場からの史書の創造なのであり、歴史物語という新しい分野を切り開いた意義は非常に大きいものがある。そして当作品を契機として、『大鏡』以下の歴史物語が編纂されるようになる。

【コラム　1．摂関政治の終局】

　栄華を極めた藤原道長も1027年に没した。藤原氏を外戚に持たない後三条天皇は1068年即位後に自ら政治を行い、摂関政治で栄えた藤原氏は衰退の一途を辿った。
　同時期に陸奥(むつ)[2]の豪族の安部頼時(あべよりとき)とその子らが反乱を起こしていた。1051年、朝廷は源頼義(みなもとのよりよし)を陸奥守(むつのかみ)としてこの鎮圧に当たらせた。頼義とその子、義家(よしいえ)は

10年の戦いの末に安部を滅ぼした。これを**前九年の役**という。更に源義家は出羽[3]の豪族清原氏の内部争いに乗じて清原氏を攻撃し、1087年に滅ぼした。これを**後三年の役**という。

　これらの戦いにより源氏は声望を高め、関東での確固たる勢力を持ち、武家の統率者としての地位を有するに至った。このように貴族の衰退と武士の台頭が鮮明になる平安時代後期において、物語文学には自ずと退廃的ムードが漂った。『狭衣物語』、『とりかへばや物語』がその好例である。また貴族が栄華を誇った宮廷生活を感傷的に回顧する意識も自然と生まれた。『栄花物語』が藤原道長を描く理由もここにあると思われる。

【コラム　2.「花」と「華」】
　現代日本語では「栄華」というのが一般的であるが、「栄花」と書いてもよい。これは古代の日本でも同じである。「華」と「花」の混用は、中世の随筆『方丈記』にも見られ、「阿弥陀の絵像を安置し、そばに普賢をかき、前に法花経を置けり」という記述がある。この「法花経」は「法華経」のことであるが、現代日本語では法華経と記すのが普通である。

　『栄花物語』の本文中には「栄華」という用例が一つもないことから、作者は、または書写した者は、「花」という字を好んだようである。この作品名を記す時には、固有名詞として書名に従って『栄花物語』とするべきであろう。

課題研究

1. 『栄花物語』の成立過程について説明しなさい。
2. 『栄花物語』の作者について述べなさい。
3. 『栄花物語』と六国史の相違点を述べなさい。
4. 『栄花物語』の文学史的意義について述べなさい。
5. 貴族衰退と武士台頭の原因を述べなさい。

注　釈

1. 『源氏物語』の各巻には「若紫」や「花宴」など美しい名前があるが、『栄花物語』にも1巻「月の宴」、3巻「みはてぬ夢」、11巻「つぼみ花」などがあり、この点にも影響が見られる。
2. 陸奥は旧国名。現在の青森・岩手・宮城・福島の各県と、秋田県の一部にあたる。
3. 出羽は旧国名。現在の山形・秋田両県にあたる。

■ 日本文学史

第15章　今昔物語集

■成立：12世紀前半　■説話文学　■全31巻　■編者：未詳

キーワード：最大の説話文学、和漢混交文の先駆、院政

<編者>

公卿・文学者の源 隆国（みなもとのたかくに）が編集したとする説があるが、未詳。東大寺を中心とする南都の僧侶たちが編者と考えるのが妥当であろう。

<成立>

『今昔物語集』は平安後期の説話集であり、全31巻、1040の説話[1]を集めた**現存最大最高の説話文学**である。8巻、18巻、21巻が欠けている。題目だけで文章がない説話が19ある。説話番号の付いていない説話、文の中の部分的な空白なども散見されることから、院政期の混乱のために編集が未完了のまま放置されたと考えられている。成立は12世紀前半、1106年（嘉承元年）以後まもない頃と推定される。

『今昔物語集』の説話は独自に創作したのではなく、表15-1に挙げるような数多くの典拠を持っている。日本はインドとの接点がなかったが、中国の文献を通してインドの説話を集めることができた。日本、中国、インドの三国は平安時代の日本にとって世界そのものであり、『今昔物語集』は全世界の説話を集めた書物という認識があった。

表15-1　『今昔物語集』の典拠

中国	『三寶感応要略録（さんぽうかんのうようりゃくろく）』、『冥報記（めいほうき）』、『弘賛法華伝（ぐさんほっけでん）』、『孝子伝（こうしでん）』など
日本	『日本霊異記（にほんりょういき）』、『三宝絵詞（さんぽうえことば）』、『日本往生極楽記（にほんおうじょうごくらくき）』、『本朝法華験記（ほんちょうほっけげんき）』、『俊頼髄脳（としよりずいのう）』など

<内容>

内容は仏教説話と世俗説話に分かれる。仏教説話は仏教の成立から各国への伝来・

流布の過程を描くもので、霊験記、発心談、因縁談が語られている。世俗説話は多様な人間模様を描くもので、登場人物は天皇、貴族、僧侶、武士、庶民、盗賊など多岐に渡る。人間生活の諸相がありのままに描かており、動物説話も多い。表15-2に詳細を記す。

表15-2 『今昔物語集』の内容、構成

国	説話の種類（具体的内容）	巻
天竺	仏教説話（釈迦降誕、衆生教化、入滅後の弟子の活動など）	1～5
震旦	仏教説話（中国への仏教渡来、法華経の功徳など）	6～9
震旦	世俗説話（中国の史書、奇異譚）	10
本朝	仏教説話（日本への仏教渡来、冥界の往還など）	11～20
本朝	世俗説話（武勇譚、変化・怪異譚、動物譚、恋愛譚など）	21～31

　この説話集では日本を本朝、中国を震旦、インドを天竺と表現している。本朝は「国の朝廷＝日本」を示す。震旦は、古代インド人の中国への呼称「チーナ・スター」を音訳したものであるが、「振旦」、「真丹」など他の音訳もある[2]。天竺は、中国および日本で用いたインドの呼称で、この語は『後漢書』で初出している。

＜文体・特徴＞

■『今昔物語集』本文■

　今は昔、摂津の国の辺りより盗みせむがために、京に上りける男の、日のいまだ暮れざりければ、羅城門の下に立ち隠れて立てりけるに、朱雀の方に人しげく行きければ、人の静まるまでと思ひて、門の下に待ち立てりけるに、山城の方より人どものあまた来たる音のしければ、それに見えじと思ひて、門の上層に、やはらかきつき登りたりけるに、見れば火ほのかにともしたり。
　盗人、怪しと思ひて、連子よりのぞきければ、若き女の死にて臥したるあり。その枕上に火をともして、年いみじく老いたる嫗の白髪白きが、その死人の枕上に居て、死人の髪をかなぐり抜き取るなりけり。
＜要訳：摂津国の辺りで、夕方、男が羅城門の下に隠れて、人通りがなくなるのを待っていた。盗みを働くつもりだった。しかし大勢の人がやって来たので、門の二階によじ登った。するとそこにはかすかな明かりがあり、老婆が若い女の死体から髪の毛を引き抜いていた。＞

　文章は漢字片仮名交じり文であり、漢字は大きく、片仮名は小さく右に寄せて書いてある。変則的な宣命書と言える。この漢字と仮名の混合した形式は後の『平家物語』などの**和漢混交文**の先駆となっている。武士の合戦といい盗賊といい怪異譚といい、それまでの平安女流文学には見られない文学的特徴がある。また、各説話は「今ハ昔[3]」

で始まり、「**カク語リ伝ヘタルトヤ**」で終わるという統一がなされている。『今昔物語集』の名前もこの「今ハ昔」に由来している。

上に挙げるのは第29巻収録で、**芥川龍之介**『羅生門』の題材となった世俗説話の前半部分である。原文にある通り、正式名称は「羅城門(らじょうもん)」であるが、「らしょうもん」とも呼ばれたことから「生」の漢字が当てられた。

<『今昔物語集』の影響>

中世に入り、説話文学の黄金時代を迎えたが、『今昔物語集』は中世から近世前期まで、人の目に触れられることはほとんどなかった。1733年に改編本が出て、読者を得るようになったが、広く普及することはなく、明治時代になっても活字になった本は『国史体系』、『丹鶴叢書』しかなかった。しかもこれらは平安時代の風俗史料として出版されており、『今昔物語集』に対して文学作品という扱いをしていなかった。芥川龍之介はこの書籍のいずれかを参考にし、鋭い感性によって『今昔物語集』に文学的価値を見出し、自分の作品の題材として『羅生門』、『鼻』、『芋粥』、『地獄変』、『藪の中』を書いた。日本人はこの一連の小説で『今昔物語集』を再発見したと言える。芥川龍之介に師事した**堀辰雄**もまた『今昔物語集』を題材にして『曠野(あらの)』という小説を書いている。

<文学史　4. 説話文学（中古）>

表15-3は説話文学を整理したものである。

表15-3　説話文学

作品名	巻数	成立	編者
『日本霊異記』	3	9世紀初め	景戒
『三宝絵詞』	3	984年	源為憲
『宇治大納言物語』	不明	11世紀後半	源隆国
『江談抄』	6	1109年頃	大江匡房
『打聞集』	1	平安後期	未詳
『今昔物語集』	31	12世紀前半	未詳

奈良時代の仏教は朝廷が国家安泰のために保護していた。庶民への布教は禁止されていたが行基や景戒などの私度僧の活躍で、庶民も大多数ではないにしろ仏教の教えに触れることができた。信仰を勧めるための説話がいくつも生まれ、平安前期の**日本最古の説話集『日本霊異記』に集大成**された。源為憲(ためのり)は和歌と漢詩をする文学者で、『本

朝文粋』、『後拾遺和歌集』にも作品を載せているが、仏教説話集『**三宝絵詞**』（984年）も著している。冷泉院の第2皇女尊子内親王の仏道修行のために書かれ、当初は絵が添えられていたが散逸した。

　藤原氏の時代が終わり院政が始まると、凋落した貴族は文学の題材を貴族社会の周辺や外側に求めるようになる。『**宇治大納言物語**』は現存しないが、仏教説話のほか貴族や武士、庶民の生活に取材した世俗説話も収録していたとされる。『**江談抄**』（1109年頃）は学者大江匡房の談話をまとめたものであり、有職故実・故事・説話などを収録する。『**打聞集**』（1134年）はインド、中国、日本の仏教説話27編を集める。

　これらの説話集の影響で、『今昔物語集』が成立した[4]。

【コラム　江戸時代まで続いた院政】

　中宮彰子の皇子が後朱雀天皇となった時、彰子の弟藤原頼通は関白として威勢をふるった。後朱雀天皇の第一皇子が後冷泉天皇となるが、その母は藤原頼通の妹、嬉子であったため、頼通が関白として権力をふるった。しかし頼通の娘、嫄子は後朱雀天皇の中宮になったものの、皇子を出産できないまま他界してしまった。そして同天皇の他の中宮、禎子内親王の皇子が後三条天皇となる。禎子内親王は藤原氏の出身ではないので、頼通が天皇の関白になる道は閉ざされた。表15-4を参照されたい。

表15-4　院政の最後

父	母（頼道との関係）	子
第69代後朱雀天皇	藤原嬉子（妹）	70代　後冷泉天皇
	禎子内親王（無関係）	71代　後三条天皇
	藤原嫄子（娘）	皇子出産できず

　後三条天皇は藤原氏を外戚としない171年ぶりの天皇であり、自ら政治を行った。次の第72代白河天皇は譲位したあと上皇となって政務を行った。この院政と呼ばれる政治形態は、白河院政（1086〜1129）、鳥羽院政（1129〜1156）、後白河院政（1158〜1192）と100年にわたって続き、摂政・関白で繁栄した貴族が凋落する原因になった。

　白河院政は**北面の武士**[5]を設置していた。これは院の御所の北面で警備に当たる武士[6]を指し、院政を支える武力となった。武士たちはこれを機に勢力を付け、上皇と天皇の政権争いにも力をふるい、のちに平氏と源氏の台頭を許した。

　院政期は仏教の信仰が厚い時代であった。貴族の没落と武家勢力の台頭、自然災害などで社会不安が高まり、無常観や厭世感が起こり、極楽浄土への往生

> を願う浄土教が普及した。院政を行った3人の上皇もまた自ら出家して法皇となり、寺院や仏像を作ったり熊野詣に行ったりした。仏教絵画や装飾経[7]も多数作成された。
>
> 　文化の担い手である貴族や僧侶は、文学の題材を庶民・武士に求め出し、軍記物語や説話集を作った。中世は多数の軍記物語と説話集が編纂されたが、その萌芽は院政期にすでに認められるのである。
>
> 　厳密には、鎌倉幕府開始以後も院政は後鳥羽上皇が行い、上皇と武家の二重政権が成立していた。後鳥羽上皇は1221年、朝廷を復興させ幕府を倒そうとした結果、鎮圧され、却って朝廷の権威は失墜し、幕府の政権を強めることとなった。これ以後、院政は光格上皇崩御の1840年まで断続的に行われるが、いずれも形式的なもので、政治的影響力はない。そこで、一般に院政というときは白河上皇から後白河上皇までを指す。

課題研究

1. 『今昔物語集』の特徴について述べなさい。
2. 芥川龍之介の功績を述べなさい。
3. 中古の説話文学を内容によって分類しなさい。
4. 院政の成立過程について説明しなさい。
5. 院政期の仏教と鎌倉時代の仏教を関連付けて論じなさい。

注釈

1. 題目は全1059であるが、このうち19は題目のみで文章がない。よって実質的には1040である。
2. どちらも「しんたん」と読む。
3. 『竹取物語』の冒頭も「今は昔」である。『今昔物語集』に影響を与えた可能性もある。
4. 成立年が未詳のため、『江談抄』、『打聞集』は『今昔物語集』の後に出たことも考えられる。
5. もともとは、大寺院の僧兵に対抗するために設置された。僧兵は数千人の規模で、普段、寺の防衛に当たっていたが、しばしば都へ行き、仏神の権威を誇示して、朝廷に対して無理な要求を突きつけた。これを強訴という。北面の武士は僧兵を討つ頼もしい存在だった。
6. 武士は平安中期、律令制の弱体化で治安が悪化し、地方豪族が自衛のために武装したことで発生したとされる。また、律令制下の武官が発達し、天皇から職業として認められ、武士が誕生した、という説もある。
7. 装飾経は美しく装飾した写経。平安中期から鎌倉時代に盛行した。

◆中古文学重要事項一覧◆

- ☐ 漢詩文　　『凌雲集』最古の勅撰漢詩集
　　　　　　　『文華秀麗集』、『経国集』、『性霊集』
- ☐ 和歌集　　『古今和歌集』最初の勅撰和歌集
　　　　　　　『古今集』、『後撰集』、『拾遺集』（以上、三代集）
　　　　　　　『後拾遺集』、『金葉集』、『詞花集』、『千載集』、『新古今集』（以上、八代集）
　　　　　　　ほかに『梁塵秘抄』
- ☐ 伝奇物語　『竹取物語』最初の仮名の物語文学
　　　　　　　『宇津保物語』、『落窪物語』
- ☐ 歌物語　　『伊勢物語』最初の歌物語
　　　　　　　『大和物語』、『平中物語』
- ☐ 物語文学　『源氏物語』最大の物語文学
　　　　　　　『浜松中納言物語』、『夜の寝覚』、「狭衣物語』、『堤中納言物語』
- ☐ 歴史物語　『栄花物語』最初の歴史物語
　　　　　　　『大鏡』、『今鏡』
- ☐ 説話文学　『日本霊異記』最初の説話集
　　　　　　　『今昔物語集』仏教説話と世俗説話の集大成
　　　　　　　ほかに『三宝絵歌』
- ☐ 日記文学　『土佐日記』最初の日記文学
　　　　　　　『蜻蛉日記』最初の女性日記文学
　　　　　　　『和泉式部日記』、『紫式部日記』、『更級日記』
- ☐ 随筆　　　『枕草子』最初の随筆文学

中世文学概観

時代区分：鎌倉幕府成立から江戸幕府成立まで

■ **時代の流れ** 1192年鎌倉幕府成立から1603年江戸幕府開設の約400年間を中世といい、戦乱が絶え間なく、武士階級が発展した時代でもあった。鎌倉時代は保元・平治の乱で源氏が平家を滅ぼしてはじまり、室町時代[1]は天皇の討幕運動を契機とし、次の安土桃山時代は織田信長が天下統一を果たした。そして、関が原の戦いで徳川家康が勝利し、江戸時代が始まるのである。

■ **戦乱期の文学** 中世初期、貴族たちはかつての栄華を懐古し擬古物語を数多く書いた。その一方で後鳥羽上皇が朝廷の復興を切願し、史上最大規模となる1500番歌合を実施し、技巧を凝らした『新古今和歌集』を編纂した。しかし承久の乱の失敗で武家の貴族に対する優位が確定した。その後、後醍醐天皇の元弘の乱が契期となり、天皇による建武の新政が開始されるが、武士階級の反発を招いて南北朝時代が幕を開ける。この激動期にあっても軍記物語の『太平記』、歴史物語の『増鏡』、そして勅撰和歌集が編まれ、文学活動は活発に行われた。第6代将軍が皇族出身の宗尊親王で、鎌倉にも歌壇が成長した。能、狂言などの新しい芸能も育成していった。戦国時代には狂歌と俳諧連歌が詠まれた。

■ **文学の拡大** 中古文学は京都・畿内で発生した。鎌倉時代では公家や寺

■ 中世文学 ■
- 1192年　鎌倉幕府成立
- 1205年　『新古今和歌集』
- 1212年　『方丈記』
- 1221年　承久の乱
- 13世紀　『平家物語』
- 1331年頃　『徒然草』
- 1333年　鎌倉幕府滅亡
- 1334年　建武の親政
- 1336年　南北朝時代開始（室町時代成立）
- 1357年　『菟玖波集』
- 14世紀半ば　『太平記』
- 1532年頃　『犬筑波集』
- 1573年　室町幕府滅亡
- 1600年　関が原の戦い
- 1603年　江戸幕府成立

院の繁栄の経済基盤である荘園を失って貴族階級は没落し、代わりに武士階級が台頭した。京都と鎌倉を結ぶ東海道が建設され、往来が便利になり、紀行文学が生まれた。また軍記物語の『平家物語』や庶民に愛読された分かりやすい物語『御伽草子』も誕生した。戦で都が荒廃すると、文学の制作者、題材、受け手が地方に拡散し、階層も貴族から武士、庶民へと拡大した。王朝的伝統文化と新興の地方的庶民的文化との対立、融合が起こり、新しい文化が芽生えた。

■ **仏教・連歌** 社会不安が高まる戦乱中、指導的な僧侶が現われ新仏教を普及させた。無常観を基調にした随筆『方丈記』、『徒然草』は隠者文学の傑作である。他に、『発心集』などの仏教説話集が多く編まれ、高僧が仏法を平易に説く法語という文学も発達した。南北朝時代、二条良基は準勅撰連歌集『菟玖波集』を編纂し連歌の文学的地位を高めたが、後に規則に縛られて衰退した。代わって俳諧の連歌が隆盛し『犬筑波集』が編纂された。

注釈

1. 広義の室町時代は、室町、南北朝、戦国という3つの時代を含む。

■ 日本文学史

第16章 新古今和歌集

■成立：1205年　■勅撰和歌集　■全20巻　■撰者：藤原定家ほか

キーワード：貴族文化の誇示、戦国時代の歌、小倉百人一首

＜撰者・成立＞

『新古今和歌集』は鎌倉前期、**後鳥羽院**の命による第八番目の勅撰和歌集で、『**新古今集**』と略称される。全20巻、歌数は約2000首[1]、すべて短歌で統一され、勅撰和歌集の原典『古今集』を踏襲し、真名序と仮名序を置く。1201年（建仁元年）和歌選進の院宣が下ってから編纂が始まり、1205年（元久2年）に一応成立し、1210年（承元4年）頃までにほぼ完成した。その後、後鳥羽院自ら切り継ぎを行い、現存の形になったのは1216年（建保4年）である。

撰者は藤原定家、藤原家隆、藤原雅経、藤原有家、源通具、寂蓮[2]の六人であるが、実質的な中心は後鳥羽院であった。代表歌人は後鳥羽院や撰者のほか、西行、藤原良経、藤原俊成、慈円、などがいる。

1192年、貴族が政権を握っていた時代が終焉し、日本史上初の武家政権、鎌倉幕府が誕生した。貴族たちは栄華復興を願い、貴族の象徴的文化である和歌を積極的に詠み、武家に対する朝廷の優位性を示そうとした。こうして生まれた『新古今和歌集』には、代々の勅撰集に収録されなかった秀歌[3]、六百番歌合と千五百番歌合で詠まれた秀歌が中心に集められている。名称を『**新古今和歌集**』としたのは貴族文化の記念碑的な性格を持つ初代勅撰和歌集『古今和歌集』を意識してのことである。

＜内容＞

『新古今集』の部立は『古今集』とほぼ同じだが若干違いもある。『古今集』にあった「物名」、「雑体」、「大歌所御歌」が消え、「神祇歌」、「釈教歌」が立てられたのである。この二つは第4代『後拾遺和歌集』に初めて設けられ、第7代『千載和歌集』から1巻として独立したもので、『新古今集』もこれを引き継いだ。表16-1に20巻の部立を記す。

◆神祇歌……神事・祭礼や神社参拝の際に詠んだ歌
◆釈教歌……仏教や仏教思想に基づく歌

第16章　新古今和歌集

表 16-1　『新古今和歌集』の部位

1	2	3	4	5	6	7	8	9	10
春歌上	春歌下	夏歌	秋歌上	秋歌下	冬歌	賀歌	哀傷歌	離別歌	羇旅歌
11	12	13	14	15	16	17	18	19	20
恋歌一	恋歌二	恋歌三	恋歌四	恋歌五	雑歌上	雑歌中	雑歌下	神祇歌	釈教歌

真名序と仮名序の内容はほぼ同じである。下に真名序の一部を抜粋する。

■ **真名序** ■
　裁成而得二千首、類聚而為二十巻。名曰日新古今和歌集矣。＜中略＞延喜有古今集、四人含綸命而成之。天暦有後撰集、五人奉糸言而成之。其後有拾遺、後拾遺、金葉、詞華、千載等集。＜中略＞斯集之為体也、先抽万葉集之中、更拾七代集之外。探索而微長無遺、広求而片善必挙。

　真名序では、『万葉集』の中の佳句を再掲する一方、第7代までの勅撰和歌集に入っている歌は収録しないという方針が表明されている。右の歌は柿本人麻呂の恋愛歌である。『万葉集』では万葉仮名が使われていたが、『新古今集』では読みやすく仮名書きされている。

■『万葉集』の佳句の再掲 ■
＜万葉集＞衣袖丹　山下吹而　寒夜乎　君不來者　獨鴨麻
＜新古今集＞衣手に山おろし吹き寒き夜を君來まさずは獨かも寝む
＜解釈：衣の袖に山おろしの風が吹いてきて、とても寒い夜だが、もしも貴女が来ないなら、私は一人で寝ることになるのだろうか。＞

＜歌風＞

　歌の語調は『古今集』を引き継ぎ七五調で、体言止めと**本歌取り**を主な技巧として、象徴的雰囲気を漂わせ、写生より題詠中心である。歌風は**妖艶**と**有心**にある。これは藤原俊成の提唱した**余情**、**幽玄**を、子の定家がさらに推し進めた詩境であり、妖艶は華やかな美しさを示し、有心は真情をこめて妖艶さを表現することである。本歌取りは古歌の語句や趣向を取り入れて作歌することであり、新古今時代に最も隆盛した。武家に政権を奪われた貴族たちは自身のかつての栄華を思慕したが、それは昔の歌への意識も高めたのである。

■ **体言止め** ■
　体言止めは最後の句を名詞で終わらせる技巧で、余韻や余情を生じさせる効果がある。
●野分せし小野の草ぶし荒れはててみ山に深きさをしかの聲　寂蓮
＜解釈：いつも穏やかに生えている野原の草も台風のせいで荒れ果ててしまった。山の奥深くで牝鹿の声がする。＞

　「幽玄」、「有心」、「余情」、「妖艶」などの和歌理念は古代和歌の至り着いた最高極地であり、日本芸術史上重要な位置を占めているが、次第に形式化して新鮮味を失っていった。

> ■ **本歌取り** ■
> 有名な古歌や詩句を連想させてイメージを豊かにして、余情を深める技巧。もとの歌を本歌という。
> ● 逢ふことのむなしき空の浮雲は身を知る雨のたよりなりけり
> ＜解釈：あの人に逢うことはもうできない。虚空を漂う浮き雲が我が身の辛さを知り雨を降らそうとしている。＞
> 本歌取り・『新古今集』惟明親王
> ● かずかずに思ひ思はず問ひがたみ身をしる雨は降りぞまされる
> ＜解釈：あなたが私を愛しているのかどうか尋ねたかったけどできなかった。雨が降ってきて、私もこの恋の果かなさを知って泣いた。＞
> 本歌・平安時代中期『伊勢物語』

『新古今集』は『万葉集』、『古今集』と並んで和歌史上の三大歌風を形成し、それぞれ「新古今調」、「万葉調」、「古今調」と呼ばれている。表 16-2 はこの三大歌集を比較したものである。

表 16-2　三大歌集

作品名	『万葉集』	『古今和歌集』	『新古今和歌集』
巻数・歌数	20 巻、約 4500 首	20 巻、約 1100 首	20 巻、約 2000 首
語調（調べ）	五七調（二句、四句切れ）	七五調（三句切れ）	七五調（初句、三句切れ）
歌体	短歌、長歌、旋頭歌、仏足石歌など	短歌、長歌、旋頭歌	短歌
傾向	現実的・直観的（主情性）	観念的・技巧的（理知性）	幻想的・余情的（象徴性）
成立背景	奈良時代初期、760 年前後　中国との国交が盛んになり、漢字を日本語の文字表記として用い、集団的口承歌謡に別れを告げ、個人の創作として和歌の発達時代が到来	平安時代初期、905 年　『万葉集』の後和歌が廃れ、9 世紀前半まで中国文化の影響が強く漢詩文が流行ったが、次第に日本文化の国風化が進み、平仮名の普及により、六歌仙の活躍とともに、和歌が宮廷文化と貴族文芸として復活する	鎌倉時代初期、1205 年　社会が大きく変動していた時代、貴族階級没落と武士階級台頭の時代である。戦乱の現実を離れ、華やかな王朝時代の回顧と憧れを謳歌し、理想の世界に沈潜しようとした王朝美の残照
撰者　意義と価値	大伴家持ら　現存する最古最大の和歌集	紀貫之ら　最初の勅撰和歌集、紀貫之の「仮名序」は日本文学史上初の歌論	藤原定家ら　和歌の最高極致、中世芸術の幽玄の源流
用語	簡潔、直截的なものが多用。助詞・助動詞止め止めが主	流麗で観念化した用語が主。推量形、願望形、疑問形、反語形が多い	細やかな感情に基づいた用語が主。言外の余情と連想の豊かさを婉曲に表現

続表

作品名	『万葉集』	『古今和歌集』	『新古今和歌集』
修辞	枕詞、序詞が中心。対句と反復が多用。比喩もある。掛詞は少ない	序詞、掛詞、比喩、縁語が中心。擬人法や見立ての手法も多用	従来の序詞、掛詞、比喩、縁語などのほかに本歌取りや体言止め、連体止めに富む。暗喩性が強い
歌風	ますらをぶり（男性風）現実に密着して感動を具象的に表現。民謡性、自然観照に富み、率直な実感を大胆素朴に表現する力強さ。荘重、雄大で簡明	たをやめぶり（女性風）技巧を駆使して流麗な表現で優雅繊細な情調の世界を理性的に詠む。現実を離れた観念性、詠嘆性が強い。比喩性、遊戯性に富む	妖艶、有心 心象を象徴的に表現して、艶麗な美的情調の世界を構築。奥深く夢幻的な余情の美を重視。感情と感覚との融合による妙趣が基調
影響	中世の源実朝、近世の賀茂真淵、近代の正岡子規、斉藤茂吉などに影響を与えた	後世で最も尊重され、後の文学に与えた影響は大きく、古歌の規範とされた	中世の二条派、近世の本居宣長、近代の北原白秋などに影響を与えた

【コラム　1．13代集と時代背景】
● 歌壇の分裂

　『新古今集』以降も勅撰和歌集は編纂され、全部で21代まである。表16-3に挙げるのは第9代から第21代までの13代集で、巻数はすべて20である。

　承久の乱の失敗で幕府の朝廷に対する優位は決定的となった。この趨勢を反映するように『新古今集』の次の『新勅撰和歌集』では武人の歌が今までになく多く収録され、また承久の乱に関わった後鳥羽、順徳、土御門の三上皇の歌が排除された。朝廷の幕府に対する配慮であり、以降、勅撰和歌集には武人の歌が目立つようになる。藤原家の歌人藤原俊成は『新古今集』に72首入集し、歌論書を著すなど、歌人として名を馳せていた。その子の定家も歌壇において長く指導的な立場にいた。

表 16-3　第 9~21 代の勅撰和歌集

代	歌集名	成立	勅命者	代表的撰者
9	『新勅撰和歌集』	1235 年	後堀川天皇	藤原定家
10	『続後撰和歌集』	1251 年	後嵯峨院	藤原為家
11	『続古今和歌集』	1265 年		

続表

代	歌集名	成立	勅命者	代表的撰者
12	『続拾遺和歌集』	1278年	亀山院	二条為氏
13	『新後選和歌集』	1303年	後宇多院	二条為世
14	『玉葉和歌集』	1312年	伏見院	京極為兼
15	『続千載和歌集』	1320年	後宇多院	二条為世
16	『続後拾遺和歌集』	1326年	後醍醐天皇	二条為藤
17	『風雅和歌集』	1349年	花園院	光厳院
18	『新千載和歌集』	1359年	後光厳天皇	二条為定
19	『新拾遺和歌集』	1364年	後光厳天皇	二条為明
20	『新後拾遺和歌集』	1384年	後円融天皇	二条為重
21	『新続古今和歌集』	1439年	後花園天皇	飛鳥井雅世

　1241年（仁治2年）に定家が死去し、歌壇は長男為家に引き継がれた。為家の後、その子為氏、為教、為相が対立し、それぞれ**二条家**、**京極家**、**冷泉家**と号して、三家に分裂し、宮廷の歌壇の指導的存在とな

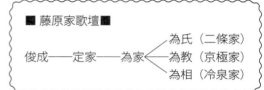

■藤原家歌壇■

俊成──定家──為家＜為氏（二條家）／為教（京極家）／為相（冷泉家）

った。冷泉為相が鎌倉幕府と関係[4]を持ったので、冷泉派は主に鎌倉の武士の間で勢力を伸ばした。宮廷では二条派と京極派の二派がライバル関係にあり、勅撰集の撰者就任を争った。歌風については、二条派は保守的で温雅であり、京極派は革新的で清新である。冷泉派の歌風は京極派に近い。

　第11代の『続古今和歌集』では、後嵯峨天皇の第一皇子、鎌倉幕府第6代将軍宗尊親王[5]の歌が歌人中最多の67首取られている。初めての宮将軍となるが、幕府では北条氏が専制政治を行っていたので、権限がなかった。宗尊は1252年から1266年まで在職期間であったが、政治への関心を捨て、和歌に没頭し歌会を主催するようになる。このため鎌倉において歌壇が成長し、武家階級からも歌人が出るに到った。宗尊以後も和歌の教養のある宮廷出身の将軍が鎌倉幕府に在籍したため歌壇も安定した。

● **天皇家の分裂**

　宗尊には兄弟の後深草と亀山がいた。彼らは父の後嵯峨法皇が崩御した後、自分の子孫の皇位継承問題で争ったが、解決がつかず、幕府が朝廷に入り、最終的に双方の子孫が順番に天皇となることに決まった。これを**両統迭立**という。後深草の系統は持明院統、亀山の系統は大覚寺統と呼ぶ。この名前は両天皇が

退位後にそれぞれ持明院、大覚寺を御所⁶としたことによる。

　後に鎌倉時代が滅亡して南北朝時代が始まるが、持明院統は北朝となり、大覚寺統は南朝となって争うことになる。下の図で、（　）内の数字は天皇の即位順を示し、①②は北朝、南朝における天皇の即位順を示す。

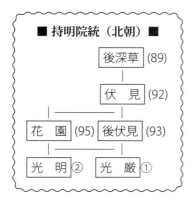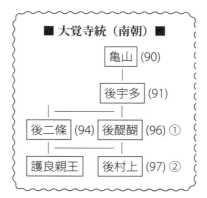

　大覚寺統の後醍醐天皇は1318年に即位して以来、果敢に討幕を目指していた。初めに1324年、**正中の変**を起こす。側近たちと討幕計画を立てるも事前に発覚するという事件で、武士たちは処刑されたが、後醍醐天皇は関与を否定し、無罪放免となった。

　次に1331年、**元弘の乱**を起こす。これも先と同じように討幕計画が事前に発覚してしまう。後醍醐天皇は幕府の追及を逃れて挙兵するが、戦いに破れ、隠岐に流される。このとき鎌倉幕府の支持によって持明院統の光厳天皇が即位したが、後醍醐天皇は退位を拒否し、二人の天皇が存在するという状況が発生した。ここに南北朝時代の萌芽がある。北朝（持明院統）の初代天皇を光厳天皇、南朝（大覚寺統）の初代天皇を後醍醐天皇とみなすのである。

■ 天皇並立 ■
後醍醐天皇　在位1318〜1339年
光厳天皇　　在位1331〜1333年

　1333年、後醍醐は隠岐を脱出して討幕の綸旨⁷を出した。そして足利尊氏⁸と新田義貞の戦功で、同年、鎌倉幕府は滅び、後醍醐天皇はついに念願の天皇による親政を始めた。これを**建武の新政**⁹という。「建武」とは劉秀が王莽を倒し漢朝を復活させたときに使った年号である。また後醍醐天皇は自分以外に天皇が不要のため、光厳天皇の皇位を否定し、これを上皇とした。

　建武の親政は独裁的であり、武士たちの反発を招いて、かつて一緒に戦った足利尊氏も反旗を翻した。尊氏は1336年京都にて光厳上皇の弟の光明天皇を擁立した。後醍醐は京都以南の吉野に逃れ、ここを朝廷とした。京都の**北朝**と、吉野の**南朝**の対立時代である**南北朝時代**¹⁰は、1336年から1392年までの57年間に及んだ。表16-4に南北朝の天皇と在位期間をまとめる。

表 16-4　南北朝の天皇と在位期間

代	北朝（持明院統）	南朝（大覚寺統）
1	光厳（こうごん）　1331〜1333 年	後醍醐（ごだいご）　1318〜1339 年
2	光明（こうみょう）　1336〜1348 年	後村上（ごむらかみ）　1339〜1368 年
3	崇光（すこう）　1348〜1351 年	長慶（ちょうけい）　1368〜1383 年
4	後光厳（ごこうごん）　1352〜1371 年	後亀山（ごかめやま）　1383〜1392 年
5	後円融（ごえんゆう）　1371〜1382 年	
6	後小松（ごこまつ）　1382〜1412 年	

　最終的に南朝の後亀山天皇が京都に帰還して、後小松天皇に譲位し、両朝合一が実現された。両統迭立を続けるという条件であったが、実質的には持明院統の子孫が皇位継承を独占していくこととなる。

　南北朝時代は室町時代の前期に当たる。南北朝時代の始まりを1333年とし、建武の親政をその中に含める説もある。

● **天皇と歌壇の連合**

　天皇が二つに分裂した時、二条家は大覚寺統に接近、京極家は持明院統に近づいた。そこで皇室と歌の家が結びつき、それぞれが勅撰和歌集を編纂していく時期となった。表16-5において、（ ）内の数字は和歌集の成立順を表す。

　平安期から鎌倉期まで、朝廷は自身の意志で自由に勅撰和歌集を編纂していたが、1336年から始まる室町時代以降、北朝は幕府の了解を得るか、指示を受けて勅撰集を編むようになる。北朝にとってこの**武家執奏**[11]は屈辱的であったが、南朝と闘うための軍事力や経済力を幕府に負っている以上、幕府との結び付きはやむを得ないものとして認識していた。表16-6に鎌倉から室町時代の区分を表す。

表 16-5　皇室と歌の家

大覚寺統 ＋二条家	続拾遺(12)―新後選(13)―続千載(15)―続後拾遺(16)
持明院統 ＋京極家	玉葉(14)―風雅(17)

表 16-6　鎌倉〜室町時代区分

鎌倉時代	1192〜1333 年
建武の親政	1333〜1336 年
室町時代	1336〜1573 年 （南北朝時代 1336〜1392 年） （戦国時代 1467〜1573 年）

　室町時代で最初に編纂された和歌集は17代の『風雅和歌集』（1349年）である。花園院（はなぞのいん）は1343年に幕府に撰集の承諾を求め、翌年にあらためて催促して承諾を得た。花園院の監修のもとで、光厳上皇が歌を撰んだ。『風雅』完成の10年ほど前から京極派の

活動が活発で、「持明院殿歌合」、「五十四番詩歌合」など多くの歌合が催されていた。対立する南北朝時代において初めて編纂された勅撰集であるから、『風雅』には京極派歌人が主流であり、二条派や南朝の君臣の歌は僅かであった。『風雅』成立の翌年、**観応の擾乱**という内部抗争が発生した。足利尊氏とその弟直義が争い、南朝との戦いも加わり、混乱を極めた。このとき京極派であった光厳院が南朝に捕らえられ、北朝が壊滅し、京極派も衰滅した。

● **幕府と朝廷の関係**

18代『新千載和歌集』では、初代将軍足利尊氏が後光厳院に和歌集の撰集を執奏し、かつ撰者を二条為定に指定した。為定は以前、足利尊氏に三代集を伝授して関係を作っていたのである。更に後光厳院の支持を取り付けて、京極派に対する二条派優位を築いた。幕府から朝廷へのこのような執奏は以降の和歌集の慣例となった。

19代『新拾遺和歌集』では、2代将軍足利義詮が同じく後光厳院に執奏し、撰者を二条為明に指定した。表16-7は17代から22代の勅撰和歌集を示す。

表16-7　17~22代の勅撰和歌集

代	歌集名	成立	将軍	天皇・院
17	『風雅』	1349年	足利尊氏	花園院
18	『新千載』	1359年	足利尊氏	後光厳院
19	『新拾遺』	1364年	足利義詮	後光厳院
20	『新後拾遺』	1384年	足利義満	後円融院
21	『新続古今』	1439年	足利義教	後花園天皇
22	応仁の乱（1467～1477年）のため未成立		足利義政	後花園天皇

20代『新後拾遺和歌集』では、3代将軍足利義満が後円融院に執奏した。本来の撰者は二条為遠であったが、途中で死去し、為重がその後を受けた。

21代『新続古今和歌集』では、6代将軍足利義教が後花園天皇に執奏した。撰者は飛鳥井雅世[12]である。飛鳥井家は1205年の『新古今和歌集』の撰者にも選ばれており、当時から歌道家としての基礎を築いていた。飛鳥井雅世は足利義満以下の将軍の信任を受け、二条派を抑えて、『新続古今和歌集』の撰者に返り咲いたのである。本書の仮名序と真名序は、公卿の一条兼良が書いているのだが、そこで将軍義教の治世を賛美している。勅撰集に対する将軍の支配力が覗われよう。

22代勅撰和歌集は、8代将軍足利義政が後花園天皇に執政し、撰者を飛鳥井雅親としたが、1467年から10年に渡って**応仁の乱**が続き実現しなかった。9代将軍足利義尚は、1480年代に歌合を開催し、1483年に『新百人一首』を選んだ。義尚は勅撰集に代わって大規模な撰集を計画し、公家歌人にも協力を呼び掛け

たが、1483年の近江出陣で戦死し、これも実現しなかった。

905年に始まり、500年以上に渡って編纂された勅撰和歌集の歴史が、終焉を迎えたのであった。

● **南朝の和歌集**

二条派は南朝、京極派は北朝と結びついていたが、二条派であっても北朝寄りの人間がいて、複雑な様相を呈している。連歌の大成者である**二条良基**も、最初は南朝の後醍醐天皇に仕え、のちに北朝に長く仕えたから、「二条派＝南朝」は全体の大まかな捉え方に過ぎない。

北朝の編纂した『風雅』、『新千載』、『新拾遺』は南朝の和歌の入集を拒否した。『風雅』の撰者は対立関係にある京極派であるから理解されるとしても、『新千載』と『新拾遺』の撰者は同じ仲間の二条派である。北朝寄りの二条派が南朝の二条派の歌を黙殺した。これに対して南朝が不快感や無念さを示し、反発した。後醍醐天皇の皇子宗良親王はかつて私撰集を出していたが、それを南朝の第3代長慶天皇の勅命により改訂し、1381年に完成させ、これを準勅撰和歌集とした。名を『**新葉和歌集**』といい、北朝を排除し、南朝の人間の歌のみを集めた。全20巻で、部立は春（上下）、夏、秋（上下）、冬、離別、恋、哀傷など歴代の勅撰集と同じ体裁を取っている。

● **戦国時代の歌**

京都を中心として争われた応仁の乱で、貴族や僧侶などの知識人たちは難を逃れ地方へ移り、京都の文化が伝播し、歌人層が拡大し、武士主催による歌合も開催されはじめたが、教養の乏しい庶民が八代集、十三代集などの古典を正しく鑑賞できるわけもなく、分かりやすい歌集が求められた。定家撰の『小倉百人一首』はまさに最適であり、古典学者の宗祇はこれを歌学の教科書として講義した。

1467年の応仁の乱から、**織田信長**が15代将軍足利義昭を京都から追い出す1573年までを**戦国時代**といい、室町時代の後期に当たる。戦乱の続く時代であったが、天皇や貴族は和歌を詠み古典の研究を続けた。それは悲惨な現実からの逃避というよりも、皇族・貴族としての存在証明であったと言える。武力が世の中を変えていく時代にあり、宮廷の権威は古典文化の教養によって維持されたのである。戦国時代の主役である武将たちもまた和歌を詠み、歌会を開き、中には家集を持つ者もいた。闘いに明け暮れる彼らも、和歌が日本の伝統を背負い確固たる価値を有していることをわきまえていたのである。

● **狂歌**

狂体の和歌の意で、滑稽や諧謔を主眼とする。古くは『万葉集』の戯笑歌、『古今集』の俳諧歌に遡るが、戦国時代に多く詠まれるようになり、『永正狂歌合』もある。戦乱ばかりの現実に直面し、滑稽化して乗り越えようという心理が働いたのであろう。しかし狂歌が文学の一ジャンルとなるほど盛行するのは近世に入ってからである。

第 16 章　新古今和歌集

【コラム　2. 和歌所と歌合】

　和歌所は勅撰和歌集編纂のために宮中に臨時に設けられた役所である。『古今和歌集』のときに初めて設置されたが、まだ和歌所という名称はなかった。951 年に『後撰和歌集』の選集と『万葉集』の訓読が行われた際に、正式にこの名称が使われた。その他、『続古今和歌集』、『新千載和歌集』などの編纂のときに設置されたが、すべての勅撰集に対して置かれたわけではない。1439 年、最後の勅撰集『新続古今和歌集』が完成してからは和歌所が置かれることはなくなった。時代は下って 1888 年、皇室の庶務を行う宮内省（くないしょう）に和歌所が御歌所（おうたどころ）として復活した。だがこれも 1946 年に廃止となった。

　歌合は歌人を左右 2 組に分け、一番ごとに二人の歌人が歌を詠み、技巧などを競う文学遊戯である。六百番歌合（ろっぴゃくばんうたあわせ）は鎌倉時代前期の 1193 年、藤原良経の家で開かれた。一番につき二首の歌を詠むので、六百番では計 1200 首となる。千五百番歌合（せんごひゃくばんうたあわせ）は 1201 年、後鳥羽院が開催したもので、歌合史上もっとも規模が大きい。歌合は歌人と判定者が一堂に集まって、その場で詠んだり評価したりする形式もあったが、千五百番歌合のように歌人が事前に歌を書いた紙を宮中に提出し、そのあと判者が判詞（はんし）（歌の批評の言葉）を書く、いわば紙の上での歌合もあった。

【コラム　3. 後鳥羽院】

　後鳥羽院（1180 〜 1239）は天皇の在位 1183 〜 1198 年であるが、その後、土御門天皇（生没 1195 〜 1231 年、在位 1198 〜 1121 年）に譲位して、上皇として院政を行った。1201 年（建仁元年）、勅撰和歌集編纂の勅命を出し、宮中に和歌所（わかどころ）を設置して一流の歌人を撰者に任命した。後鳥羽院はさらに編纂の最中である 1202 年にも、水無瀬（みなせ）[14] にある自身の離宮で恋を主題にした歌合わせを行った。歌への情熱は熱く、撰者たちの選んだ歌を自らさらに精選し、1205 年に一応の完成を見て、竟宴（きょうえん）[15] と呼ばれる酒宴を開いた。竟宴の後も、後鳥羽院は数年にわたって削除や追加を指示するという徹底ぶりを見せた。

　1221 年（承久 3 年）、後鳥羽院は王政復古のために承久の乱という北条氏討伐・鎌倉幕府打倒運動を企てた。乱はすぐに鎮圧され、後鳥羽院は隠岐（おき）に流されたが、その隠岐でも不屈の精神で新古今和歌集の歌をさらに厳選し、『隠岐本新古今和歌集』を完成させるのだった。

　「後鳥羽院」の「院」とは、①天皇が退位して上皇（太上天皇の略称）になった場合、②天皇が出家して法皇（太上法皇の略称）になった場合に使われる呼称である。

【コラム　4. 『小倉百人一首』】

　藤原定家は京都の小倉山荘で、『万葉集』から『新古今集』までの秀歌 100 首を集め編纂した。この和歌集を『小倉百人一首』という。一人一首で、発表年代順に配列されている。この百人一首により、万葉調、六歌仙、平安女流歌人、隠者・武士の和歌など各時代の和歌の特色が一望できる。これ以降、明治時代にかけて、『新百人一首』、『武家百人一首』など多くの百人一首が作られたが、

> 一般に「百人一首」というときは元祖の『小倉百人一首』を指す。江戸時代初めからは、歌がるたとして遊戯され、広く民間に普及している。現代の日本人も主に正月に百人一首でカルタ遊びをする。

課題研究

1. 『新古今和歌集』の成立事情を論述しなさい。
2. 『新古今和歌集』に本歌取りが多い理由を説明しなさい。
3. 宗尊親王の功績について述べなさい。
4. 建武の親政の成立から崩壊までを述べなさい。
5. 幕府と朝廷の力関係を、13代集を通じて論じなさい。

注　釈

1. 切り継ぎのため歌数は一定ではないが、1981や1980、1978などの説がある。
2. 藤原定長という名であったが、のちに出家して、寂蓮と称した。繊細な技巧に富んだ歌に優れているが、1202年没したため、新古今和歌集の編集作業にはほとんど携わっていない。『寂蓮法師集』がある。
3. 有名な歌人では、小野小町や和泉式部がいる。
4. 冷泉為相は兄の為氏と所領などの相続で争い、鎌倉幕府を訪れ訴えた。その際に鎌倉での歌壇を指導した。また為相の娘を鎌倉幕府八代将軍久明親王に嫁がせた。
5. 親王とは、天皇の兄弟および皇子の称号である。
6. 持明院は京都市上京区にある持仏堂の名前。持仏堂とは仏像や先祖の位牌を安置する堂。大覚寺は京都市右京区にある寺。御所は天皇のいる場所。
7. 綸旨とは天皇が発した命令を従者が皆に伝える文書のこと。
8. 建武の新政後、「尊氏」と改名する。
9. 「建武の中興」とも言う。
10. 北朝は京都であるから、南朝は吉野朝廷ともいう。この時代を中心に描いた軍記物語が『太平記』である。
11. 武家執奏というのは室町幕府の将軍が北朝に対して何らかの政治的要請を行うことを示している。
12. 飛鳥井雅世（1390～1452）は室町初期の公卿、歌人。将軍足利義教に重用された。『新続古今集』の撰者。
13. 「永正」は年号で、1504～1521年。
14. 水無瀬は地名、現在の大阪府北東部辺り。
15. 竟宴は平安時代、宮廷において、完成した勅撰集を天皇などに奉った後に行う酒宴。

第17章　方丈記

■成立：1212年　■随筆　■全1巻　■作者：鴨長明

キーワード：隠者文学、神道と仏教、無常観

<作者>

鴨長明（かものちょうめい）は鎌倉前期の歌人、文章家である。保元の乱の前年、1155年（久寿2年）に生まれ（異説もあり）、1216年（建保4年）に没し、源平争乱の平安時代末期を生きた。父、長継（ながつぐ）は、下賀茂神社の最高責任者である正禰宜（せいねぎ）[1]であった。鴨長明はその次男で、宮廷の貴族として生き、和歌と琵琶に優れた才能を発揮した。1201年、後鳥羽上皇が『新古今和歌集』編纂のために宮廷に和歌所を設置した際、鴨長明はその寄人（よりうど）[2]に選出され、その熱心な仕事ぶりが評価されていたが、やがて1204年、長年の憧れである河合社禰宜（ただすのやしろねぎ）の望みが絶たれたことをきっかけに和歌所から姿を消し、出家して比叡山の麓の大原[3]に隠遁した。4年後の1208年、日野に移り草庵に住む。庵の内部には阿弥陀の絵像や法華経を置く一方で、和歌集や琴、琵琶も置いていた。仏教と和歌と音楽の生活の中で、1212年、無常観を主題とした『**方丈記**（ほうじょうき）』を著した。

この時代は貴族から武士への政権交代と度重なる災厄があった。栄華を誇った京都が瞬く間に廃れていく様を見て、鴨長明は世の無常を覚えた。『方丈記』の中で、

■ 鴨長明年表 ■
- 1155年　誕生
- 1181年　家集『鴨長明集』編纂
- 1187年　『千載和歌集』に一首
- 1204年　隠棲
- 1205年　『新古今和歌集』に十首入選
- 1211年　歌論書『無名抄』成立
- 1212年　『方丈記』成立
- 1216年　仏教説話集『発心集』成立
- 1216年　没

■ 平安末期の災害 ■
(1) **安元の大火**　1177年（安元（あんげん）3年）、都の東南部から出火し、朱雀門や大学寮、公家の邸宅、一般家屋が焼失した。
(2) **治承の竜巻**　1180年（治承（じしょう）4年）、大きな竜巻が起こり家を壊して市街地を通り抜けていった。
(3) **福原遷都**　武家の平清盛が、宋との貿易のために京都から海辺の福原[4]へ移した。結局失敗に終わり、京都が再び都となるが、かつての美しさは無残に失われた。
(4) **養和の飢饉**　養和（ようわ）の1181年から1182年にかけて飢饉が続き多数の死者が出た。
(5) **元暦の地震**　1185年（元暦（げんりゃく）2年）の大地震で都がダメージを受けた。

福原遷都を、「軒を争ひし人のすまひ、日を経つゝあれ行く。家はこぼたれて淀川に浮び、地は目の前に畠となる」と記し、平氏の暴挙ではなく天災のような災厄として捉えている。更に、1180年源頼朝や源義仲が挙兵・入京し、壮絶な源平合戦が繰り広げられ、最終的に平家が滅びたが、鴨長明はこの事件を『方丈記』に記していない。武士に対する意識的な無視が感じられる。50歳まで貴族として生きた鴨長明にとって、武士の台頭は大きな抵抗感があり、それは出家後も変わらなかった。本当に仏道に精進し無常を体得したならば、貴族の凋落と武士の隆盛という事態も冷静に見つめられるはずである。鴨長明にはそれができず、仏道への専心の甘さ[5]もあって、仏教的境地と俗世の間を絶えず揺れ動いていたと思われる。

鴨長明は和歌を東大寺の僧**俊恵**（しゅんえ）から学んだ。その後は和歌集に入選し、和歌所の寄人に選出されるなど、歌人としての優秀さを発揮している。琵琶については**中原有安**（なかはらありやす）に学んでいる。二人とも優れた師であった。鴨長明は宮廷にいる間は歌人として名を馳せていたが、出家後は歌よりも散文に力を注いだ。

＜成立＞

『方丈記』は鎌倉初期の随筆で、1212年（建暦2年）鴨長明58歳の時の作品であり、中世時代の隠者文学の代表作の一つである。書名の由来は、日野山に一丈（長さ約3メートル）四方の草庵を結び、そこで書いたことによる。人生無常の仏教観が一貫して漂い、災厄を回想し、庵での生活と心境を描いた。「無常」とはこの世のすべてが生まれては没する運命にあり、永遠不変のものはないとする仏教用語である。文体は比喩や対句を多用した和漢混交文[6]である。最初から最後まで文章が続き、『枕草子』のように段が分かれていない。長さは400字詰めの原稿用紙で20枚ほどである。

■ 序章の冒頭文 ■
ゆく河の流れは絶えずして、しかももとの水にあらず。淀みに浮かぶうたかたは、かつ消え、かつ結びて、久しくとどまりたるためしなし。世の中にある人とすみかと、またかくの如し。
＜解釈：河は絶えず流れ、その水は元の水ではない。川の淀みに浮かぶ水の泡も、消えては生まれ、永遠に残ることはない。世の中の人や住まいもこれと同じだ。＞

＜内容＞

『方丈記』の前半は平安末期に起こった大火、辻風、遷都、飢饉、地震の五つの災厄を写実的な迫力をもって描き、仏教観から世の無常を説いている。後半では自身の家系、環境、閑居の生活を称賛し、最後の段で今の生活に執着する自己への批判が描かれる。

> ■『方丈記』末尾部分■
> 世をのがれて山林にまじはるは、心ををさめて道を行はむがためなり。然るを汝が姿はひじりに似て、心はにごりにしめり。
> <解釈：世を捨てて山林の中に入ったのは、心を鎮めて仏道を修めるためだった。しかしおまえは、姿が坊さんに似ているだけで、心は汚れている。>

どんな作品でも独立して成ることはありえず、必ず先行作品の影響を大なり小なり受けているはずである。『方丈記』の場合、**慶滋保胤**(よししげのやすたね)の漢文随筆『**池亭記**』(ちていき)に影響を受けている。内容は池のほとりの東屋(あずまや)で念仏と読書に明け暮れて優雅に晩年を過ごす様が描かれている。その内容といい、「～記」というタイトルといい、両作品に共通点が見られる。『方丈記』の序章の冒頭部分は、現代の雑誌などでも時折引用され、よく知られているものである。

最後の部分で長明は自己批判に到る。この批判精神は同作者による仏教説話集『**発心集**』に通じている。これらはむしろ長明の誠実さ、真面目さを表すものであろう。

＜文学史　5．説話文学（中世）＞

中世の説話文学を大別すると世俗説話と仏教説話の二系列になるが、総じて教訓的啓蒙的色彩が濃い。

● 鎌倉時代初期の説話

長明の出家や『方丈記』、『発心集』の著述の背景には、まず当時の仏教の隆盛がある。平安時代末まで皇族と貴族が独占していた仏教は、台頭してきた武士と庶民の間に広がりを見せるようになる。**鎌倉新仏教**は新しく成立した仏教宗派の総称で、**法然**(ほうねん)の浄土宗、**親鸞**(しんらん)の浄土真宗、**日蓮**(にちれん)の日蓮宗などがある。彼らの提示する仏道の方法は、学問的な難解さがなく、念仏や座禅という簡単な方法で救いが得られた。また南都仏教と総称される、奈良時代に平城京を中心に栄えていた宗派も、鎌倉時代に復興して庶民のために社会事業を行ったりした。こうして世に普及していった仏教は長明の人生に影響を与えた。

説話集についても、平安末期から鎌倉初期にかけて平康頼(たいらのやすより)の『**宝物集**』(ほうぶつしゅう)、源顕兼(みなもとのあきかね)の『**古事談**』(こじだん)がある。前者は仏法は第一の宝だということが例話を挙げて説明される。後者は正史には書かれない天皇や貴族の秘話を収める。

この先行作品は長明に『発心集』の執筆動機を与えたと考えられる。「発心」とは仏語で、悟りを得ようとする心を起こすことであり、収録する説話は善悪や賢愚の間に揺れる心を描くものが多い。長明は参考文献として読んだ説話集の内容を、登場人物の心の動きが表れるような方向性で増補・敷衍したとされている。また自分自身についても本書の中で「善と悪の間で揺れ動く愚かな心」と述べている。このように心の動きや弱さを主題にしたところに『発心集』の特徴がある。その萌芽は、『方丈記』の最終部分にすでに認められるのである。

■ 日本文学史

● 『発心集』以後の説話

鎌倉仏教の隆盛は説話集という形になって表れている。『発心集』もこの流れの中に置かれ、先行作品から影響を受けると同時に、後続の作品にも影響を与えているわけである。表 17-1 を参照されたい。

『宇治拾遺物語』は仏教説話、世俗説話、民話がユーモアと軽妙な筆致で書かれ、『今昔物語集』とともに説話文学の代表的作品となっている。書名は、現存しない『宇治大納言物語』から洩れた説話を拾い集めたことに由来する。

『閑居友』は仏教説話集で慶政の作とされる。『発心集』の影響を受け、男女の求道者の説話を集める。上下巻で、下巻に女性の話が多い。

表 17-1 説話集

作品名	作者	成立
『宝物集』	平康頼	1177～1181 年
『古事談』	源顕兼	1212～1215 年
『発心集』	鴨長明	1216 年
『宇治拾遺物語』	未詳	1221 年頃
『閑居友』	慶政	1222 年
『十訓抄』	湯浅宗業	1252 年
『古今著聞集』	橘成季	1254 年
『撰集抄』	未詳	1264～1275 年
『沙石集』	無住	1283 年
『神道集』	未詳	1358 年頃

『十訓抄』は六波羅二﨟左衛門入道という人物による、十の教訓の例話を集め、教訓・啓蒙の意図を持ち、平易に叙述されている。『古今著聞集』は橘成季の作で、約 700 の説話を全 20 巻に収め、規模が大きい。『撰集抄』は作者未詳で、西行に関する説話が多い。西行が漂泊の歌人として広く知られるようになったのもこの説話集の影響が大きい。『沙石集』は無住の作で、仏教説話で大衆を教え導く。笑話風の話も多く、のちの狂言の題材となり、落語の源流にもなった。『神道集』は南北朝時代に成立し、諸国の神社の縁起や本地垂迹の教義を説く。

【コラム 1. 神職】

日本は律令制導入時に**神祇官**という機関を作った。ここで、朝廷での神祇の儀式や祭典、鎮魂、卜部（国家的な行事の吉兆を占う）などを担当した。全国の官社（国家の保護を受けた神社）や神職たちを支配した。

【コラム 2. 禰宜】

鴨長継は病気が原因で下賀茂神社の正禰宜を引退し、その 4 年後に病没している。長継の後を継いだのは長男ではなく親戚の鴨祐季であった。なぜ長男ではなかったのか、その背後にある詳しい事情は不明である。

下賀茂神社の正禰宜になるには二つの段階を経なければならなかった。
①下賀茂神社の摂社である河合社の禰宜

<異動前>	<異動後>
● 正禰宜／鴨祐季	● 正禰宜／鴨祐兼
● 権禰宜／鴨祐兼	● 権禰宜／鴨季平
● 河合社禰宜／鴨季平	● 河合社禰宜／鴨祐綱

②下賀茂神社の権禰宜

摂社とは、本社[7]に縁故の深い神を祀った神社のことで、摂社の次が末社となる。上下関係は、本社──摂社──末社。鴨祐季が正禰宜を引退した後、人事異動が行われ、権禰宜の鴨祐兼、河合社禰宜の鴨季平がそれぞれスライド式に昇進した。新しい河合社禰宜のポストには祐兼の子、祐綱が任じられた。長明は父の跡を継ぐことを夢見ていたが叶わなかった。長明が30歳のときの出来事であった。20年後に河合社禰宜の欠員が生じ、長明に再び機会が訪れるが、祐兼に反対されてまたも夢に破れた。これが長明を出家の道に進ませるのであるが、そこには長明が生きた時代も関わっていたのである。

【コラム　3．神道と仏教】

　神職の家で育った長明が仏道に進んだことは一見不思議に思える。神道と仏教は本来異なるものであるが、奈良時代に**神仏習合**という思想が起こり、両者は同化した。その象徴的存在が神宮司で、これは仏教の僧侶が神祇に奉仕するために神社の境内に建てられた寺院である。平安時代以降に起こった**本地垂迹説**は、菩薩や仏陀が仮に神の姿をとって現れるというものである。鎌倉時代になると、神祇を主、菩薩を従とする**反本地垂迹説**が生まれた。江戸時代には国学の隆盛とともに神道の優位が説かれた。そして明治元年の1868年、政府が**神仏分離**という政策を打ち出し、神道と仏教を完全に区別した。神道は国教となり、仏教の地位は落ち、**廃仏毀釈**という仏教排斥運動に繋がっていく。

【コラム　4．隠者文学】

　日本文学史上、主に中世において、隠者や僧侶によ和歌、日記、随筆などの自照的な文学を隠者文学という。仏教的無常観や脱俗性を基調にして、孤独な生活の中で思索にふける傾向が強い。西行、鴨長明、吉田兼好らが代表的作家である。

課題研究

1. 『方丈記』に見られる無常感について述べなさい。
2. 鴨長明が隠棲した背景を述べなさい。
3. 鴨長明の隠棲生活の様子と仏道の態度を述べなさい。
4. 同一作者による『方丈記』と『発心集』の関連性について述べなさい。
5. 神道と仏教の関係について、その概略を述べなさい。

■ 日本文学史

注 釈

1. 正禰宜は神官の最高職。
2. 寄人は職員のこと。
3. 大原は現在の京都市左京区。当時の隠者たちの主要な隠棲地であった。
4. 福原は現在の神戸付近。
5. 1211年に源実朝に会ったとき、鴨長明は実朝の和歌か琵琶の師になることを提案している。また草庵に趣味の楽器である琵琶を置いている。これらの事実が仏道への甘さの判断根拠になる。
6. 仮名が平仮名か片仮名かははっきりしない。最古の写本は漢字と片仮名で、鴨長明自筆という説もある。
7. 本社はその神域内の中心となる神社。

第18章　金槐和歌集

■成立：1213年　■家集　■全1巻　■作者：源実朝

キーワード：万葉調、執権政治、私家集

＜作者＞

源実朝（みなもとのさねとも）（1192～1219）は鎌倉幕府の第三代将軍、征夷大将軍、歌人であり、源頼朝の次男、母は政子である。12歳の時、頼家が追放された後を継いで将軍となる。右大臣に進んだが、後に兄頼家の子公暁に暗殺された。13歳頃から作歌を始め、18歳で定家に入門し、歌作に励み、22歳で自分の和歌集を持った。

幕府の将軍でありながら公家文化を愛し、『新古今和歌集』を愛読した。自分でも作歌し、それを当時最大の歌人である**藤原定家**に送って合点（がってん）[1]を依頼した。定家はこれに応え、さらに自著の『近代秀歌』を贈った。和歌の歴史、作歌の方法論、本歌取りの技法などを簡潔に解説し、秀歌の実例を挙げた書物である。1213年11月には、更に秘蔵の『万葉集』を実朝に贈った。

＜成立＞

実朝は定家の指導の下で歌を作り、1213年（建暦3年）の末に『**金槐和歌集**』（きんかいわかしゅう）を完成させて、定家に献じたとみられる。

『金槐和歌集』の「金」は、鎌倉時代の「鎌」の偏を表している。「槐」は、大臣の異称の「槐門」から来ているので、『鎌倉右大臣家集』とも言われる。源実朝は、自分は将軍であり、かつ後鳥羽上皇から任命された右大臣ということを、書名でもって示したのである。ただしこの家集が成立した当時、実朝の位階（いかい）[2]は正二位（しょうにい）であり、右大臣となるのは1218年である[3]。よって『金槐和歌集』は完成当時の書名ではない。何か別の書名があ

■**鎌倉文化**■
鎌倉文化の特色は公家文化と武家文化の二元性にある。従来、文化の担い手は公家のみだったが、武家もまた知識を付け文化の創造者となったのである。学問では公家は古典研究の成果を『万葉集註釈』、『釈日本紀』に著し、武家は**金沢文庫**（かなざわぶんこ）という図書館を設立した。彫刻では仏師である**運慶**（うんけい）、**快慶**（かいけい）の金剛力士像が有名である。仏教では浄土教が一大潮流をなし、阿弥陀仏を信じて念仏を唱えれば極楽浄土で救われるとした。浄土の対極である地獄や餓鬼の絵も盛んに描かれた。

— 95 —

ったはずだが、不明である。

　源実朝が26歳という若さで右大臣になった背景には後鳥羽上皇の策略があった。上皇は台頭する幕府勢力を抑え込むために、実朝を昇進させ、自分の側にとりこもうとしたのである。

　しかし実朝はまもなく公暁に暗殺されてしまい、上皇のもくろみも水泡に帰した。

＜歌風・分類＞

　『金槐和歌集』の所収歌の九割は同時代の『新古今集』の影響を受け、他は万葉調である。特に男性的な**万葉調**の叙景歌が優れている。663首を収め、そのうち92が勅撰和歌集に入集している。

　分類は春・夏・秋・冬・賀・恋・雑となっている。清新な叙景歌、武人の棟梁の立場から詠んだもの、自己の暗い宿命を見つめる歌など多様であり、代表的私家集である。

> ■ 源実朝の歌 ■
> 大海の磯もとどろに寄する波
> 破れて砕けて裂けて散るかも

◆ ◆ ◆

【コラム　1．執権政治】

　1192年に鎌倉幕府を開いた源頼朝は1199年急死する。頼朝の子の頼家がその後を継いだが、独裁的であり、母の北条政子や祖父の時政が合議制を開始して、独裁を封じようとした。頼家はこれに不満で、外戚の比企能員とともに北条氏討伐を謀るが、敗れて将軍職を追われ、1204年に時政に暗殺された。

　その後、北条時政は頼家の弟の実朝を第三代将軍に擁立すると同時に、自らは**執権**に就いた。執権とは鎌倉幕府の職名で、幕政を統括する職である。当時実朝は12歳で無力のため、幕政は時政が掌握した。このように執権の北条氏が幕府の実権を握った政治体制を**執権政治**というが、実朝は幕政から遠ざけられていたからこそ、歌を学び作る精神的余裕もあったと言えよう。

　頼家の子、公卿は1219年、実朝を暗殺し、その後自身も殺害された。頼家の娘の竹御所は、後の第4第将軍となる九条頼経に嫁いだ。

　北条時政はその後、失脚したが、子の義時が新たに執権となった。姉の政子

■ 執権政治 ■

北條時政 ─ 政子／義時
源頼朝 ─ 政子／義時
実朝　頼家
公卿　竹御所

と協力して幕政に関わり、承久の乱でも公家を制圧した。このときの執権の地位は時政の時代よりも安定し強固なものとなっていた。

【コラム　2．室町時代】

足利尊氏は1336年京都に持明院統の朝廷を擁立し、同時に武家法である**建武式目**を発布した。2年後の1338年、光明天皇から征夷大将軍に任命された。これは政権を掌握する武士の職名を示すものであるが、これをもって室町幕府開始とみなすこともできる。しかし一般には1336年を始まりとする。「室町」という名前の由来は、第3代将軍の足利義満が1378年、京都の室町に室町殿という邸宅を造営したことによる。

【コラム　3．西行】

西行（1118～1190）は平安末、鎌倉初期の歌人。俗名、佐藤義清。法名は円位、西行は号である。『新古今集』に94首入選し、歌人の中で最多である。西行は若いとき鳥羽上皇に北面の武士として仕えていたが、23歳で出家し、草庵に住み、熊野や四国を旅しながら和歌を詠んだ。作風は自由平明で主情的である。その生き方は宗祇や松尾芭蕉など後世の文学者にも影響を与えた。西行は出家後、修行の合間に作歌し、腕を高めていった。『新古今集』の一つ前の勅撰集『千載集』にも18首が入選しており、『山家集』、『聞書集』などの家集もある。西行の諸国行脚に関する説話は『古事談』、『沙石集』などに紹介されている。晩年の1186年、東北地方の権力者、奥州藤原氏を訪れ、東大寺再建の際の砂金を督促した。その旅路で鎌倉の源頼朝にも謁している。奥州藤原氏は藤原氏の親戚で、1189年、源氏に滅ぼされた。

【コラム　4．私家集】

勅撰集は、天皇や上皇の勅命によって撰ばれた和歌集のことであり、家集・私家集は個人の和歌を集めて編纂した歌集を指す。『金槐和歌集』は家集に分類される。主に近世以前、自選、他選の私家集が多く編まれた。『万葉集』以前にも『柿本朝臣人麻呂歌集』などがあり、平安後期から中世にかけてできた『長秋詠藻』（俊成）、『山家集』（西行）、『拾遺愚草』（定家）、『月清集』（良経）、『壬二集』（家隆）、『拾玉集』（慈円）を「六家集」と呼び、ほかに『健礼門院右京大夫集』（藤原伊行娘）なども有名である。

課題研究

1. 『金槐和歌集』の特徴を述べなさい。
2. 源実朝の歌の実力について分かることを述べなさい。
3. 源実朝と藤原定家の関係について説明しなさい。
4. 鎌倉幕府の政治体制について簡潔に説明しなさい。

■ 日本文学史

5．鎌倉文化について述べなさい。

注　釈

1. 合点は和歌や連歌を評価して、良いと思う句の端に「〇」などを記すこと。
2. 位階は官司における地位を表す等級のこと。
3. 源実朝は10月、内大臣となり、同年12月、右大臣になるが、翌年の1月、暗殺された。

第 19 章　平家物語

■成立：13 世紀半ば　■軍記物語　■全 12 巻と灌頂巻　■作者未詳

キーワード：平氏の興亡、諸行無常、琵琶法師

<作者>

作者は未詳であるが、『徒然草』226 段によれば、後鳥羽院の時に信濃前司である行長入道[1]が作り、生仏と言う盲目の琵琶法師に教えて語らせたと伝えている。しかし異説もある。『平家物語』は多くの人に書写され、琵琶法師たちによって大衆に語られ、多数の人々の手で改編や増補がなされたとみるのが一般的である。

■ 琵琶法師と平曲 ■
琵琶法師は盲人の僧侶が琵琶を演奏しながら物語を語るもので、平安時代中期から存在したとされている。鎌倉時代から語り物が『平家物語』に限定された。琵琶法師は自治組織を結成し、大部分の盲人がこれに加わり、日本各地を語り歩いた。語られる『平家物語』を平曲という。明石覚一は南北朝時代の平曲家であり、『平家物語』の詞章や曲節を改訂して平曲を大成した。

<成立>

『平家物語』は平氏[2]の興亡を描いた鎌倉時代最大の軍記物語である。

古くは「治承物語」と呼ばれ、成立当初は 3 巻のみで次第に加筆、増筆された。膨大な異本があり、読み本と語り本に区分できる。読み本で最も規模の大きいのは『源平盛衰記』全 48 巻である。語り本は**琵琶法師**の語りのテキストであり、現在、最も広く普及しているのは、全 12 巻本に「灌頂巻」を加えた、明石覚一の編集による**覚一本**である。「平家物語」と言えば通常、この覚一本を指す。

■『平家物語』関連年表 ■
1156 年　保元の乱
1159 年　平治の乱
1167 年　平清盛、太政大臣となる
1177 年　鹿ケ谷事件
1179 年　清盛、後白河を幽閉する
1180 年　安徳天皇即位。以仁王が「平氏追討」の令旨を出す
1184 年　源義仲、敗死
1185 年　壇の浦の戦い
1186 年　大原御幸

■ 日本文学史

<内容>

藤原氏を追い落とし、平氏の栄枯盛衰を中心に猛猛しい武士の合戦場面、情趣あふれた貴族的世界を描き出している。盛者必衰（じょうしゃひっすい）、諸行無常（しょぎょうむじょう）という主題は作品全体を通じて流れ、平氏一門の栄華と没落の全過程が描かれている。主要人物により三部に分けられる。

■ 冒頭文 ■

祇園精舎（ぎおんしょうじゃ）の鐘の声、諸行無常の響きあり。沙羅双樹（しゃらそうじゅ）の花の色、盛者必衰の理（ことわり）をあらはす。おごれる人も久しからず、ただ春の夜の夢のごとし。たけき者もつひには滅びぬ、ひとへに風の前の塵（ちり）に同じ。
<解釈：釈迦が説法をした祇園精舎の鐘の音は諸行無常の響きがある。釈迦が亡くなるときに白色に変ったという沙羅双樹の花の色は、盛者必衰の道理をあらわしている。驕り高ぶる人間の権勢は永久には続かない。それは春の夜の夢のようなものだ。勇猛な者も最後には滅びる。それは風の前の塵と同じだ。>
──日本国語教科書にも登場する有名な一節である。

第1部（巻1～5）平氏が清盛を中心に隆盛する過程、そしてその反動から源氏が蜂起をはじめるまで。

第2部（巻6～8）平氏と源氏との合戦を描き、源氏に敗れた平氏一門が都落ちするまで。木曽義仲の活躍が中心となっている。

第3部（巻9～12）頼朝の義仲追討から平氏滅亡後のこと及び主人公義経のその後の悲運を描く。

最後の「**灌頂巻**」では後白河法皇を中心として描かれ、健礼門院の死で結ばれる。

この物語は平氏を中心に据えているが、源氏の描写も多く全体の三分の一にのぼる。また女性の悲しみの逸話も物語を豊かにしている。例えば祇王（ぎおう）は清盛に寵愛されていたが、その愛が仏御前（ほとけごぜん）という他の女性に移ってしまい、悲しみから尼になるのである。その他、脇役の活躍等も描かれる。『平家物語』は戦闘シーンばかりの軍記物語ではなく、人々の感情や人生が豊かに描出された文学作品と評価されている。

■ 第十一巻抜粋 ■

夕日の輝いたるに、皆紅の扇の日出だしたるが、白波の上に漂ひ、浮きぬ沈みぬ揺られければ、沖には平家、船ばたをたたいて感じたり。陸には源氏、箙（えびら）をたたいてどよめきけり。
<解釈：夕日が輝く中、扇は白波の上で漂い、浮いたり沈んだりと揺れていた。沖では平家が船を叩いて感嘆し、陸では源氏が箙を叩いて喝采した。>

第11巻では、敵が金箔の日の丸の扇を船の板に挟み、陸にいる義経の軍に「弓で射よ」と挑発し、名手の与一が遠距離から見事扇を射る、という一場面が描かれる。

1185年平氏が壇の浦の戦いで滅んでから三か月後、京都で大地震が起き、余震が二か月続いた。『平家物語』ではこの原因を平氏の怨霊（じえん）であるとしている。仏教界の最高位の**慈円**も自著『**愚管抄**』（ぐかんしょう）の中で平氏の怨霊について言及し、これを鎮めるために『平家物語』が成立したと述べている。仏教の「諸行無常」は、この世は絶え間なく変化し不変なものはないことを示す。「**盛者必衰**」は栄華の絶頂にある者でもいつかは必ず衰える時が来るという道理を示す。この二つを基調として『平家物語』は「滅亡は自然

の摂理である」と平氏の怨霊に説くのである。

<文体と特色>

　和文脈の繊細さ、優美さと、韻律的な七五調を基本とし、語り物の特徴を生かして、漢文脈と和文脈を場面に応じて使い分けた和漢混交文である。中世語、擬態語を効果的に使い、また新時代の照り映えと躍動的な人間集団の姿を生き生きと描き、仏教的無常観が根底に流れる軍記物語の最高傑作である。日本の後代文学への影響は大きい。

　『平家物語』は琵琶の伴奏で語られることを通して、語調・内容が洗練されていった。この文学は文字のわからない民衆も聞いて享受することができた。時代が武家政権へと移り、天皇は政治の中心から外れたが、『平家物語』の世界では武士はあくまでも朝廷を守るものとして描かれている。この文学の想像力と影響力が、朝廷を上、幕府を下とする関係を江戸時代の終わりまで保ったのであった。

<文学史　6．軍記物語（中古、中世）>

　軍記物語の歴史は、表19-1に示されるように平安時代の『将門記（しょうもんき）』、『陸奥話記（むつわき）』に始まる。前者は平氏を、後者は源氏を主役とし、共に漢文体で描く。記録性が強く、人々の感情は入らない。この二つが軍記物語の先駆となる。

表19-1　軍記物語

作品名	成立時期
『将門記』	940年以降
『陸奥話記』	1062年頃
『保元物語』	13世紀中頃
『平治物語』	13世紀中頃
『平家物語』	13世紀中頃
『承久記』	鎌倉時代中期
『太平記』	14世紀後半
『義経記』	室町時代初期
『曾我物語』	鎌倉末期～室町初期
『明徳記』	室町中期以降
『応仁記』	室町末期以降

　続いて保元の乱、平治の乱を題材に『保元物語』、『平治物語』が作られた。そのあと『平家物語』の原型が生まれ、幾度の改編を経て覚一本や『源平盛衰記（げんぺいせいすいき）』という達成が得られる。その他、承久の乱を描いた『承久記（じょうきゅうき）』がある。

　室町時代に入ると、『平家物語』の影響のもとで、鎌倉末期から南北朝時代の争乱を描く『太平記（たいへいき）』が生まれた。平曲と同じように、『太平記』も物語僧と呼ばれる僧侶たちに朗読された。この「太平記読み」が盛んになるのは近世からで、その朗読や講釈は人々の歴史観を作った。

　源義経の悲劇的運命を描く『義経記（ぎけいき）』、曾我兄弟の仇討ちを描く『曾我物語（そがものがたり）』は、英雄の伝記物語で、鎮魂の意図も込められている。その他、室町幕府への反乱を描く『明徳記（めいとくき）』、応仁の乱を取材した『応仁記（おうにんき）』がある。これら軍記物語の成立年は特定が難しく、また作者も未詳である。

■ 日本文学史

【コラム　1．平氏の隆盛と凋落】
● 平氏の発展
　摂関政治が終結し、院政が始まった時、武士は親衛隊として採用された。そこには**平正盛**（たいらのまさもり）などの平氏がいて政敵の討伐などを行った。正盛の子の**忠盛**（ただもり）も親衛隊として活躍し、位を上げ、やがて内裏（だいり）[3]に入ることを許された。院との関係を深め、宋朝と日本のw貿易（ぼうえき）で財力も付け、平氏政権の基盤を作り、忠盛の子の**清盛**（きよもり）の代で更に発展した。

● 保元の乱・平治の乱
　下は院政期の天皇を挙げたものである。□ 内は院政を行った天皇、（ ）内は即位順を示す。「──」は親子関係を示す。

　白河 (72)──堀川 (73)──鳥羽 (74)──崇徳 (75)、近衛 (76)、後白河 (77)

　白河（しらかわ）にとって、堀川（ほりかわ）は子、鳥羽（とば）は孫である。鳥羽の三人の皇子のうち、崇徳（すうとく）は実は白河の子だと言われる[4]。そのため院政を行う白河上皇は崇徳を可愛がり、鳥羽天皇を譲位させて崇徳を天皇にした。鳥羽は上皇となったが、実権は白河上皇が握り続けている。その白河が亡くなった時鳥羽は朝廷で唯一の上皇となり、院政を開始した。崇徳を譲位させ、子の近衛（このえ）を即位させた。近衛天皇が17歳で病死した時、崇徳上皇は自分の子を天皇にすることを望んだが、鳥羽は崇徳を徹底的に忌避し、崇徳の弟である後白河（ごしらかわ）を即位させたので、鳥羽と崇徳の対立は一段と深まっていった。

　一方、摂関家[5]では、藤原忠通（ただみち）と弟の頼長（よりなが）が氏長者の座を狙って争っていた。結果的に頼長が氏長者となったが、忠通は不満を持ち、後白河天皇に接近した。頼長もまた崇徳上皇に接近し、朝廷は二派に分かれた。1156年鳥羽法皇が亡くなると、二派はそれぞれ有力な武士である平氏、源氏を仲間に引き入れた。博識で知られた藤原通憲（みちのり）は後白河天皇の側についた。こうして天皇家、藤原家、平氏、源氏の全面的な対立関係のもとで内乱が始まった。これを**保元の乱**（ほうげんのらん）[6]という（表19-2）。結果は、急襲をしかけた後白河の勝利に終わり、崇徳上皇は讃岐（さぬき）に流され、頼長は戦死し、他の武士も処罰された。保元の乱で武士は実力を示し政界進出の契機とした。藤原忠通は乱後、氏長者となり、1158年に朝廷を引退した。

　後白河天皇は1158年、二

表19-2　保元の乱

身分	敗　者	勝　者
天皇家	崇徳上皇（兄）	後白河天皇（弟）
藤原家	藤原頼長（弟）	藤原忠通（兄）
平氏	平忠誠（叔父）	平清盛（甥）
源氏	源為義（父）、源為朝（弟）	源義朝（子／兄）

条天皇に譲位して自ら上皇となり院政を始めた。そこで信西と平清盛は重用されたが、源義朝は冷遇され、不満を持った。折りしも、藤原信頼は権勢争いの敵の信西を排除したいと考えていたので義朝と信頼は手を組み、1159年、平清盛が熊野詣で京都を留守にしている隙に挙兵した。後白河上皇と二条天皇を幽閉し、信西を斬首したが、結果的には平安京に戻った平清盛に敗れた。この**平治の乱**で源氏の勢力は落ち、源義朝の子の源頼朝も伊豆の蛭島に流された（表19-3）。

表19-3　平治の乱

身分	敗者	勝者
藤原氏	信頼（斬首）	通憲[7]（自害）
源氏	義朝（暗殺） 義平（斬首） 頼朝（流刑）	
平氏		清盛 重盛

● **源氏凋落と平氏隆盛**

源氏の凋落で平清盛の権力はいっそう強大化した。武士でありながら上級貴族の仲間入りを果たし、1167年に律令官制の最高官である太政大臣に昇りつめた。さらに娘の徳子[8]を高倉天皇の中宮にし、生まれた子を安徳天皇として即位させた。平氏一門の**知行国**[9]は30以上、所有する荘園は500以上となり、宋朝と日本の貿易でも大きな利益を上げた。

急激に隆盛する平氏は専横でもあった。後白河天皇を中心に、貴族や武士が不満を抱き、1177年、京都の鹿ケ谷にある俊寛[10]の山荘で、平氏打倒のための陰謀を企てた。この陰謀は清盛に察知され、首謀者らが処罰された。これを**鹿ケ谷事件**という。罰を逃れた後白河[11]はその後も平氏打倒をはかって清盛の怒りを買い、鳥羽殿[12]に幽閉された。平氏に対する周囲の反感は高まり、1180年、後白河法皇の子の以仁王が源頼政を味方に付けて挙兵した。戦いには敗れたが、以仁王の「平氏討伐」の令旨[13]は日本全国の源氏に届けられ、各地の挙兵の契機となった。

それより以前、源頼朝は伊豆に流されながらも常に平氏の動向をさぐり、打倒平氏に向けて備えていた。地元の有力者である北条時政を味方に付けようと考え、その娘の政子と結婚した[14]。その後、以仁王の令旨が出され、頼朝は北条氏の応援のもとで挙兵するのであった。

● **平氏滅亡**

源義仲は京都を占拠して平氏を追いつめた功労者であったが、後白河から横暴であると批判され、味方の源氏から粛清された。その義仲を襲撃したのが源頼朝の弟**義経**であった。義経はこの源平合戦の中で数々の戦功を立てた英雄である。

熾烈を極める源平合戦の最中、平清盛が病死した。三男の宗盛が跡を引き継いだが、統率力に欠け、戦況は好転しなかった。源義経は指揮官として平氏の攻撃を続け、1185年、壇の浦[15]で大将の平宗盛を捕えて処刑した。当時8歳の

安徳天皇は祖母の平時子に抱かれて入水した。母親の徳子も一緒に入水したが救助され、後に出家した。

　平氏の滅亡後、後白河は源義経に**判官**を任官させたが、頼朝はこのことを事前に知らされておらず、義経に不審を持った。両者の関係が不和となり、頼朝は義経追討のために、全国に鎌倉幕府直属の守護を置き、軍事と警察を司ることを朝廷に認めさせた。頼朝は東北地方にいた義経と有力豪族の奥州藤原氏を滅ぼし、鎌倉幕府を始動させた。

　平徳子は京都の大原にある尼寺、寂光院に閑居して、高倉天皇、安徳天皇、そして平氏の追善供養をした。やがて寂光院に後白河法皇が訪れ、徳子と昔の日々を語り合う。この大原御幸を最後の場面として『平家物語』は終結するのである。

【コラム　2.　熊野詣】

　和歌山県南部の熊野三山は三つの熊野神社の総称であり、平安時代の院政末期からここに祈願を立ててお参りすることが流行した。当初は上皇を中心にしていたが、鎌倉時代以降は武士や庶民も参詣するようになり、江戸時代初期まで続いた。後白河は34回も熊野三山に訪れている。

【コラム　3.　院政】

　平安末期の院政は、白河、鳥羽、後白河によって約100年続いた（表19-4）。院政は天皇譲位後、上皇になってから行われるが、上皇が出家して法皇になってもその権力は変わらない。上皇または法皇一人が数十年も国を統治し続けるため、その間の天皇は数人にのぼる。下の資料からは、前代の院政実施の法皇が崩御すると、すぐに次の上皇が引き続き院政を開始する様が分かる。（　）内は天皇の即位順を示す。

表19-4　院政の推移

院政 1086～1129年 43年間	院政 1129～1156年 27年間	院政 1158～1192年 34年間
白河 (72) 1072年天皇、1086年上皇、1096年法皇、1129年崩御	鳥羽 (74) 1107年天皇、1123年上皇、1141年法皇、1156年崩御	後白河 (77) 1155年天皇、1158年上皇、1169年法皇、1192年崩御
白河院政期の天皇 堀川 (73)、鳥羽 (74)、崇徳 (75)	鳥羽院政期の天皇 崇徳 (75)、近衛 (76)、後白河 (77)	後白河院政期の天皇 二条 (78)、六条 (79)、高倉 (80)、安徳 (81)、後鳥羽 (82)

【コラム　4.　宋朝と日本の貿易】

　宋朝と日本の貿易は平安中期から鎌倉時代中期にわたる日本と宋朝との貿易である。清盛の父忠盛が肥前（現在の佐賀県）で実施して、財政的基盤を作っていた。清盛はこれを平安京に近い福原で実施しようと考え、遷都を実行した

[16]。輸出入の品物は以下の通り。
- 日本の輸出品：黄金、刀剣、磁器、漆器など
- 宋からの輸入品：陶磁器、宋銭、書物、香料、織物など

宋銭はそのまま日本で流通させ、日本のお金として使った。当時すでに日本製の銅銭はあったが、銅は貴重なため、流通する量も少なかった。

【コラム　5．後白河法皇】

後白河は1169年に入道して法皇となったが、その頃、『梁塵秘抄（りょうじんひしょう）』という歌謡集を作っている。そこに収録された歌は五七五七七の短歌ではなく、七五調の四句形式の**今様歌（いまよううた）**である。今様歌は略して**今様**とも言われ、平安時代中期から鎌倉時代にかけて流行した。もともとは遊女などが歌っていたが、やがて貴族社会でも歌われるようになった。『梁塵秘抄』はその集大成で、全20巻と言われるが、現存するのは2巻のみである。

■ 藤原敦家（あついえ）の歌 ■
遊びをせんとや生まれけむ／戯れせんとや生まれけん／遊ぶ子どもの声聞けば／わが身さへこそ揺るがるれ

課題研究

1. 『平家物語』は平曲と読み本という二つの形態で社会に流布したが、それぞれについて知っていることを述べなさい。
2. 『平家物語』と無常観の関わりを述べなさい。
3. 保元の乱と平治の乱について説明しなさい。
4. 平氏の隆盛までの歴史を述べなさい。
5. 平氏の隆盛から滅亡までを述べなさい。

注　釈

1. 「入道」は出家した人を表す。
2. 「平氏」と「平家（へいけ）」は同じ意味であるが、本項では「平氏」で統一する。
3. 内裏は宮城の中央に位置する天皇の居所。
4. 『古事談』にその記述がある。
5. 摂関家は摂政、関白に就く資格を持つ家系。
6. 「保元」とは当時の年号である。1156年は保元元年に当たる。
7. 信西（1106〜1159）は藤原通憲の法名。平安末期の貴族、学者。後白河上皇の近臣として権勢を得たが、平治の乱で殺された。著書『本朝世紀』。
8. 徳子は宮廷内では建礼門院（けんれいもんいん）と呼ばれた。平安時代の貴族は本名を配偶者以外には知られないようにしたため。
9. 知行国は貴族・寺社・武家が国の国務権を握り収益を得た制度、およびその国。

■ 日本文学史

　　なおここで言う「国」は日本を指すのではなく、現在で言う各都道府県を指す。
10．俊寛は僧侶。この事件で、九州の南の果ての鬼界ヶ島に配流され、そこで死んだ。
　　俊寛はのちの能や浄瑠璃の題材にもなった。
11．平清盛は後白河を幽閉するつもりだったが、清盛の長男の重盛がそれを止めた。
　　重盛は温和・沈着な性格で、清盛に意見できる数少ない存在であった。
12．鳥羽殿は白河、鳥羽両上皇の離宮。離宮とは、皇居とは別に作られた宮殿のこと。
13．令旨は皇太子や親王などが意志を伝達するときの文書。
14．この結びつきは鎌倉幕府における北条氏の執権政治に繋がっていく。
15．壇の浦は山口県下関市の北岸一帯。この戦いを壇の浦の戦いと呼ぶ。
16．半年後には再び都を平安京に戻した。

第20章　徒然草

■成立：1331年頃　■随筆　■全2巻　■作者：吉田兼好

キーワード：三大随筆、仏教的無常観、文体の使い分け

＜作者＞

鎌倉時代後期から南北朝時代にかけての歌人、随筆家である。二条派で、和歌四天王の一人である[1]。生れは1283年（弘安6年）頃と思われる。生存は1352年（観応3年）まで確認されているが、没年は不明。1350年（観応元年）に没した説もある。

作者は代々神祇官を出す家柄に生まれ、在俗時代宮廷に仕える貴族であったが、26歳で辞し、30歳前後で出家した。出家の原因は失恋などの悩みや鎌倉時代末期という時代の閉塞感[2]などが原因として挙げられる。

俗名は卜部兼好であるが、出家後は兼好と音読し、これを僧名とした。**兼好法師**とも呼ばれる。また京都の吉田に住んだので、江戸時代からは**吉田兼好**と呼ばれるようにもなった。歌は勅撰和歌集の『続千載和歌集』、『続後拾遺和歌集』、『風雅和歌集』に計18首が収められている。『兼好法師集』という家集もある。

吉田兼好は鴨長明と同じく優れた歌人であったが、出家後は、鴨長明と違い、政治や文化、宗教など多方面の人と交流を続けた。

■ 吉田兼好年表 ■
- 1283年頃　生まれる
- 1301年　　後二条天皇に出仕
- 1313年頃　出家
- 1331年頃　『徒然草』成立
- 1345年頃　『兼好法師自撰集』成立
- 1352年頃　没

＜成立・評価＞

『**徒然草**』は鎌倉時代末期、兼好が40代後半に書いたもので、序段と243段からなる。成立時期は諸説あるが1330年とするのが妥当である。序段では執筆動機と態度を述べ、243段では深い学識と豊かな感受性を土台にして、現世の欲望、住居論、

■ 冒頭文 ■

つれづれなるままに、日暮らし硯にむかひて、心にうつりゆくよしなしごとを、そこはかとなく書きつくれば、あやしうこそものぐるほしけれ。
＜解釈：一人でいて、することもなく、心に浮かぶたわいもないことを何となく書いていくと、自分ながら妙なものに感じられる。＞

■ 日本文学史

人生論、自然観、恋愛観、政治批判、無常観、処世訓、芸能考証、説話などについて平明達意の和文で簡潔に論述している。法然の言葉や『平家物語』成立の経緯などにも触れ、歴史資料としての価値も高い。

和文と和漢混交文の二つの文体を随筆の内容によって使い分けている。和文では四季の移り変わりや随想的、尚古趣味的なことを述べ、和漢混交文では宗教観や人生論などを述べている。

<内容>

吉田兼好は随筆の定義を「思うままに書くこと」とする。冒頭の「つれづれ」が『徒然草』の由来になっている。最後の「ものぐるほしけれ」を直訳すれば「気違いじみている」となる。兼好はここで謙遜を表わしたが、自身の思想や感性を客観的に評価してもいるのである。

吉田兼好の生きた時代は**仏教的無常観**が漂っていた。平安期まで続いた貴族の没落、武士である平氏の隆盛、その平氏を滅ぼした源氏による鎌倉時代の開始というように、世の中が変動し、栄華が儚く崩れていくのである。この時代に救いを与えたのが仏教であり、『方丈記』、『平家物語』と同様に『徒然草』もまた無常観を基調に書かれたのであった。

吉田兼好は第25段で、藤原道長が子孫の発展を願って建立した法成寺が焼失したことを題材に世の無常を語るが、第189段では無常に対する対処法を示している。この世では事が予定通りに進まないものであるが、それを固定観念として持つのも誤りで、時には予定通り行くこともある。

> ■ 第189段 ■
> 不定と心得ぬるのみ、まことにて違はず。
> <解釈：物事は定めがないと心得ておけば、間違いもない。>

第7段では無常観を肯定している。人の命は他の生物よりもはるかに長いが、長生きをすると老い衰えた醜い姿を晒すことになる。40歳を過ぎると容貌を恥じる気持ちがなくなり、世俗の欲望まで強くなり、ものの情趣も分からなくなる。吉田兼好はこの論理から、40歳以下の死の勧めを説いた。

> ■ 第7段 ■
> 世はさだめなきこそ、いみじけれ。
> <解釈：この世は無常であるということこそが素晴らしいのである。>

『徒然草』の109段では、有名な木のぼりの男が弟子を高い木に登らせて枝を切らせた話がある。弟子が高いところから降りてくる時、男は何も言わず、低いところまで降りてきた時、男は注意を促した。吉田兼好は不思議に思って訊ねると、男は「油断が生じるときこそ危ないから」と答えた。男の身分は低いがその言葉は聖人の教えと同じであると結論している。この点は、宮廷文化を賛美し庶民を軽視した『枕草子』と大きな相違が認められる。

『徒然草』には諧謔性に富む話もある。第45段では、良覚という僧正の小話を伝

える。良覚は身分の高い僧侶であるが、小さなことですぐに怒る性格であった。寺のそばに榎(えのき)があるから、人々は良覚を「えのきの僧正」と呼んだ。良覚は怒ってその木を切ってしまった。しかしその木の根が残っていたため、人々は「きりくいの良覚」と呼んだ。良覚はますます怒って切り株を掘って根こそぎ捨てた。すると人々は「堀池の良覚」と呼ぶようになった。

　あだ名を付けられて、そのあだ名の原因を無くそうと行動するものの、その行動によって新たなあだ名が付けられてしまう所にユーモアがある。あだ名も、「えのきの僧正」→「きりくいの良覚」→「堀池の良覚」と次第に悪くなっていく。良覚が僧官の中でも頂点の地位[3]にあるのに、些細な批評を気にして腹を立てる点を吉田兼好は風刺しているのである。

＜随筆文学＞

　中古の『枕草子』は、中世の『方丈記』、『徒然草』の誕生の土台になっている。この三つが日本文学史における**三大随筆**である（表20-1）。『枕草子』は随筆という文学の新ジャンルを創設し、鴨長明はその枠組みの中で仏教的思想をもとに災厄や自身の人生を懐古し、文章をつづった。吉田兼好にとって随筆の先行作品は二つあったが、影響を強く受けたのは『枕草子』のほうである。『枕草子』は約300の段に分かれ、様々なものを理知的に観察し、和文で書いているが、『徒然草』もまた段にわけて書き、かつ様々な物事を洞察し、和文と和漢混交文で書いているのである。両作品に「草」という字があることも偶然ではなかろう[4]。室町時代中期の歌人・禅僧である正徹(しょうてつ)[5]も歌論書『正徹物語』の中で、「つれづれ草は、枕草子をつぎて書きたる物なり」と述べている。

表20-1　三大随筆

作品名	『枕草子』	『方丈記』	『徒然草』
成立	1001年（長保3年）年頃 平安時代中期	1212年（建暦2年）年頃 鎌倉時代初期	1331年（元弘元年）頃鎌倉時代後期
作者	清少納言（女房）	鴨長明（隠者）	吉田兼好（隠者）
構成	約300段	段を分けず書く	序段、243段
内容	宮廷生活が中心。豊かな感受性を持ち、心に映り、感じたことなどを描く	数々の天変地動と人生及び世のはかない無常を感じたこと、また出家してからの日野山での閑寂生活等を描いた	無常観を根底した人生論、人間理解と自然の観察、考証懐旧などを主題とする作品である
特色	耽美的、感覚的、「をかし」という日本古典的美意識、理念で統一。叙事叙情の面に優れる。新しい文学形態を開いた	現実を直視して厭世的でありながら、無常観に富んでいる	広い教養と深い思索に基づく鋭い批評。仏教的無常観と古き良き時代への懐旧の情に特色がある

続表

作品名	『枕草子』	『方丈記』	『徒然草』
文体	和歌の叙情性を散文に生かし、簡潔、軽快、艶やかな和文体。長短の語句と省略で余情に富む	対句と比喩を多用し、力強さに富む漢語と仏語を交えた流麗な和漢混交文体	簡潔、平淡に雅趣のある和文と和漢混交文を使い分け、新擬古文体といわれる文体

　しかし、『徒然草』には仏教、道教、儒教の思想性が滲んでおり、平明な文で深い哲学を語る力がある。これは「枕草子」には見られない特色である。

　『方丈記』と『徒然草』の共通点は仏教的無常観であるが、その性質は異なる。『方丈記』は世の無常に対して無力であり、厭世的であり、逃避的な雰囲気もある。最後の部分では自己否定に到る。これとは対照的に、『徒然草』は無常と付き合っていこうとする意志と、そのための対処法を考える理性がある。

　また庶民に敬意を示したり、物事を諧謔性のもとに書き記す点にも特色がある。

【コラム　1．『徒然草』に関して】
　『徒然草』は室町時代、歌人の間で読まれる程度で普及していなかったが、出版文化の開花した江戸時代に多くの読者を持つようになる。様々な注釈書も刊行され、北村季吟（きたむらきぎん）は『徒然草文段抄』の中で、兼好の文章を称賛している。

　本居宣長は、『徒然草』の「花はさかりに、月はくまなきをのみ見るものかは。雨にむかひて月をこひ、たれこめて春のゆくへ知らぬも、なほあはれに情ふかし[6]」の文章に対して、自著『玉勝間（たまかつま）』の中で、「人の心にさかひたる、後世のさかしら心の、つくり風流にして、まことのみやび心にはあらず」と厳しく批判している。本居宣長は近世最大の国学者であり、日本古代の思想や言語の研究を通して日本の心の解明に励んでいたため、外来文化である中国思想や仏教思想に否定的だったのである。

【コラム　2．『徒然草』と鴨長明】
　兼好が『方丈記』を読んだかどうかは確証がないが、鴨長明の他の作品に眼を通していたことは確実である。例えば『徒然草』第138段に次の文章がある。

　また、第188段には登蓮法師の逸話が紹介されている。これは鴨長明の『無名抄』から引用したものである。

　なお鴨長明の『四季物語』は写本という形

■『徒然草』第138段■
枕草子にも、「来し方恋しきもの、枯れたる葵」と書けるこそ、いみじくなつかしう思ひ寄りたれ。鴨長明が四季物語にも、「玉だれに後の葵はとまりけり」とぞ書ける。

で現存するが、この写本が本当に鴨長明の作かどうかには疑問が持たれている。そのため、長明の作品群に『四季物語』は挙げられないのが普通である。

【コラム　3.　「随筆」という言葉】

室町時代中期の作品に『東斎随筆』がある。これは文学史上、「随筆」という言葉が付けられた最初の文献であるが、その内容は平安期の朝廷に仕える臣下の説話を集めたもので、実質的には随筆ではなく説話集である。

ところで、中国南宋時代に洪邁という人物が『容斎随筆』を出している。これは洪邁が読書をして得られた知見をもとに、歴史や芸術などについて論じた随筆集である。気ままに書くという執筆態度ではなく、事実に立脚し論理的な思考で社会制度の考証等を行っている。

『東斎随筆』という書名はおそらく『容斎随筆』を真似ているのだろう。だが内容は大きく異なっている。

課題研究

1. 『徒然草』の特徴について述べなさい。
2. 吉田兼好の人柄について述べなさい。
3. 無常観に対する吉田兼好の観点を述べなさい。
4. 『枕草子』が『徒然草』に与えた影響について述べなさい。
5. 同時代の『方丈記』と『徒然草』の共通点・相違点を挙げなさい。

注　釈

1. 吉田兼好は当時歌壇の主流を占めている二条家の代表歌人の二条為世（1250〜1338）に和歌を学んだ。和歌四天王は兼好以外の三人は、浄弁、浄弁の子の慶運、頓阿、いずれも僧侶であり歌人という身分。
2. 鎌倉時代は1333年に滅亡した。それは1324年から始まる後醍醐天皇の討幕計画とその実行の成果だったが、この間、世は乱れた。
3. 僧官には大僧正、権大僧正、僧正、権僧正の4つの位があり、良覚はこのうち大僧正であった。原文では「僧正」とあるが、実質的には大僧正を表している。
4. ただし『徒然草』という書名を兼好が付けたという確証はない。兼好の死後、従者などが書名を付けたことも考えられる。
5. 正徹は1431年に『徒然草』を書写している。これが現存する最古の書写本となっている。
6. 目で外形だけを見るのではなく、心で情趣を感じる事の大切さを説いている。根底には、花も月もやがて変化し目の前から無くなるという無常観がある。

第21章 増鏡

■ 成立：14世紀後半　■ 歴史物語　■ 全17巻　■ 著者未詳

キーワード：四鏡、無名草子、室町文化

<作者>

作者は不明であるが、**二条良基**(にじょうよしもと)（1320～1388）という説が比較的有力である。二条良基は南北朝時代の歌人、連歌作者であり、関白、摂政などを歴任した。歌論書や準勅撰連歌集など多くの著書がある。

<成立>

『増鏡』の成立は14世紀後半、1368年から1375年の間で、南北朝時代に当たり、朝廷を中心とした歴史物語である。『栄花物語』や『とはずがたり』など多くの文献が参考にされていて、後鳥羽天皇誕生の1180年から、後醍醐天皇が隠岐に流され、そこから京都に戻る1333年までの約150年間を、**編年体**で記している。

平安時代への懐古的な雰囲気が強く、優雅な和文で天皇と貴族を詳述する反面、同時代に発生した**承久の乱、文永・弘安の役、正中の変、元弘の乱**などの言及は少ない。著者の関心はあくまでも朝廷に向けられているのである。文章は典雅な擬古体で文芸味豊かな傑作と評される。

■ 序文 ■
「僻事(ひがごと)ぞ多からんかし。そはさし直し給へ。いとかたはらいたきわざにも侍るべきかな。かの古ごとどもには、なぞらへ給ふまじうなん」とて
<解釈：「話には間違いが多いと思いますがそれは直してください。きっと聞き苦しいところもあると思います。私の話をあの『大鏡』などの古い書物と同じようには考えないでください」>

<内容>

『増鏡』は序文から始まる。筆者が嵯峨の清涼寺に参詣した際、一人の老尼(ろうに)を見かけ、昔の話を聞かせてもらう。このように老人が過去を語るという形式は鏡物に共通する形式である。和歌に出現した「ます鏡」は「真澄鏡」と記し、表面が澄んでよく映る鏡を示す。

かつては「まそかがみ」と発音され、『万葉集』の歌にも名詞や枕詞として使われているのが散見される。真澄鏡の表記が『増鏡』になった経緯は不明であるが、かつての歴史に新しい歴史を重ねることを「増」と見たのであろう。

最終巻の17巻では、後醍醐天皇の討幕に共鳴した足利尊氏が描かれる。その後、鎌倉幕府が倒れて後醍醐天皇が京都に戻ってくる。後醍醐天皇に仕える武将楠木正成は、奈良の金剛山の赤坂城を本拠として幕府軍と戦った。鎌倉は京都から見て東に位置するから、「東武士」は鎌倉幕府の武士を指す。また「漢の初め」とは、高祖[1]に秦の兵が降伏したことを示している。

■ 第17巻 ■
さて都には伯耆よりの還御とて世の中ひしめく。まづ東寺へ入らせ給ひて、事ども定めらる。（中略）昔の事など思ひあはするにやありけん。金剛山なりし東武士どもも、さながら頭を垂れて参り競ふさま、漢の初めもかくやと見えたり。
<解釈：さて都では、後醍醐天皇が伯耆から京都に帰られたので、みんな喜びで騒いでいる。まず東寺にお入りになり、いろいろな事を決められた。（中略）昔の後鳥羽院のことが思い出されているようだ。金剛山を攻めていた関東の武士たちが、競うように頭を垂れて降参する様子は、中国の漢の初めのシーンを彷彿とさせた。>

■ 万葉集の歌 ■
かくばかり　恋しくしあらば　まそかがみ　見ぬひとときなく　あらましものを

<四鏡>

● **四鏡**　平安時代の『大鏡』『今鏡』、鎌倉時代の『水鏡』、室町時代初期の『増鏡』を総称して鏡物、または四鏡という。

『増鏡』は、『大鏡』、『今鏡』、『水鏡』の流れを引き継いだものである（表21-1）。

表21-1　四鏡

作品名	巻数	成立	描く時代	文体
『大鏡』	6	12世紀初め	850～1025年	紀伝体
『今鏡』	10	1170年頃	1025～1170年	紀伝体
『水鏡』	3	12世紀末	神武～850年	編年体
『増鏡』	17	14世紀後半	1180～1333年	編年体

● **『大鏡』**　作者不明。成立には諸説があり、平安時代後期、1086年（応徳3年）以降、1115年（永久3年）以降、などである。**「鏡物」の先駆である。中国の『史記』に倣い紀伝体で書かれ、藤原氏の摂関政治に批判的な点に文学史的価値がある。**14代にわたる176年間の天皇、20人の藤原氏の大臣伝記時代の回想からなるが、中心となるのは最盛期の藤原道長の物語である。

190歳の大宅世継と180歳の夏山繁樹が過去を物語るのを若侍が聞き、質問や反対意見を述べるという構成を取っている。老人は文徳天皇から後一条天皇まで、850年から1025年までの天皇の伝記を語ったあと、藤原一族の権力闘争や政治手腕、策略について詳述する。『大鏡』の目的は天皇の記録ではなく、藤原氏の実像を暴くこと

であった。老人と若侍の会話形式で進められるため、一元的ではなく多元的な歴史評価を実現している。190歳の老人などは虚構だが、語られる歴史は史実に即しており、内容的にも面白く、**四鏡の中で最も優れた作品で、歴史物語の最高峰**と言われている。

● **『今鏡』**　『大鏡』の歴史を継いで書かれた『今鏡』では、大宅世継の孫の老女が語り手として登場する。院政の開始や平氏政権の誕生などの政権争いにはほとんど触れず、貴族の文学や芸術など華麗な面を優雅な文体で述べる。作者は不明であるが、藤原為経(ためつね)という説がある。成立は「序文」には1170年(慶応2年)とある。

● **『水鏡』**　修行者がかつて仙人から聞いた話を、73歳の老女に語って聞かせるという構成で、初代天皇である神武(じんむ)天皇から仁明(にんみょう)天皇までの約1500年間を扱う。これにより『大鏡』の前の時代が説明されたことになる。内容は、神武天皇から堀川天皇の1094年までを記す『扶桑略記(ふそうりゃくき)』に拠っており、『水鏡』独自の歴史観は乏しい。成立は1195年(建久6年)か。作者は中山忠親(なかやまただちか)説があるが不明である。

　最後の『増鏡』は、『今鏡』の歴史を引き継いで書かれたが、1170年から1180年という空白の期間がある。これは散逸した歴史物語『弥世継(いやよつぎ)』がその期間を記述したからとされる。『増鏡』は『大鏡』に次ぐ佳作と評価されている。

　四鏡の作者はいずれも判然としておらず、ただ推測されるのみである。

　総じて、真に批判精神を持って語られた歴史観は『大鏡』にしかなく、他の三作は天皇や貴族文化への憧憬に偏重している傾向がある。『大鏡』の成立時期は12世紀初めで、武士の台頭が著しかったが、政権は朝廷が握り、貴族という身分が安定していたので、かつての時代の憧憬に陥ることも免れ、また客観的な批判精神で歴史を論じることもできたと思われる。

　『今鏡』の成立は、保元・平治の乱後の平氏の隆盛期に当たり、貴族は時代の中心から転落していた。この状況の中では、歴史を論じることよりもかつての栄華を懐古することに価値を置くであろう。平氏に論及しないのも、武士の隆盛という現実から逃れ、貴族の優位性をせめて文学作品の中で保持しようとする心の働きによるものと考えられる。『水鏡』も『増鏡』も同様である。

● **『唐鏡(からかがみ)』**　四鏡とは別に、中国の歴史を描く『唐鏡』という鎌倉時代中期の説話集がある。作者は藤原茂範(しげのり)[2]で、安楽寺に参詣した老人が宋朝の僧侶から中国の歴史を聞く形式を取り、四鏡の模倣が認められる。

● **『無名草子(むみょうぞうし)』**　1196年から1202年の間に成ったとされる**現存最古の文芸評論集**であり、『源氏

■ **室町文化** ■

3代将軍足利義満は室町時代の最盛期を築いた。南北朝合一を果たし、中国明朝と貿易を開いた。また京都の北山に山荘(金閣)を造営し、ここを中心に**北山文化**(きたやまぶんか)が栄えた。禅宗文化の影響が強く、水墨画、能面、茶の湯などには禅思想が流れている。芸能では**観阿弥(かんあみ)・世阿弥(ぜあみ)**親子が能を大成した。北山文化に対し、8代将軍足利義政時代の文化を**東山文化**(ひがしやまぶんか)という。義政は東山に山荘(銀閣)を作り、風流の生活を送った。ここを拠点に公家・武家・禅宗の一体化した文化が生まれた。文学では漢文学のほか、御伽草子、『新撰菟玖波集』、『犬菟玖波集』が成った。絵画では**雪舟**(せっしゅう)が水墨画を大成したほか、**狩野派**(かのうは)が誕生した。

物語』などの物語や歌集、女流作家について批評する。83歳の老尼が女房たちの語りを聞くという体裁で物語の歴史を論じるため、ここにも四鏡の影響を認めることができる。

＜文学史　7．歴史書（中世）＞

　歴史物語とは物語風の歴史叙述であり、190歳という架空の老人などが出現する四鏡はこれに分類される。一方歴史書とは歴史についての虚構性のない客観的評論であり、表21-2に示す作品が知られている。代表的作品に僧侶慈円の『愚管抄』（1220年頃）がある。神武天皇から承久の乱直前までの歴史を描き、その歴史を動かす道理を指摘した。

　『愚管抄』の影響から生まれたのが北畠親房の『神皇正統記』（1339年）である。神代から後村上天皇³までを記し、南北朝時代の南朝の正統性を主張する。本書の政治論や歴史観は後世に大きな影響を及ぼした。『吾妻鏡』（14世紀初め）は変体漢文で鎌倉幕府前半を描く。四鏡とは対照的に貴族の間の事件は扱わず、幕府とその配下の武士の事柄を記している。作者は不明であるが幕府の人間と推測されている。先行作品の『大鏡』、『今鏡』、『水鏡』から影響を受けて書かれたと思われる。『梅松論』（1350年頃）は鎌倉時代から南北朝時代までを足利尊氏の側から描いている。『太平記』（14世紀後半）は南北朝時代を中心に記し、『梅松論』とは反対に後醍醐天皇の立場から歴史を見る。通常、『太平記』は軍記物語に分類される。

表21-2　歴史書

作品名	作者	成立
『愚管抄』	慈円	1220年頃
『神皇正統記』	北畠親房	1339年
『吾妻鏡』	不詳	14世紀初め
『梅松論』	不詳	1350年頃
『太平記』	小島法師か	14世紀後半
『難太平記』	今川了俊	14世紀後半

　『難太平記』（1402年）は、室町幕府創業期における武将今川一族の功業などを、今川了俊が子孫のために書き残した。『太平記』を批判した箇所があるため、後人が『難太平記』と称した。

【コラム　1．『増鏡』の参考文献】
　『増鏡』の特徴は多数の資料を編纂して成立しているところにある。資料は歴史的事実の理解のほかに文学的表現の摂取にも利用された。表21-3は『増鏡』の主要な参考文献とされているものである。

表 21-3　参考文献

作品名	成立	内容
『源氏物語』	11 世紀初	物語文学
『とはずがたり』	1271～1306 年	宮廷生活と出家修行を描く日記文学
『栄花物語』	12 世紀初か	藤原道長を中心にした歴史物語
『五代帝王物語』(ごだいていおうものがたり)	14 世紀初め	1222 年から 1272 年までの天皇を中心にした歴史物語
『大鏡』	12 世紀初め	藤原道長が中心の歴史物語
『今鏡』	1170 年以降	1025 年から 1170 年までの天皇、藤原氏、村上源氏を中心とした歴史物語
『平家物語』	13 世紀半ば	平家の興亡を描く軍記物語
『土御門院百首』(つちみかどいんひゃくしゅ)	1216 年	土御門上皇の和歌
『遠島御歌合』(えんとうぎょうたあわせ)	1236 年	後鳥羽院が隠岐で開いた歌合
『続古今和歌集』	1265 年	勅撰和歌集

　『源氏物語』は特に影響が強く、王朝的優雅さが模倣され、近親相姦の恋愛や情事も描かれている。しかし、量的に最も多く参照・引用されているのは**『とはずがたり』**である。作者の後深草院二条(ごふかくさいんにじょう)は後深草天皇に寵愛される一方、西園寺実兼(さいおんじさねかね)、性助法親王(しょうじょほっしんのう)、鷹司兼平(たかつかさかねひら)、亀山天皇たちとも関係を持った。やがて宮仕えを引き、出家して尼となり、西行に憧れるように諸国を歩いた。

　全 5 巻の『とはずがたり』は、初めの 3 巻が 1271 年から 1285 年頃までの宮廷生活と情愛を描き、残りの 2 巻が 1289 年から 1306 年までの修行遍歴の旅を描く。このうち『増鏡』が参考にしたのは宮廷生活である。

【コラム　2.　『増鏡』の舞台】

　『平家物語』が伝えるように、平氏は平清盛を中心に勢力を増し、政権を握ったが、源氏に敗れ、滅亡してしまう。その源氏が現在の神奈川県南東部の鎌倉に幕府を置き、鎌倉時代幕開けとなる。初代将軍は源頼朝で、長男の頼家、次男の実朝がそれぞれ第二代、第三代将軍となるが、頼朝は落馬が原因で死に、やがて二人の子も殺された。北条時政が頼家を暗殺し、頼家の子の公暁(くぎょう)が実朝を暗殺したのだ。更にその公暁も殺害されて源氏の正統は断絶した。これが 1219 年までの出来事である。

　一方、院政を行う後鳥羽上皇[4]は、以前から、朝廷の権力を回復させようとして、院庁(いんのちょう)[5]に**西面の武士**(さいめんのぶし)を設置したり、親幕派の公家九条兼実(くじょうかねざね)[6]を排斥したりしていた。そして源氏の正統が途絶えたのを好機とし、1221 年に討幕を開始した。これが**承久の乱**である。乱は一か月で鎮圧され、後鳥羽上皇は隠岐に、

順徳上皇は佐渡に、土御門上皇は土佐、のちに阿波に配流となった[7]。

朝廷側の公家・武士の所領は西国に多かったが、北条氏はこれを没収し、支配権を西国へと伸ばした。京都に六波羅探題[8]を設置して、朝廷の監視や京都市中の警備を実施し、西国の政務も行い、朝廷に対する幕府の優位が強化された。

同時代に、チンギス＝ハンの築いたモンゴル帝国は次々と領土を広げていき、その孫のフビライの時代に国号を「元」とし、1274年および1281年、日本を来襲した[9]。それぞれ**文永の役**、**弘安の役**といい、暴風雨が吹き荒れたことなどが原因で失敗に終わった。武士たちは戦に勝ったが報償として土地がもらえず[10]、戦費も自己負担であったので、経済的困窮に陥った。幕府は1297年に**永仁の徳政令**を発令し、質入れ・売却した所領を武士に無償返却させたが、損失を受けた高利貸業者[11]はこれ以後、武士に融資しないか、以前よりも割高で貸すようになった。結果として武士はより困窮し、幕府への不信や不満を募らせた。更に鎌倉幕府最後の執権北条高時は闘犬、田楽、飲酒などにふけり幕政が乱れていた。

後醍醐天皇はこれを好機と捉えて討幕計画を立てたが、未然に発覚し、失敗に終わった。この**正中の変**で一部の武士や廷臣が処罰されたが、後醍醐天皇は関与を否定して事なきを得た。1331年、天皇は再度討幕を起こし、一度は破れて隠岐に配流されたが、脱出して討幕を呼び掛けた。この**元弘の乱**で鎌倉幕府は滅亡し、天皇は1333年、晴れて京都に帰還するのだった。

以上のように『増鏡』の舞台とする150年間、日本内外で幾度もの争乱が発生していたが、『増鏡』の関心はあくまでも宮廷内部の優雅な生活や儀式に注がれた。例えば1274年頃の出来事として『増鏡』が詳述するのは、文永の役ではなく、後深草上皇と実の妹との情事なのである。

【コラム　3. 楠木正成】

楠木正成は元弘の変で、後醍醐天皇の召しに応じて挙兵し、幕府討伐を成し遂げた。同天皇による建武の親政のときに、戦功が認められ、河内、和泉の守護、および河内の国守に任命された。足利尊氏が天皇に反旗を翻したときもこれを討った。しかし1336年尊氏が九州から挙兵して、迎撃の果てに戦死した。その戦地は湊川であった。

幕末の明治維新の志士たちは、終生を天皇に捧げた楠木正成を祭祀し、1872年に**湊川神社**が創建されるに到った。また、明治政府は1880年、正一位（太政大臣や征夷大将軍など国家に対し偉大な業績のあるものに贈られる最高位の位階）を追贈（死後に官位や勲章などを贈ること）した。

課題研究

1. 『増鏡』の特徴について述べなさい。

2. 四鏡の共通点を述べなさい。
3. 中世の歴史書の概略を述べなさい。
4. 天皇による討幕について簡潔に説明しなさい。
5. 楠木正成について簡潔に述べなさい。

注釈

1. 高祖は中国で王朝を始めた天子の称。漢の劉邦や唐の李淵などが該当する。
2. 藤原茂範の生没年は不詳。
3. 後村上天皇は南朝の第2代天皇。
4. 後鳥羽上皇（1180 〜 1239）。
5. 院庁は上皇の政務を司る場所。
6. 九条兼実（1149 〜 1207）。
7. 順徳と土御門はともに後鳥羽の子。土御門は討幕計画に関与していなかったが、自ら配流を望んだ。
8. 六波羅は京都の地名。
9. 来襲の前に、元は当時の執権北条時宗に服属を要求したが、時宗はこれを強硬に拒否した。
10. 敵地を攻めて勝ったならば新しい土地が得られるが、モンゴル軍との戦いでは日本を守っただけなので土地は増えない。
11. この業者を「借上(かしあげ)」という。

第22章　菟玖波集

■成立：1356年　■準勅撰連歌集　■全20巻　■編者：二条良基ら

キーワード：初の公的連歌集、有心無心連歌、連歌師

＜編者＞

　編者は**二条良基**（にじょうよしもと）と**救済**（ぐさい）である。北朝の二条良基は関白と摂政を歴任した最高の貴族であり、和歌を頓阿に学び、連歌を救済に学んだ。良基は和歌よりも連歌を愛好し、救済の協力のもとに『**菟玖波集**（つくばしゅう）』を編纂した。佐々木道誉（ささきどうよ）の推挙で翌年勅撰集に準じられ、連歌の文学的地位を確立した。

　救済（1282年ごろ～1376年ごろ）は南北朝時代の地下連歌師で、「きゅうせい」、「きゅうぜい」ともいう。和歌を冷泉為相、連歌を善阿に学び、『連歌新式』によって連歌の規則を制定し、連歌の興隆に貢献した。後世、連歌第一の先達と仰がれた。弟子に周阿がいる。

■『菟玖波集』の連歌■
（上句と下句で一首を構成）

　こえし関こそ遠き山なれ（不明）
　足柄（あしがら）の麓（ふもと）のみちは竹の下（足利尊氏）
＜解釈：旅をして、越えた関所が、今では遠い山のように思える。足柄（地名）の麓の道は竹の下だ。そこは後醍醐天皇の建武新政に反旗を翻した私が、天皇に追討を命じられて来た新田義貞の軍を破った「竹の下の戦い」（1335年）の戦場である。＞

＜成立＞

　『菟玖波集』は**日本文学史初の公的な連歌集**であり、南北朝時代の1356年（文和5年）成立、1357年（延文2年）勅撰集に準ぜられる。全20巻、上代から当時までの連歌の付句（つけく）、発句（ほっく）2190を分類配列し、収録する。文和と延文はともに北朝の元号である。

＜内容＞

　『菟玖波集』の形式は歴代の勅撰和歌集、特に『古今集』を踏襲している。巻頭に

真名序と仮名序を配し、部立の初めは「春（上下）」、「夏」、「秋（上下）」、「冬」というように四季が置かれ、他に「賀」、「恋」、「雑体」などがある。「雑体」の口に俳諧の部があることも『古今集』と同様である。掲載の形は上句と下句の二句だけを抜き出して一首の和歌のようにしている。五七五と七七が繰り返し続いていくという連歌特有の個性を抑え、和歌の形式に合わせた印象がある。

　時代は古代から南北朝時代まで、歌人は公家、武家、僧侶、庶民と幅広い。入撰句の多い順に挙げると、救済（127句）、尊胤法親王[1]（90句）、良基（87句）、道誉（81句）、足利尊氏（68句）となり、いずれも『菟玖波集』の成立に功績があった人物である。特に道誉はこの連歌集を準勅撰集にするべく強引な推挙を行ったとされる。

＜文学史　8．連歌の変遷＞

● 平安時代から鎌倉時代まで

　連歌は上句五七五と下句七七をそれぞれ別の人が詠む形式の文学である。五七五、七七の2句からなる**短連歌**と、五七五、七七、五七五、七七……と数句を続けていく**長連歌**がある。短連歌は、平安中期から後期にかけて貴族の間で流行した。1127年成立の『金葉和歌集』は勅撰和歌集として初めて「連歌」の部立を設けている。『金葉』の撰者の源俊頼は歌学書『俊頼髄脳』の中にも連歌を載せ、「連歌は上句、下句どちらから始めても良い」とした。

　平安末期、この短連歌の文学としての安定を土台にして、長連歌が試みられるようになった。鎌倉時代に入っても連歌は続けられ、藤原定家など『新古今集』の撰者が連歌を作ったり、後鳥羽院が連歌会を催したりした。後鳥羽院時代に連歌は情趣を重んじる**有心連歌**と、滑稽を主とする**無心連歌**に分化した。連歌会の中に両派が競い合う場が設けられることもあった。このときの連歌はまだ和歌の余興として実施され、遊戯性を残しており、確固たる文学的地位を得てはいなかった。しか

> ■ **有心無心連歌** ■
> 有心連歌は**柿本連歌**とも称される。それは『万葉集』の歌人柿本人麿が歌聖と呼ばれ、正統的な和歌を象徴しているからである。一方、無心連歌は**栗本連歌**と称されるが、栗本という人物がいたわけではない。柿と対照するものとして栗を選び、「栗本」としたのであろう。最初、両者の地位は対等であったが、やがて柿本連歌が主流となり、二条良基の『筑波問答』にも「よき連歌を柿の本の衆と名づけられ、わろきをば栗の本の衆とて、別座に着きて」とある。

し有心連歌は時代の推移とともに**堂上貴族**[2]の間で主流になっていった。そこには歌壇の有力者、藤原定家の意向が働いていたとされる。

　承久の乱で後鳥羽院が宮廷を去ってから、連歌は主に貴族の私邸で行われていたが、1246年から始まる後嵯峨上皇の院政期には再び宮廷で盛んになった。同時期に寺院の桜の木の下で庶民を対象にした連歌会が開かれるようになった。この**花の**

第 22 章　菟玖波集

下連歌(もとれんが)から善阿(ぜんあ)が生まれ、救済などの優れた弟子を育てた。彼らは一般庶民が連歌を詠むことから地下連歌師(じげれんがし)と呼ばれた。このような身分を問わない連歌会は文芸を貴族から庶民へと開放する働きがあった。連歌会が寺院で催された背景として、鎌倉期の仏教隆盛で寺院が庶民にとって身近なものとなっていたことも指摘できよう。

● 二条良基の時代

地下連歌師の名声は宮廷の貴族の耳にも届き、二条為世(ためよ)や為藤(ためふじ)、道平(みちひら)などが花の下連歌に参加した。道平は二条良基の父である。良基の連歌への興味や才能も父の影響の下で育まれたと言える。

連歌は武士の間でも盛んになり、1320 年には鎌倉幕府の武士たちが桜の下でたくさんの連歌を詠んだ。やがて鎌倉幕府が滅亡し建武の新政が始まるが、武士も貴族も庶民も連歌を詠み続けた。連歌が盛んになるにつれて規則や理論が重要となり、二条良基は連歌論書『僻連抄(へきれんしょう)』（1345 年）、『連理秘抄(れんりひしょう)』（1349 年）を著した。

この頃、二条良基は救済と深い関係を結び、彼を師として連歌を学んだ。1355 年、自宅で側近の者や救済の一門らを集め、連歌会「文和(ぶんな)³千句(せんく)」を開き、翌年の『菟玖波集』を編纂した。

■ 二条良基年表 ■
1320 年　誕生
1345 年　『僻連抄』
1349 年　『連理秘抄』
1356 年　『菟玖波集』
1358 年　『撃蒙抄』
1372 年　『連歌新式』
1373 年　『筑波問答』
1376 年　『九州問答』、『愚問賢註』(頓阿と共著)
1379 年　『連歌十様』
1383 年　『十問最秘抄』
1387 年　『近來風體抄』、『知連抄』
1388 年　没

1372 年の『連歌新式(れんがしんしき)』⁴ では、京都と鎌倉の不統一だった式目(しきもく)⁵ を整理した。翌年の連歌論書『筑波問答』は貴族が庭の中で老人と会ったのを機に、連歌についていろいろ質問し、老人がそれについて答えるという形式で、連歌の名称や起源、変遷、作法が語られていく。この問答という点に鏡物の影響が認められよう。

本書で良基は連歌の起源として三つを挙げている。一つは『古事記』、『日本書紀』の日本神話で、男神のイザナギノミコトと女神のイザナミノミコトが国生みに当たって、それぞれ、出会いを喜ぶ言葉を発している。

もう一つは、同じく記紀(きき)⁶ における、倭建命(やまとたけるのみこと)と御火焼翁(みひたきのおきな)との唱和である。紀元後 100 年頃で、倭建命が東

■ 神代 ■
あなうれしゑやうましをとめにあひぬ（イザナギ）
あなうれしゑやうましをとこにあひぬ（イザナミ）
■ 紀元後 100 年頃 ■
新治筑波(にひはり)を過ぎて幾夜か寝つる　（命）
日々(かが)なべて夜には九夜日には十日　（翁）
■ 奈良時代 ■
佐保川(さほ)の水堰(せ)き入れて植えし田を　（尼）
刈る早稲(さわいね)は一人なるべし　　　（家持）

国征伐を終えて帰ってくる途中、どのくらいの夜を過ごしたかを翁に聞く場面である。

最後は『万葉集』第 8 巻にある大伴家持と尼の掛け合いである。

従来は倭建命と御火焼翁の唱和問答歌が連歌の起源とされ、この歌から「筑波(つくば)」という言葉を取って、連歌のことを「筑波の道」と呼んだ。『菟玖波集』という書名も

「つくば」という発音に異なる漢字を当てたものである。しかし『筑波問答』において、二条良基は考えを更に進め、連歌の起源を神代のイザナギとイザナミに求めている。起源を出来るだけ古くして連歌を権威づけるためであろう。

二条良基が『菟玖波集』を『古今集』に似せて編纂したのは、天皇から準勅撰集という名誉ある称号を得るためであったと思われる。勅撰は、天皇・上皇・法皇が自ら編纂するか、または命令によって編纂した書物を指す。その書物は完成前からすでに「勅撰」の称号が保証されている。『菟玖波集』の場合、編纂した後で準勅撰の綸旨を得ようとしたため、体裁を『古今集』に準じ、さらに佐々木道誉の強引な推挙を加えたと考えられる。

二条良基の膨大な連歌論書の中でも『筑波問答』はもっとも体系的に叙述されており、室町後期以降、人々の連歌の入門書となった。晩年の二条良基は、3代将軍足利義満や学僧義堂周信と**和漢聯句**を行うようになり、地下連歌から離れていった。

● 二条良基以降の連歌

救済の弟子には二条良基のほかに**周阿**がいた。この三人は特に優れており、連歌界の**三賢**と称される。

良基の教えを受け継いだ人物の中で著名なのは武将・歌学者の**今川了俊**[7]と連歌師の**梵灯**である。宗砌は、連歌を梵灯から、和歌を**正徹**[8]から学んだ。同じく正徹の弟子の**心敬**は、和歌の理論や作法を連歌に生かそうとして独自で連歌を詠み、その作風は宗砌に影響を与えた。この宗砌から高弟**宗祇**が出る。

宗祇の弟子が**肖柏**と**宗長**で、この三人で百句からなる連歌百韻『**水無瀬三吟百韻**』が行われた。目的は、後鳥羽院を祀る水無瀬神宮に連歌を奉納することにあった。

最初の句を**発句**、次の句を**脇句**、その次から第三句、第四句、第五句と呼び、最後は挙句という。宗祇の発句は「雪ながら山本かすむ夕べかな」であるが、これは後鳥羽院の『新古今集』収録の「見渡せば山本かすむ水無瀬川夕は秋となに思ひけむ」の本歌取りとなっている。

発句から第三句までは春の句であり、次の第四句は雑の句、第五句から第八句まで

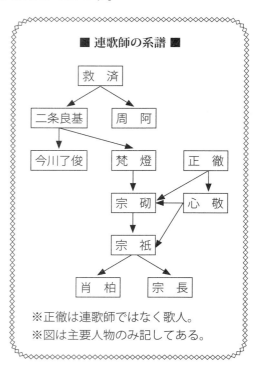

■ 連歌師の系譜 ■

救済 → 二条良基、周阿
二条良基 → 今川了俊、梵燈
正徹 → 梵燈、心敬
梵燈 → 宗砌
心敬 → 宗砌
宗砌 → 宗祇
宗祇 → 肖柏、宗長

※正徹は連歌師ではなく歌人。
※図は主要人物のみ記してある。

■『水無瀬三吟百韻』■

雪ながら山本かすむ夕べかな	宗祇
行く水とほく梅にほふさと	肖柏
川風に一むら柳春見えて	宗長
舟さす音もしるきあけがた	宗祇
月や猶霧わたる夜に残るらん	肖柏
霜おく野はら秋は暮れけり	宗長
なく蟲の心ともなく草かれて	宗祇
かきねをとへばあらはなるみち	肖柏

は秋が続いている。抜粋は第八句までであるが、本当はこれが第百句まで続く。連歌の主題が変化して多彩な世界を見せ、『水無瀬三吟百韻』は後世の百韻連歌の模範となった。

宗祇は有力守護大名の**大内政弘**（おおうちまさひろ）の奏請により、1495年『**新撰菟玖波集**』を撰進した。これは1429年頃以降の約2000句を『古今集』の部立にならって分類した全20巻の連歌集で、勅撰集に準じている。『菟玖波集』の第19巻の「雑体連歌」には俳諧連歌、いわゆる無心連歌が含められていたが、『新撰菟玖波集』にはなく、すべて有心連歌で満たされている。この時代には無心と有心の質的な違いが大きく、芸術性の**純正連歌**（じゅんせいれんが）への志向も高まり、内容統一のために一切の無心連歌を排除したと考えられる。

中世の文学作品を年代順に見ると、14世紀半ばから15世紀にかけて連歌関連の著作物が目立つ。優れた連歌師が多くの連歌論や句集を著しており、この雰囲気の中で純正連歌が目指されるのも当然であった。表22-1に示す作品は一部に過ぎない。

表22-1 連歌作品の一例

作者	連歌論書	句集
宗砌	『古今連談集』	『宗砌句集』
心敬	『ささめごと』	『心玉集』
宗祇	『吾妻問答』	『老葉』（わくらば）
肖柏	『肖柏口伝』	『春夢草』
宗長	『宗長手記』（日記）	『壁草』（かべくさ）

純正連歌はその後、規則に縛られて形式化し、下火になっていく。一方の俳諧連歌は『新撰菟玖波集』成立の4年後に、初の俳諧連歌集『竹馬狂吟集』（ちくばきょうぎんしゅう）（1499年）が出て純正連歌から独立し、以降、同様の歌集が編纂されて隆盛していく。

＜文学史　9．俳諧の連歌＞

戦国時代という不安定の中で人々を慰めるものは芸術としての歌よりも風刺や滑稽の効いた歌であった。『竹馬狂吟集』のあと、**山崎宗鑑**（やまざきそうかん）の『**犬筑波集**』（いぬつくばしゅう）[9]（1532年頃）、**荒木田守武**（あらきだもりたけ）の『**守武千句**』（1540年頃）が続いた。狂歌も歌合が行われるなどの活気を見せ、歌は幽玄を目指す和歌・連歌と、滑稽を志向する狂歌・俳諧に分化していた。

『犬筑波集』では人々の生活に密着した言葉が俳諧の中で再現されている。だんご・餅・ふき等の食べ物、腫物・痘瘡（とうそう）等の病気、ばくちうち・足軽等の人物、貧乏神・尿等の卑俗な物がその一例である。

宗鑑や守武は俳諧ばかりではなく連歌も作っている。言葉の配置や省略、語数の調

■ **俳諧の例** ■
仏も喧嘩するとこそ聞け
釈迦は槍弥陀は利剣を抜き持ちて
＜解釈：神仏を風刺している。七七の前句に対する五七五の付句である。＞

■ **俳諧の例** ■
切りたくもあり切りたくもなし
盗人を捕えてみれば我が子なり
＜解釈：自分の子が泥棒であったという皮肉である。＞

■ 日本文学史

整などは連歌・俳諧ともに習得すべき技能であるからだ。

以上の「俳諧」は厳密には「俳諧の連歌」である。これが近世にも引き継がれていくが、**松尾芭蕉**（まつおばしょう）の登場から滑稽さではなく芸術性を志向した俳諧へと進化していくこととなる。

◆ ◆ ◆

【コラム 1. 和漢聯句（かんなれんく）】

和漢聯句は連歌の長句・短句と、漢聯句の五言漢句とを交互に詠み進める文学形式である。名称から分かる通り、第一句は和句で、その次が漢句となる。これを逆にしたものを**漢和聯句**という。鎌倉時代末から室町時代末にかけて、日本の僧侶が宋朝に渡ったり、中国の禅僧が来日したりする中で、漢詩文が流行した。この**五山文学**（ござんぶんがく）から和漢聯句が生まれた。五山とは禅宗の臨済宗で最高の格式を持つ5つの寺院を指す。

■ 和漢聯句の例 ■

①まふきの色をやこころほとときす　中務卿宮
②入梅雨未収
③笠檐雲合抱　親王御方
④金殿月當頭　宗山
⑤星まつる庭の玉しきかけひろミ　民部卿入道
⑥夜や深ぬらん袖の露けき　民部卿
⑦報寒虫促織　中御門大納言
⑧護戸鶴封侯　式部大輔
⑨聖處數竿竹　新大納言
⑩もとたつ道や世のまつりこと　冷泉前中納言

※ 1521年の和漢聯句百韻である。第10句までを抜粋する。②の作者は不明である。

和漢聯句は文明期（1469〜1486）から宮中や公家を中心に盛行した。五山文学は応仁の乱以降衰え、連歌も中世末期に停滞するが、和漢聯句は詠まれ続けた。

【コラム 2. 宗祇】

宗祇（1421〜1502）は室町後期の連歌師、古典学者である。幼少の頃から仏道に入り、30歳頃から文学を目指した。以下のように師匠に恵まれ深い教養を身に付けた。

● 連歌の師……宗祇、心敬、専順（せんじゅん）
● 和歌・古典の師……飛鳥井雅親（あすかいまさちか）、一条兼良（いちじょうかねら）
● 古今伝授……東常縁（とうつねより）

宗祇は公家や武家とも親交を結んだ。旅を通じて各地で連歌の指導に当たり、連歌隆盛を実現した。宗祇が旅をするのは平安後期の歌人西行の影響による。江戸時代の芭蕉もまた西行に憧れ、長旅をしながら俳諧を詠んだ。このことから西行、宗祇、芭蕉を**漂泊の詩人**と呼ぶ。

> 【コラム　3.「挙句」という言葉】
> 　「挙句」はもともと連歌の言葉であったが、現代日本語では「終わり」や「結果」の意味でも使われる。主に連体修飾語を伴って「さんざん迷った挙句、買ってしまった」のように表現する。「挙句の果て」という慣用句もある。
> 　この用法は「物事・出来事の最後」を「連歌の最後」に見立て、「挙句」を隠喩的に用いたことから生まれた。
>
> 【コラム　4.　桃山文化】
> 　16世紀後半における、武士の軍事的・経済的実力と豪商の経済力を背景にした文化を桃山文化という。建築では姫路城、大坂城などの城郭が建てられた。芸道では**千利休**が豊臣秀吉の保護のもとで茶道を大成した。絵画では室町時代中期に起こった狩野派が武家の庇護を受け、主流を占めた。またポルトガルを中心とする南蛮文化が伝来し、地球儀やカルタが日本にもたらされた。

課題研究

1. 連歌の種類について、その用語と定義を整理しなさい。
2. 二条良基以前の連歌の歴史を述べなさい。
3. 二条良基の連歌における功績について述べなさい。
4. 二条良基以降の連歌の歴史を述べなさい。
5. 俳諧の連歌について述べなさい。

注　釈

1. 法親王とは、出家した後、親王の称号を許された皇子のこと。
2. 堂上貴族は昇殿を許された五位以上の貴族。
3. 「文和」は当時の年号。1352～1356年。
4. 当時の年号を取って『応安新式』とも言う。
5. 式目は連歌・俳諧を詠むときの規則。
6. 記紀は古事記と日本書紀の総称。
7. 今川了俊は『難太平記』という歴史書も記している。
8. 正徹は今川了俊から和歌を学んだ。了俊は和歌も連歌もできた。
9. 『新撰犬筑波集』とも言う。

◆中世文学重要事項一覧◆

- □ **和歌集**　『新古今和歌集』／13代集
- □ **連歌集**　『菟玖波集』最初の準勅撰連歌集
　　　　　　　『新撰菟玖波集』準勅撰連歌集、『水無瀬三吟百韻』
- □ **随　筆**　『方丈記』、『徒然草』
- □ **日記文学**　『弁内侍日記』、『中務内侍日記』、『建礼門院右京大夫集』、『とはずがたり』、『十六夜日記』
- □ **擬古物語**　『住吉物語』、『とりかへばや物語』
- □ **説話文学**　『宝物集』、『発心集』、『閑居友』、『沙石集』、『十訓集』、『宇治拾遺物語』、『古今著聞集』
- □ **軍記物語**　『将門記』最初の軍記物語
　　　　　　　『平家物語』琵琶法師の平曲で普及する
　　　　　　　『太平記』太平記読みが江戸時代に盛んになる
　　　　　　　『陸奥話記』、『保元物語』、『平治物語』、『承久記』、『義経記』、『曾我物語』
- □ **歴史物語**　『水鏡』、『増鏡』
　　　　　　　※平安時代の『大鏡』、『今鏡』と合わせて四鏡という
- □ **史　論**　『愚管抄』、『神皇正統記』
- □ **評　論**　『無名抄』歌論、『近代秀歌』歌論、『正徹物語』歌論
　　　　　　　『風姿花伝』能楽論、『筑波問答』連歌論、『ささめごと』連歌論

近世文学概観

時代区分：江戸幕府成立から大政奉還まで

■**近世の特徴** 1603年（慶長8年）の徳川幕府成立から大政奉還の1867年（慶応3年）までの265年間を近世という。徳川時代ともいう。近世は日本の封建制度が最も完成され、江戸幕府を中心にして諸藩を地方に置く幕藩体制の時代である。士農工商の厳しい身分制度がしかれて、対外的には鎖国政策を実施した。朱子学を柱にした文治政策で平和な社会が実現した。貨幣制度の確立で商業が発達し、町人階級、特に商人が経済的な力を付けた。寺小屋による教育水準の向上と印刷技術の発達で文学が一般庶民に普及したことも近世の大きな特徴である。

■ 近世文学 ■
1603年　江戸幕府成立
1682年　『好色一代男』
1689年　『奥の細道』
1703年　『曽根崎心中』
1768年　『雨月物語』
1789年　寛政の改革
1802年　『東海道中膝栗毛』
1814年　『南総里見八犬伝』
1825年　『東海道四谷怪談』
1867年　大政奉還、江戸幕府滅亡

■**上方文学（元禄文学）** 近世文学はまず上方で隆盛した。井原西鶴は町人を写実的・享楽的に描く『好色一代男』で浮世草子というジャンルを創出した。近松門左衛門は武士階級であったが、義理と人情を重んじる脚本を書き、『曽根崎心中』などで人形浄瑠璃の人気を高めた。同じく武士階級の松尾芭蕉は滑稽を生命とした俳諧を芸術的な文学へと昇華させた。『奥の細道』は旅と俳諧が一体化されて成った俳諧紀行の傑作である。

　浮世草子を継いだ八文字屋本はマンネリ化して廃れ、上方文学は一時停滞したが、中国文学を翻案した個性ある読本が登場し、復興した。代表作は上田秋成の『雨月物語』。また一時人気を博した人形浄瑠璃は次第に衰

退し、歌舞伎が庶民の娯楽となる。歌舞伎は上方で盛行していたが、やがて江戸で栄えた。18世紀半ばから後半にかけて、創作・出版の中心が上方から江戸に移る**文運東漸**が起こったのである。

■**江戸文学**　うがちや滑稽を軸にした黄表紙・洒落本・狂歌が流行したが、寛政の改革で一連の出版物が弾圧を受け、作家が処罰された。黄表紙は敵討ちに路線変更した結果、自然と長編化し、形を合巻へと変えた。洒落本は弾圧の後、文学的要素の遊里や遊女を省き、滑稽を柱とした滑稽本に姿を変えた。代表作に『東海道中膝栗毛』がある。また恋愛小説の人情本も洒落本を母体として誕生した。上方の中国文学的な読本は江戸において勧善懲悪を掲げる物語となった。代表作に『南総里見八犬伝』がある。

　俳諧は松尾芭蕉の死後、衰退していたが、18世紀後半に与謝蕪村が現れて中興する。蕪村の死後、再び衰退し、月並俳諧が流行して低俗化が進行するが、その中で小林一茶は農民性を発揮した率直な俳諧を詠み注目される。歌舞伎は鶴屋南北が『東海道四谷怪談』などを発表した。南北の死後、歌舞伎は停滞したが、まもなく河竹黙阿弥が出て明治初期まで活躍した。

第23章 好色一代男

■成立：1682年　■浮世草子　■全8巻　■作者：井原西鶴

キーワード：御伽草子、仮名草子、浮世草子

<成立>

『**好色一代男**』は元俳諧師の**井原西鶴**(いはらさいかく)が初めて書いた小説である。それは従来とは一線を画する、近世的な性格を持った小説の登場であった。主人公世之介(よのすけ)は上方の資産家の生まれで、7歳で恋に目覚め、少年時代に従妹、未亡人、遊女など非常に広範囲な女性と交渉を持ち、19歳のときにその節操のない振る舞いのために父から勘当された。21歳から34歳まで全国を放浪して色道修行に励んだ。34歳のとき母親から父親の遺産25000両[1]を譲渡され、三つの遊里を舞台に、有名な遊女を相手に好色生活を送った。世之介の対象は女性ばかりでなく少年も含まれる。当時はこの男色(なんしょく)も珍しいものではなかった。60歳のとき、友人7人を誘って、好色丸という船に乗り、女獲が島を目指して物語は終わる。

全54章で、1章ごとに主人公の一年が恋を主題に描かれる。『源氏物語』を意識した作品だが、町人の享楽的な恋の『好色一代男』と、貴族の恋の苦悩の『源氏物語』とは内容が根本的に異なる。井原西鶴は『源氏物語』から物語の枠組みや外郭を借り、その中で近世という町人階級を積極的、肯定的に捕らえ、描き出したのである。

『好色一代男』は1682年10月、大坂[2]

■ 冒頭文 ■

桜もちるに嘆き、月はかぎりあり入佐山、ここに但馬の国かねほる里の辺に、浮世の事を外になして、色道ふたつに寝ても覚めても夢介とかへ名よばれて、名古や三左、加賀の八など、七つ紋のひしにくみして、身は酒にひたし、一条通、夜更けて戻り橋、ある時は若衆出立、姿をかへて墨染の長袖、又はたて髪かづら、化物が通るとは誠にこれぞかし。

<解釈：桜はすぐに散り、月は山に消えていく。但馬（現在の兵庫県北部）に住み、世俗のことなど顧みず、女色、男色に打ち込む。夢介と替名（かえな）で呼ばれ、名古屋算左や加賀の八などの遊び人と、菱の七つ紋を印に徒党を組み、毎日のように酒を飲む。夜更けに橋を渡るとき、若衆や坊主や男伊達に変装するので、化物が通るとはこのことだ。>

（「化物が通る」という表現にユーモアがある。このユーモアも好色と並ぶ本作品の特徴となっている。そのほか西鶴自身が町人であり、町人階級への称揚から、その生活を観察し細かに描写している点も『好色一代男』の画期的な点である。）

■ 日本文学史

の思案橋にある荒砥屋から出版された。巻末の跋文（後書き）によれば、当作品はもともと井原西鶴の転合書だったようである。転合書とはふざけて書いたものの意味で、実際本書は遊戯性と諧謔性に満ちている。井原西鶴は読者に読まれることを意識せず書いたのであろうが、出版後は驚くほど多くの大衆に読まれ、1684年には江戸で挿絵入りの別版が出版されるに到った。

その背景として、**寺子屋**という教育施設が普及して庶民の識字率が上がり、また木版印刷技術の発達によって大量印刷が可能であったことが挙げられる。

＜井原西鶴＞

井原西鶴は1642年（寛永19年）の生れで、1693年（元禄6年）没した。江戸時代元禄期に活躍した俳人、浮世草子の名作者である。出自や家系は資料が乏しく詳細は不明であるが、大阪の裕福な町人で、本名を平山藤五といい、15歳のとき貞門に属して俳諧を始めた。貞門の俳風は保守的であり、井原西鶴はそれを破るべく清新奇抜な俳諧を詠み、貞門から**阿蘭陀流**という蔑称で呼ばれた。

■ 井原西鶴年表 ■
1656年　貞門俳諧を学ぶ
1672年　談林俳諧に転向
1682年　『好色一代男』
1684年　矢数俳諧で23500を独吟
1687年　『武道伝來記』
1692年　『世間胸算用』
1693年　没

貞門の保守的な俳風に物足りなさを覚える人々が結成した談林派は、字余りや奇抜な趣向、即吟、非論理性など革新的な俳諧を詠み、その題材も新興階級である町人生活から取っていた。井原西鶴は貞門を離れて西山宗因の門に入って談林派に所属し、最右翼として活躍する。蔑称だった阿蘭陀流という名称も談林派の一端を示す名称となった。

34歳のとき妻が他界してから、井原西鶴は諸国を旅したり遊里や劇場に出入りするようになったが、俳諧は続けた。1677年、36歳のとき、**矢数俳諧**³を興行し一日の間に1600句を独吟した。五七五と詠み、次に七七と詠み、その次に五七五と続けていく。こうして詠まれる俳諧はそれぞれ独立しているのではなく連想によって結ばれている。一つの俳諧のイメージが次の俳諧を生むわけである。これを一日中、一人で行うのであるから、集中力はもとより、並外れた頭の回転の速さや連想力、発想力が要求される。1680年には4000句を詠み、新たな記録を打ち立てた。

■ 鶴永から西鶴へ ■
井原西鶴はもともと鶴永という俳号であったが、師匠の宗因の俳号西翁から「西」をもらって西鶴とした。西鶴は矢数俳諧を得意とし、談林の代表的俳人であったが、のちに浮世草子に転じた。宗因が没したのは1682年3月であり、西鶴が処女作『好色一代男』を著したのは同年10月である。師匠の死と文学の方向転換には何らかの関係がありそうである。西鶴は浮世草子作家になってからも俳諧を続けたが、メインはあくまでも散文であった。

これ以後、井原西鶴の俳諧は衰えを見せ、その2年後に小説『好色一代男』が書かれた。五七五の形式に意味を凝集させる俳諧と決別し、形式のない自由な散文に自己表現の場を見出したのである。更にその2年後の1684年に、23500句の独吟という偉業を成し遂げるが、俳壇への復帰の意図はなく、再び小説の創作に専念した。このことから西鶴が俳諧から去ったのは才能の枯渇が原因ではないことが分かる。

小説の文章には長年の俳諧で培われた言語的感性が研ぎ澄まされている。主語や述語が省略され、連体止めが多用され、次から次へと飛ぶように展開していく。そのため分かりにくい所もあるが、文体的な魅力を作り上げてもいる。井原西鶴の作品はすべて短編小説集であり、俳諧という短詩型文学が彼の文学の源流であったと言える。中には短編でも構成が破たんしているものがあり、より構成力が求められる長編小説は、彼の文学的素質からは生まれ得なかった。

■ **西鶴の言葉** ■

人気作家の言葉は時に流行語になり、語り継がれていくこともある。井原西鶴の言葉が現代日本語に影響を及ぼしている例を挙げる。

● 諺「下戸(げこ)の建てたる蔵(くら)もなし」

酒が飲めない下戸は、酒にお金を使わない代わりに蔵を建てるわけでもない。ならば好きな酒をおいしく飲んだほうがいい――というふうに、酒好きが自己弁護するのに使う。出典は、世間胸算用の「世中に下戸のたてたる蔵もなしとうたひて、また酒をぞ呑める」という文章である。

● 慣用句「取り付く島もない」

頼りにしてすがる所がない、という意味である。出典は「俄に何に取り付く島もなく」である。

● 言い回し「芋栗南京(いもくりなんきん)」

さつま芋、栗、カボチャはいずれも甘みがあり、女性が好む食べ物ということ。出典は「芝居浄瑠璃芋蛸南京」という一文である。原文では「蛸(たこ)」だったが、時代とともに「栗」に変わった。

文体は基本的に口語であるが、『源氏物語』や『伊勢物語』などの古典の表現も取り入れ、独特の雅俗折衷となっている。作品はその内容によって好色物、武士物、町人物、雑話物に分類される。

● **好色物**

好色者は男女の恋を題材とし、井原西鶴の処女作もこれに属する。続いて書かれたのが**『好色二代男』**（1684年4月）で、全8巻40章からなる。『好色一代男』の続編に当たり、世之介の遺児の世伝(よでん)が登場する。前作と違って読者を意識して書かれているので、展開などが整っているが、その反面奔放さがやや損なわれている。**『好色五人女』**（1686年2月）は全5巻25章からなる。1巻はお夏と清十郎、2巻は樽屋おせん、3巻はおさんと茂右衛門、4巻はお七と吉三郎、5巻はおまんと源五兵衛の話であり、すべて実際にあった姦通事件や心中事件を題材にしている。女性を主役にして恋愛の情緒や哀愁を漂わせる。**『好色一代女』**（1686年6月）は全6巻24章で、2人の若者が隠棲する老女を訪れ、生涯の恋の話を聞くという体裁を取る。女性の好色生活が男性と違って悲惨な結末をもたらすことを伝える。**『男色大鑑(なんしょくおおかがみ)』**（1687年1月）は全8巻40章からなり、男性間の同性愛を描く。現代から見れば反社会的な題材であるが、当時の価値観ではむしろ女色(じょしょく)が好ましくないものとして考えられ、男色は肯定されていたのである。

● 武家物

　武家社会を舞台にしたものである。最初の作品は『**武道伝来記**』(1687年4月)であり、武家社会における敵討ちを主題とする。井原西鶴は出自が町人であるから武家を正確には描けないが、その一方で、武家特有の道徳や感情から解放されて客観的に描くことを可能にしている。『**武家義理物語**』(1688年2月)は義理に生きる武士を描く。『**新可笑記**』(1688年11月)は武士の珍談を集めたものであるが、武士とは関係ない話もある。

● 町人物

　町人の経済を題材とする。武家を書くことに限界を感じた井原西鶴が再び町人に目を向けたのである。『**日本永代蔵**』(1688年1月)は、実在の人物をモデルとして、金持ちになる方法や失敗談を記す。『**世間胸算用**』(1692年1月)は大晦日という一年の総決算日における中流以下の町人の悪戦苦闘を喜劇的に描く。

● 雑話物

　『**西鶴諸国ばなし**』(1685年1月)は、一貫したテーマはなく、日本各地の怪談や珍聞を伝える。『**本朝二十不孝**』(1686年11月)は親不孝が主題の物語を20集めたものである。二十不孝とは、中国伝来の教訓書『**二十四孝**』を意識したものである。江戸時代は封建道徳の基本に孝道を置き、その影響下で『二十四孝』も早くから和訳され、仮名草子にも『大和二十四孝』がある。ただ井原西鶴はそこで語られる孝行が観念的過ぎるとし、逆に親不孝者とその罰を描くことで孝行を勧めようと意図して本書を書いた。

　井原西鶴は1693年に死去した。処女作『好色一代男』は1682年成立であるから作家生活は10年間ということになる。この間に多くの作品を残し、没後も遺稿が弟子に発見され、『**西鶴置土産**』、『**萬の文反古**』などが刊行された。

　井原西鶴は当代の人気作家であったが、文化の中心が上方から江戸に移るとともに忘れられていった。明治時代になって、文学者の淡島寒月が井原西鶴を再発見し、**尾崎紅葉**や**幸田露伴**に紹介し、ここから再び世に知られるようになった。

＜文学史　10．小説の変遷1（室町〜江戸時代初期）＞

　日本文学における小説の原形は室町時代の**御伽草子**である。平安から鎌倉にかけての伝奇物語、歌物語、擬古物語は物語文学として分類され小説には含まないが、これらは御伽草子誕生の礎石になっている。御伽草子は300から500編があり、その多くは平易な文章で書かれ、挿絵があり、話の筋が単純で、民間説話を物語化したものもあり、子供や庶民も楽しめる。成長する庶民階級が意識されて作られており、「桃太郎」や「浦島太郎」、「一寸法師」は現代にも子どもの童話として伝わっている。

　御伽草子の後を引き継いだのは近世初期の**仮名草子**で、啓蒙や娯楽などを目的として作られた。初期の頃は、連歌師、医者、僧侶などが、仕える主人の退屈を紛らわせ

> **■ 御伽草子 ■**
> 御伽草子という名前は室町時代にはなく、江戸に業者が23編を厳選して「御伽草子」という書名で出版したのが始まりである。「草子」とは和文で記された書物の総称で、「御伽」とは寂しい夜を慰めるために誰かの話し相手となることである。戦国から江戸時代にかけて、将軍・大名の孤独や無聊を慰める御伽衆(おとぎしゅう)という役割があった。

るために作り、笑話集、擬古物、恋愛物、遍歴物、怪奇物、啓蒙教訓物など多彩な分野がある。このうち擬古物は古典文学のパロディであり、『枕草子』に対する『犬枕(いぬまくら)』、『伊勢物語』に対する『仁勢物語(にせものがたり)』がある。いずれも古典の原文に即しながら滑稽な文章をつづっている。

仮名草子の第一人者の**浅井了意(あさいりょうい)**は怪異や名所案内など様々な分野の物語を著した。特に重要なのは『浮世物語』で、浮世房という主人公の享楽的な社会風俗を描き、中世の「憂世」を近世の「浮世」へと転換した。そして、これが近世の**浮世草子**[4]に連結していくのである。

浮世草子とは江戸時代前期から中期に隆盛した写実的・享楽的な町人文学のことであり、井原西鶴の『好色一代男』を嚆矢とする。その死後は優れた書き手が現れず一時停滞したが、**江島其磧(えじまきせき)**が出て再び隆盛した。江島其磧は時代物、人間の性格や癖をパターン化した気質物(かたぎもの)を書き、新しさを打ち出した。其磧を代表とする多くの**浮世草子**は京都の**八文字屋(はちもんじや)**から刊行されたため、これらの作品を総称して**八文字屋本**という。

八文字屋本は娯楽小説として人気を誇ったが、文学的な深みに欠け、やがて廃れていった。その末期に**上田秋成(うえだあきなり)**が和訳太郎(わやくたろう)という筆名で『世間妾形気(せけんてかけかたぎ)』などを著している。上田秋成はのちに読本の大成者となった。

浮世草子の変遷を概観すると、まず1682年から井原西鶴を中心に大坂で栄え、次に宝永(1704〜1711)年間頃から京都の八文字屋本を中心に隆盛し、宝暦・明和(1751〜1772)頃に流行を終えた。浮世草子は最初から最後まで上方の文学であった。

【コラム 『好色一代男』流行の理由】

「浮世草子」という名称が生まれたのは宝永(1704〜1711)年間であり、西鶴の作品は当時、「仮名草子」と呼ばれていた。『好色一代男』が多くの大衆に読まれたのは、下記のように、従来の仮名草子と一線を画する斬新さを持っていたからである。

● 文体は俳諧や謡曲を巧みに文章に活かし、かつ手紙や会話の調子も取り入れ、真新しい。

● 「色好み」という言葉は一般的であったが、漢語的語感のある「好色」は西鶴が初めて使った。

● 「一代男」という名の通り、主人公は子供を生まず、家を継がせる考えがない。これは江戸幕府が禁止していたことであった。また、主人公は女色も

■ 日本文学史

> 男色も好きな両刀遣いであるが、江戸幕府は度々、衆道禁止令（男色禁止令）を出していた。このように主人公が幕府に対して挑発的であることも読者の人気を集めた。

課題研究

1. 『好色一代男』の特徴について述べなさい。
2. 浮世草子について説明しなさい。
3. 井原西鶴の俳諧と小説の関係を論じなさい。
4. 井原西鶴の浮世草子の種類を述べなさい。
5. 井原西鶴が文壇に登場した背景と、死後忘れ去られた理由を述べなさい。

注 釈

1. 現在の円に換算すれば約50億円になる。
2. 江戸時代は「大坂」と表記したが、明治時代以降は「大阪」となった。
3. 矢数俳諧は一日の間に独吟で句数を競う、俳諧の一形式。
4. ただし当初は西鶴の作品も仮名草子と呼ばれていた。浮世草子の名称は、宝永（1704〜1711）年間に初めて出た。

第24章 奥の細道

■成立：1702年　■俳諧紀行　■全1巻　■作者：松尾芭蕉

キーワード：漂泊の詩人、俳諧の変遷、川柳の変遷

＜成立＞

『**奥の細道**』は**松尾芭蕉**が奥州を旅行した際の記録で、紀行文と俳諧から構成される。奥州は現在の東北地方であり、3月27日に江戸を出発して、陸奥国の平泉を経て、8月21日に美濃国の大垣に着く。最後に伊勢神宮の遷宮[1]を拝もうと船で出発するところで終わる。渡り歩いた国は13か国、行程は2400キロメートル、日数は5か月半にものぼり、しかも芭蕉が46歳のときの旅行であった。よほどの体力と精神力がなければ成し遂げることはできまい。松尾芭蕉は何度も旅に出て俳諧紀行を書いているが、この奥州旅行は規模が最大で、また『奥の細道』も最高傑作となっている。

奥州旅行は1689年に終えたが、執筆にかかったのは数年後のことであり、その後何度も推敲し、一応まとまった原稿ができたが、芭蕉は刊行を見ないまま死去した。のちに門人が尽力して出版を実現した。この旅には門人の曾良が同行し、旅程の記録を丁寧に取って

■ 冒頭文 ■

月日は百代の過客にして、行かふ年も又旅人なり。舟の上に生涯をうかべ、馬の口とらえて老をむかふる物は、日々旅にして旅を栖とす。古人も多く旅に死せるあり。予もいづれの年よりか、片雲の風にさそはれて、漂泊の思ひやまず、海浜にさすらへ、去年の秋、江上の破屋に蜘の古巣をはらひて、やゝ年も暮、春立る霞の空に白川の関こえんと、そゞろ神の物につきて心をくるはせ、道祖神のまねきにあひて取るもの手につかず、もゝ引の破をつゞり笠の緒付かえて、三里に灸すゆるより、松嶋の月先心にかゝりて、住る方は人に譲り杉風が別墅に移るに、草の戸も住替る代ぞひなの家表八句を庵の柱に懸置。

＜解釈：月日は永遠の旅人である。船頭や馬を連れて歩く人は毎日が旅であり、旅が住処となっている。多くの古人も旅の途中で亡くなった。私もいつしか漂泊の憧れを持つようになった。去年の秋、ぼろぼろの草庵に住み、年も暮れた。春の霞が立ち込める季節になると、せかされるように奥州の旅に出たくなった。旅の神の道祖神に招かれているかのような心境だ。身支度を終えると、早く松嶋の月が見たくなり、すぐにいま住んでいる草庵を他の人の譲り、杉風の別宅に移住するに当たって、次の住人が草庵に雛人形を飾り、急に華やいだ。私が住んでいた時代も本当に終わったという感じがする。と詠み、これを発句とする面八句を草庵の柱に掛けておく。＞

■ 日本文学史

いたが、その『曾良旅日記』と『奥の細道』の記述には多くの食い違いがあることが分かっている。芭蕉は事実に沿った紀行文を書くことよりも文学性を志向した虚構を描くことを重視したのである。

＜内容＞

冒頭は「月日は百代の過客にして」で始まる。李白の詩を意識してのことである。

文中の「古人」とは松尾芭蕉が敬愛する西行、宗祇、李白、杜甫らを指す。「表八句」とは連歌百韻の最初の八句のことであり、「草の戸も……」の句に対して、門人たちが順に五七五を付けて八句まで達した。それを旅立ちの記念として草庵の柱に掛けたのである。「杉風」とは門人の杉山杉風のことで、師匠を経済的に支え、草庵も提供した人物である。松尾芭蕉はこの草庵に住み慣れていたが、今回の奥州旅行を控えて、人に譲った[2]。

旅を進める芭蕉はやがて平泉に着く。ここは 500 年前、奥州藤原氏が栄えた地で、10 万人から 15 万人の人口を擁し、平安京に次ぐ大都市であった。源頼朝に攻められてから廃墟となり、今では辺りに夏草が生い茂るばかりである。平家討伐に軍功のあった源義経も奥州藤原氏とともに滅ぼされた。

芭蕉はこの歴史を踏まえて感慨深いものを抱き、一句詠むのであった。

> ■『奥の細道』平泉の章段 ■
> 『国破れて山河あり、城春にして草青みたり』と笠打敷て、時のうつるまで涙を落し侍りぬ。
> 　夏草や兵どもが夢の跡。
> ＜解釈：「国は崩壊しても山や河は変わらず残り、城は崩れて春になれば青草が生えてくる」と杜甫の詩を思い出し、笠を敷いて腰を下ろし、時間も忘れて涙を流した。かつては武士が栄華を誇ったこの地も、今は夏草が生い茂るばかりだ。大自然の中では、栄華も野望もまるで夢のように一瞬で果かない。＞

＜松尾芭蕉と蕉風＞

江戸前期の俳人。本名は松尾宗房である。俳号は最初桃青などとしていたが、1682 年頃から芭蕉と号しはじめるようになった。

松尾芭蕉は 1644 年、伊賀の上野に武士の子として生まれた。藤堂良忠に仕え、良忠とともに北村季吟の門下に入り、貞門の俳諧を学んだ。芭蕉の俳諧が初入集したのは 1664 年の『佐夜中山集』で

> ■ 松尾芭蕉年表 ■
> 1644 年　誕生
> 1672 年　処女俳諧集『貝おほひ』
> 1677 年　宗匠になる
> 1682 年　芭蕉庵焼失
> 1684 年　初の俳諧紀行『野ざらし紀行』
> 1689 年　『奥の細道』
> 1691 年　『猿蓑』
> 1694 年　没

あった。23歳のとき主君が没したのを機に京都に上がり、談林に影響を受ける。それから俳諧の修行を続け、1672年に処女俳諧集『**貝おほひ**』を上野天満宮に奉納した。29歳のときこの『貝おほひ』の草稿を持って江戸で出版し、談林俳人としての名声を高めた。34歳で俳諧の宗匠となるが、江戸俳壇に渦巻く金銭欲や名誉欲に失望し、37歳のとき江戸郊外の深川に草庵を結んで隠棲した。門人たちが庭に芭蕉を植えると立派に育ったことから芭蕉庵と呼ぶようになり、松尾芭蕉もこれを俳号とするようになった。それに関する俳諧を左の芭蕉庵の句に示す。

1682年12月、江戸で大火事が発生し、芭蕉庵は焼失した[4]。松尾芭蕉は逃げて無事であったが、この災難を契機に松尾芭蕉は禅を始め、自身の人生観や俳風に影響を及ぼした。2年後の1684年から、旅をしながら俳諧を読むようになる。その第一作が『野ざらし紀行』（1684年）であり、『鹿島詣』（1688年）、『**笈の小文**』（同年）、『更科紀行』（同年）、『奥の細道』（1689年）と続く[5]。

■ 芭蕉庵の句 ■
芭蕉野分して盥に雨を聞く夜かな　芭蕉

■ 蕉門十哲 ■
芭蕉の死後、蕉風は門人たちに引き継がれた。その門人の中で特に優れた10人を後世の**与謝蕪村**が選び、**蕉門十哲**と総称した。**森川許六**は俳文集『風俗文選』を編集した。また絵の才能があり芭蕉に教えたこともある。**宝井其角**[3]と**服部嵐雪**は江戸蕉門の勢力を二分した。**向井去来**は京都嵯峨野に落柿舎という別荘を持ち、芭蕉はそこで『嵯峨日記』を書いた。**各務支考**は平俗な俳風で、美濃国に本拠を置いて各地を歩き勢力を拡大した。美濃派と呼ばれる流派の創始者となった。**杉山杉風**は門人の中で最も古く、芭蕉に経済的援助をした。その他、内藤丈草、立花北枝、志太野坡、越智越人がいる。この10人は同等の活躍を見せたわけではないし、蕉風を正確に理解して表現していたわけでもない。また彼ら以外にも優れた俳人たちがいるのであって、この10人がすべてではない。

松尾芭蕉は西行や李白に憧れていたが、自身も40代になってついに旅とともに生きるようになった。『奥の細道』に「日々旅にして旅を栖とす」という一文があるが、芭蕉庵の焼失は住居の安定感が脅かされる体験となり、そこから旅自体に住処を求める発想が生まれたと考えられる。その発想は奥州旅行に到って一つの完全な境地に到ったのであろう。松尾芭蕉は1694年旅の途上の大坂で没したが、まさに旅とともに生きた人生であった。

芭蕉の俳諧の経歴を辿ると、最初は貞門を学び、次に談林を知り、『**虚栗**』（1683年）では漢詩文調の俳風を表した。その後次第に蕉風を確立した。私情を捨てて自然と一体化したとき、俳諧は永遠の芸術的価値を持ち、人々に感動を与えるとした。危険と隣り合わせの旅の中で最大限に研ぎ澄まされた感性は、多くの自然物や自然現象から芸術的、感動的なものを掴むことを可能にした。松尾芭蕉の才能と努力で、俳諧は滑稽性を脱して、いよいよ芸術的境地へと到達したのである。

芭蕉俳諧の円熟期を示すのは『**猿蓑**』（1691年）で、芭蕉監修のもとで門人の

■日本文学史

去来と**凡兆**が編集した。その俳風は閑寂・高雅にあり、**蕉風**と称される。人々の生活や感情に題材を求めるのではなく、静けさの中の自然や文物の姿に感銘を見出すことが目指された。蕉風は、**さび、しをり、ほそみ**の言葉で説明される。明確な定義はないが、去来は、「さびは句の色、しをりは句の姿、ほそみは句意の美的概念」としている。晩年の芭蕉はさらに**かるみ**という理念に到達した。日常の中に美を見いだし、それを平淡かつ明瞭に表現する姿を指す。付合では、前句の情緒や雰囲気を感じ取り、それと調和するように付句を作る**匂い付け**が提唱された。貞門の物付け、談林の心付と異なる、蕉風独自の技法である。

芭蕉の有名な俳諧は「古池や蛙飛びこむ水の音」、「閑さや岩にしみ入る蝉の声」、「五月雨をあつめて早し最上川」の三首であろう。「旅に病んで夢は枯野をかけ廻る」に辞世の句として知られる。

● **芭蕉以後**

1694年に松尾芭蕉が世を去ってから、俳諧はいくつかの流派に分かれたが、全般的に卑俗化して芸術性を失っていった。1743年の芭蕉五十回忌に供養がなされ、『芭蕉句選』(1739年)、『芭蕉句解』(1757年)などが編まれ、研究も盛んになり、原点に帰ろうとする機運が高まり、**与謝蕪村**が現れて俳諧復興の大きな原動力となった。蕪村は蕉門十哲の宝井其角の弟子早野巴人から俳諧を学んだ。画家でもあり、俳諧に画を付ける俳画も描き、その色彩感覚は描写力や自身の俳諧にも影響を与えた。俳書に『新花摘』(1797年)などがある。

そのほか、**横井也有**は蕉門十哲の各務支考の弟子太田巴静を師匠に持ち、俳文『鶉衣』(1823年)を著した。

蕪村や横井也有が没したあと、俳諧は再び低俗化し、化政(1804〜1830)頃から**月並俳諧**が流行した。月並俳諧とは一般庶民の俳諧会であり、毎月締切を設けて俳諧を作り、それに点数を付け入選作を決めるのである。そこから芸術的な俳諧は生まれなかったが、農村出身の**小林一茶**は貧窮や妻との死別、火災などの不幸の中で、農民性を貫き、率直な俳諧を詠んで注目される。代表作に『おらが春』(1819年)がある。

> ■ **七部集** ■
>
> 芭蕉七部集は、芭蕉の撰集から佐久間柳居が主要なものを7部選び編集したものである。1732年頃に成立した。『冬の日』、『春の日』、『曠野』、『ひさご』、『猿蓑』、『続猿蓑』、『炭俵』からなる。
>
> 蕪村七部集は、菊屋太兵衛らの編で、1808年に成立した。芭蕉七部集を意識しての書名である。蕪村とその一門の俳諧を集める。『其雪影』、『明烏』、『一夜四歌仙』、『花鳥篇』、『続一夜四歌仙』、『桃李』、『続明烏』の7部に、『五車反古』を加えて合計8部からなる。なぜ8部なのに七部集というのかは不明である。

> **『新花摘』の代表句**
> 五月雨や大河を前に家二軒 蕪村
> 菜の花や月は東に日は西に 同
> **『おらが春』の代表句**
> 雪とけて村いっぱいの子どもかな 一茶
> 我と来て遊べや親のない雀 同

<文学史　11. 俳諧の変遷>

● 貞門

　近世の俳諧は京都の**松永貞徳**[6]から始まる。貞徳の父は連歌師で、文化人と幅広い交友関係を持っており、その関係で貞徳も**細川幽斎**から和歌を、**里村紹巴**から連歌を学んだ。松永貞徳は早くから俳諧に興味を持っていたが、実際に俳壇の中心人物として活躍したのは60歳からであった。教養があり、貴族や文人と交友があり、性格も温和・包容的で、多くの人々から人望を得て、貞徳を中心とする俳諧の一派、**貞門**を成した。高弟には野々口立圃、**松江重頼**、安原貞室、北村季吟などがいる。貞門最初の俳諧集は松江重頼の編による『**犬子集**』（1633年）で、中世の俳諧師宗鑑と守武以後の発句1530、付句1000、さらに『菟玖波集』など古い時代の連歌集からも130句を抄出している。

　寛永（1624～1644）から俳諧が隆盛したが、規則もなくただ量産すれば却って衰退してしまう。そこで俳諧に秩序を与えるべく、貞徳73歳のときに上下巻からなる『新増犬筑波集[7]』（1643年）を出し、81歳のときに『俳諧御傘』（1651年）を出した。これらの式目書は当時の俳人の必読書となった。

　中世の**山崎宗鑑**が俳諧の特質を滑稽とし、内容の卑俗から滑稽を表したのに対して、松永貞徳は滑稽を本質としながらも、それを**俳言**によって表すことを提唱した。俳言とは和歌や連歌に使用されることのない俗語や漢語のことを指し、宗鑑俳諧と大きな違いを付ける方法論である。他の主な式目を表に記す。

　松永貞徳によって俳諧の規則化・理論化が進められ、初心者も俳諧を明快に学ぶことができるようになったが、それは発想の自由さよりも用語上の技巧さを重視するものであり、風刺や滑稽の精神を抑えつけ、自由奔放な表現を不可能にした。更に松永貞徳は俳諧を和歌・連歌よりも低いものと見ていたため、俳諧が文学の中で確固たる地位を築くこともできなかった。1653年に貞徳が没してから、人格的・能力的にその後を継ぐ人物が現れず、また形式主義による俳諧のマンネリズムも打開できず、時代は貞門に変わる新しい俳風を求めるようになった。

● 談林

　西山宗因[8]は肥後[9]の生まれであるが、16歳で京に上がり、**里村昌琢**[10]について連歌を学び、のちに連歌師になった。1647年、大坂天

■ 貞徳晩年の俳諧観 ■

松永貞徳は晩年に、かつての俳諧の和歌に対する隷属的地位を否定している。そして優雅なことは和歌・連歌で詠み、滑稽や卑属なことは俳諧で詠めばいいのであり、双方は独立した関係にあるとした。俳諧の積極的な価値と意義を認めるに到ったのである。

■ 貞徳俳諧の式目 ■

指合……同字語や同義語が規定よりも近くに出るのを禁じる。

去り嫌……同字、類似語、同じ季節の語などを続けたり近くに置いたりすることを禁じる。

物付け……前句の五七五の中の言葉に関連するように七七の付句を作る。

日本文学史

清宮連歌所の宗匠として赴任し、以降は大阪を中心に活躍する。松江重頼と知り合い、その影響で宗因も俳諧を始めるようになる。大坂町人の活気とエネルギッシュな雰囲気は宗因に著しい影響を与え、自由闊達な俳風を醸成した。1673年の俳諧集『西翁十百韻』は新時代の俳諧として注目を浴びた。これに続いて、西山宗因の弟子らの『談林十百韻』（1675年）や『大坂独吟集』（同年）が出て、いよいよ勢いを増し、上方・江戸を席巻していくのであった。この『談林十百韻』の序文で、西山宗因を中心とする一派を初めて**談林**と呼称した。その由来は、仏教用語の一つで僧侶の学問場を意味する「談義の林」や「壇林」から来ている。

談林の自由闊達な俳風は付合の技法によく表れている。すなわち貞門では前句の単語に注視して句を付ける物付けであったが、談林では前句全体の意味や情趣を感じ取って句を付ける**心付け**を基本としたのである。また貞門と違い、俳諧を和歌・連歌から独立した文学とみなし、それらと対等であろうとした。

松江重頼はもともと貞門の俳人であったが、『犬子集』の編集の際に貞徳と意見を異にして離反した[12]。そして1644年の『佐夜中山集』で、貞門を否定し談林に先んずるような清新な俳諧を発表した。他に『時世粧』（1672年）がある。重頼の門下には上島鬼貫、池西言水など優れた俳人が出た。**松尾芭蕉**の『貝おほひ』（1672年）、**井原西鶴**の『生玉萬句』（1673年）も、すべて談林派の俳諧である。

談林の功績は規則に縛られた俳諧を解放し、自由な精神の発露を肯定した点にあるが、貞門という伝統の破壊に走るあまり、自由奔放が過ぎ、放埒、軽薄、不埒に傾き、ただの言語遊戯と化していった。このような事態に宗因自身が戸惑い、俳諧をやめて連歌に戻っていった。

実は談林が一世を風靡したのも宗因の主導ではなく門下生の若者たちの勢いであったと言われる。貞門と談林の間で論争が繰り広げられたときにも、貞門が論理的に話を展開するのに対して、談林は自らの俳風の誇示に終始し、理論的な意見や主張を提示することはできなかった。唯一の例外は**岡西惟中**で、連歌・和歌・漢詩に精通する博学多識な人物であり、談林の優れた論客であった。

颯爽と俳壇に登場した談林であったが、新風の誇示や伝統破壊の快感に走って俳人の離脱を招き、わずか10年で消えていくこととなった。

松永貞徳と西山宗因の俳諧を比較してみる。

前者では霞の濃淡が「まだら」で表現されている。「今年は寅年なので、霞までもが虎の毛の縞模様のようにまだらになっている」という可笑しさに主眼がある。後者は次のような意味である。「草木に付いている白露が白く光って美しいが、野に足を踏み入れたら白露がすぐにこぼれて消えてしまいそうだ。白露はなぜこうも無分別に草木に自分（白露）を置いたのだ」。無分別というマイナスの言葉を使って逆説的に白露の美しさを表現している。両者の違いは鮮明であろう。貞徳は言葉にこだわった理知的な俳諧を作り、宗因は細かい規則から解放された自由な、大胆な、それでいて面白い俳諧を実現しているのである。表24-1に両者の比較を示す。

表 24-1 貞門と談林

項目	貞　　門	談　　林
創始者	松永貞徳	西村宗因
拠点	京都	大坂
時代	寛永（1624～1644）～寛文（1661～1673）	寛文末～約10年間
俳風	保守的・微温的[11]	自由奔放・軽妙闊達
最初の俳諧集	『犬子集』	『西翁十百韻』
付句の技法	物付け	心付け
俳諧の地位	和歌・連歌の下（晩年に、対等とする）	和歌・連歌と対等

■ 俳諧比較 ■
霞さへまばらに立つや寅の年　貞徳
白露や無分別なる置きどころ　宗因

● 俳諧と俳句

松尾芭蕉以前まで、俳諧と言えば俳諧の連歌であった。滑稽性を生命として、五七五と七七を繰り返し付けていく言語遊戯であった。それが芭蕉に至って俳諧が芸術性を得て、連歌の最初の句である発句が一つの短詩として独立した。そして俳諧連歌よりも発句が中心となった。

明治時代に入って正岡子規が俳諧の発句を「**俳句**」と称し、**高浜虚子**が俳諧連歌を「**連句**」と称した。これによって用語が整理された。

俳諧の変遷を表24-2にまとめる。

表 24-2 俳諧の変遷

室町時代		江戸時代					明治時代
連歌	俳諧連歌	貞門	談林	蕉風	復興期	月並俳諧	俳句
二条良基宗祇	山崎宗鑑 荒木田守武	松永貞徳	西山宗因	松尾芭蕉	与謝蕪村 横井也有	小林一茶	正岡子規

＜文学史　12. 川柳の変遷＞

俳諧連歌は滑稽を本質として詠まれ、貞門、談林と変遷し、蕉風に到って芸術性を獲得した。しかし庶民は難解な芸術よりも簡易な遊戯性を求め、雑体の俳諧である**雑俳**を愛好した。最初の雑俳は前句の七七に滑稽味のある五七五を付ける前句付である。前句付自体は以前から俳諧連歌の練習として行われていたが、この時代には前句付自体を楽しむために実施された。前句付から派生して、笠付、沓付、折句、回文などが生まれ、雑俳の種類を豊かにしたが、最も流行したのは前句付である。

宝暦（1751～1764）の江戸に**柄井川柳**¹³が現れ、前句付の点者¹⁴として才能を発揮した。題を皆に与えて、それに対する句の中から優秀作品を選び、作者に賞品と句の印刷物を贈呈するという活動が行われた。これを万句合という。その印刷物を編集して『川柳評万句合』を出した。万句合はその後も続けられ、雑俳作者の呉陵軒可有は過去7年間の作品群の中から、前句がなくても意味が分かり且つ面白い付句756句を集めて、『**柳多留**』（1765年）初編を出版した。これで付句が前句から独立し、川柳という名称を得て、文学的地位を確立した。

川柳は俳諧と異なり季語・切れ字が不要で、自然の美よりも風俗や人情を詠み、滑稽・諷刺を狙う。その文学理念は「うがち」であり、黄表紙・洒落本と共有されるものである。江戸時代後半の**文運東漸**で、文学の中心が上方から江戸に移り、川柳も江戸庶民の文学として隆盛した。やがてマンネリ化し、『柳多留』は1838年、5世川柳が167編を出して廃刊となった¹⁵。

下は『柳多留』の代表的な川柳である。

「にぎにぎ」とは手を握ったり開いたりする動作で、赤子に早くから見られる。一方「握る」とは役人が賄賂を受け取る隠語である。この川柳は、「さすが役人の子、すでに賄賂をもらおうと手を動かしている」という風刺が効いている。

> ■ 雑俳 ■
> 川柳は五七五であるが、上五、中七、下五と分けることができる。このうち、上五の言葉を与えて、作者が残りの中七と上五を作るのが笠付である。沓付は中七を与えて、上五と下五を作る。下の例を示す
> ● ＜笠付＞役人は　□□□□□□　□□□□□
> ● ＜沓付＞□□□□□　酒を飲んだら　□□□□□
> 雑俳にはこの他にも、謎句付、五文字付など多くの種類がある。

> ■ 『柳多留』の川柳 ■
> 役人の子はにぎにぎをよく覚え

◆ ◆ ◆

【コラム　与謝蕪村の生涯】

蕪村は1716年、大阪の毛馬村に生まれる。家族構成や幼少期のことは不明である。17歳頃、江戸に出て俳諧を学ぶ。そのあと芭蕉に憧れ、関東・東北地方を旅行し俳諧修行をする。36歳のとき京都に上がり、各寺に保存されている日本と中国の古典絵画を目にして教養を深める。

蕪村は画を学んだことで写実的、絵画的な俳諧を創造し、芭蕉没後に卑俗化し文学性を失っていた俳諧を復活させた。このことにより蕪村は「俳諧中興の祖」と呼ばれる。蕪村の画の技術は高く、素朴な構図と力強い筆が特徴の「蘇鉄図」などが知られている。これは庭園に生い茂っていた蘇鉄を描いたものである。

俳諧と画を統合させた「俳画」は蕪村独自の芸術領域である。また文学作品は俳諧だけでなく、「春風馬堤曲(しゅんぷうばていのきょく)」といった長編自由詩も残している。

これほどの文人であるが死後百年は世間から忘れられた存在であった。しかし明治時代に再発見、再評価されて以来、その名を現代へと轟かせている。

課題研究

1. 貞門俳諧の歴史と特徴を簡単に述べなさい。
2. 談林俳諧の歴史と特徴を簡単に述べなさい。
3. 『奥の細道』について説明しなさい。
4. 松尾芭蕉以後の俳壇について述べなさい。
5. 川柳の歴史について述べなさい。

注 釈

1. 神社の神殿を修理するとき、神体(しんたい)(礼拝の対象となる神聖な物)を移すこと。
2. このあと芭蕉は杉風の別宅「採茶庵(さいとうあん)」に移住した。
3. 宝井其角ははじめ姓を榎本と称し、のちに宝井とした。
4. 翌年、門人たちの喜捨で再建された。
5. これらの年号は旅した時の年号であり、本の刊行を表すものではない。
6. 松永貞徳(1571〜1653)は日本近世の俳諧の一派、貞門の創始者である。
7. 上巻は「油糟(あぶらかす)」、下巻は「淀川(よどがわ)」という。
8. 西山宗因(1605〜1682)は日本近世の俳諧の一派、談林の創始者である。
9. 肥後は旧国名。現在の熊本県。
10. 松江重頼も里村の門に入って連歌を学んだ。
11. 「微温的」は徹底しない様、という意味。
12. 同じく門下の野々口立圃も貞徳から去った。さらに立圃と重頼の間でも争いがあった。
13. 川柳は号である。本名は柄井八右衛門(からいやえもん)という。
14. 点者は評点を加える人。
15. このうち柄井川柳の点による『柳多留』は24編までである。また川柳の名前は門人らに襲名され、現在、15世川柳が存在する。

第25章　曽根崎心中

■初演：1703年　■人形浄瑠璃　■全3巻　■作者：近松門左衛門

キーワード：浄瑠璃、歌舞伎、元禄文化

<成立>

　1703年（元禄16年）初演された、心中物の**人形浄瑠璃**である。人形浄瑠璃とは三味線の演奏に合わせた人形劇で、太夫が声に調子や抑揚をつけて詞章[1]を語る。作者は**近松門左衛門**で、本作品を大ヒットさせて倒産しかけていた劇場を救った。
　上演時、語りが竹本義太夫、三味線が竹沢権右衛門、人形遣いが辰松八郎兵衛と名手が結集し、『**曽根崎心中**』の魅力が最大限に発揮され、多くの観客を動員する要因となった。

<近松門左衛門>

　室町時代の中頃、盲目の法師などが琵琶の伴奏で牛若丸と浄瑠璃姫との恋物語を語った。これが浄瑠璃の起源であり、名前の由来でもある。中世の末に三味線が琉球から渡ってきて曲節が発展し、人形を操る芸人である傀儡師と結びついて、16世紀末から17世紀初めに人形浄瑠璃が成立した。享保（1716～1736）の末まで、江戸、大坂、京都で興行され、さまざまな流派があったが、いずれも文学的には未成熟であった。これらを総称して**古浄瑠璃**と呼ぶ。一方、**新浄瑠璃**は文学的価値が高められたものであり、その歴史は近松門左衛門の『**出世景清**』から始まるのである。

■ 近松門左衛門年表 ■

1653年	誕生
1683年	『世継曾我』
1685年	『出世景清』
1695年	坂田藤十郎と提携
1703年	『曽根崎心中』
1714年	竹本義太夫没
1715年	『國姓爺合戦』
1721年	『女殺油地獄』
1724年	没

　近松門左衛門は江戸中期の浄瑠璃、歌舞伎脚本作者であり、本名は杉森信盛である。号は平安堂、巣林子などである。武家の次男として生まれた。父の失職を機に京都に出て公家に仕えたが、この公家が浄瑠璃の愛好者であったことから近松も影響を受け夢中になり、浄瑠璃作家を目指す。当時は芸能に携わる人間の地位が低く、武家階級の近松門左衛門にとっては迷いもあったが、それでも浄瑠璃を愛し作家の道を決断し

たのである。1677年24歳のとき、浄瑠璃語りの第一人者、**宇治加賀掾**（うじかがのじょう）の弟子になる。30歳で『**世継曽我**』（よつぎそが）を発表し好評を得た。これは鎌倉時代の軍記物語『曾我物語』に取材し、その後日談を恋を絡めて描いたものであった[2]。近松門左衛門は続いて『藍染川』、『以呂波物語』を書き、加賀掾が語った。

一方、1685年に大坂で劇場「竹本座」を開いた**竹本義太夫**（たけもとぎだゆう）は、『世継曽我』を公演して大好評を博し、他の二作も上演した。加賀掾は義太夫が自分に無断で作品を借用し、しかもそれで庶民の人気を得たことが許せず、大阪に乗り込んで人気作家**井原西鶴**と組み、「暦」を演じた。義太夫はこれに対して、井上播磨掾の旧作『**賢女手習并新暦**』（けんじょのてならいならびにしんごよみ）を改作して演じた。結果は義太夫の浄瑠璃のほうが客の入りが多かった。

続いて加賀掾は井原西鶴の『凱陣八島』（かいじんやしま）を演じ、義太夫は近松門左衛門の『**出世景清**』（しゅっせかげきよ）（1685年）で対抗した[3]。

『凱陣八島』と『出世景清』の人気は五分五分であったが、『凱陣八島』の劇場が火事にあって公演は中止となり、加賀掾は京都に戻った。それ以降、義太夫は近松と組んで多くの傑作を演じ、**義太夫節**が人形浄瑠璃の主流になった。

『出世景清』の主人公は平家残党の平景清で、源頼朝への復讐を果たそうとするが捉えられる。結局許されるが、景清は頼朝を見ないようにするため自分の目をえぐる。近松門左衛門がこれを主題にしたのは、上演時の1685年が平家滅亡からちょうど500年に当たるからである。物語の他、義太夫の語りや節回しも観客の心を掴むことに成功した。この作品名の「出世」には義太夫の前途を祝する意味が込められている。

近松門左衛門は30代の間、義太夫に作品を提供していたが、40代に入って人気歌舞伎役者の坂田藤十郎（さかたとうじゅうろう）から台本の依頼を受けた。藤十郎は加賀掾の親友であり、加賀掾は近松のかつての恩師である。その関係で40代の10年間、浄瑠璃の他に歌舞伎の台本も書いたのであるが、歌舞伎は浄瑠璃より作者の地位が低く、筋書も役者に合わせなければならず、近松は不満であった。1701年、藤十郎の役者引退を契機に近松も歌舞伎作者をやめ、浄瑠璃に戻り、再び義太夫と手を組んだ。義太夫は近松に敬意を払っていた。そのような態度は加賀掾にも藤十郎にもないものであり、近松門左衛門にとって最高のパートナーであった。歌舞伎作品よりも浄瑠璃作品のほうが数が多く、質が高いのもこの理由による。

この頃、竹本座は歌舞伎人気に圧倒され、客を取られ、経営状態は火の車であった。そこで近松が書いたのが『曽根崎心中』であり、大人気となって竹本座は立て直した。義太夫は座元（ざもと）[4]を**竹田出雲**（たけだいずも）に譲り、以降は近松作品を演じることに専念した。

近松の作品は時代物と世話物に分けられる。時代物は歴史上の事件・伝説に取材した歴史劇で、世話物は町人社会に取材し脚色した現代劇である[5]。時代物は『出世景清』のほか、『**国性爺合戦**』（こくせんやかっせん）（1715年）がある。明朝の男性と日本女性の混血児が明朝を再興するという壮大な物語であり、17か月も演じられ、近松最大のヒット作になった。

世話物は第一作が『曽根崎心中』であり、他に以下の作品がある。『**冥土の飛脚**』（めいどのひきゃく）（1711年）は飛脚問屋の忠兵衛が遊女のために為替を使い込み、彼女と駆け落ちするが捕まって処刑される物語であり、実話に取材している。『心中天の網島』（1720年）も

■ 日本文学史

実話を元にして、紙屋治兵衛が恋の三角関係の末に遊女小春と心中する物語である。『**女殺油地獄**』（1721年）は油屋の息子の与兵衛が金に困り、普段面倒を見てくれていた女を惨殺する不条理を描く。

近松作品には心中を題材にしたものが多く、その影響で実際に心中事件が多発していた。徳川吉宗はこれを受けて1723年、心中物の出版と上演を禁止した。近松は失意の中、翌年死去した。

近松は手紙や随筆を一切残しておらず、私生活のことなどほとんど分かっていない。ただ演劇観に関しては、友人で儒者の**穂積以貫**が浄瑠璃注釈書『**難波土産**』（1738年）の中で、近松の**虚実皮膜論**を紹介している。浄瑠璃は事実をありのまま書くのではなく、虚構を加えてこそ観客を共感させ満足させる、という。

<内容>

主人公の手代徳兵衛は醤油屋を営む叔父の家で働いていた。ある日、叔父から姪との結婚を迫られる。しかし徳兵衛は遊女お初と愛し合っており縁談を断った。叔父は激怒して徳兵衛を解雇し、持参金を返すよう迫った。実は叔父は結婚の話が順調に進むことを見越して、すでに持参金を徳兵衛の継母に渡していたのである。徳兵衛はそのお金を返そうとするが、友人の九平次が金に困っているのを見て特別に貸してあげた。その後、九平次は借りていないととぼけ、逆に徳兵衛を詐欺師呼ばわりし、仲間とともに徳兵衛に暴行を加えた。徳兵衛は身の潔白を証明するために死を決意し、お初とともに曽根崎の森に入る。徳兵衛はためらいを断ち切ってお初を刺し、それから自分の首を切って心中した。

この話は実話を元にしている。1703年4月7日に大阪曽根崎の露天神社で、徳兵衛とお初が心中事件を起こしたのである。義理に迫られ、恋を貫く二人を、近松門左衛門は『曽根崎心中』

■『曽根崎心中』道行 ■

この世の名残、夜も名残。死に行く身をたとふれば、あだしが原の道の霜。一足づつに消えて行く。夢の夢こそあはれなれ。あれ数ふれば暁の、七つの時が六つ鳴りて、残る一つが今生の、鐘の響きの聞き納め。寂滅為楽と響くなり。鐘ばかりかは、草も木も、空もなごりと見上ぐれば、雲心なき水の音。北斗は冴えて影映る、星の妹背の天の川。梅田の橋を鵲の、橋と契りていつまでも、我とそなたは婦夫星。かならず添うと縋り寄り、二人がなかに降る涙、川の水嵩も増るべし。

<解釈：この世と別れることになり、この夜が最後の夜となる。死にに行く身を例えるなら、墓場の道の霜が一歩進むたびに消えていくようなもので、夢の中で夢を見るように果かない。おや、数えてみれば、暁の七つの鐘が六つ鳴って、残る一つの鐘がこの世の最後の鐘となる。その音も「死ねば楽になる」と響くのだ。鐘ばかりか草も木も空も見納めかと思って見上げれば、雲はただ浮かび、川の音も静かで、北斗星も冴えて光を川に映し、牽牛と織女の星が輝く。梅田橋をカササギの橋に見立てて、契りを交わし、私とあなたはいつまでも夫婦星だよと歌い上げる。必ず添い遂げるとすがり、涙を流し、川の水嵩も増すようだ。>

に描いた。それまで人形浄瑠璃は時代物ばかりで、町人を主人公としたものは初めてのことであったから、観客は自身を作中人物に投影し、物語を身近なものとして鑑賞した。

日本文学では、目的地に達するまでの過程を情景と旅情を交えて美しく綴るものを**道行**（みちゆき）という。中世は道行文の開花期であり、『平家物語』や『太平記』などの軍記物語の他、謡曲、御伽草子にもその存在が認められる。一方、『曽根崎心中』の道行は、男女の心中場面を叙景と抒情が一体化した流麗な文章で描くものであった。これ以降、心中が歌舞伎・人形浄瑠璃の道行として定着した。

『曽根崎心中』の道行文は名分として知られ、儒学者の**荻生徂徠**（おぎゅうそらい）も感激したという逸話がある。

＜文学史　13．人形浄瑠璃の盛衰＞

義太夫の門下にいた豊竹若太夫（とよたけわかたゆう）が1703年に独立して豊竹座を興し、その専属作家**紀海音**（きのかいおん）が『心中二つ腹帯』、『八百屋お七』など多くの作品を出した。豊竹座は大坂道頓堀（どうとんぼり）の西にあり、竹本座は東にあった。そこで両者は対抗意識からそれぞれ優れた作品を発表し、享保（1716〜1736）の中頃から宝暦（1751〜1764）の初めにかけて人形浄瑠璃の最盛期を作った。近松没後も、豊竹座の**並木宗輔**（なみきそうすけ）と竹本座の二代目竹田出雲[7]が活躍し、ときに合作して**『菅原伝授手習鑑』**（すがわらでんじゅてならいかがみ）（1746年）、**『義経千本桜』**（よしつねせんぼんざくら）（1747年）、**『仮名手本忠臣蔵』**（かなでほんちゅうしんぐら）（1748年）などの傑作を生んだ。『菅原』は菅原道真の太宰府左遷事件を扱い、『義経』は源義経に滅ぼされた平家の武将らが生き延び、復讐を企てるという筋である。『仮名』は赤穂浪士の敵討ちに取材した。

作品の多くは歌舞伎でも演じられ、その質と人気の高さを物語る。18世紀後半になって人形浄瑠璃も不振になり、豊竹座も竹本座も廃され、代わって**歌舞伎**が隆盛していくこととなる。

【コラム　元禄文化】

17世紀後半から18世紀前半に興った上方の文化を**元禄文化**という。鎖国で外国文化の影響が薄れ、日本文化が成熟した。学問では合理的な理論・解釈が重視され、貝原益軒（かいばらえきけん）の『大和本草』（やまとほんぞう）は動物、植物、鉱物を解説し、本草学の基礎を築いた。西川如見（にしかわじょけん）の『華夷通商考』（かいつうしょうこう）は外国地理書の先駆けである。絵画では菱川師宣（ひしかわもろのぶ）の**見返り美人図**が有名である。小袖（こそで）（今日の着物の原形）の模様の中心が背面にあったので、女性の後ろ姿が描かれたのである。文学では俳諧の松尾芭蕉、浮世草子の井原西鶴が、近松門左衛門と共に人間性を追求した。

課題研究

1. 『曽根崎心中』の物語の特徴を述べなさい。
2. 道行における『曽根崎心中』の文学的意義について述べなさい。
3. 古浄瑠璃の歴史をまとめなさい。
4. 竹本義太夫と近松門左衛門の関係を簡単に説明しなさい。
5. 近松門左衛門の作品に対する考え方と、作品の特徴について述べなさい。

注 釈

1. 浄瑠璃・歌舞伎など音楽的要素のある演劇作品の文章。
2. 『曾我物語』を脚色した作品を曾我物といい、能楽、人形浄瑠璃、歌舞伎に数多く見られる。
3. 義太夫は近松門左衛門の実力を認め、京都に赴き、近松に新作を依頼していた。
4. 座元は劇場の所有者。
5. 近松は時代物を70余編、世話物を24編書いた。
6. 大阪曾根崎の露天神社は『曽根崎心中』の影響で、「お初天神」とも呼ばれる。
7. 竹田出雲の子。

第26章　雨月物語

■成立：1776年　■読本　■全5巻　■作者：上田秋成

キーワード：草双紙、黄表紙、合巻、読本

<成立>

上田秋成の『**雨月物語**』は1768年（明和5年）成立、1776年（安永5年）刊行、全5巻9編からなる。広範な中国文学と日本文学に取材し、翻案と翻訳もあり、雅俗和漢混交調の文体で描き、**読本**を代表する作品である。日本文学史にも残る優れた怪奇短編集である。

<上田秋成>

摂津（現在大阪府北部）の出身であり、江戸後期の国学者、読本作者として有名だが、歌も詠み、随筆、浮世草子も書いた。漢学と医学を学んだ。性格は狷介、頑固であり、古代語については本居宣長としばしば論争した。

4歳のとき富商上田家の養子になった。疱瘡[1]にかかり死にかけて、養父母が神社に祈願し一命を取り留めたが、指は不自由になった。若い頃の上田秋成は高井几圭に師事して俳諧を学び、日本古典文学や戯作にも親しんだ。33歳で、**賀茂真淵**（1697～1769）の高弟、加藤美樹[2]に入門し、国学の研究を始め、和訳太郎という筆名で浮世草子『諸道聴耳世間猿』（1766年）と『世間妾形気』（1767年）を発表した。滑稽と風刺の効いた写実的な作品で、質的には高いものだったが、すでに浮世草子の隆盛期は過ぎており、特に評判にはならなかった。この前後に上田秋成は都賀庭鐘に出会い、中国文学の幻想的、怪異的な物語に関心を持ち、『雨月物語』の初稿を書いた。38歳のとき火災で家財を失った。都賀庭鐘から医学を学び、2年後に医者を開業し生計を立てた。この頃から俳諧師の**与**

■上田秋成年表■
- 1734年　誕生
- 1766年　『諸道聴耳世間猿』、加藤美樹、都賀庭鐘に出会う
- 1768年　『雨月物語』初稿
- 1771年　火事で家財を失う
- 1776年　『雨月物語』刊行、大坂で町医者を始める
- 1783年　本居宣長と論争
- 1797年　妻と死別
- 1808年　この頃『春雨物語』
- 1809年　死去

謝蕪村と交流を持った。43歳で秋成は大坂に移住し、そのかたわら学問に精進し、本居宣長と日本語の音韻や仮名遣いなどで書簡を通して論争したこともある。55歳のとき医者を辞めて、60歳から死ぬまで京都に住んで古典研究を続けた。その成果が1808年頃成立の『春雨物語(はるさめものがたり)』である。全10話からなる短編集であり、歴史上の人物や古典文学に取材して独自の観点を述べている。当作品は、秋成の死後に原稿が整理されて刊行となった。『源氏物語』の注釈書や『万葉集』の研究書も著している。

　上田秋成は健康に恵まれず、幼少時は疱瘡にかかって指が不自由になり、57歳のとき左目が失明し、65歳のとき右目の視力がほとんど失われた。指の不自由さは本のページをめくるときや文を書くときの障害になり、毎日の生活にも影響を与えた。それでも上田秋成は死ぬまで古典研究を続け、著作したのである。

　20世紀の作家**三島由紀夫(みしまゆきお)**は『雨月物語』の愛読者であり、戦時中いつも持ち歩いていたと述べている。

<内容>

　『雨月物語(うげつものがたり)』は1768年に初稿が書かれ、それから8年の推敲期間を経て刊行された。9編いずれも人や物に対する猛烈な執念によって鬼や亡霊と化してしまう人間の哀れさ、怖さを主題としている。

● **各短編のあらすじ**

1. 『白峯(しらみね)』
西行が讃岐白峯にある崇徳上皇の陵を訪れた際、上皇の怨霊に会い、その憎悪を諌めようとする物語である。崇徳上皇は保元の乱に敗れ、讃岐に流され、その地で没した。西行とともに歴史上の実在の人物である。

2. 『菊花の約(きっかのちぎり)』
義兄弟と重陽の日に再会を約束した赤穴宗右衛門(あかなそうえもん)が幽閉され、再会のために自害して魂魄(こんぱく)となり義兄弟の前に姿を現わす。

3. 『浅茅が宿(あさじがやど)』
妻を家に置いて京に上がった男が7年後に妻に会いに帰る。しかしその翌日、家も妻も消えており、幽霊だったことに気が付く。

4. 『夢応の鯉魚(むおうのりぎょ)』
絵の上手な僧が鯉に変身して琵琶湖を泳ぎ、釣られて食べられそうになったところで眼を覚ます。

5. 『仏法僧(ぶっぽうそう)』
高野山で夜を過ごす親子が豊臣秀次などの亡霊に会う。

6. 『吉備津の釜(きびつのかま)』
御釜祓いという吉兆占いの結果を無視して結婚した男女の破滅を描く。主人公の女

性磯良が霊となって夫や妾に復讐する。
  7.『蛇性の婬』
主人公の男性が、女に変身した蛇に愛され、最後に和尚に助けられる。
  8.『青頭巾』
山寺の僧が愛ゆえに死んだ稚児の肉を食べ鬼と化す。
  9.『貧福論』
金貨を大切にする武士の前に黄金の精霊が出現し、お金の話をする。

● **本文**

　第5巻収録の『青頭巾』の典拠は、説話集『日本霊異記』（823年頃）、『宇治拾遺物語』（1212～1221年の間）、『新著聞集』（1749年）、中国明代の伝奇小説集『剪灯新話』であり、多くの文献に目を通していた。上田秋成はこれらの話を元に、自身の感性や文学観で構想し、叙述した。

　快庵禅師はこのあと家の主人の話を聞く。山の上の寺にいる僧がかつて奇麗な稚児を可愛がっていたが、その子は病気で死んでしまった。僧は愛執のために子の死骸と戯れ、肉が腐っていくのを惜しんで死体を全部食べた。それから僧は鬼と化し、墓を掘っては死体を食べるようになり、人々に恐れられていた。

　禅師は事情を知ると、その寺を訪れ、僧を救うべく、自分の頭巾を僧の頭にかぶせ、証道歌から二句を授けた。

江月照松風吹
永夜清宵何所為

> ■『青頭巾』の冒頭文 ■
>
> 　むかし快庵禅師といふ大徳の聖おはしましけり。総角より教外の旨をあきらめ給ひて、常に身を雲水にまかせたまふ。美濃の国の竜泰寺に一夏を満しめ、此の秋は奥羽のかたに住むとて、旅立ち給ふ。ゆきゆきて下野の国に入り給ふ。
>
> 　富田といふ里にて日入りはてぬれば、大きなる家の賑はゝしげなるに立ちよりて一宿をもとめ給ふに、田畑よりかへる男等、黄昏にこの僧の立てるを見て、大きに懼怕れたるさまして、
>
> 　「山の鬼こそ来りたれ。人みな出でよ」
> と呼びのゝじる。家の内にも騒ぎたち、女童は泣きさけび展転びて隅々に竄る。
>
> ＜要訳：快庵禅師は禅宗の本質を理解する徳の高い人物だ。美濃の国（岐阜県南部）の竜泰寺で修行してから下野の国（栃木県）に入った。日が暮れてきたので、大きな家に立ち寄り宿を求めた。だが禅師を見た男達はひどく怖がって「山の鬼が来た」と騒ぎ立て、女や子供も隅に隠れた。＞

　この句の真の意味がわかれば仏心に至ることができると言って、禅師は山を下りた。1年後、様子を見に山に登ると、僧が小声で例の二句を呟いていた。禅師が杖で僧の頭を打つと、その体が消え失せて青頭巾と骨だけが残った。禅師はその後、寺の住職になって曹洞宗を開くのであった。

■ 日本文学史

<文学史 14. 小説の変遷2（江戸時代初期～18世紀末）>

　江戸時代前期の仮名草子は中世的な性格を残していたが、1682年『好色一代男』という浮世草子の登場で真の近世小説が始まった。それは町人の経済生活や好色生活を写実的に描き、中世にはない風格があった。やがてマンネリ化などから浮世草子も衰退し、そのあと**草双紙**(くさぞうし)と読本が登場してくる。

● 草双紙

　17世紀半ば、江戸の庶民生活を題材にした**浮世絵**(うきよえ)が発達した。菱川師宣(ひしかわもろのぶ)（1618～1694）ら浮世絵師は版画を採用したため大量生産が可能になった。この絵が文学と結び付き、絵入り本となって普及した。上方に比べて教養の低い江戸庶民は文章の理解に絵の助けを必要としたのである。

　草双紙とは、絵をメインにして仮名で物語を記した文学の総称である。最初は**赤本**(あかほん)、次に**黒本**(くろほん)・**青本**(あおほん)、それから**黄表紙**(きびょうし)[3]が出て、最後に**合巻**(ごうかん)という順に変遷した。合巻以外の名称は表紙の色に由来する。青本は実際には黄色と青の中間色である萌黄色(もえぎいろ)である。

【赤本】

　赤本は概して子供向けの単純な物語であった。初期は年少者や婦女子を主な対象としたが、中期は成人でも楽しめるような内容になった。この頃の桃太郎の『桃太郎昔語』、舌切雀の『したきれ雀』、花咲爺の『めいよの翁』は現代でも童話として伝わる。後期には歌舞伎の影響を受けた作品が現れたので、成人も楽しめ、また子供も歌舞伎入門として読むことができた。赤本中期における庶民の歌舞伎人気を示すものである。赤本の後期以降もいくつか出版がなされたが、その頃は印刷技術の向上で絵が美しくなり、内容も年少者向けながら高度となって黒本・青本に近づいた。

【黒本・青本】

　赤本の次に黒本が出て、その後を追うように青本が出た。前者は成人向け、後者は若者向けである。両者は一体となって発達したが競争関係にもあった。初期は黒本が優勢、中期は黒本の全盛期で青本は衰退し、後期は逆転して黒本が凋落し青本が圧倒的発行部数を誇った。理由はいくつかあるが、黒より青のほうが表紙染色のコストが安く、内容も青本のほうが分かりやすく庶民に合った。黒本・青本の末期は、ともに内容が写実的で、実在人物も登場し、洒落や滑稽が洗練されている。

【黄表紙】

　黒本・青本を下地にして登場したのが黄表紙であり、記念すべき第一作は、黄表紙の祖とされる**恋川春町**(こいかわはるまち)（1744～1789）の『金々先生栄花夢』(きんきんせんせいえいがのゆめ)である。主人公の金村屋金兵衛は、金持ちの養子になって贅沢な暮しをするが勘当されるという夢を見て、栄華の空しさを悟るのである。挿絵は自筆であった。他の作家では、江戸後期の戯作者、狂歌師である朋誠堂喜三二(ほうせいどうきさんじ)（1735～1813）が『親敵討腹鼓』(おやのかたきうてやはらつづみ)で、桃太郎の後日談を描く。恋川春町と喜三二は友人であり、この本の挿絵も恋川春町が描いている。

彼らは黄表紙の前期に当たる。

黄表紙中期では、江戸後期の戯作者、浮世絵師である**山東京伝**(さんとうきょうでん)(1761〜1861)が活躍した。江戸の人、本名は岩瀬醒(いわせさむる)、通称京屋伝蔵。『**江戸生艶気樺焼**』(えどうまれうわきのかばやき)は醜男の艶次郎(えんじろう)が色男の評判を立てようとして策をこらすが次々と失敗する滑稽を描き、大好評を得た。挿絵の中の艶次郎の鼻は滑稽で、「京云鼻」と呼ばれた。その他、江戸後期の戯作者の**芝全交**(しばぜんこう)(1750〜1793)の『**大悲千禄本**』(だいひのせんろっぽん)などがある。

天明7年から寛政5年(1787〜1793)に**寛政の改革**が断行され、黄表紙の特徴だった風刺(ふうし)・洒脱(しゃだつ)・諧謔(かいぎゃく)が取り締まられるようになった。朋誠堂喜三二は改革を風刺した『文武二道万石通』(ぶんぶにどうまんごくどおし)(1788年)で幕府から干渉を受け、黄表紙から去った。恋川春町も改革を風刺する『鸚鵡返文武二道』(1789年)を発表したため幕府に召喚された。それが原因か、同年恋川春町は死去した。これらの筆禍事件(ひっか)で黄表紙は早急な路線変更を迫られ、新たに主題としたのが敵討ち(かたきうち)であった。

その最初は1795年、同じ江戸後期の戯作者である**南杣笑楚満人**(なんせんしょうそまひと)(1749〜1807)の『**敵討義女英**』(かたきうちぎじょのはなぶさ)である。黄表紙界に敵討ち物の新風を導入した。もともと敵討ちは封建時代の江戸時代において社会的に公認、賞賛され、度々起こっていた。**赤穂義士**(あこうぎし)[4]による旧主の敵討ちが最も有名で、これを題材にした歌舞伎や浄瑠璃も数多い。

『敵討義女英』が出た1795年は、人気作家**京云**の作品が刊行されず、他の作家の作品にも新しさが見られず、俄然この敵討ちの小説に大衆の注目が向けられた。当作品は好評を博し、以後の黄表紙の主題として確定した。

それまでの草双紙は五丁[5]で1冊を構成し、物語も1冊から3冊で完結していた。しかし敵討ちの物語は、主人公の主君への恩、主君を殺された憎しみ、敵との対決、といくつもの事件が発生し、幾人もの人物が登場するため、自ずと長編化した。その分量では、五丁で1冊に綴じるより、十五丁で1冊に綴じたほうが簡便だし、表紙が少ない分コストも抑えられる。こうして黄表紙は複数の本を合わせて1冊にする合巻へと進化した。黄表紙と合巻の代表作家を表26-1に示す。

表26-1 代表作家

黄表紙	恋川春町(前期)、山東京伝(中期)
合　巻	柳亭種彦(前期)、曲亭馬琴・山東京三(中期)

【合巻】

合巻の始まりは**式亭三馬**(しきていさんば)(1776〜1822)の『**雷太郎強悪物語**』(いかずちたろうごうあくものがたり)(1806年)とされる。強盗殺人などを犯した雷太郎に被害者の遺族が敵を討つ。血生臭く残酷であるが、好評となり、合巻の成立を決定づけた[6]。『雷太郎』は合巻全2冊[7]で、一回の刊行で物語が完結した。この一回の刊行を合巻前期の特徴とすれば、この時期の代表作家は**柳亭種彦**(りゅうていたねひこ)(1783〜1842)である。『鱸庖丁青砥切味』(1811年)、『非情音介楢烏噂』(1815年)、『女模様稲妻染』(1816年)と多くの作品を残した。『**正本製**』(しょうほんじたて)は1815年から1831年に渡って刊行され、計12編の長編となっている。この作品は、歌舞伎役者の似顔絵の挿絵や舞台の道具の説明、芝居のセリフを踏まえた会話など、芝居と一体化しており、題材も『お仲清七物語』など歌舞伎から取っている。男女の恋愛をテー

■ 日本文学史

マにしたもので女性読者の心をつかんだ。合巻は『正本製』の成功で数冊の長編が標準となった。作者には他に山東京伝がいる。

合巻中期は、物語がより長編化され数年に渡って刊行される時期を指し、代表作家を**山東京山**[8]、**曲亭馬琴**とする。読本作者でもある曲亭馬琴の作品は中国小説に取材しているものが多く、『金毘羅船利生纜』（1824～1831年）は『西遊記』から、『傾城水滸伝』（1825～1835年）は『水滸伝』から翻案している。

これに対抗して柳亭種彦が『**偐紫田舎源氏**』（1829～1841年）を書いた。『源氏物語』の翻案で、艶麗な挿絵も手伝って大好評を得た。しかし1841年からの**天保の改革**で、江戸城の大奥を写したと非難され絶版を命じられた。まもなく柳亭種彦は死去し、物語は途中の第38編で中絶した。

幕末から、美図垣笑顔の『**児雷也豪傑譚**』（1839～1867年）などの長編が出て、明治時代の新聞小説と繋がっていく。これを合巻後期とする。草双紙の時代区分を表26-2に整理する。

表26-2　草双紙の時代区分

名称	前期	中期	後期
赤本	1661～1688年	1688～1716年	1716～1744年
黒本・青本	1744～1751年	1752～1769年	1770～1774年
黄表紙	1775～1784年	1785～1794年	1795～1806年
合巻	1806～1828年	1829～1867年	1868～1887年

近世は小説が非常に発達した時代であり、草双紙のほかに**読本**、**洒落本**、**滑稽本**、**人情本**があるが、もっとも出版部数が多く、また長い期間に渡って読者に支えられたのは草双紙である。それは美しい絵入りで、平易な仮名で書かれ、題材も庶民にとって身近なものであったからと言える。

● **読本**

浮世草子は井原西鶴の死後、江島其磧が主な書き手になって好評を博していたが、やがて其磧も死去し、他に優れた作者がいないこと、題材が旧態依然としていること、町人生活自体に従来のような活況さがなくなったことなどが原因で、廃れていった。読者が新しい文学を求めた時、颯爽と登場したのが怪奇性を特徴とする中国文学の翻案小説であった。江戸時代の初めから、唐音や唐話学は禅僧や長崎通事によって日本に伝えられ、中国の白話小説を教科書として研究が続けられていた。中国小説の翻訳や翻案は仮名草子や浮世草子にあったが、ごく単純な内容で文学的な味わいに欠け、また写実的な浮世草子が一大勢力となっていた小説界においては、ほとんど注目されていなかった。

1749年、**都賀庭鐘**の『**古今奇談英草紙**』が出て、**読本の祖**となった。都賀庭鐘は儒学者として唐話学に通じ、白話小説にもよく親しんでいた。中国文学に基づく読本は、当初は漢学者が翻訳調のある和漢混交文で書いていたが、やがて国学者が古典的

な雅文体で著すようになる。その代表的作家が**建部綾足**（たけべあやたり）で、『西山物語』（1768年）は武士の道義と男女の悲恋に、太刀にまつわる怨念を絡めて描く。『本朝水滸伝』[9]（1773年）は奈良時代を舞台に108人の豪傑が活躍する。この作品は多くの後続作品を生みだし、戦国時代の七勇士を描く『日本水滸伝』（1777年）は曲亭馬琴の代表作『南総里見八犬伝』の成立に寄与している。他に室町時代の女性の豪傑を主役とする『女水滸伝』（1783年）がある。

中国文学の翻案小説という読本の土壌が整えられていく中で、上田秋成が登場した。読本という名称は、草双紙のような絵本や、浄瑠璃などの語り物に対して、文を読むことを主体とすることから来ている。時期的に、上方を中心とする**前期読本**と、江戸を中心とする**後期読本**に分かれるが、秋成は前期読本の代表作家である。

【コラム　山東京伝】

山東京伝は1761年に生まれ1816年に没するまで多くの分野で作品を書いた。1780年、20歳のときの黄表紙『娘敵討故郷錦』（むすめのかたきうちこきょうのにしき）が初作品である。1785年、25歳で黄表紙『江戸生艶気樺焼』（えどうまれうわきのかばやき）で一躍人気作家となる。同年、初の洒落本となる『息子部屋』を著す。その後、寛政の改革による出版統制で人気作家らが筆を断ったため、京伝が文壇の指導的地位に立った。1790年にはのちに読本作者として大成する曲亭馬琴が門人となった。順風満帆の京伝であったが、1791年、洒落本『仕懸文庫』（しかけぶんこ）、『娼妓絹籭』（しょうぎきぬぶるい）、『錦の裏』の三部が禁令を犯し、**手鎖**（てぐさり）50日間の刑罰を受けた。手鎖とは前に組んだ両手に鉄製の手錠をかけ、自宅で一定期間謹慎する罰である。これ以後、京伝は洒落本の執筆を止め、黄表紙も路線変更して教訓的なものを書くようになった。1799年から読本に参入するが、これ以後、かつての弟子曲亭馬琴と競作した。馬琴の1807年刊行の『椿説弓張月』（ちんせつゆみはりつき）は京伝を超える作品となった。

京伝は1813年『双蝶記』（そうちょうき）を最後に読本から撤退したが、合巻と考証随筆の執筆は続け、文壇の第一人者であり続けた。浮世絵師でもあり、本の挿絵を描いたり美人画集を出したりしており、実に才能あふれる人物であった。なお弟の山東京三も戯作者である。

以下は京伝の各ジャンルの主な作品である。

- 黄表紙……『江戸生艶気樺焼』
- 合巻……『敵討両輪車』（かたきうちふたつぐるま）
- 読本……『忠臣水滸伝』（ちゅうしんすいこでん）
- 洒落本……『傾城買四十八手』（けいせいかいしじゅうはって）
- 考証随筆……『骨董集』（こっとうしゅう）
- 滑稽本……『坐敷芸忠臣蔵』（ざしきげいちゅうしんぐら）

課題研究

1. 『雨月物語』の特徴を述べなさい。
2. 赤本、黒本、青本の特徴を述べなさい。
3. 黄表紙と寛政の改革の関係について述べなさい。
4. 合巻の歴史を述べなさい。
5. 読本の歴史を述べなさい。

注　釈

1. 疱瘡は別名、天然痘。悪性の伝染病で死亡率が高い。WHOの根絶作戦で1980年に地球上から消えた。
2. 名前は「宇万伎（うまき）」とも書く。
3. 赤本、黒本、青本、黄表紙の名称はいずれも表紙の色から来ている。
4. 赤穂義士は1703年、主君の敵討ちを遂げ、幕府の命で切腹した赤穂藩士47人のこと。
5. 10ページに該当する。
6. 三馬が「当作品が合巻の嚆矢だ」と自称したが、これ以前にも合巻仕立は存在した。
7. 同時に5丁1冊の黄表紙で10冊出してもいる。黄表紙から合巻への過渡期を物語る。
8. 山東京伝の弟に当たる。
9. 前編は10巻で、1773年に出版されたが、後編15巻は未刊に終わり、写本で伝わる。

第27章　玉勝間

■成立：1793〜1801年　■随筆
■全15巻（目録1巻）　■作者：本居宣長

キーワード：国学、近世の随筆、仮名遣い

<成立>

『玉勝間』は随筆で、作者が1793年から死去する1801年まで執筆し、有職故実、芸能、言語、古学、漢学、洋学など1001項目について論評する。1795年から1812年に渡って刊行された。

■ 本居宣長年表 ■	
1730年	誕生
1758年	医者開業
1763年	賀茂真淵と対面
1795年	『玉勝間』刊行開始
1796年	『源氏物語玉の小櫛』
1798年	『古事記伝』執筆完了
1801年	没
1812年	『玉勝間』刊行完了

<本居宣長>

作者の**本居宣長**は江戸時代後期の国学者であるが、国学以外にも、歌論、政治経済と多方面の著作があり、家集も作っている。

1730年、伊勢[1]松坂の商家に生まれた。22歳で上京し、儒学や医学を学んだほか、和歌や詩文にも触れた。28歳で松坂に帰り医者になるが、その頃**賀茂真淵**の『冠辞考』を読み、国学に関心を持つ。昼間は医者をやり、夜は研究、および門人への教授という生活が長きに渡って続く。

本居宣長は鈴が好きで、たくさんの鈴を収集していた。そのため自宅の2階にある書斎も「鈴屋」と名づけた。

1763年6月、賀茂真淵が旅行で松坂に来た時、本居宣長がその宿屋を訪れ、対面を果たした。このとき真淵に入門し、以降文通で指導を受けた。

宣長が研究的使命を見出したのは『万葉集』ではなく『古事記』であり、1764年から1798年まで30余年をかけて注釈書**『古事記伝』**全44巻を著した[2]。これは現在でも古事記研究に欠くことのできない文献とされる。**『源氏物語玉の小櫛』**（1796年）では、平安時代の文学・生活の理念として「もののあわれ」を提唱した。この二作で古事記および源氏物語研究の従来の諸説が否定され、実証に裏打ちされた新しい学説が打ち建てられた。契沖を創始とする国学は本居宣長に至って頂点に達したのである。

■ 日本文学史

長男の**本居春庭**(はるにわ)は、33歳で失明したが、その後も門人の協力のもとで国学者として研究し、『詞八衢』(ことばのやちまた)(1806年)で動詞活用の種類について整理した。

<本文>

「師の説になづまざる事」の章段から抜粋する。師匠である賀茂真淵の尊い教えを紹介し、自分の立場を表明している。

■「師の説になづまざる事」の章段■

おのれ古典(いにしへぶみ)を説くに、師の説とたがへること多く、師の説のわろきことあるをば、わきまへ言ふことも多かるを、いとあるまじきことと思ふ人多かめれど、これすなはち我が師の心にて、常に教へられしは、のちによき考への出で来たらんには、必ずしも師の説にたがふとて、なはばかりそとなん教へられし。こはいと尊き教へにて、我が師の世にすぐれたまへる一つなり。<中略>我は人にそしられじ、よき人にならんとて、道を曲げ、いにしへの意を曲げて、さてあるわざはえせずなん。これすなはち我が師の心なれば、かへりては師を尊むにもあるべくや。

<解釈:私が古典を説くのに、師である賀茂真淵の学説と異なることが多い。師の学説の誤りを論じることが多いのを、「それは弟子としてあるまじきことだ」と批判する人が多いようだが、これは師匠の学問上の精神なのである。のちに良い学説が出たときには必ずしも師匠の学説に従う必要はない、と私は常に教えられてきた。これは誠に尊い教えであり、私の師匠の優れていらっしゃる事の一つなのである。(中略)私は人から非難されないような良い人になろうと思って、道を曲げることはできないし、古い時代の精神を曲げて平気でいることもできない。これがつまり師匠の精神だから、むしろ師匠を尊敬することになるのではないか。>

<文学史 15. 国学(近世)>

中世からの伝統歌学は近世において**細川幽斎**に守られ、**松永貞徳**や**木下長嘯子**(きのしたちょうしょうし)に伝授されていったが、権威があるだけで実質的には内実のないものとなっていた。1610年に細川幽斎が死去し、松永貞徳が歌壇の重鎮となるが、彼も内心では古今伝授に否定的であった。しかし伝統の歴史と重みを背負う以上それを否定することはできず、また新しい歌学の道を模索することも容易ではなかった。歌人らが身動きの取れない状況の中、**下河辺長流**(しもこうべちょうりゅう)が登場した。長流は武士の子として生まれ、江戸で仕官を志したが叶わず、隠士として文学研究に励んだ。社会から離脱し自己の心情に沈潜したとき、権威や規則に縛られている歌の在り方に疑問を抱いた。下河辺長流は職業的歌人ではないから、因習に縛られることもなく自由な立場で古典研究し、中でも『万葉集』に注目した。堂上歌人が『古今集』を重視し、『万葉集』研究が未開拓であったから、

まさに新しい歌学創立の可能性を秘めていた[3]。

下河辺長流は『万葉集管見』などの成果を出し、**徳川光圀**[4]にも万葉集注釈を依頼されたが、果たせぬまま没した。それを継承したのが長流と交友のある**契沖**であった。契沖は武士の子であったが、社会の趨勢の中で一家没落したのを契機に、10代で仏道に入った。寄居した家に蔵書が多かったことや下河辺長流との交流から万葉集研究に専念するようになり、『**万葉代匠記**』（1690年）を著した。『万葉集』全巻を精密に考証し注を加えた本書によって実証的古典研究方法が確立された。契沖は学問の対象を歌学に限定せず、『源氏物語』や『蜻蛉日記』など広範な古典文学に目を通して、藤原定家以来の新しい仮名遣いを『**和字正濫鈔**』（1695年）に示した。契沖の研究態度と方向性は国学の礎石を作った。

契沖に影響を受けて古代日本の研究に着手したのが**荷田春満**である。春満は伏見稲荷神社の神官で、歌学と神学の方面で研究を行った。神道では『日本書紀神代抄』等があるが、道徳的、観念的で実証性に欠けている。歌学は直観に頼るところがあるものの実証性を有し、また独創的見解もあり、『万葉集僻案抄』などの優れた著作がある。

その門人の**賀茂真淵**は神職の生まれであるが、早くから学問や歌に身を投じている。春満に学びながらもその学風に捉われず、また契沖に私淑し、古事記、祝詞、『万葉集』などの古典文献によって日本の古代精神を追求した。古歌を尊ぶところから『万葉集』を重視し、その歌風を素朴・男性的であるとして「**ますらをぶり**」という言葉で表した。また『古今和歌集』は優美、繊細で女性的な歌風であるとして、「たおやめぶり」と呼んだ。著書は『冠辞考』（1757年）、『源氏物語新釈』（1758年）、『歌意考』（1764年）、『国意考』（1765年）、『万葉考』（1768年）、『祝詞考』（1768年）などがある。国学と歌学双方に門下生が多い。

平田篤胤は本居宣長没後の1803年、その書に啓発され、本居春庭に入門した。旺盛な著作活動を続けたが、先人の研究を超えるものはない。神道・古道を称揚し、仏教・儒教を否定した。晩年はこれらの思想が幕府に疎まれ、江戸退去と著述禁止を命じられ、1843年に死去した。篤胤の思想は幕末の**尊王攘夷運動**に影響を与えることとなる。荷田春満・賀茂真淵・本居宣長・平田篤胤を**国学の四大人**と称する。

＜文学史　16. 随筆（近世）＞

中古の『枕草子』に端を発した随筆は、中世の『方丈記』と『徒然草』を経て、近世で発展する。儒学者室鳩巣の『駿台雑話』（1732年）は、朱子学の立場から学問や道徳を説く。大名**松平定信**の『**花月草紙**』（1812年以降）は、政治、経済、日常生活などについて思索したものである。戯作者山東京伝の『骨董集』（1814〜1815年）は近世の風俗、服飾、飲食などの起源や沿革を考証したものである。蘭方医**杉田玄白**の『蘭学事始』（1815年）は、オランダ医学の伝来や、翻訳書『**解体新書**』についての苦心談についての回想録である。儒者・画家の柳沢淇園の『雲萍雑志』（1843

年刊行）は志士などの言行を取り上げて道徳を説く。

その他、自叙伝であるが、儒学者・政治家の**新井白石**の『**折たく柴の記**』（1716 年）は祖父、両親、自己の生い立ち、徳川家宣を補佐した事績などを叙述する[5]。

> 【コラム　1．仮名遣い】
> 　仮名遣いとは、一つの音を表す仮名が二つ以上ある場合、どれを使うかということである。例えば「ju」という音には「じゅ」と「ぢゅ」があり、「wa」には「は」と「わ」がある。10世紀までは文字の記述と発音はほぼ対応していた。しかし時代が過ぎるとともに発音が変化して、記述との対応関係が崩れてきた。例えば「え」、「ゑ」、「へ」はかつては発音が別々であったが後世では同じになった。発音と表記の間で不一致が起きたのである。そこで鎌倉時代の藤原定家が仮名遣いの規則を作り、以降これに基づいて和歌などを仮名で記した。これを**定家仮名遣い**という。その後も発音が変化していき同様の問題が再浮上してくる。
> 　契沖は『万葉集』の仮名遣いと定家仮名遣いの相違を指摘したのち、平安時代中期までの文献に目を通して仮名の使用例の一貫した規則を作った。平安中期以前には発音と表記にずれがなかったからである。この規則を**契沖仮名遣い**という。例えば発声で「おわす」「こい」と読むものも、表記では「おはす」「こひ」とする。
> 　明治時代、政府は契沖仮名遣いを「歴史に遡って仮名遣いを定めたもの」という意味で歴史的仮名遣いと呼び、正式な文書や学校教育に取り入れた。戦後の 1946 年、現代日本語をより正確に表記するために、政府から**現代かなづかい**が告示された。これで歴史的仮名遣いは失われたが、急激な変化を避けるために助詞の「は」、「へ」、「を」は残された。1986 年に改訂版の**現代仮名遣い**が告示され、現代に至る。
>
> 【コラム　2．蘭学事始】
> 　江戸時代、3 代将軍徳川家光から鎖国政策が始まって日本は平和を実現したが、その代償に西欧科学を学ぶ機会も失われた。8 代将軍吉宗のとき、殖産興業のために西欧の科学の奨励と漢訳洋書を解禁し、蘭学研究が開始される。杉田玄白は医学を専門とする蘭学者であり、**前野良沢**らと協力して日本初の西洋科学書の翻訳書『解体新書』を著した。これは玄白 40 歳頃の仕事であった。83 歳のとき『蘭学事始』を書いたが出版はせず、その写本が蘭学者の間で読まれるだけであった。後に、啓蒙思想家の**福沢諭吉**が写本を読んで感動し、明治 2 年の 1869 年に刊行となった。

課題研究

1. 古今伝授がもたらした弊害は何ですか。
2. 契沖の研究の特徴は何ですか。
3. 歌学研究が国学の成立に繋がったのはなぜですか。
4. 本居宣長の学問に対する考え方を述べなさい。
5. 近世以前の随筆と近世の随筆の違いを述べなさい。

注釈

1. 伊勢は旧国名。現在の三重県。
2. 『古事記伝』の刊行は1790～1822年。
3. この他に戸田茂睡(とだもすい)が『梨本集(なしのもとしゅう)』（1698年）で古今伝授を否定している。
4. 徳川光圀は水戸藩主。学門を好み、明の朱之瑜を招いて師事したり、歴史書『大日本史』の編纂に携わった。
5. ここで紹介した随筆は『雲萍雑志』以外、すべて成立年を記してある。つまり原稿が出来上がった年であり、本の刊行はもっと後になる。

■ 日本文学史

第28章　東海道中膝栗毛

■成立：1802〜1809　■滑稽本　■全18巻　■編者：十返舎一九

キーワード：洒落本、滑稽本、人情本

<成立>

『東海道中膝栗毛』は笑いを主体とする滑稽本の先駆けで、弥次郎兵衛と喜多八が織りなす珍道中記である。二人が洒落や冗談を飛ばしながら、江戸を出発点にして伊勢神宮へ趣き、それから京都と大坂へ行く。それは知的な洗練された笑いではなく、教養を必要としない単純な笑いである。二人は失敗を**狂歌**[1]を詠んで笑い飛ばすのであるが、その歌も作品を豊かにしている。書名の「膝栗毛」とは、栗毛の馬に乗るではなく、自分の足（膝）で歩いて旅行をすることを示している。

■ 十返舎一九年表 ■
1765 年　誕生
1802 年　『浮世道中膝栗毛』全8編
1809 年　刊行終わり
1810 年　『続膝栗毛』全12編
1822 年　刊行終わり
1831 年　『続々膝栗毛』、没

<十返舎一九>

作者の**十返舎一九**は江戸後期の草双紙・滑稽本・浄瑠璃の作者であり、本名は重田貞一である。武士の子として生まれ、武家奉公の後、1794年江戸にて作家活動を始めた。最初は黄表紙や狂歌を作っていたが、万象亭の『田舎芝居』（1787年）を読んで刺激を受ける。当時は洒落本全盛期であったが、当作品は舞台を田舎に設定し、そこで展開される芝居や会話を写実的に書いていた。

■ 冒頭文 ■
道中膝栗毛発端
　武蔵野の尾花がすゐにかゝる白雲と詠みしは、むかしむかし浦の苫屋、鴫たつ沢の夕暮に愛て、仲の町の夕景色をしらざる時のことなりし。（中略）
　借金は富士の山ほどあるゆへにそこで夜逃を駿河ものかな

— 162 —

第 28 章　東海道中膝栗毛

<内容>

> ■ 参勤交代 ■
> 江戸幕府が 1635 年に制度化したもので、毎年諸大名を一定期間交代で江戸に参勤させた。藩から江戸までの旅費や滞在費は自己負担のため財政は自ずと弱体化した。一方の江戸はその消費によって栄え、また商業、交通の発達も促した。参勤交代を通して江戸文化は各藩に伝わり、地方都市の文化発達の刺激剤となった。

　十返舎一九はこの作品を目標として原稿を書き、題名を『浮世道中膝栗毛』にして出版社に持ち込んだ。一つ目の出版社には断られたが、二社目は引き受けてくれた。出版後、世間から大きな反響を呼び、十返舎一九はそれに応えるように続編を書いた。第三編から『東海道中膝栗毛』と改名し、1809 年まで合計 8 編、18 巻を出したのであった。1810 年から 1822 年まで『続膝栗毛』12 編を出し、1831 年からも『続々膝栗毛』を出すが、病没のため 2 編で終わった。十返舎一九の死後、他の滑稽本作者による『○○膝栗毛』という書名の本が多数出された。

　大反響を呼んだ背景には、まず大衆の東海道への関心の強さがある。**参勤交代**や京都・大坂見物などで東海道はよく利用されていたし、それに合わせて東海道名所案内の本も出版されていた。『膝栗毛』は東海道を舞台に各土地の風土や方言を紹介するばかりか、農民から商人まで誰もが笑えるような内容になっている。このような条件が大ヒットを生み出したと言える。

<文学史　17．小説の変遷 3（18 世紀初期～19 世紀初期）>

● 洒落本

　八文字屋の浮世草子が廃れた後を引き継いだのは**洒落本**であった。洒落本は遊里[2]における客と遊女の会話を主体とし、江戸文学の美意識である**通**[3]と**うがち**[4]が根底に流れている[5]。
　洒落本の元祖は撃鉦先生の『両巴卮言』（1728 年）で、遊里である吉原への道中などを漢文体で描いた。大坂でも同種の作品が刊行されていたが、明和（1764～1772）に入ってからは特に江戸において隆盛した。洒落本の文体と構成を確立したのは田舎老人多田爺の『**遊子方言**』（1770 年）である。通を自認する男が初な息子を連れて吉原に行くが、実はその通は程度の低いもので、遊女に洗練された姿を見せることができず、却って息子のほうがもてるという筋書である。一文を抜き書きしてみると、

　　おまへが帰りなんすとわっちや死にんすといいながら、廊下へ送り出ル　むすこ

　「おまへ～死にんす」は作中人物のセリフであり、小文字の「といいながら、廊下へ送り出ル」はその動作を示す。このようにセリフの間に人物の動きなどを記すものを**ト書**といい、もともとは歌舞伎の脚本で使用されたものである。最後の　むすこ　もまた洒落本の特徴で、人物がで囲まれている。

■ 日本文学史

　代表作家は**山東京伝**で、『**通言総籬**』（1787年）は実在する遊女屋とその遊女をモデルに描く。『**傾城買四十八点**』（1790年）は客と遊女との多様な関係を精緻な心理描写で書きあげている。

　洒落本は庶民の人気を博したが、寛政の改革で出版取締令が出され、山東京伝も処罰されたため、衰退していった。

　洒落本は、**滑稽本**と**人情本**という二つの文学を生みだした。前者は物語の舞台を遊里から庶民生活の場に移し、笑いを主目的にして、主に男性を読者とする。後者は写実性や会話表現を取り入れた恋愛小説であり、婦女子を読者とする。洒落本に内包される滑稽さと写実性が新たなる二つの文学を形成したわけである。

　滑稽本の洒落本からの独立は十返舎一九の『東海道中膝栗毛』を境とし、式亭三馬がこれに続いて作品を発表した。『田舎芝居』（1787年）を滑稽本の始めとする考えもあるが、滑稽本の確立という点を考慮するとやはり大評判を得た『膝栗毛』であろう。

　人情本については、**鼻山人**[6]が、師匠である京伝の『娼妓絹籬』を模倣して、感傷漂う『籬の花』（1817年）を発表した。これで洒落本が人情本の風格を色濃く帯びることとなり、続く十返舎一九の『清談峰初花』（1819年）で、その存在を決定的なものにした。

● 滑稽本

　前期滑稽本は**談義本**の時代である。談義本は滑稽の中に教訓を託した小説である。談義はもともと仏教の説法の意味だが、江戸時代に僧侶が社会風刺的な滑稽話を始め、その影響で同様の内容の小説が生まれた。静観房好阿の『当世下手談義』（1752年）がその始まりで、好評をもって迎えられた。

　享保の改革を断行した8代将軍徳川吉宗が1751年に死去し、自由な時代となり、歌舞伎が隆盛し、遊里が栄え、華美な衣装が流行したのだが、好阿はこれを嘆かわしく思い、警告の意味を込めて小説を書いたのである。好阿は大坂の人だったが、江戸庶民に受け入れられるように江戸の風俗を写実的に描き、江戸方言も用いた。『当世下手談義』は好評を受ける一方、自由を謳歌する町人の反発も買った。類書も刊行されたがその反発を抑えることはできなかった。

　このときに**風来山人**の『根南志具佐』（1763年）や『風流志道軒伝』（同年）が出る。教訓よりも風刺が強くなった作品で、以降の談義本の流れを変えたが、その後、寛政の改革の打撃を受け、洒落本と同様に消えていった。同時期の黄表紙は内容を変えて合巻となり、明治初期まで生きながらえた。

　後期滑稽本は、前期滑稽本（談義本）の後を受けて出たのではなく、洒落本から生まれたものである。代表作家は十返舎一九のほかに式亭三馬がいる。三馬は黄表紙、洒落本、合巻、読本と多方面のジャ

■ **風来山人** ■

風来山人は戯作の筆名で、本名は**平賀源内**である。才気煥発な人物で、浄瑠璃（筆名は福内鬼外）、談義本を書く他、医学、本草学を修め、科学にも造詣が深く、鉱山開発、オランダの静電気発生機の修理復元、万歩計・寒暖計の発明もしている。日本初の博覧会を開催したのも源内である。しかし世から認められず、人間不信に陥り、最後は口論から人を殺傷して1779年獄死した。親友の蘭学者杉田玄白は源内の墓標を建て、その偉才を褒めたたえた。

ンルで作品を残したが、滑稽本でよく知られている。代表作『**浮世風呂**』（1809〜1813年）は計4編からなり、男湯・女湯における庶民の姿を可笑しく描いた。『**浮世床**』（1811〜1822年）は計2編で、床屋に集まる客との会話が主体となっている。いずれも皮肉が効いている。

滑稽本は明治維新まで書き継がれるが、流行した作品はなく、仮名垣魯文が西欧や文明開化を題材にした『**西洋道中膝栗毛**』（1870年）や『**安愚楽鍋**』（1871年）を書いたが、従来の滑稽本の延長に過ぎなかった。こうして滑稽本は消えていった。

● **人情本**

人情本は生々しい恋情を写実的に描くことを本質とする。恋情だけではなく、親子の愛や弱き者への同情も人情の美として重視する。これが洒落本や滑稽本にはない人情本の個性である。

代表作家は先述した鼻山人の他、2世南仙笑楚満人[7]がいる。楚満人は式亭三馬に入門し、1821年に処女作『**明烏後正夢**』初編を刊行した。男女の悲劇的な情話で、殺人事件なども織り込み、好評を得た。1829年に筆名を**為永春水**とし、1832年『**春色梅児誉美**』で人気を不動のものにした。鎌倉時代を舞台に男女の恋愛を描いた作品で、主人公の丹次郎は複数の女性に愛されたため、色男の代名詞となった。『**春色辰巳園**』、『**春色恵の花**』、『**春色英対暖語**』、『**春色梅美婦禰**』と多くの続編を出し、合計20編60巻のシリーズとなった。

春水には他にも多くの作品があるが、いずれも一人の男性がたくさんの女性に好かれ恋がもつれていく様を特徴とする。人情本は春水の活躍で、当時衰退していた**後期読本**に取って替わるほど成長した。しかし1841年から1843年の天保の改革で人情本は取り締まられた。書店は罰金を徴収され、版木が削られ、為永春水も手鎖の刑に処せられた。春水がそのショックで翌年に病没した後、門人の松亭金水などが作品を出したが優れたものはなかった。人情本は衰退し、人情本作者は新たな創作の場を合巻に移していった。当時の合巻は折よく歌舞伎で演じられる情愛に題材を求めていたので、このような転向が可能となったのである。

● **洒落本・滑稽本・人情本の変遷**

享保の改革の後、洒落本と前期滑稽本（談義本）が同時期に併存した。改革の後、洒落本は廃れたが、後期滑稽本と人情本という二つの文学を生んだ。一方の前期滑稽本は後続もなく消えていった。前期滑稽本が後期滑稽本に繋がっていくという解釈もあるが、十返舎一九がはじめ洒落本を書いており、そのあと後期滑稽本を書いたという軌跡を見ると、やはり図28-1の通りに解釈したほうが合理的であると思われる。また前期と後期の滑稽本の質的な違いもこれで説明される。

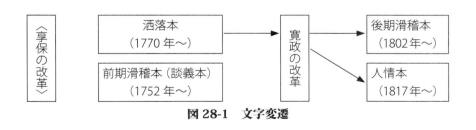

図28-1　文字変遷

■ 日本文学史

◆ ◆ ◆

【コラム　『東海道中膝栗毛』の主人公】

　主人公の弥次郎兵衛は50歳で、肥満体、肌の色が黒く鬚面である。喜多八は30歳で、背が低くてどんぐり目をしている。人格は、食い意地や性欲、金銭欲が強く、見栄っ張りで厚顔無恥、短気でがっかりしやすく、忘れっぽい。およそ人間的魅力のない人物である。彼らは以下のような騒動を起こす。

●　道中で1人の盲人が別の盲人を背負って河を渡るのを見て、主人公は相手が目の見えないことに付けこんで勝手にその背中に乗ってしまう。

●　宿屋に泊まり、夜、娘に夜這いをかけるが、真っ暗だったため、間違えて宿屋のおばさんの蒲団に入ってしまう。

●　宿屋で按摩師から怪談を聞き、怖くなって1人で便所に行けず、2人で雨戸から小便をする。そのとき外に白い幽霊らしきものが見え、気絶する。

　彼らはいろいろと悪事を働くが、決まって失敗し、反省もすることから、作者には一定の道徳や倫理があったと思われる。

課題研究

1. 『東海道中膝栗毛』が人気を博した理由を述べなさい。
2. 洒落本の誕生から衰滅までを簡単に述べなさい。
3. 前期滑稽本の歴史を述べなさい。
4. 後期滑稽本の歴史を述べなさい。
5. 人情本の歴史を述べなさい。

注　釈

1. 狂歌は滑稽な短歌。江戸中期に特に流行した。
2. 遊里は江戸幕府公認の遊女屋を集めてある区域。
3. 通は遊里など特定の社会において、その人情、風習、言語などに精通した知識でもって、適切で洗練された言動をふるまう状態を指す。
4. うがちは特殊な社会の様相を、深い知識で描くこと。
5. 初期の洒落本は漢学者が中国遊里文学の影響を受け、余技的に書いたものが多い。このあたりは前期読本の成立事情と同様である。
6. 鼻山人という名前は、「京伝鼻」から来ている。
7. 彼は読本作家の南仙笑楚満人の女に乞いて、二世南仙笑楚満人の号を得た。有名な作家の名を自分のものにして文壇での存在をアピールしたのだろう。その後売れたので、「楚満人」も不必要となり、一つの独立した作家名として、為永春水と名乗った。

第29章　南総里見八犬伝

■成立：1814～1842年　■読本　■全98巻　■作者：曲亭馬琴

キーワード：最初の職業作家、稗史七法則、勧善懲悪

<成立>

『**南総里見八犬伝**』は**曲亭馬琴**が1814年から1842年までの28年間に渡って著した、全98巻106冊という、**日本文学史上最長の物語**である。48歳から書き始めたが、67歳のとき右目に異常を覚え、まもなく左目も不自由になり、息子も死んだ。73歳のとき完全に失明したが、息子の妻のお路に口述筆記をさせて書き続け、76歳でついに完成を見た。その作品に対する馬琴の執念は作家の鑑であろう。

<曲亭馬琴>

江戸後期の戯作者である。本名は滝沢興邦、滝沢馬琴ともいう。号は曲亭、蓑笠漁隠、著作堂などである。下級武士の父を持つ曲亭馬琴は、数人の主に士官したが長く続かず、放浪生活を送った。兄の影響で俳諧を学び、1790年23歳のとき作家として生きることを決め、山東京伝の門人になった。処女作は黄表紙の『尽用而二分狂言』であった。27歳で履物商を営む会田家の未亡人と結婚し商売をするが、30歳頃から著作に専念し、初の読本『高尾船字文』(1796年)を刊行する。36歳の夏から秋にかけて京都・大坂を旅行し、上田秋成、井原西鶴、近松門左衛門の存在を知る。ここで上方文学を感得し、以後は読本執筆に打ち込むこととなる。本格的な読本は『**月氷奇縁**』(1804年)で、父の敵討ちを数々の怪異を交えて描く。勧善懲悪、因果応報の思想が流れており、これが以降の作品の基本姿勢となる。

当時は草双紙で敵討ち物が流行しており、馬琴もその時流に合わせ

■曲亭馬琴年表■
1767年	誕生
1790年	山東京伝に師事
1791年	初の黄表紙『盡用而二分狂言』
1793年	結婚
1796年	初の読本『高尾船字文』
1802年	上方への旅行
1804年	読本『月氷奇縁』
1813年	山東京伝が読本から撤退
1814年	『南総里見八犬伝』初編刊行
1842年	『南総里見八犬伝』完結
1848年	没

て敵討ちを主な題材にしていたが、伝説物[1]の『新累解脱物語』(1807年)、情話物[2]の『三七全伝南柯』(1808年)といった物語も書いた。中でも史伝物[3]の『椿説弓張月』は前編6巻(1807年)、後編6巻(1808年)、続編6巻(1808年)、拾遺5巻(1810年)、残編(1811年)という大長編である。平安末期の武将源為朝が父に追われて九州に渡ったり、保元の乱で敗れて伊豆大島に流されたりするが、最後に琉球に渡り、王女を助けて賊軍を鎮圧し、その子が琉球王国の国王になる。前後編は『保元物語』、『難太平記』などを典拠に史実に沿って描き、続編以降は『水滸後伝』などを典拠として自由な空想で源為朝の活躍を描く。雄大な構想で、展開が変化に富み、文章も美しく、世間で大きな評判となり、前編が刊行後、すぐ浄瑠璃と歌舞伎でも演じられた。

　『三七全伝南柯』、『椿説弓張月』、『南総里見八犬伝』は三大奇書と呼ばれた。それ以後も『傾城水滸伝』や『近世説美少年録』の執筆を続けたが、未完成のまま1848年、82歳で死去した。多作というのは天才の一側面であるが、馬琴はその文学の才能と弛まぬ努力によって多くの作品を書き、原稿料を得て生計を立てた**最初の職業作家**となった。

<内容>

■『八犬伝』(姫が犬の八房の子を身ごもったと知り、自殺を図るシーン)■
　護身刀を引抜て、腹へぐさと突立、真一文字に搔切給へば、あやしむべし瘡口より、一朵の白気閃き出で、襟に掛させ給ひける、彼の水晶の珠数をつゝみて、虚空に升ると見えし、珠数は忽地弗と断離れて、その一百は連ねしまゝに、地上へ裹と落とゞまり、空に遺れる八つの珠は、粲然として光明をはなち、飛遶り入衾れて、赫奕たる光景は流るゝ星に異ならず。主従は今さらに、姫の自殺を禁めあへず、われにもあらで蒼天を、うち仰ぎつつ目も黒白に、あれよあれよ、と見る程に、颯と音し来る山おろしの、風のまにまに八つの霊光は、八方に散り失せて、跡は東の山の端に、夕月のみぞさし昇る。当に是数年の後、八犬士出現して、対に里見の家に集合ふ、萌芽をここにひらくなるべし。
<解釈：姫は護身用の刀を抜いて腹に突き刺し、一文字に切った。すると奇妙なことに、傷口から白い気が噴出して、衿にかけていた数珠を包み込み、宙に浮いた。数珠は切れて、108個の珠のうち100が地面に落ち、残りの8つが光を放ちながら飛び回っていた。まるで流れ星のように。姫の自殺を止めることができなかった父と犬の八房は、茫然と空を見上げていたが、八つの珠は颯爽と吹いてきた風に乗って八方に飛んでいった。東の山には月がかかるばかりだった。これが数年後に八犬士が出現し、里見家に集合する兆しであった。>

　『八犬伝』の舞台は室町時代中期、戦国時代である。下総[4]の大名、里見義実は敗色が濃い戦の中で、苦し紛れに娘の飼い犬に、「敵の大将の首を見事取って来たら、娘との結婚を許可する」という。驚くべきことに犬は本当に敵を倒してしまい、里見も約束を守る。娘と犬は洞窟でいっしょに暮らすが、やがて娘は犬の子を妊娠したショックで割腹自殺を図る。その傷から八つの珠が飛びだし日本全国に散っていった。珠にはそれぞれ漢字1字が刻まれており、その珠を八人の少年が手にする。彼らはい

ずれも体に牡丹の形をした痣があり不思議な因縁によって引き合わされ、一人一人仲間になっていき、最終的に八人が集結して戦いに勝利をもたらし、安房国里見家再興を達成するという大活劇である。

娘の名前は伏姫というが、「伏」は人偏に犬という構成を取り、犬と一緒になる彼女の運命を暗示している。犬の名前は八房といい八つの珠を暗示している。このように名前が物語に結びついている点も『八犬伝』の面白いところである。そのほか悪役の名前も見るからに怖そうな、悪そうな漢字が使われている。例えば海賊の頭領の海龍王脩羅五郎、盗賊の尻肛玉河太郎である。『八犬伝』は広大な虚構を描きながらも史実に即しているので、足利尊氏や足利義政など実在の人物も登場する。里見義実も実在する大名である。八つの珠の字と勇士の対応は表29-1の通りである。

表29-1　八犬士の名前

<知> 犬坂毛野	<孝> 犬塚信乃	<義> 犬川荘介	<忠> 犬山道節
<信> 犬飼現八	<礼> 犬村大角	<悌> 犬田小文吾	<仁> 犬江親兵衛

『八犬伝』は空前絶後の長編物語であるから数多くの事件と人物が出てくる。それらを合理的に配置、展開していかなければ煩雑になるか、もしくは筋が破綻してしまう。そこで馬琴は中国の稗史小説[5]に主客・伏線・襯線・照応・反対・省筆・隠微という**稗史七法則**が使われていることを発見し、これを『八犬伝』に適用して、筋に秩序を与えたのであった。なぜ稗史小説を参考にしたかというと、『八犬伝』自身が稗史小説の一種だからに他ならない。

『八犬伝』には殿村篠斎[6]らの読者・批評家のグループがあり、彼らは作品の批評や質問などを手紙に記していた。曲亭馬琴はそれに回答する過程で、中国小説理論に対する自分なりの考えを整理・形成していった。その成果が七法則であり、1837年に『八犬伝』に付言として発表した[7]。

勧善懲悪という思想も物語に一貫した筋を与え、展開が煩雑になるのを防いでいる。勧善懲悪は江戸幕府の意向にも添っていたので、『八犬伝』は執筆の28年間、干渉や取り締まりを受けることはなかった。長期にわたって読者から人気を博していたが、明治時代、**坪内逍遥**が写実主義を唱えた影響で、『八犬伝』も荒唐無稽なものと見なされるようになった。

■ **師弟関係の真相** ■

日本文学史の研究において、山東京伝と曲亭馬琴は不仲であったと言われていたが、その後の研究で不仲説は解消され、良好な師弟関係が続いていたと見られている。そもそも両者の競作は、当時の読本出版を司っていた鶴屋喜右衛門の仕掛けによる。喜右衛門は、師の京伝の作品を12月に出し、次に弟子の馬琴の作品を翌年の1月に出す、という意図的な操作を加えていたのである。これであたかも両者が対立している印象が生まれたのであった。両者に作品を競い合う意識は少なからずあっただろうが、それが即不仲には結び付かないのである。戦前の学者が不仲説を主張し、後代の研究者が長期にわたってそれを継いできたわけだが、その盲目的な受容態度には、「かつての師弟関係の激烈なライバル意識」という興味深いテーマに研究者が吸引された可能性が考えられる。ともあれ右衛門の仕掛けによって後期読本は活性化し隆盛を見たのであった。

<文学史 18. 小説の変遷4（18世紀末～江戸時代末）>

　安永・天明（1772～1789）の頃、文学の中心が上方から江戸に移った。この**文運東漸**で江戸の作家と出版を中心とする読本の時代、**後期読本**が幕を開ける。
　ほぼ同時期に**寛政の改革**が断行され、小説の主位を占めていた洒落本と黄表紙が風紀上好ましくないとされ、出版が停止されたり作家が処罰を受けたりした。この風潮の中で読本は中国文学の翻案および勧善懲悪・因果応報の思想を二大支柱にして創作を続けた。前期読本の建部綾足作『本朝水滸伝』（1773年）による水滸伝翻案の流行が江戸にも伝わり、**山東京伝**が『梁山一歩談』（1792年）、『忠臣水滸伝』（1799年前編5巻、1801年後編5巻）を刊行した。曲亭馬琴の読本処女作『高尾船字文』（1796年）も『水滸伝』他、中国小説を翻案したものである。
　山東京伝は曲亭馬琴のかつての師匠である。師弟関係にある二人は読本を舞台に競うように作品を発表した。京伝読本は歌舞伎的要素が多く、また中国小説よりも日本古典文学、仏教説話、民間伝承を取り入れている。一方の馬琴読本は演劇的要素を嫌い、中国長編小説を典拠にして逞しい構成力で長編物語を描く。
　互いに相手の作品を意識し、影響し合い、刺激を与えあっていたが、質量ともに曲亭馬琴の優勢であった。山東京伝は野心作として『双蝶記』（1813年）を刊行するが、演劇的要素が強すぎて読者に歓迎されず、これを最後に読本の執筆を放棄した。以降は後期読本における曲亭馬琴の独壇場がその死まで続く。『おかめ八目』（1813年）では、山東京伝の作品について、勧善懲悪が不徹底で、作中人物の言動が筋が規定されていないと批判した。[8]
　もともと山東京伝は黄表紙・洒落本の作者であり、寛政の改革で作品の方向性の変更を迫られ、読本に転向したという経緯がある。そこでは自身が得意とした洒脱やユーモアも発揮できず、中国典籍の知識も不十分であり、元来不利な立場の競作であったと言える。
　ともあれ、この二人の競作で読本は隆盛したわけであるが、作者にはこれ以外にも**柳亭種彦、式亭三馬、十返舎一九**などがいる。柳亭種彦は読本が不評におわり、後に合巻に活路を見いだした。式亭三馬と十返舎一九の読本は質が高くなく、それぞれ滑稽本など別の分野で本領を発揮している。後期読本は大衆娯楽である歌舞伎とも結びついて相互発展の様相を呈した。曲亭馬琴の死去後は読本も廃れていった。
　上方は江戸の読本に対して対抗意識を持ち、仏教説話などを元にした読本、実録風の絵入りの読本を作っていたが、質的に及ばなかった。このため読本の時代は、前期は上方、後期は江戸と区別されるのである（表29-2）。

表29-2　読本の前期・後期の比較

項目	前期読本	後期読本
時期	18世紀中～19 18世紀後半	19世紀初～近世末
代表作家	上田秋成	山東京伝、曲亭馬琴

続表

項目	前期読本	後期読本
都市	京都・大坂	江戸
特徴	怪異奇談、短編	教訓主義、長編

> 【コラム　犬について】
> 　『南総里見八犬伝』は「犬」がキーワードとなっているので、当コラムでは日本と犬の関係を述べる。
> 　● 「犬」の苗字：もっともよく目にする苗字が「犬養(いぬかい)」である。犬養毅(いぬかいつよし)という政治家もいる。他に「犬塚」、「犬山」、「犬丸」、「狗巻」、「狗川」などがある。
> 　● 生類憐(しょうるいあわれ)みの令：徳川五代将軍の綱吉(つなよし)（1646〜1709）が出した政策。犬を小屋に収容して養い、その費用を江戸町民に課した。犬に暴行した者は切腹や遠島の刑に処された。戌年の綱吉は子供ができないことに悩み、「犬を大切にすれば子が生まれる」という迷信を信じてこの禁止令を出したのであった。

課題研究

1. 『南総里見八犬伝』が成立する過程を曲亭馬琴の年齢と関連付けて表にまとめなさい。
2. 稗史七法則について説明しなさい。
3. 山東京伝の作家的資質を読本の観点から述べなさい。
4. 後期読本の特徴について述べなさい。
5. 『南総里見八犬伝』が勧善懲悪を中心的思想として採用した理由を考えなさい。

注　釈

1. 伝説物は古伝説をメインに据えた物語。
2. 情話物は男女の恋を主題にする。
3. 史伝物は歴史上の人物の運命を主題にする。歴史よりも人物に焦点を当てる点が、伝説物との違いである。
4. 下総は千葉県北部。
5. 稗史小説は小説風の歴史書。
6. 殿村篠斎は本居宣長の門人で国学者。
7. 冒頭文は「唐山元明の才子らが作れる稗史にはおのづから法則あり」。
8. そのほか、式亭三馬と柳亭種彦の作品についても、馬琴は批評書を出している。これは馬琴の読本作者としての自信を示すもので、かつ読本創作の方法論を確立する動力にもなっている。

■ 日本文学史

第30章　東海道四谷怪談

■初演：1825年　■歌舞伎　■全5幕11場　■作者：鶴屋南北

キーワード：生世話物、歌舞伎の変遷、演劇改良運動

<成立>

『**東海道四谷怪談**』は歌舞伎脚本作者**鶴屋南北**の原作による**歌舞伎**である。歌舞伎は江戸時代初期に生まれ、一時期人形浄瑠璃に圧倒されたが、やがて再興し、爛熟期に到って、鶴屋南北が登場した。当作品は南北の晩年のもので最高傑作と言われている。

<鶴屋南北>

文化・文政（1804～1830）は江戸歌舞伎の最盛期で、鶴屋南北が代表作家である。鶴屋南北は江戸に生まれ、父は染物屋の型付け職人であり、家は貧しく、十分な教育を受けなかったが、芝居は好きであった。1777年22歳の時に初代桜田治助の門下生になり、以後、多くの師匠の下で30年もの間修行を積む。1804年、初代**尾上松助**のために書いた『**天竺徳兵衛韓噺**』が大好評となり、新進の歌舞伎脚本作家として注目を浴びた。天竺徳兵衛は江戸初期に実在した商人で、インドに渡って貿易に従事し、その著書『天竺渡海物語』（1707年）に見聞録を書いた。当時の日本は鎖国下にあり、異国への関心があった。鶴屋南北は人々のそうした心理に応え、徳兵衛の生涯に脚色を加えて演劇化したのである。歌舞伎作家の大御所である桜田治助が1806年に死去し、**並木五瓶**も1808年に没したので、以降は鶴屋南北の独壇場となった。1829年に亡くなるまで120余りの作品を書き、第一線であり続けた。南北は26歳の時に3世鶴屋南北の娘と結婚し、その関係で57歳で4世鶴屋南北を襲名した。その前の筆名は桜田兵蔵、勝俵蔵などであった。

主要な作品は『**東海道四谷怪談**』のほかに『**桜姫東文章**』（1817年）、

■ 鶴屋南北年表 ■

1755年	誕生
1777年	桜田治助に師事
1780年	3世南北の娘と結婚
1804年	出世作『天竺徳兵衛韓噺』
1806年	桜田治助没
1808年	並木五瓶没
1811年	4世鶴屋南北を襲名
1825年	『東海道四谷怪談』
1829年	没

『盟三五大切』(かみかけてさんごたいせつ)（1825年）などがある。

『桜姫』は、自分を公家出身であると偽る遊女の事件を題材にしている。女郎へと堕落した桜姫が、上層と下層の言葉が混ざったセリフを話すなど機知に富む。『盟』は、源五兵衛が小万に片思いしたばかりに、小万と三五郎の夫妻に金をだまし取られ復讐するという筋書である。社会の下層に生きる町人を写実的に描く**生世話物**(きぜわもの)を得意とし、脚本に残虐な殺人場面や濃密な濡れ場、戦慄の怪談を盛り込み大衆からの支持を得た。演出の仕方に人間の感覚に訴えるところがあり[1]、この点に南北の突出した個性があった。

<内容>

■『東海道四谷怪談』第二幕■

伊右衛門はお梅と結婚するために、宅悦(たくえつ)という按摩師を使ってお岩に言い寄らせ、浮気の現場を捉えて斬るつもりであった。しかし宅悦を派遣したあと、作戦を変えてお岩に毒を飲ませた。お岩は宅悦から事の真相を聞き、恨みを抱く。本文中の「いわ」はお岩を指す。「ト」とは役者の振舞いや仕草の指示を示す。

いわ　今をも知れぬ此岩が、死なばまさしく其娘、祝言さするは是眼前。たゞううめしきは伊右衛門殿。喜兵衛一家の物共も、何あんをんに、有(あ)るべきや。思へば思へば。ヱヽ、うらめしい。

ト　もつたる落毛、くしもろとも、一つにつかみ、急度(きっと)ねぢ切る。髪の内より、血たらたら落て、前成(まえなる)、たをれし白地の対ひ立へ、其ちかゝるを、宅悦みて、

宅悦　やゝ、あの落毛から、したゝるなま血は。

ト　ふるへ出す。

いわ　一念とふさでおくべきか。

ト　よろよろ立上り、向ふをみつめて立ながら、息引きとる思入。宅悦、子をだき、かけよつて、

宅悦　これ、おいわさまおいわさま、もしもし。

<意訳：「いつ死ぬかわからないこの私が死んだら、あの男は娘と結婚するんだろうねえ。ああ、恨めしい。伊右衛門、喜兵衛一家め、私がじっとしていると思ったら大間違いよ。思えば思うほど恨めしい」

お岩は落ちた髪を掴み、櫛といっしょにねじ切った。頭から血が流れて前に垂れていく。白い布と鮮烈な対照をなした。

「あ……、落ちた髪から血が……」宅悦は震えだした。

「呪ってやる」お岩はよろよろと立ちあがり、向こう側を見て、倒れた。死んだのだ。宅悦は子を抱き、お岩に駆け寄った。

「しっかり、お岩様、しっかり」＞

塩冶家(えんやけ)の家臣四谷左門(よつやさもん)には、お岩(いわ)・お袖(そで)という娘がいた。お岩は民谷伊右衛門(たみやいえもん)と結婚したが、伊右衛門が塩冶家のお金を盗んだため、左門にお岩と離婚させられてしま

う。伊右衛門は左門に復縁をお願いしたが、断られたので左門を殺す。それを秘密にしてお岩と復縁する。隣家の喜兵衛は、孫娘のお梅が伊右衛門に片思いしているのを見て、伊右衛門に結婚話を持ちかける。伊右衛門はお岩が邪魔になり、毒薬を飲ませる。お岩は顔が腫れあがり、髪の毛が無残に抜けて、呪いながら死んでいった。伊右衛門はお梅と結婚するが、お岩の死霊に祟られ、お梅と喜兵衛を殺してしまう。伊右衛門は母親にかくまわれたが、尚も亡霊に苦しめられ続ける。母も父も霊のために死ぬ。最後に、伊右衛門はお袖の夫の佐藤与茂七に斬られて死ぬ。

　この作品では多くの人が無残な死に方をする。凄まじい怨念と狂気、そして残酷さが充満しているのである。物語はまったくの虚構ではなく、寛文（1661～1673）年間に、四谷左門町に住んでいたお岩が男女関係のもつれを苦に自殺して夫とその家族に祟ったという事件に取材している。

　『東海道四谷怪談』は物語もさることながら舞台上の演出も観客に印象を残すものであった。特にお岩が櫛で髪を梳き、そのたびに髪が抜け落ちていく場面は壮絶である。お岩が独吟[2]して恨みや悲しみを表すところは心理的な恐怖も煽った。

＜文学史　19. 歌舞伎の変遷＞

●黎明期〜発展期　歌舞伎とは新奇性、異様性に富んだ行動を示す言葉である。江戸時代初期、出雲の阿国という女性が京都でかぶき踊を踊ったことから始まる。これに刺激され各地で女性による**女歌舞伎**が流行したが、風紀を乱すという理由で幕府から禁止された。次に美少年による**若衆歌舞伎**が出たが、これも同じ理由で禁止された。その次に成人男性による**野郎歌舞伎**が登場し、技芸と演劇性を持ったので、幕府から興行を許された。

■ 歌舞伎用語一例 ■
せり上げ……舞台の床の一部を切り取り、そこに俳優や大道具を乗せて下から舞台へと上げること。
せり下げ……せり上げの反対で、俳優などを舞台から下へ下げること。
回り舞台……舞台中央の円形部分が回転する機構。演出上の効果の他、場面転換の時間節約にもなる。

　歌舞伎は元禄（1688～1704）に入って発展期を迎えた。江戸では**市川団十郎**が**荒事**を確立した。荒事とは演技演出の一つで、武士や鬼神を演じる役者が勇猛ぶりを示すために、顔に隈取りという誇張的な化粧を施し、手足を思い切り伸ばして振る舞ったりするものである。上方では**坂田藤十郎**が**和事**を確立した。これは若く優美な色男がやわらかみのある動作とセリフで恋愛を演じるものである。江戸と上方の芸風の違いは今日にも受け継がれている。この時期の歌舞伎は役者の振舞いが中心となり物語性はあまり重視されていなかった。

　一方、同時代の芸能である人形浄瑠璃は物語が豊かで観客の共感や感動を得て、歌舞伎の人気を上回っていた。そこには**近松門左衛門**という天才作家の活躍が大きく関わっている。近松の死後も**並木宗輔**など優れた作家が現われ、浄瑠璃人気を維持した。

18世紀後半から不振期に入り、代わって歌舞伎が復興することとなる。代表作家は大坂の**並木正三**である。並木正三は最初、泉屋正三の名で歌舞伎を書き、1750年に浄瑠璃の並木宗輔の弟子になって並木姓を名乗り、翌年、宗輔の死とともに歌舞伎に復帰した経歴を持つ。そのため浄瑠璃の複雑な筋を歌舞伎に持ち込み物語性を強くした。またせり上げ、せり下げ、回り舞台³など斬新な舞台装置で演出効果を高め観客を魅了した。代表作に『三十石よふねの始』（1758年）がある。

●**並木五瓶** 正三の弟子で、最初上方で脚本を書いていたが、1794年江戸に下って写実的な世話物を書いた。代表作には『五大力恋繊』（1794年）、『隅田春妓女容性』（1796年）などがある。

五瓶と同時代の作者**桜田治助**は、洒落・警句・諷刺に富んだ作風を特徴とした。『御摂勧進帳』（1773年）、『伊達競阿国劇場』（1778年）などの名作がある。

正三、五瓶、治助ら三人の活躍で上方と江戸の歌舞伎は活況を呈した。

●**河竹黙阿弥** 鶴屋南北の死後、歌舞伎は衰退期を迎えた。才能のある作家が登場せず、劇場も収入減となり、更に役者の給料高騰、火災の損害などで経営が悪化していた。幕府もまた火災防止、風紀粛清の立場から、劇場を都心から人気の少ない土地へと移動させ、演劇の内容についても刺激的場面を禁止した。

この中で唯一の異彩を放った脚本家が**河竹黙阿弥**である。黙阿弥は5世鶴屋南北の門人で、4世石川小団次のために書いた『都鳥廓白波』（1853年）が出世作となる。それからは小団次と組んで『三人吉三廓初買』（1860年）や『小袖曾我薊色縫』（1858年）など、盗賊を主人公とする**白浪物**の傑作を書く。小団次が1866年に死去し、続いて明治維新が始まるが、黙阿弥の筆は変わらず快調で、**坪内逍遥**も絶賛した。

文明開化の中で政府が**演劇改良運動**を進め、歌舞伎を近代社会に沿った内容にするよう要求すると、黙阿弥は初めは応えたが、後に嫌気がさして引退した。この運動が成果を挙げることなく終わったとき、再び書き始め、『奴凧廓春風』を最後の作品として亡くなった。旺盛な創作意欲で生涯に360余りの作品を発表した。

黙阿弥の作品は七五調の長セリフに特徴があり、黙阿弥調と称された。

■ 河竹黙阿彌年表 ■
1816年 誕生
1835年 5世鶴屋南北に入門
1853年 出世作『都鳥廓白波』
1860年 『三人吉三廓初買』
1866年 小団次没
1868年 明治元年
1893年 没

■ 『三人吉三廓初買』 ■
月も朧に白魚の、篝もかすむ春の空。冷たい風もほろ酔いに、心持ちよくうかうかと、浮かれ烏のただ一羽。塒へ帰る川端で、棹の滴か濡れ手で泡。思ひ掛けなく手に入る百両。

【コラム　名跡】

　歌舞伎役者や脚本家の名前は代々引き継がれることが多い。引き継ぐことを襲名（しゅうめい）、その名前を名跡（みょうせき）という。正式には名跡に「初代」や「2世」を付けてその人物を特定するが、もっとも活躍している人物を指す場合は、名跡だけでよい。例えば鶴屋南北は5世まで存在するが、このうち『四谷怪談』を書いた4世がもっとも業績を上げており知名度も高い。そこで単に「鶴屋南北」と言えば彼を指すのである。

● 並木五瓶＜脚本家＞
　初代並木五瓶（1747〜1808）、最も活躍した。
　2世並木五瓶（1768〜1819）
　3世並木五瓶（1789〜1855）

● 市川団十郎＜役者＞
　初代市川団十郎（1660〜1704）、荒事芸を創始。
　（中略）
　12世市川団十郎（1946〜現在）

● 鶴屋南北
　初代鶴屋南北（？〜1736）、役者。
　2世鶴屋南北（1701〜？）、役者。
　3世鶴屋南北（？〜1787）、役者。
　4世鶴屋南北（1755〜1829）、脚本家。最も活躍した。
　5世鶴屋南北（1796〜1852）、脚本家。弟子に河竹黙阿弥がいる。

課題研究

1. 歌舞伎の和事と荒事について説明しなさい。
2. 歌舞伎の舞台装置について具体的に説明しなさい。
3. 鶴屋南北以前の歌舞伎の歴史を簡単に説明しなさい。
4. 鶴屋南北の歌舞伎の特徴について述べなさい。
5. 河竹黙阿弥の歌舞伎の特徴について述べなさい。

注釈

1. 白い壁に、血で染まった手の跡が残る、など。
2. 歌舞伎演出のための音楽を下座音楽（げざおんがく）といい、楽器を使うものと、独唱がある。
3. 回り舞台は日本人による世界初の発明である。海外では1896年にドイツが初めて導入している。

◆近世文学重要事項一覧◆

- **仮名草子**
  『伊曾保物語』、『浮世物語』
- **浮世草子**
  ○井原西鶴『好色一代男』、『日本永代蔵』、『世間胸算用』、『武家義理物語』
  ○八文字屋本
- **読本**——挿絵がない小説
  ○前期読本（上方中心）……上田秋成『雨月物語』、都賀庭鐘『春雨物語』
  ○後期読本（江戸中心）……曲亭馬琴『南総里見八犬伝』、山東京伝『椿説弓張月』
- **洒落本**——遊里の風俗小説
  ○山東京伝『通言総籬』、『傾城買四十八点』
- **滑稽本**——滑稽と風刺の小説
  ○十返舎一九『東海道中膝栗毛』，式亭三馬『浮世風呂』、『浮世床』
- **人情本**——恋愛小説
  ○為永春水『春色梅児誉美』
- **草双紙**——変遷：赤本→青本・黒本→黄表紙→合巻
  ○黄表紙（風刺性）……恋川春町『金々先生栄華夢』
  ○合巻（黄表紙の長編化）……式亭三馬『雷太郎強悪物語』
  柳亭種彦『偐紫田舎源氏』
- **俳諧**——変遷：貞門（松永貞徳）→談林（西山宗因）→蕉風（松尾芭蕉）→天明の俳諧・蕉風の復興期（与謝蕪村、横井也有）→幕末の俳諧・月並俳諧（小林一茶）
  ○貞門『御傘』、談林『犬子集』、松尾芭蕉『奥の細道』
  与謝蕪村『新花摘』、横井也有『鶉衣』、小林一茶『おらが春』
- **川柳**
  ○柄井川柳『柳多留』
- **和歌・国学**
  ○細川幽斎、戸田茂睡、下河辺長流
  ○契沖『万葉代匠記』、荷田春満『万葉集僻案抄』、賀茂真淵『万葉考』
  本居宣長『古事記伝』、『源氏物語玉の小櫛』
- **浄瑠璃**
  ○近松門左衛門『曽根崎心中』、『国姓爺合戦』
- **歌舞伎**
  ○鶴屋南北『東海道四谷怪談』、河竹黙阿弥『三人吉三廓初買』
- **随筆**
  ○松平定信『花月草紙』、杉田玄白『蘭学事始』
  新井白石『折たく柴の記』、本居宣長『玉勝間』

近現代編

明治文学概観

時代区分：明治新政府の誕生から大正時代まで

■ 明治初期——1868〜1884年

　日本は1639年から1853年まで200年余りに渡って鎖国政策を続けていたが、欧米列強の圧力から開国した。まもなく江戸幕府が倒れて明治新政府が誕生し、文明開化を急いだ。日本の伝統的な風習や制度を放棄して西洋の文物を取り入れたため、社会には齟齬や矛盾が現れたが、少なくとも外見的には日本は短期間での西洋化を実現したのである。

　社会が近代化する以上は文学の近代化も必然であり、欧米の小説を翻訳した翻訳小説、政治の理想を描く政治小説が生まれたが、近世の戯作を引き継いだ戯作文学も同時に書かれた。明治初期の文壇は近世と近代の過渡期であった。韻文では外山正一らの『新体詩抄』が漢詩・和歌に代わる新しい詩の形を提出した。

　西洋化の一環として言文一致運動も進められ、書き言葉を話し言葉に近づける方向では翻訳家の森田思軒

■ 明治文学 ■

1868年	明治時代成立
1871年	仮名垣魯文『安愚楽鍋』
1882年	外山正一ら『新体詩抄』
1883年	矢野龍渓『経国美談』
1885年	坪内逍遥『小説神髄』 尾崎紅葉「硯友社」結成
1887年	二葉亭四迷『浮雲』
1889年	森鴎外ら『於母影』
1890年	森鴎外『舞姫』
1891年	幸田露伴『五重塔』
1893年	文芸誌『文学界』創刊
1895年	樋口一葉『たけくらべ』
1897年	俳誌『ホトトギス』創刊
1897年	尾崎紅葉『金色夜叉』
1900年	歌誌『明星』創刊
1905年	夏目漱石『吾輩は猫である』
1906年	島崎藤村『破戒』
1907年	田山花袋『蒲団』
1908年	歌誌『アララギ』創刊
1909年	文芸誌『スバル』創刊
1910年	文芸誌『白樺』創刊 文芸誌『三田文学』創刊 大逆事件

が、話し言葉を書き言葉に近づける方向では啓蒙家の福沢諭吉が主に活躍した。

■ 明治中期——1885年～日露戦争前後

坪内逍遥が『小説神髄』で心理的写実主義の文学観を提示して、二葉亭四迷に影響を与えた。二葉亭四迷は更にロシア文学や落語を参照し、日本初の言文一致体の小説『浮雲』を著した。主人公の内面の苦悩が口語で写実的に描かれ、文語の誇張性や定型表現では成しえなかった小説世界を築いた。

尾崎紅葉は1885年に文学結社「硯友社」を結成し、機関誌『我楽多文庫』を発行した。坪内逍遥の写実主義に賛同し、町人を描写する井原西鶴にも傾倒した。続いてドイツ留学から帰国した森鴎外が翻訳詩集『於母影』や小説『舞姫』などで浪漫主義文学の立場を鮮明にした。北村透谷、島崎藤村も文芸誌『文学界』で浪漫主義の作品を発表した。

欧化政策が加速したことから、市民の国粋主義が高まり、擬古典主義の硯友社と幸田露伴が支持された。彼らは紅露時代を構成し文壇を支配した。幸田露伴に影響を受けて、女性作家の樋口一葉が現れたことも明治文壇の特記すべき出来事である。

中日甲午戦争後に悲惨な人生を描きだす悲惨小説や社会問題を取り上げる社会小説が登場した。早急な西洋化に伴う歪みが社会や生活に表れた証左である。社会小説は社会運動と連動する社会主義小説に発展し、昭和のプロレタリア文学へと続いていく。

近世までの文学では韻文が盛んであったが、近代からは小説を中心とする散文が隆盛した。しかし勢いが衰えたとはいえ、韻文文学も発展を目指して努力していた。正岡子規の俳句革新、短歌革新がそれである。俳句雑誌では『ホトトギス』が発刊された。与謝野鉄幹の日常語を用いた短歌、与謝野晶子の浪漫主義の短歌も近代性を有するものであった。短歌結社『東京新詩社』と機関誌『明星』には多くの歌人、詩人が集った。

学校教育、印刷技術、マスコミの発達で、文学は多くの人々に娯楽や思想を提供する新しいメディアとなった。

■ 明治後期——日露戦争前後～1912年

日露戦争後の文学は自然主義が隆盛した。島崎藤村や田山花袋が旗手となり、自己の身辺に取材した写実的な小説を書いた。自然主義は一大勢力であったが、文学の虚構を重要視して自然主義に反対する作家も多かった。反自然主義の代表的存在は夏目漱石であり、イギリス留学の経験やイギリス文学への造詣から、日本の近代化の問題や人間のエゴなどを虚構の中に描いた。森鴎外もこの頃文壇復帰し、耽美派雑誌の『スバル』の指導者になった。翌年に森鴎外を顧問とする『三田文学』も発行され、耽美派作家が集い、自然主義と対抗しうる勢力を形成していった。明治後期の文壇は、自然主義と反自然主義の対立という図式が成り立つ。理想や人道主義を掲

げる白樺派は1910年に発足したが、注目を浴びるのは大正時代に入ってからである。

政治では1910年に大逆事件が起こり政府の専横ぶりが顕著となった。文学者の心に暗い影を落とし、間接的、直接的に作風に影響を与えた。

■ **明治文学の変遷**

戯作に客観性と心理描写を与えて写実主義が完成した。写実主義の客観描写は自然主義に継承されたが、明治を過ぎてまもなく消散した。浪漫主義は耽美派へと展開していった。夏目漱石は同時代及び後世の文壇に大きな影響を与えた。

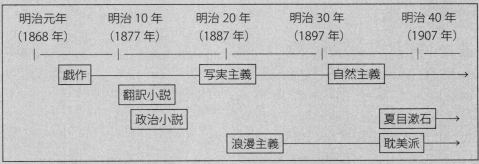

※図は、小町谷照彦ら（監修）『日本文学史』東京書籍を参考に作成。

第31章 二葉亭四迷

■生没年：1864～1909　■小説家・翻訳家

キーワード：言文一致体、リアリズム、ロシア文学

<作者>

二葉亭四迷は本名を長谷川辰之助といい、1864年4月4日江戸市ヶ谷に生まれた。1887年（明治20年）6月、近代知識人と世相を浮き彫りにした『浮雲』[1]第一編を刊行、合本は1891年（明治24年）9月に刊行した。この作品は言文一致体の本格的長編心理小説であり、時代を抜きん出ていて、近代日本文学の出発点となった。

■ 二葉亭四迷年表 ■

1864年	（元治1年）	誕生
1881年	（明治14年）	東京外語学校入学
1886年	（明治19年）	『小説総論』
1887年	（明治20年）	『浮雲』
1888年	（明治21年）	『あひゞき』、『めぐりあひ』
1899年	（明治32年）	東京外語学校教授
1904年	（明治37年）	朝日新聞入社
1907年	（明治40年）	『其面影』
1908年	（明治41年）	ロシアに赴任
1909年	（明治42年）	没

<生い立ちと文学>

ロシアの南下政策に危機感を抱き、軍人を志して陸軍士官学校を受験するが失敗し、外交官を目指して1881年（明治14年）東京外語学校[2]ロシア語科に入学した。そこで政治色の濃いツルゲーネフやドストエフスキーなどのロシア文学に傾倒し、社会と政治に対する関心が強く、文学、文明批評で立つ決意をした。1886年（明治19年）に坪内逍遥を訪ねて交友を深め、同年に文学論『小説総論』を著した。これはロシア文学やロシア人評論家ベリンスキーの理論の影響を受けて成った短い評論である。坪内逍遥の『小説神髄』とともに日本近代文学における画期的な理論であった。翌年、近代小説の先駆けとなった『浮雲』を発表した。その背景には二葉亭四迷がロシア文学の研究者であり、リアリズム理論に精通していたことがあった。1889年ツルゲーネフの『あひゞき』と『めぐりあひ』の訳もまた言文一致体で書かれ、特にその自然描写の美しさが絶賛された。二葉亭四迷と坪内逍遥は、以上の業績により日本近代文学の創始者とも言える。両者の比較を表31-1に示す。しかし、二葉亭四迷の主要関心は政治と国際問題にあり、文学には専心しなかった。

第31章 二葉亭四迷

表31-1 近代文学創始者の比較

業績	坪内逍遥	二葉亭四迷
文学理論	『小説神髄』（1885～1886年）。写実主義を主張し、近代文学の方法論を提案	『小説総論』（1886年）。『小説神髄』の立場を徹底させた
小説	『当世書生気質』（1885～1886年）で理論の実践を図るが不完全であった	『浮雲』（1887～1889年）。言文一致の口語体。近代小説の先駆的作品
翻訳	シェークスピアの全集を翻訳	ツルゲーネフの『あひびき』『めぐりあひ』など言文一致の名訳として有名

　1888年、内閣官報局の官吏として働き始め、1899年に東京外語学校の教授となり、数年後に辞職して満州で事業を始めるが失敗し、1904年朝日新聞に入社した。ロシアの新聞や雑誌から目ぼしい記事を翻訳することが仕事であったが、編集部との価値観の相違のため、記事はほとんど採用されず、解雇の危機に面した際、朝日新聞主筆の仲介で首が繋がった。主筆から小説の創作を勧められ、二葉亭四迷は断ることができず、ついに『浮雲』以来20年ぶりに、第二作『其面影』の連載を始めた。第三作目の『平凡』は夏目漱石の『虞美人草』の後に連載されたが、あまり評価されなかった。

　1908年45歳の時、朝日新聞のモスクワ特派員としてロシアに派遣され、そこで肺炎・肺結核を煩い、1909年5月10日、船路帰国途中、ベンガル湾上で客死し、シンガポールに埋葬された。

<『浮雲』>

　勧善懲悪の文学観を否定し、虚構を用い、人物を造型し、近代的人間の奥にある本質、また世態人情を写実的に描いた。『浮雲』は第三編の途中で中断されたが、近代文学の真の起点と言われ、史的価値が高い。

　『浮雲』の主人公内海文三は進歩的知識人の下級官吏であったが、世俗の知恵に欠けていた。やがて官庁を解雇され、お勢との恋も破綻し、激しく葛藤する。その内面を正確に描写するために言文一致体が発揮された。しかし作品が進行するにつれて描写が文三の内面に集中し、先へと展開でき

■ 本文の冒頭文 ■

第一編　第一回
　千早振る神無月も最早跡二日の余波となつた廿八日の午後三時頃に、神田見附の内より、塗渡る蟻、散る蜘蛛の子とうようよぞよぞよと沸出でで来るのは、孰れも顋を気にし給ふ方々。

第二編　第一回
　日曜日は近頃に無い天下晴れ、風も穏かで塵も起たず。

第二編　第十二回
　文三が二階を降りて、ソツトお勢の部屋の障子を開けるその途端に、今迄机に頬杖をついて何事か物思ひをしてゐたお勢が、吃驚した面相をして些し飛上つて居住居を直ほした。顔に手の痕の赤く残ッてゐる所を観ると、久敷頬杖をついてゐたものと見える。
「お邪魔ぢや有りませんか。」
「イイエ。」
「それぢやア。」
ト云ひ乍ら文三は部屋へ這入ッて座に着いて「昨夜は大に失敬しました。」

ずに閉塞し、第三編の途中で執筆が中断された。

『浮雲』の第一編の冒頭部分にはまだ近世文学の文体が見られ、二葉亭四迷自身も式亭三馬らの文体を模倣して書いたと述べている。

本書第二編の冒頭は漢文調の「天気快朗風柔にして塵を揚げず」という定型表現の影響である。漢文調の書き言葉を話し言葉に変えて表現しているが、表現の多様性は阻害され紋切型になっている。

第十二回の引用文では現代日本語とほぼ同じ表現がなされており、言文一致体を認めることができる。『浮雲』は文学史上、言文一致体を確立した小説として知られるが、厳密には翌年に翻訳された『あひゞき』こそが完全な言文一致体の小説である。生き生きとした文章で、以後の日本文学に大きな影響を与えた。

＜言文一致運動＞

言文一致運動は明治初期、二葉亭四迷、山田美妙、尾崎紅葉らが試みて次第に盛んになり、明治末期に終了した運動である。

明治時代の日本語は話し言葉と書き言葉が大きくかけ離れており、近代化を急ぐ日本はこれを問題視していた。西欧の学問や実学を学ぶ際に、書物の文章が日常語と異なって難解であれば習得も困難になるから、西欧のように口語と文章を一致させて国民の教育水準を高めることを急務とした。

日本語の中心をなす文体は漢文訓読体であった。明治11年3月20日の郵便報知新聞から引用すると、「天気快朗風柔にして塵を揚げず階前の梅花馥郁坐を侵し」とある[3]。漢文訓読調は紋切型、誇張的であり、「重いもの」や「軽いもの」も「泰山より重く鴻毛より軽し」などと表現されてしまう。

一方の話し言葉は、日常の取るに足らない事を語る表現手段として認識されていた。口語が文章に書かれる場合も、仮名垣魯文の戯作文学に見られるような下世話な内容であった。

> ■ **日本語の文体の創立** ■
> 翻訳家の森田思軒（もりたしけん）は『日本文章の将来』（1888年）の中で物事や思想を正確に表現する文体が確立されていないことを問題視し、西洋の文体を参考にして日本語の文体を作る努力をした。日本語の格助詞は語順が自由であるから、一つの表現に対して多様な書き方が可能になる。森田思軒はそこに日本語の可能性を見て、欧米の小説の翻訳作業を通して新しい文体の創立を試みたのである。
>
> 時代はやや遡るが、政治家の森有礼（もりありのり）は1872年、日本語を英語にすべきと主張し、思想家の西周（にしあまね）はローマ字を国字にすべきとの考えを表明した。福沢諭吉も『文字之教』（もんじのおしえ）（1873年）で難解な漢字の節減を提案している。知識人は口語と文章の乖離を解決するために数々の提言を行ったが、実現困難なものが多かった。日本語を放棄せず表現の工夫を試みた森田思軒は、最も現実的であったと言える。

● 二葉亭四迷と文体

二葉亭四迷も『浮雲』を書くに当たり文体を模索した。主人公の内海文三（うつみぶんぞう）の苦悩を

リアルに書き表すには定型的表現の漢文調は不適切であり、また口語の文章化にも困難が付きまとった。口語は論理性が欠如したり、「あのー」などの言葉が入って冗長になったり、言葉が省略されたり、待遇表現が高度に発達して客観的描写ができないなどの問題を抱えていたからである。

　二葉亭四迷は師事していた坪内逍遥から三遊亭円朝（さんゆうていえんちょう）の落語を聞いてみるように助言された。三遊亭円朝は当時の落語で一般的であった「～でげす」などの言葉遣いをせず、「ございます」、「です」などの敬体表現を使って地の部分を語り、登場人物の会話の部分では日常的な口調を再現していた。これらの言葉の使い方は文章を適度に口語化する際の有力な手がかりとなった。落語を速記した活字本も1884年に刊行され、二葉亭四迷の小説の文体構築に少なからず貢献をしたと思われる。

> **■ 森有礼 ■**
> 森有礼は外交官、教育家である。1847年に生まれ、海外事情を知るためにイギリス、ロシア、アメリカで見聞を広めた。1873年、日本最初の学術団体である明六社（めいろくしゃ）[4]を創設し、機関紙『明六雑誌』を発行して国民の啓蒙に努めた。成員には福沢諭吉、西周らがいた。
> 1885年、初代文部大臣になり明治憲法下の教育制度を確立した。

● 口語から文語への接近

　以上は文を口語に近づける試みであるが、反対に話し言葉を文に近づける試みもなされていた。従来、日本語での演説は不可能と思われていたが、1875年に福沢諭吉が実演し、人々の認識を一新した。福沢諭吉は現場で思い付くまま話したのではなく、準備段階として話の内容を文章に書き表し、それを推敲し、本番のときに草稿に基づいて話をしたのである。それは猥雑な口語を格調のある書き言葉に近づける作業であった。これを契機に全国で演説が流行し、演説方法の書物も刊行され、口語の論理化が進んだ。

● 言文一致体の浸透

　これらの先人たちの苦労が、二葉亭四迷の小説において言文一致体として結実するのであった。同時期に他の作家も言文一致体での執筆を試みている。文体は表31-2に示すように異なるが、口語であることには違いない。二葉亭四迷は最初、「だ」調にするか、「ございます」調にするか迷ったと言われる。

表31-2　言文一致体の作品

作者	作品	文体
二葉亭四迷	『浮雲』、翻訳『あひゞき』	「だ」調
山田美妙	『武蔵野』、『蝴蝶』	「です」調
尾崎紅葉	『多情多恨』	「である」調

　言文一致体は明治20年代に出現したが、すぐに普及したわけではない。幸田露伴など文語体に重きを置く擬古典主義の作家も存在し、文学表現には大きな幅があった。

■ 日本文学史

しかし徐々に文体の中心を成していき、明治30年代半ば、夏目漱石の『吾輩は猫である』がベストセラーになった頃には、言文一致体は広く人々に浸透していた。

＜坪内逍遥＞

坪内逍遥（1859～1935）は小説家、劇作者、評論家であり、名は雄蔵である。東大を卒業後東京専門学校[5]の講師となり、西洋史、憲法論の訳と解釈を講義した。並行して日本と西洋の文学を研究し、27歳の時、文学論『**小説神髄**』（1885年）を発表した。心理観察と客観的態度で小説を書く写実主義を尊重し、功利的文学観を退け、小説の芸術的価値を主張した。勧善懲悪を基調とする近世の『南総里見八犬伝』は人間の真実の感情から乖離した虚構だとして批判した。坪内逍遥は『小説神髄』の理論の実践として同年に『**当世書生気質**（とうせいしょせいかたぎ）』を書き、明治初期の学生たちの性格、生活、風俗を写実し、従来の勧善懲悪やモラルの束縛から離れた小説を実現した。当作品には七五調などが残り、完全に戯作的な要素を払拭できたわけではないが、その新しい作風は近代日本文学の方向性を打ち出した。坪内逍遥の理論や理想は二葉亭四迷に至って実現された。

坪内逍遥は31才の時、『細君』を最後に小説を止め、活動の中心を演劇に据えた。シェイクスピアと近松門左衛門を研究し、戯曲、演劇論を著し、1909年に演劇研究所を建てて俳優の養成に努め、1933年にシェイクスピア全集を完訳した。

● **坪内逍遥と文体**

坪内逍遥は『小説神髄』で写実主義を主張し、同時に三つの文体に言及した。一つ目は「雅文体」である。これは大和言葉のことであり、優柔や閑雅の文を書くには適しているが、小説が描く対象は優雅な物事だけではないから、「雅文体」のみでは不十分であるとした。二つ目の「俗文体」は、日常的な言葉であり、平易だが下卑（げび）ている。最後の「雅俗折衷文体」は両者を7対3、または3対

■ 坪内逍遥年表 ■

1859年	（安政6年）	誕生
1883年	（明治16年）	東大卒業
1885年	（明治18年）	『小説神髄』
1891年	（明治24年）	「早稲田大学」創刊
1894年	（明治27年）	近松門左衛門研究会発足
1909年	（明治42年）	演劇研究會創設
1933年	（昭和8年）	シェイクスピア全集完訳
1935年	（昭和10年）	没

■ 没理想論争 ■

1890年、東京専門学校に文学科が新設され、その翌年に坪内逍遥は同学科の機関紙として『早稲田文学』を創刊した。逍遥は誌上でシェイクスピアの作品を「没理想（ぼつりそう）」という言葉で規定し、文学は理想や主観を表わさず物事をありのまま表現するべきであるとした。これを読んだ森鴎外は自身の文芸評論誌『しがらみ草紙』で、芸術の美の理想を説き、理想がなければ文学もないと反論した。この没理想論争は両雑誌で半年以上も展開されたが、両者の主張が嚙み合わず実りのないまま終結した。

7の比率で混合した文体であり、小説を書くのに最適であるとした。しかし『当世書生気質』は近世の戯作文学の文体を超えられず、「移れバ換る浮世かな。幕府さかえし時勢に、武士のみ時に大江戸の。都もいつか東京と」という七五調で、さして新しい文体ではなかった。

坪内逍遥は『小説神髄』の前年にシェイクスピアの『ジュリアス・シーザー』を訳しているが、その文体も「心得たりと、皆一堂に懐に、かくし持たる懐剣ぬきもち、左右前後無二無三」などと七五調のリズムを守り、時に雰囲気を盛り上げるために原文にはない言葉を加えたりもしている。坪内逍遥は幼い頃から戯作文学や歌舞伎に親しんでいたため、近代小説の理想を掲げながらもその影響からは脱し切れなかったのである。

＜文学史　20．小説の変遷5（明治時代前半）＞

明治初期の小説は、近世後期の読本や洒落本の手法に基づく戯作文学、欧米の文化受容に伴う翻訳小説、自由民権運動の隆盛による政治小説で構成された。坪内逍遥が現れるのはこの後である。

● 政治小説

明治時代の新政府は、薩摩・長州・土佐・肥前の4藩が派閥を作り、要職を独占する専制政府であった。**福沢諭吉**（1835〜1901）が啓蒙書『**学問のすすめ**』（1872年）を出版して、万人の平等、学問の大切さ、自由独立の精神の養成を説いたり、**板垣退助**（1837〜1919）らが民選議院設立建白書を提出して国会開設を要求するなどの動きから、**自由民権運動**が全国的に広がった。国会開設の他、憲法制定、地租軽減、地方自治なども政府に要求した。この時代風潮の中で政治思想の啓蒙、宣伝を目的にした政治小説が書かれた。**矢野龍渓**（1850〜1931）の『**経国美談**』（1883〜1884年）はギリシア史に取材し、強国に独立を侵される小国テーベを救済すべく活躍する志士を描く。**東海散士**の『**佳人之奇遇**』（1885〜1897年）は祖国を失った主人公が世界の革命家たちと冒険を繰り広げる。作者はいずれも政治家である。

● 戯作文学

仮名垣魯文（1829〜1894）は文明開化の風俗を作品に取り入れた戯作者である。『**西洋道中膝栗毛**』（1870〜1876年）は近世の滑稽本『東海道中膝栗毛』の主人公の孫がロンドンの博覧会に向かう珍道中である。『**安愚楽鍋**』もまた滑稽本『浮世床』、『浮世風呂』の手法を取り、文明開化の象徴である牛鍋店[6]を舞台に据えて、そこに出入りする客の姿や会話を滑稽に描いた作品である。

● 翻訳小説

西欧文学の翻訳は漢文訓読体でなされた。リットン原作、丹羽純一郎訳の『**花柳春話**』（1878〜1879年）は青年と女性たちの恋を描く。ヴェルヌ作、川島忠之助訳の『**八十日間世界一周**』（1878〜1880年）は海と陸の冒険物語である。同作家の『月世界旅行』は人間が砲弾の中に入って月へ行くという話を科学的知識を

元に描いたＳＦ小説[7]である。この種の小説は世界地理や科学に対する人々の興味や好奇心を背景に人気を博した。

◆ ◆ ◆

【コラム　1.　福沢諭吉】

　福沢諭吉（1835～1901）は啓蒙思想家・教育家である。大坂で緒方洪庵から蘭学を学び、1858年江戸で蘭学塾を開いた。福沢諭吉はオランダ語が堪能であったが、欧米人との会話では英語のほうが主流であることを知って、英語を独学した。1860年、1861年、1867年と3回欧米渡航し、資本主義文明を見る。1868年蘭学塾を移転して「慶応義塾」と称した。これが現在の慶応義塾大学となる。明治維新後、新政府から要職を打診されたが断り、市民の教育と啓蒙活動に従事した。著書の『西洋事情』（1866～1870年）は欧米の政治、外交、紙幣、社会、博物館などを紹介する内容である。『学問のすすめ』（1872～1876年）は学問が人生に与える影響について述べ学問を奨励した。言文一致が達成されていないこの時代に平易な文章で書かれ、多くの日本人が読んだ。『文明論之概略』（1875年）は日本と欧米の文明比較である。いずれも明治初期の思想界に影響を与えた。

■ 福沢諭吉年表 ■
1835年（天保6年）　誕生
1858年（安政5年）　蘭学塾開設
1866年（慶応2年）　『西洋事情』
1867年（慶応3年）　3度目の渡航
1868年（明治1年）　慶応義塾開設
1872年（明治5年）　『学問のすすめ』
1875年（明治8年）　『文明論之概略』
1901年（明治34年）　没

【コラム　2.　ペリー来航】

　1853年、アメリカ東インド艦隊司令長官ペリーが4隻の黒船を引き連れて江戸湾を訪れ、友好通商や石炭・食料の供給を求めた。鎖国していた日本は、巨大な黒船を見て威圧感を受けながらも、開国には反対であった。翌年ペリーは7隻の船で再度江戸湾にやって来て、強硬な態度で通商条約の締結を要求した。日本側はやむを得ず日米和親条約を結び、下田と函館の開港、燃料・食料の供給などを決めた。

　両国の間で贈答品が交わされ、日本は桐の箪笥、傘、米、和紙、酒などを贈ったのに対し、アメリカは蒸気機関車模型、天体運行儀、モールス信号機などを贈り、科学技術力を誇示した。これに対して日本は相撲の力士の筋力を誇示した。60キロほどの俵を2、3個軽々と持ち上げたり、歯でぶら下げたり、俵を持って宙返りをするというパフォーマンスを見せた。

　1858年、日米修好通商条約が結ばれ、下田・函館の他、神奈川・長崎・新潟・

> 兵庫の開港、開港場の外国人居留地の設定、関税自主権の否定、領事裁判権の規定が主な内容で、不平等条約であった。同年にオランダ、ロシア、イギリス、フランスとも同様の条約が結ばれて、日本は欧米列強からの搾取の危機に晒された。

課題研究

1. 二葉亭四迷の功績を述べなさい。
2. 二葉亭四迷の作家としての特異性は何ですか。
3. 坪内逍遥と二葉亭四迷の業績を比較検討しなさい。
4. 言文一致運動の概要を200字程度にまとめなさい。
5. 明治時代初期の小説について簡潔に説明しなさい。

注 釈

1. 『浮雲』を発表する時の著者名は、坪内逍遥の本名「坪内雄蔵」であった。
2. 東京外国語学校は現在の東京外国語大学。
3. 加賀野井秀一（2002年）『日本語は進化する』p31 から孫引きした。
4. 明治6年に結成されたから「明六社」という。
5. 東京専門学校はのちの早稲田大学。
6. 日本は676年に肉食禁止令が出されて以来、明治初期まで肉を食べることが禁止されていた。しかし欧米に追い付くために、肉を食べて頑健な体を作ることが奨励された。だから牛鍋店は文明開化の象徴なのである。
7. SF小説は中国語で『科幻小説』のこと。

■日本文学史

第32章 尾崎紅葉

■生没年：1867～1903　■小説家

キーワード：紅露時代、硯友社、我楽多文庫

<作者>

尾崎紅葉は本名を尾崎徳太郎といい、1867年東京に生まれた。大学予備門在学中の1885年、山田美妙らと日本初の文学結社硯友社を設立し、『我楽多文庫』を発刊した。明治文壇の雄として偉業を遺し、泉鏡花、徳田秋声らの逸材を出した。「である調」の文章で、言文一致運動を促進した。

■ 尾崎紅葉年表 ■

1867年（明治1年）	誕生
1885年（明治18年）	硯友社結成、『我楽多文庫』創刊
1888年（明治21年）	東大入学
1889年（明治22年）	読売新聞社入社
1890年（明治23年）	大学退学
1896年（明治29年）	『多情多恨』連載
1897年（明治30年）	『金色夜叉』連載
1903年（明治36年）	没

<生い立ちと文学>

　1888年東京大学政治科に入学し、翌年国文科に転科した。『我楽多文庫』に発表した『二人比丘尼色懺悔』（1889年）が出世作となって読売新聞社に入社した。当作品は二人の尼が出会い、出家の由来を語り合ううちに、同じ男性を愛していた事実を知るという筋書である。1660年刊行の仮名草子『二人比丘尼』は、二人の尼の問答や懺悔の中に仏教思想を含ませたものだが、尾崎紅葉はこれに井原西鶴の好色物を取り入れて恋愛話にし、流麗な雅俗折衷文体で描いた。尾崎紅葉の古典に学ぶ**擬古典主義**は硯友社全体の作風となった。

　『我楽多文庫』が1889年10月に廃刊になった後、尾崎紅葉は大学を退学して新聞紙上に『二人女房』、『三人妻』、『紫』などを発表する。『**多情多恨**』（1896年）は、主人公の愛情の推移を言文一致体で表現した作品である。翌年から連載された『**金色夜叉**』は日本の資本主義社会発展における金銭と恋愛の問題を描いた。1903年10月30日、尾崎紅葉が胃ガンで死去したため未完となったが、世間の好評を博して演劇、映画、流行歌にもなった。

● 紅露時代

　この時期の文壇は、坪内逍遥が演劇に専心し、二葉亭四迷が小説を離れていた。森

鴎外は1890年に『舞姫』などの浪漫主義小説を書いたが、活動の中心は評論と翻訳であり、1894年には軍医として中日甲午戦争に参戦している。そのため尾崎紅葉および同時代の幸田露伴が文壇の重鎮となり、明治20年代は**紅露時代**(こうろじだい)と呼ばれた。

紅露時代出現の背景には上述の要因の他に、国粋主義の高まりがあった。外務大臣井上馨(いのうえかおる)は欧米諸国と結んだ不平等条約の改正を狙って、1883年に西洋館の鹿鳴館(ろくめいかん)[1]を建設し、外国の貴賓の接待や上流社会の社交場として利用した。これに対して卑屈な対外的態度だとする非難の声が上がり、その反動から日本の伝統的文化や生活様式の保護が主張された。古典文学を尊重する尾崎紅葉や幸田露伴はこうした時代風潮の中で世間の評判を得たのであった。しかし人気を博した紅葉作品[2]も、後代には受け入れられず消えていった。

<『金色夜叉』>

尾崎紅葉は坪内逍遥や井原西鶴の写実主義を吸収したが、文章の技巧や美しさを重要視したので風俗や人情の描写は表面的であった。

絶筆となった『金色夜叉』のヒロイン鴫沢宮(しぎさわみや)は、許婚の間貫一(はざまかんいち)を捨てて富豪の男と結婚した。貫一は宮や社会への復讐のために高利貸しになった。

文語体で地の文を、口語体で会話を書いている。

<硯友社>

大学予備門(だいがくよびもん)[3]の学生である尾崎紅葉らが創設した硯友社は、すぐに明治文壇の一大結社となった。機関紙『我楽多文庫』は日本最初の文芸雑誌であり、小説、落語、新体詩、狂歌など多様な文学を掲載した。存続した期間は短かったが、通巻43冊を発行して多くの同人を輩出した。

以下に硯友社の同人、尾崎紅葉の門人を記す。

● 同人

山田美妙は言文一致体の『武蔵野』を含む短編集『夏木立』(1888年)で高い評価を得たが、尾崎紅葉と不仲となり、同年に『我楽多文庫』を離れて文芸雑誌『都の

■『金色夜叉』■

足の踏所も覚束無げに酔ひて、帽は落ちなんばかりに打傾き、ハンカチイフに裹みたる折を左に挈(さ)げて、山車人形のやうに揺々と立てるは貫一なり。面は今にも破れぬべく紅に熱して、舌の乾くに堪へかねて頻(しきり)に空唾(からつば)を吐きつつ、「遅かつたかね。さあ御土産です。還つてこれを細君に遣る。何ぞ仁なるや」、「まあ、大変酔つて！どうしたの」、「酔つて了(しま)った」、「あら、貫一さん、こんな所に躱(かく)ちや困るわ。さあ、早くお上りなさいよ」「かう見えても靴が脱げない。ああ酔つた」

仰様(のけざま)に倒れたる貫一の脚を掻抱きて、宮は辛くもその靴を取去りぬ。「起きる、ああ、今起きる。さあ、起きた。起きたけれど、手を牽(ひ)いてくれなければ僕には歩けませんよ」

宮は婢(おんな)に燈を把(と)らせ、自らは貫一の手を牽かんとせしに、彼は跛(よろめ)きつつ肩に縋りて遂に放さざりければ、宮はその身一つさへ危きに、やうやう扶(たす)けて書斎に入りぬ。

花』の編集主幹に就いた。

　川上眉山（かわかみびざん）は俳文や戯文を書き、美文家と言われた。のちに社会批判の**観念小説**[4]を書き、厭世的となり、文学的にも行き詰って自殺した。小説に『墨染桜』、『書記官』、随筆に『ふところ日記』などがある。

　巖谷小波（いわやさざなみ）は少年少女の純愛を主題に小説を書き、のちに児童文学に専心した。『日本昔噺』、『日本お伽噺』、『世界お伽噺』、『世界お伽文庫』などの編著がある。

　江見水蔭（えみすいいん）は通俗小説を多く書いた。探偵小説『女房殺し』や随筆『自己中心明治文壇史』などがある。江水社を興し、**田山花袋**らに発表の機会を与えた。

　広津柳浪（ひろつりゅうろう）は『残菊』で文名を得て、『黒蜥蜴』（くろとかげ）、『畜生腹』などの**深刻小説**[5]を発表した。

● 門人

　泉鏡花（いずみきょうか）は最初『夜行巡査』や『外科医』などの観念小説を書いていたが、明治30年代から神秘的な浪漫主義に転じ、『**高野聖**』（こうやひじり）、『**婦系図**』（おんなけいず）など独特な小説を著した。紅露時代の後、文壇に存在感を示したが、自然主義の隆盛で不遇となった。大正中期以後再び評価され、現代でもその作品は映画化、演劇化されている。

　小栗風葉（おぐりふうよう）は『亀甲鶴』（きっこうづる）で認められ、『恋慕ながし』、『青春』などが代表作となる。泉鏡花とともに紅葉門下の二秀才と呼ばれたが、自然主義文学の台頭の中で消えていった。

　徳田秋声（とくだしゅうせい）は処女作『藪柑子』（やぶこうじ）で文壇に登場したが、好ましい評価は得られなかった。しかし自然主義が台頭するに及んで、『新世帯』（あらじょたい）、『黴』（かび）、『あらくれ』などを発表して、**島崎藤村**、田山花袋と並ぶ自然主義の代表的作家となった。その後、**心境小説**[6]の『仮装人物』、『光を追うて』などを書いた。徳田秋声の門人葛西善蔵も自然主義を継承し、『子をつれて』（1918年）など破滅型の私小説を書いた。

　柳川春葉（やながわしゅんよう）は尾崎紅葉の補筆による『白すみれ』で世に出て、その後『母の心』、『生さぬ仲』（なさぬなか）などの**家庭小説**[7]を書いた。

　泉鏡花、小栗風葉、徳田秋声、柳川春葉は紅葉門下の四天王と呼ばれた。

＜硯友社以外＞

　硯友社の作家と雑誌のみが明治文学を支えていたのではない。以下に記すように、硯友社とは関わりのない作家、雑誌も文壇をにぎわせていた。

● 作家

　幸田露伴は尾崎紅葉と同じく1867年東京に生まれた。少年時代から図書館で文学書を読破し、仏教、儒教、道教など

■ 幸田露伴年表 ■

1867年	（慶応3年）	誕生
1882年	（明治15年）	東京英學校[8]中退
1889年	（明治22年）	『風流仏』
1891年	（明治24年）	『五重塔』
1919年	（大正8年）	『運命』
1937年	（昭和12年）	文化勲章受章
1947年	（昭和22年）	没

東洋思想に造詣が深く、井原西鶴らの古典にも影響を受けた。作家としての名声を得た『風流仏』(1889年)は、男性彫刻家の失恋と芸術を絡ませて神秘的に描いた作品である。『五重塔』(1891年)は、大工の十兵衛が熱烈な芸術意識で五重塔を建立させる物語である。右は五重塔を襲う嵐の場面であり、名文として有名で、戦前の国語教科書にも掲載された。

文体は擬古文であり、擬古典主義に立つ。尾崎紅葉は主に女性を描いたが、幸田露伴は力強い男性を描いた。

■ **五重塔** ■

上りつめたる第五層の戸を押明けて、今しもぬつと十兵衛半身あらはせば、礫を投ぐるが如き暴雨の、眼も明けさせず面を打ち、一ツ残りし耳までも址断らむばかりに猛風の、呼吸さへ為さず吹きかくるに、思はず一足退きしが、屈せず奮つて立出でつ、欄を掴んで屹とにらめば、天は五月の闇より黒く、ただ嘈然たる風の音のみ宇宙に充て物騒がしく。(中略)

幸田露伴は森鷗外主宰の文芸雑誌『**めさまし草**』で、鷗外、斎藤緑雨[9]とともに新作小説の合評である「三人冗語」を担当した。西欧に追随する近代化に批判的であり、東洋思想に根ざした世界観を作品に築いた。自然主義文学の隆盛以降は、主に研究や考証に活動の場を求め、『芭蕉七部集評釈』(1920～1947年)を著して高い評価を受けた。大正期には中国の明朝に取材した壮大な歴史小説『運命』(1919年)を発表した。81歳の長寿であり、明治、大正、昭和と三つの時代を通して健筆をふるい、1937年に第1回文化勲章を受章した。娘の幸田文は随筆家・作家、孫の青木玉は随筆家、曾孫の青木奈緒[10]は翻訳家である。

徳富蘆花は、兄の**徳富蘇峰**が創立した出版社、民友社で雑文執筆や翻訳をしていたが、1898年、家庭小説『不如帰』で文壇に出た。結婚生活と純粋な愛情が封建的家族制度や妻の肺結核のために崩壊する悲劇を描き大評判となった。他に『自然と人生』、『黒潮』などがある。国粋主義に傾斜した蘇峰とは対立していたが、晩年に和解した。

木下尚江は社会運動家であり、平民社の『平民新聞』で日露戦争反対を表明した。『火の柱』(1904年)、『良人の自白』(同年)で、資本家や軍人、政治家の不正などの社会悪を暴き、社会主義文学の先駆をなした。

同時代の作家にはこの他、**国木田独歩**、**北村透谷**がいるが、「島崎藤村」の章で改めて論じる。

● **文芸雑誌**

『**女学雑誌**』は女性の地位と教養の向上を企図した雑誌で、1885年7月から1904年2月まで全526号を発行した。執筆陣に岸田俊子[11]らがいて、男女同権や自由恋愛などを論じた。文学部門で北村透谷、島崎藤村らが評論・創作をしていたが、のちに女学雑誌から独立して同人雑誌『**文学界**[12]』を創刊した。1893年1月から1898年1月まで全58号を発行し、明治20年代の浪漫主義文学を推進した。

『**しがらみ草紙**』は森鷗外が主宰する日本初の文学評論誌であり、1889年10月から1894年8月まで全59号が発行された。終刊の理由は森鷗外の中日甲午戦争参戦による。誌名には、混乱した文壇の流れに柵[13]を立てる意味が込められた。評論が中心

であり、坪内逍遥との没理想論争の拠点となった。そのほか幸田露伴の小説、森鷗外と妹の小金井喜美子の外国文学の翻訳などを載せた。

『めさまし草』は『しがらみ草紙』の後継誌で、1896年1月から1902年2月まで56冊が刊行された。記事の中で最も権威があるのは合評の「三人冗語」であった。

『都の花』は日本初の商業文芸雑誌であり、1888年10月から1893年6月まで、通巻109号が発行された。山田美妙の『花車』、『この子』、二葉亭四迷の『めぐりあひ』、『浮雲（第三編）』などが掲載され、美妙退社後は尾崎紅葉ら硯友社同人も参加した。

『文芸倶楽部』は1895年1月から1933年1月まで、普通号457冊、臨時増刊号150冊を発行した明治中期最大の文芸誌である。最初は純文学路線で出発し、泉鏡花『外科室』、樋口一葉『にごりえ』、国木田独歩『窮死』、岡本綺堂『修善寺物語』などの名作を載せたが、次第に通俗娯楽雑誌に変わり、昭和期には第1回直木賞を受賞した川口松太郎や流行作家の**大仏次郎**の作品を掲載した。

◆ ◆ ◆

【コラム　1．欧化政策】

　欧米諸国のアジア進出に対抗するために日本は**殖産興業**という政策を打ち出した。近代の産業技術を導入して、鉄道、鉱山、造船、牧畜、農林業など各分野で国家主導による保護育成を推進した。更に殖産興業により資本主義化を進め、豊かな経済力を基礎にして近代的軍事力を持つことが目指された。この**富国強兵**をスローガンとし、日本は西洋と対等の地位を得るために急ピッチで**文明開化**を推し進めた。以下はいずれも日本初の事柄である。

　　1868年　ホテル開業
　　1870年　日刊新聞創刊
　　1871年　郵便事業開始、断髪令・廃刀令公布
　　1872年　学制公布、鉄道開通、太陽暦採用
　　1874年　雑誌創刊（『明六雑誌』）
　　1877年　東京大学設立

　日本人の伝統的なちょんまげ、和装、ふんどし姿も外国人に「未開人」という印象を与えるため、国民に「断髪令」などを発布して洋風化を進めた。「廃刀令」とは、軍人、警察官、官吏にのみ刀を持つことを許し、元武士階級の士族の帯刀を禁じた制度である。明治政府に対し士族の不満が高まり、1869年から1878年までの間、24件もの士族反乱が起こった。

【コラム　2．徳富蘇峰】

　徳富蘇峰は1887年に民友社を設立し、雑誌『国民之友』、新聞『国民新聞』を創刊し、平民主義と欧化主義を主張した。平民主義とは万人平等の社会を目指す主義である。しかしやがて国家主義に転向し、藩閥政府を支持して、貴族

院議員になった。市民の反発を招き、雑誌は廃刊、新聞も襲撃焼き打ちに遭った。
　徳富蘇峰が国家主義に傾く前まで『国民之友』は社会的にも文学的にも優れた雑誌であった。文芸欄には森鴎外の『於母影』、『舞姫』が掲載される他、尾崎紅葉、幸田露伴、坪内逍遥、二葉亭四迷、国木田独歩らも登場した。

課題研究

1. 研友社の果たした役割は何ですか。
2. 尾崎紅葉の門人を一人選び、文筆活動について詳しく調べなさい。
3. 同年出生の尾崎紅葉と夏目漱石を比較検討しなさい。
4. 『我楽多文庫』の果たした役割は何ですか。
5. 幸田露伴の文学上の功績は何ですか。

注釈

1. この時代を鹿鳴館時代という。条約改正は失敗し、井上は1887年に辞職した。鹿鳴館はその後、華族会館となり、1941年に取り壊された。
2. 紅葉作品は女性を主人公として描いたものが多い。
3. 大学予備門はのちの第一高等学校。
4. 観念小説は人間の悲劇を社会に求める小説で、中日甲午戦争後に現れた。
5. 深刻小説は中日甲午戦争後の時代を背景にして、人生や社会の悲惨な面を描く小説。悲惨小説とも言う。
6. 心境小説は自然主義の私小説の一種であるが、自己の心境と社会との調和を表現する点に特色がある。
7. 家庭小説は深刻小説、観念小説への反動として、倫理感を持って家庭内の愛情などを描く小説のこと。
8. 東京英学校はいまの青山学院大学。
9. 斎藤緑雨は小説家、評論家。仮名垣魯文に師事した。
10. 青木奈緒（1963～　）は学習院大学ドイツ文学科、同大学院卒業。エッセイ『ハリネズミの道』でデビューした。
11. 岸田俊子は自由民権運動に参加し、男女平等を主張した。
12. 1933年10月、川端康成らを同人として創刊した雑誌も同名の『文学界』である。
13. 柵は水流をせき止めるために、川の中にいくつもの杭を立てて、竹などで結びつけたもの。

■ 日本文学史

第33章　樋口一葉

■生没年：1872～1896　■小説家

キーワード：女流作家、初の女性職業作家、青鞜社

<作者>

樋口一葉は本名を樋口奈津（夏子とも書いた）と言い、1872年3月25日、東京に生まれた。歌人の門に入った後、小説を目指し、幸田露伴の影響を受けて作品を書いた。『たけくらべ』（1895年）が森鴎外らに激賞され、女流作家として文壇に出たが、1年半後に肺結核で夭折した。

■ 樋口一葉年表 ■

1872年（明治5年）		誕生
1886年（明治19年）		「萩の舎」入門
1889年（明治22年）		父死去
1891年（明治24年）		半井桃水に師事
1893年（明治26年）		「文学界」同人と親交
1895年（明治28年）		『たけくらべ』、『にごりえ』、『十三夜』
1896年（明治29年）		『わかれ道』、結核で死去

<生い立ちと文学>

樋口一葉は小学校を中退後、中島歌子の歌塾「萩の舎」で**和歌**や古典を学んだ。18歳のとき父が他界し、母と妹の生活を抱えて困窮した。その頃、萩の舎の同門の**三宅花圃**[1]が処女作『藪の鶯』[2]で原稿料を得たことを知り、樋口一葉も小説家を志した。『朝日新聞』記者で大衆作家の**半井桃水**に師事して通俗小説を学んだ。処女作『闇桜』を桃水主宰の同人誌『武蔵野』[3]に掲載してもらったり、桃水から生活の面倒を見てもらううちに、師に恋情を抱くようになるが、当時は結婚を前提にしない恋愛はタブー視されており、醜聞も広まった。樋口一葉は半井桃水から身を引いて小説に専念することを決意した。幸田露伴の作品に親しみ、井原西鶴にも開眼した。

● **作品発表**

三宅花圃の力添えで文芸雑誌『文学界』に発表の場を得て、『雪の日』（1893年）、『闇夜』（1894年）、『大つごもり』（1894年）、『たけくらべ』（1895年）を発表する。『たけくらべ』は遊郭の吉原を舞台に、少年少女の淡い恋を抒情的に描いた短編小説で、『文学界』で連載したあと、一流雑誌の『文芸倶楽部』4月号に一括掲載した。これが森鴎外らの目に止まり、雑誌『めさまし草』の合評「三人冗語」の中で絶賛され、作家としての地位を不動のものにした。『たけくらべ』の成功で新聞や

雑誌から原稿依頼が来て、『文学界』や硯友社の作家も一葉の家を訪れた。これからの活躍が期待されたが、肺結核のため24歳で夭折した。

他の小説に『にごりえ』(1895年)、『十三夜』(1895年)、随筆に『すずろごと』(1896年)がある。15歳のときから他界するまで書きつづられた膨大な日記は、身辺雑事、世評、自伝など多彩な内容になっており、小説同様に高く評価されている。

樋口一葉は**日本初の女性職業作家**であり、1年2か月の短い期間の間に多数の名作を残した。その業績が称えられ、2004年から五千円札の肖像画として採用された。

<『たけくらべ』>

『たけくらべ』の末尾部分を引用する。美登利(みどり)は、妓楼の大黒屋(だいこくや)の養女であり遊女として働く運命にある。同じ学校に通う少年信如(しんにょ)に密かに恋心を抱いていたが、進展がないまま時が過ぎた。竜華寺(りゅうげじ)の子の信如は、僧侶の学校への通学が始まる日の朝、大黒屋の玄関に水仙の造花を差しいれた。美登利はそれが信如の贈り物だと察して、慈しむように水仙を生けるのであった。

■『たけくらべ』■
龍華寺の信如が我が宗の修業の庭に立出る風説をも美登利は絶えて聞かざりき、有し意地をば其まゝに封じ込めて、此處しばらくの怪しの現象に我れを我れとも思はれず、唯何事も恥かしうのみ有けるに、或る霜の朝水仙の作り花を格子門の外よりさし入れ置きし者の有けり、誰れの仕業と知るよし無けれど、美登利は何ゆゑとなく懐かしき思ひにて違ひ棚の一輪ざしに入れて淋しく清き姿をめでけるが、聞くともなしに傳へ聞く其明けの日は信如が何がしの學林に袖の色かへぬべき當日なりしとぞ。

<作家になるまで>

人は偶然に作家になるのではなく、必然性によって作家になる。本節では、樋口一葉が文豪森鴎外に注目されるほどの作家になった要因を人生に即して考察する。

● **家庭環境**

祖父は漢詩、和歌、俳諧に親しみ、父も読書好きであった。この影響下で樋口一葉も成績優秀であったが、母が「女に学問はいらない」と考え、小学校を退学することになった。兄弟は長兄の泉太郎、次兄虎之助、長女ふじ、妹くにがいた。虎之助は行動が身勝手で頼りにならず、父が分籍した。ふじは両親の反対を無視して結婚したのち経済的に困窮した。父は農民出身であり、東京府と警視庁の属官を経て事業会社を興したが、失敗して借金を背負った。このとき長兄が24歳で病没したので樋口一葉が戸主を継いだ。同年に父が精神的に衰弱して他界した。頼るべき親戚もおらず、18歳の樋口一葉は一人で母と妹の面倒を見る責任を負った。生活費を稼ごうとする意志は、のちに、小説で原稿料を稼ぐ発想へと繋がっていく。

● 詞書

　樋口一葉は一家破綻の3年前、父の友人の勧めで萩の舎に入門した。父が学費を出したのは、世間体や見栄もあったが、一葉の学才をもっと伸ばしてあげたいという親心もあったからだ。萩の舎は古今調を宗とし、万葉調も新古今調も認めず、新しい歌風の歌を詠むことも禁止した。与えられた題に沿って型どおりの歌を詠めば師匠から評価された。しかし、上品な歌では兄弟や父の死、困窮の生活から起こる感情などを表現することはできないので、歌の創作動機や成立事情などを記す詞書（ことばがき）を書くようになる。

　詞書を書き連ねる経験は、「抒情的散文作家に転じていく[4]」源流となった。

● 人間関係

　詞書でいくらか満たされたものの、歌と生活との距離感は依然としてあり、萩の舎に通学することに疑問を抱くようになった。更に和歌よりも小説のほうがお金が稼げると考えて半井桃水に師事した。樋口一葉は『源氏物語』や『伊勢物語』の雅文体で小説を書いていたが、半井桃水に雅俗折衷体を勧められ、文体を変えた。

　紆余曲折を経て桃水のもとを離れ、尾崎紅葉や幸田露伴の小説を研究した。特に幸田露伴に影響を受け、美術の職工を主人公にした『うもれ木』を書いた。三宅花圃はこの作品を雑誌『都の花』に推薦し掲載した。『うもれ木』を読んで感激した戸川秋骨らは、1893年『文学界』を創刊するに当たり、一葉に原稿執筆を依頼した。

　半井桃水、三宅花圃、戸川秋骨らの協力で樋口一葉は作家としての道を歩んでいくのである。

● 『たけくらべ』の土壌

　『文学界』は同人雑誌であるため原稿料が少なく、作品を発表しても家計の支えにはならなかった。樋口一葉は生活費を稼ぐために遊郭吉原の裏に家庭用品の店を構えた。商売は性に合わず1894年5月に店を畳んだが、ここで人間たちの欲望や盛衰を観察したことが、のちに出世作『たけくらべ』を書き上げる経験となった。

＜文学史　21．女流文学の変遷1（平安〜明治時代）＞

　日本文学史において最初に登場する有力な女流文学者は**小野小町**と言ってよかろう。六歌仙、三十六歌仙における唯一の女性である。生没年は未詳であるが、9世紀半ばに活躍したと推定される。

　当時の女性には学問が必要とされなかったが、教養や芸を見につけ、男性貴族に気に入られ、後宮に仕えることができれば、氏族の繁栄となる。小野小町は両親や親族の期待の中で歌を学んだのであろう。そこには努力だけでは到達し得ない天性的な歌の才能もあったと思われる[5]。続いて平安時代中期には、**紫式部**や**清少納言**らが漢詩文の知識や文学的感性を発揮して、物語、随筆、日記などを著した。平安時代の女房には地位の高さ、教養の高さがあり、時代的にも文学の創作が奨励されていた。仮名

文字に対する女性たちの自負心も加わって、未曽有の女流文学隆盛を見た。

しかしこれ以降、女流文学は下火となる。特に江戸時代は、徳川家康が儒教の一つ朱子学を官学として認め、治世した。その影響で女性の身分は低くなり、女性の手による文学も出現しなくなった。例外的に江馬細香が漢詩を書き、只野真葛が物語、随筆、思想書も書いている。只野真葛は文章の中で女性を軽視する儒教を批判してもいる。

明治という新時代になり、樋口一葉が登場する。女性の立場はまだ弱いままであったが、樋口一葉の文学的才能と、文豪であった森鴎外の推挙があって、文壇に出ることができた。

樋口一葉が文壇から去った後、しばらくの間、女性作家は出現しなかったが、明治40年代になって**田村俊子**[6]が現れた。日本女子大学国文科を中退してから幸田露伴に師事し、女優の仕事や結婚生活を経て、1910年『あきらめ』で文壇に出た。強烈な官能描写と男女の相克を主題にした作風で流行作家となった。その作風から耽美主義の作家と捉えることもできよう。

1911年、婦人運動家の**平塚らいてう**[7]は女流文学者の集団「**青鞜社**」を結成し、機関紙『**青鞜**』を発行した。同人には田村俊子の他、**与謝野晶子**、国木田治子[8]、小金井喜美子[9]、森しげ子[10]などがいた。『青鞜』は当初女性文芸誌であったが、のちに貞操問題や堕胎問題などを論じて日本のフェミニズムに貢献した。1916年に廃刊となった。

【コラム　産業革命】

　樋口一葉が生きた時代は日本の産業革命の開始期であった。軽工業の紡績業は、1883年に大阪紡績工場がイギリス製蒸気紡績機を導入して大規模経営を成功させた。製糸業は国産の繭を原料にして発展し、代表的な輸出産業となり、日本の資本主義の発達を支えた。重工業は八幡製鉄所が1901年から操業を開始し、日露戦争後に生産を本格化させた。

　以上をまとめる。
- 1890年代　紡績業を中心とする軽工業で産業革命が進む
- 1900年代　重工業で産業革命が進む

　1882年は輸出額3772万円、輸入額2945万円であったが、1913年は輸出額6億3246万円、輸入額7億2943万円となっている。このような産業発展を支えたのは、極端に安い賃金で重労働を強いられた女工であった。女工は貧しい農村の出身が多く、家計を助けるために製糸工場で働いていたが、劣悪な労働条件に堪え切れずストライキを起こすこともあった。

　細井和喜蔵は知名度の低い労働者作家だが、プロレタリア文学同人誌の『種蒔く人』などに詩や小説を発表し、代表作の『女工哀史』（1925年）では紡績

> 工場に勤める女工の悲惨な実態を描いている。
> 　『女工哀史』の巻末付録には女工小唄が載っている。紡績工場で毎年開催される盆踊りのときに女工が歌いながら歌ったものである。下にそのフレーズをいくつか紹介するが、女工たちの歌には悲惨な境遇への悲しみと、それを乗り越えようとする強さが垣間見える。
> - 偉そうにするな。お前もわしも同じ会社の金もらう。
> - よその会社は仏か神か。ここの会社は鬼か蛇(じゃ)か。
> - 親のない子は泣き泣き育つ。親は草葉のかげで泣く。
> - 会社勤めは監獄勤め。金の鎖が無いばかり。

課題研究

1. 樋口一葉に影響を与えた人物は誰ですか。またそれはどのような影響ですか。
2. 女流文学史を考える時、樋口一葉はどんな存在ですか。
3. 樋口一葉が萩の舎で学んだことは小説にどんな影響を与えましたか。
4. 「恋と文学」という視点から、樋口一葉と与謝野晶子を比較検討しなさい。
5. 『たけくらべ』には作者のどんな気持ちが込められていますか。

注　釈

1. 夫の三宅雪嶺(せつれい)は欧化主義に反対して、日本主義を提唱した。
2. 坪内逍遥が校閲し、序文も書いた。
3. 戯作的な作風の雑誌であったため、紅露時代に受容されず、三号で廃刊となった。
4. 引用は、塩田良平「樋口一葉」『幸田露伴・樋口一葉全集』集英社、1968年、410頁。
5. 小野小町については、佐藤俊子「比較女流文学—小野小町の場合—」『北星学園女子短期大学紀要』Vol.33：21—32. 1997 (http://ci.nii.ac.jp/) を参照した。
6. 田村俊子（1884〜1945）は8年の作家生活の後、カナダに渡り、18年後に帰国して再起を目指すが失敗し中国に渡って雑誌刊行に従事、上海で客死した。数奇な人生であった。1961年に文学賞の田村俊子賞が設けられた。
7. 平塚らいてう（1886〜1971）は1908年、夏目漱石の門人の森田草平と心中事件を起こした。
8. 国木田治子は国木田独歩の夫人。
9. 金井喜美子は森鴎外の妹。
10. 森しげ子は森鴎外の夫人。

第34章　森鴎外

■生没年；1862～1922　■小説家・評論家・翻訳家・陸軍軍医

キーワード：浪漫主義、新体詩、反自然主義

<作者>

森鴎外(もりおうがい)は本名を森林太郎(もりりんたろう)と言い、1862年1月19日、島根県に生まれた。陸軍軍医としてドイツに留学し衛生学を学ぶが、美学や文学にも傾倒し、帰国後は浪漫主義の作品を発表する。啓蒙家として、翻訳、評論、創作、文芸誌創刊を行う。晩年は歴史小説、史伝に開眼した。夏目漱石と共に反自然主義の文豪であり、明治文壇の重鎮である。

■森鴎外年表■

1862年（文久2年）	誕生
1881年（明治14年）	東大医学部卒業、陸軍軍医となる
1884年（明治17年）	ドイツ留学
1888年（明治21年）	帰国
1889年（明治22年）	結婚『於母影』、『しがらみ草紙』創刊、「新声社」結成
1890年（明治23年）	『舞姫』、『うたかたの記』、離婚
1894年（明治27年）	中日甲午戦争に参戦
1896年（明治29年）	『めさまし草』創刊
1899年（明治32年）	小倉に左遷
1902年（明治35年）	再婚
1904年（明治37年）	日露戦争に参戦
1907年（明治40年）	陸軍軍医総監に就任
1909年（明治42年）	『スバル』創刊、『ヰタ・セクスアリス』
1912年（大正1年）	乃木希典殉死、『興津弥五右衛門の遺書』
1913年（大正2年）	『阿部一族』
1915年（大正4年）	『山椒大夫』
1922年（大正11年）	肺結核で没

<生い立ちと文学>

森家は先祖代々医師の家系であり、森鴎外も東京大学医学部に進んだ。明治政府はドイツ医学を中心に据えて研究や医療活動を展開し、大学でもドイツ人の教官がドイツ語で講義していた。

森鴎外は幼少の頃から『論語』を読んだりオランダ語を学んだりした神童であり、ドイツ語の習得も困難ではなかった。年齢を偽って12歳で東京医学校予科入学に入り19歳で卒業した。この間に医学の他、文学にも傾倒した。陸軍省に入省し、3年後の1884年、ドイツ留学で衛生学や衛生制度を学ぶ一方、観劇を楽しんだりハルトマンの審美学[1]を研究したりするなど、芸術や思想、哲学への好奇心も旺盛であった。

■ 日本文学史

● 浪漫主義

1888年に帰国した直後、ドイツ人女性のエリスが森鴎外を慕って来日するという出来事があった。エリスは森家に説得されてドイツへの帰国を余儀なくされたが、この経験は森鴎外に小説『**舞姫**』を書かせた。ドイツのベルリンを舞台にして、日本の若い官吏の太田豊太郎とドイツの踊り子エリスとの悲恋を描いた短編小説である。典雅な文体で浪漫的な雰囲気を紡ぎだしている。同時期の作品『うたかたの記』、『文つかひ』もドイツを舞台にしており、合わせて初期三部作と称される。

帰国の翌年、文芸誌『**しがらみ草紙**』を創刊し、文学結社「新声社」を創設した。翻訳小説『**即興詩人**』[2]は明治浪漫主義の代表作となり、翻訳詩集『**於母影**』[3]は文語による七五調の詩で、**新体詩**に大きな影響を与えた。

新体詩とは旧来の和歌、俳諧、漢詩に対して、西洋詩の詩歌や精神を摂取した詩を指し、明治という新時代に即するものであった。

1894年、中日甲午戦争に参戦して『しがらみ草紙』は廃刊となったが、戦地から帰還後、幸田露伴らと『めさまし草』を創刊した。陸軍に「創作が本務に支障をきたす」と判断され、森鴎外は京都の小倉に左遷されたが、そこで審美、仏教研究、フランス語、ロシア語などを独習し、他日の文学への復興に備えた。

■『舞姫』■
石炭をば早積み果てつ。中等室の卓のほとりはいと静にて、熾熱燈の光の晴れがましきも徒なり。今宵は夜毎にこゝに集ひ来る骨牌仲間も「ホテル」に宿りて、舟に残れるは余一人のみなれば。

■『於母影』■
笛の音　少年の巻　その一
君をはじめて見てしとき　そのうれしさやいかなりし　むすふおもひもとけそめて　笛の声とはなりにけり
おもふおもひのあればこそ　夜すからかくはふきすさべ　あはれと君もきゝねかし　こゝろこめたる笛のこゑ

● 豊熟の時代

4年間の小倉での生活を経て、1902年、軍医部長の辞令が降りて上京した。同年に文芸雑誌『芸文』を創刊し、これが廃刊になると後継誌として『万年艸』（1902〜1904年）を創刊した。1904年第二軍軍医部長として日露戦争に参戦したが、戦場でも詩を書き『うた日記』（1907年）にまとめた。同年に軍医の最高位である陸軍軍医総監に就任した。これ以降本格的な創作活動が展開され、文壇再活躍の時代を迎えるのである。

森鴎外の文壇復帰の主な理由には、陸軍での身分が安定したことの他に、二つの文芸雑誌が創刊され創作意欲が刺激されたことが挙げられる。1909年1月創刊の『スバル』は、森鴎外が指導者となり、北原白秋、木下杢太郎、吉井勇らが発刊した耽美的な文芸誌である。森鴎外はここに『青年』、『雁』、『ヰタ・セクスアリス』などを発表したのである。

もう一つの雑誌は『**三田文学**』[4]である。1910年、森鴎外は上田敏[5]とともに慶応義塾大学の文学科顧問に就任し、耽美派作家の永井荷風[6]を主任教授に迎え、機関紙『三

— 204 —

田文学』を創刊した。執筆陣としてスバル派の北原白秋らの他に、泉鏡花や谷崎潤一郎も加えて発展していった。

文壇では明治30年代の終わり頃から自然主義が主流を成し、早稲田大学の文芸誌『早稲田文学』がその牙城となっていた。元来が浪漫主義者の森鷗外は自然主義に反感を持ち、沈黙してはいられなかった。自然主義の隆盛とその対抗意識も森鷗外の文壇復帰に関係しているのである。

● 復帰後の作品

最初の作品は『半日』（1909年）であった。森鷗外の**初めての口語体（言文一致体）**小説で、ある大学教授の家庭の半日間を写実的に描いたものである。『ヰタ・セクスアリス』（1909年）は自身の経験を基盤にして6歳からの性欲史を淡々と叙述し、性欲を露骨に暴露する自然主義文学を暗に批判した[7]。

他に身辺の事実に取材した『懇親会』、『魔睡』、小倉時代の生活に着想を得た『鶏』、『独身』などを書いた。

『青年』（1910年）は夏目漱石の『三四郎』を意識して書かれた長編青春小説で、作家志望の青年小泉純一が上京し都会生活で成長していく様を描く。『雁』（1911年）は明治13年を舞台に、高利貸しの妾のお玉を主人公に据えて、大学生岡田への結ばれない恋を描く。

● 歴史小説から史伝へ

1912年、明治天皇の崩御と**乃木希典**の殉死に影響を受けた森鷗外は、数日間で『興津弥五右衛門の遺書』を書いた。これを契機に歴史小説に傾倒し、『阿部一族』（1913年）、『山椒大夫』（1915年）、『高瀬舟』（1916年）を発表した。

これら一連の作品には歴史の事実を重んじる作風と虚構を交える作風がある。1915年の随筆『**歴史其儘と歴史離れ**』では、歴史の扱い方に対する迷いや葛藤が表明されている。

そして歴史離れをするべく『山椒大夫』を書いたが、読み返してみると「歴史離れが足りない」と述べる。

森鷗外は結局、江戸時代の医者である渋江抽斎の生活を描いた『**渋江抽斎**』（1916年）で歴史其儘の方向に進み、『伊沢蘭軒』（1916年）、『北条霞亭』（1917年）などの史伝を発表するのであった。

■『ヰタ・セクスアリス』■

金井 湛 君は哲学が職業である。哲学者という概念には、何か書物を書いているということが伴う。金井君は哲学が職業である癖に、なんにも書物を書いていない。文科大学を卒業するときには、外道哲学と Sokrates 前の希臘哲学との比較的研究とかいう題で、余程へんなものを書いたそうだ。それからというものは、なんにも書かない。

■『歴史其儘と歴史離れ』■

わたくしは史料を調べて見て、其中に窺はれる「自然」を尊重する念を発した。そしてそれを猥に変更するのが厭になつた。（中略）わたくしは歴史の「自然」を変更することを嫌つて、知らず識らず歴史に縛られた。わたくしは此縛の下に喘ぎ苦んだ。

■ 日本文学史

● 晩年

軍医総監を退任後、帝室博物館総長や帝国美術院長などの要職を務めたが、遺言状には「余ハ石見[8]人森林太郎トシテ死セント欲ス」と記し、墓にもあらゆる栄誉と称号を排して「森林太郎」のみを刻むことを求めた。1922年7月9日肺結核により、61歳で死去した。

<業績>

西欧の文学を日本に伝えて啓蒙したこと、翻訳や創作で浪漫主義を盛り上げ、新体詩を盛行させたことなど、文学上の功績は巨大である。『しがらみ草紙』などの文芸誌を創刊して作家たちに発表の場を与えたことや、評論活動を展開して文学に新しい局面を開いたことも業績に数えられる。初期は坪内逍遥との**没理想論争**に代表される激しさがあって**戦闘的評論活動**とも称されたが、30代からは穏やかな論調になった。明治時代の女性は身分が低かったが、それに捉われることなく、樋口一葉の『たけくらべ』を激賞している。

観潮楼歌会(かんちょうろううたかい)は1907年3月から1910年4月まで森鷗外が自宅二階で開いた歌会である。二階から海が観望できたことから「観潮楼」と名前が付けられた。当時、詩歌結社「東京新詩社」と短歌結社「根岸短歌会」が対立しており、森鷗外はこれを緩和しようと両派の歌人を招き、歌会を開催したのである。ここで与謝野鉄幹(よさのてっかん)、伊藤左千夫(いとうさちお)、石川啄木(いしかわたくぼく)、北原白秋らが交流して歌壇の発展が促進された。

<作風の変遷>

森鷗外の文学は『舞姫』などの浪漫主義に始まったが、文壇復帰してからは反自然主義の立場で『ヰタ・セクスアリス』や『青年』を書き、作品の幅を広げた。

明治時代を経た大正時代は近代として熟しており、旧来の価値観や社会観が若者に否定される時代でもあった。また、1910年には**大逆事件**(たいぎゃくじけん)[9]が起こり、国家権力の専横さが深刻化した。これらの社会情勢は森鷗外の文学に静的な世界観をもたらした。『余が立場』(1909年)では自分の心境を諦めという意味のResignation（レジグナチオン）で表し、自分の作品と自然主義作品とどちらが優れているかなどにはこだわらず、気に入ったことを自由にやって、それで気が済んでいると述べる。文学のみでなく、世の中のすべての方面でもこの心境だという。小説『かのやうに』(1912年)では、学問や芸術や宗教など価値のあるものは、価値があるかのように存在している、とする。人々の「かのように」という振る舞いが価値を成立させるのである。旧来の価値観に対しても、それを誤りであると理解した上で正しいかのように振る舞うことが、社会や人々の平穏のために重要であると主張する。

『興津弥五右衛門の遺書』(1912年)から歴史に開眼し、歴史其儘と歴史離れの並存を経て、史伝に作家としての最後の境地を求めた。

> 【コラム　1．明治維新以後の医学】
> 　江戸時代中期から日本はオランダ語を通して西洋の医学、天文学、兵学、物理学、化学など自然科学全般を学んだ。これらを総括して**蘭学**といい、前野良沢らの医学の翻訳書**『解体新書』**(1774年)が蘭学研究の先駆である。
> 　江戸時代末まで日本はオランダから伝わった医術や薬学を元に医療活動をしていたが、明治時代初期の1870年、ドイツ医学の採用を決定した。その理由は、まず医学事情に詳しい学者が「世界最高水準はドイツ医学」と進言したことによる。実際に蘭書の多くはドイツ語書物の翻訳であり、『解体新書』の原本である蘭書もその例外ではなかった。またドイツの君主制も日本の気に入るところであった。森鴎外の留学先がドイツであったのは偶然ではなく、明治政府の方針に沿っていたのである。
> 　医師という身分を持つ文学者は森鴎外の他に木下杢太郎、斎藤茂吉がいる。彼らもまたドイツ医学を学んでいる。「カルテ」、「ウイルス」、「アレルギー」など、ドイツの医学用語は明治時代の日本に入り、現在に至っている。
>
> 【コラム　2．ゲーテ】
> 　森鴎外が留学したドイツには文豪ゲーテの祖国である。ゲーテは1749年に生まれ1832年に死去するまでの間に多くの仕事をした。小説『若きウェルテルの悩み』、戯曲『ファウスト』、叙事詩『ヘルマンとドロテーア』、自伝『詩と真実』などの文学作品の他、色彩論など自然科学の研究にも業績をあげた。後世への影響は計り知れない。
> 　鴎外はライプチヒ大学に留学したが、ゲーテもまた百年前に同大学で学んでいた。ライプチヒには「アウアーバッハス・ケラー」というレストランがあり、ゲーテはそこによく通っていた。ゲーテに運命を感じていた鴎外はこの店で『ファウスト』を日本語訳する決意をしたと言われる。
> 　訳本『ファウスト』の出版は1913年である。その数年前に新渡戸稲造などが翻訳しているが、文豪鴎外の翻訳によってゲーテは日本人に広く読まれるようになった。

課題研究

1. 森鴎外の創刊した雑誌が文壇にどのような作用を持ったか説明しなさい。
2. 大逆事件など明治政府の専横さに対する森鴎外の心境と、その対処方法を述べな

さい。
3. 森鴎外と魯迅を比較して論じなさい。また比較表も作成しなさい。
4. 森鴎外の『於母影』が果たした役割は何ですか。
5. 森鴎外の『早稲田文学』への対抗意識は、どのような行動になって表れていますか。

注　釈

1. 森鴎外はのちに『しがらみ草紙』でハルトマンの『審美論』を訳している。
2. 『即興詩人』はアンデルセンの 1835 年の青春小説。森鴎外は 1892 年から 1901 年にかけて、自身の雑誌『しがらみ草紙』、『めさまし草』において、ドイツ語のテキストを抒情溢れる日本語に訳出した。
3. 『於母影』はゲーテやバイロンなど、西欧の詩を訳したもの。
4. 「三田」は慶応義塾大学の所在地を示す。
5. 上田敏は評論家、翻訳家、詩人。フランスの詩の翻訳『海潮音』が詩壇に影響を与えた。
6. 永井荷風は欧米に 5 年間留学し、その経験をもとに『あめりか物語』（1908 年）、『ふらんす物語』（1909 年）を発表し、耽美派作家として活躍していたが、学歴も教育歴もなかった。
7. 題名はラテン語 vita　sexualis で「性的生活」の意味。当作品での自然主義批判は、例えば「自然派の小説を読む度に、その作中人物が、（略）性欲的写像を伴ふのを見て、そして批評が、それを人生を写し得たものとして認めてゐるのを見て、人生は果してそんなものであらうかと思ふ」という文章に表れている。内容が性的なため、当作品が掲載された 7 月号は発売禁止となった。
8. 石見は現在の島根県。
9. 大逆事件は政府の社会主義者への弾圧事件で、幸徳秋水ら 12 人が処刑された。

第 35 章　島崎藤村

■生没年：1872～1943　■詩人・小説家

キーワード：自然主義、浪漫主義、『文学界』

＜作者＞

島崎藤村は本名を島崎春樹と言い、1872年2月17日、岐阜県に生まれた。浪漫主義詩人として出発し、『破戒』で自然主義作家となった。明治30年代後半から文壇に吹き荒れた自然主義の中心的存在として活躍した。

■ 島崎藤村年表 ■

1872年（明治5年）	誕生
1891年（明治24年）	明治学院卒業
1893年（明治26年）	『文学界』創刊
1897年（明治30年）	詩集『若菜集』
1899年（明治32年）	『千曲川のスケッチ』
1906年（明治39年）	『破戒』
1929年（昭和4年）	『夜明け前』連載開始
1935年（昭和10年）	日本ペンクラブ会長
1943年（昭和18年）	脳溢血で没

＜生い立ちと文学＞

島崎藤村は1887年ミッションスクールの明治学院に入学し、キリスト教の思想を学び、西洋文学や日本古典文学を愛読した。卒業後、雑貨屋の手伝いなどをしていたが、**巌本善治**主催の『**女学雑誌**』に翻訳を寄稿するようになって文学の道へと進む。同誌で**北村透谷**の評論『厭世詩家と女性』の恋愛至上主義に感銘を受ける。

1892年、島崎藤村は明治女学校の校長であった巌本善治に招かれて教職に就くが、教え子の佐藤輔子を愛してしまい、愛欲とキリスト教的戒律の相克に悩んで学校を1学期で辞職した。教会からも籍を抜き、愛を忘れ去るために旅に出た。

旅から帰った島崎藤村は再び明治女学校の教師になる。1893年1月に同人誌『**文学界**』が創刊され、作品を投稿した。同人には北村透谷、上田敏、戸川秋骨らがいて**浪漫主義運動**を推進した。北村透谷は島崎藤村にとって

■ 詩人藤村 ■

1896年、島崎藤村は新しい人生への期待を持って仙台に旅立ち、東北学院の作文教師になった。1年後に学校を辞職し、『文学界』に発表していた抒情詩を集めて第1詩集『若菜集』（1897年）を刊行した。文語の七五調で浪漫的詩情を綴り、当時の青年たちに新鮮な感動をもたらし、日本近代詩の黎明を告げ、その成立に貢献した。このあと『一葉舟』、『夏草』、『落梅集』を出し、計4冊の詩集で浪漫主義詩人の地位を確立し、土井晩翠と並称される詩壇の第一人者となった。

時代の先駆者であったが、現実と理想の隔たりに苦悩して1894年5月に自殺してしまう。島崎藤村は思想の儚さを知り、現実を重視する姿勢を持ち始めた。この時期には不幸が重なった。かつて愛した佐藤輔子は病没し、家督を相続した長兄は事業に失敗して土地や家を失い、刑事事件に巻き込まれて監獄に入った。

● **詩人から作家へ**

『若菜集』で文名を高めた島崎藤村は、詩では憎悪や嫉妬などの激情を表現することは不可能だという認識を持っていた。1899年、私塾の小諸義塾[1]に赴任し、英語・国語の教鞭をとる。そこで小諸の千曲川を中心に自然や人々の暮らしを写生した『**千曲川のスケッチ**』を著した[2]。島崎藤村が詩から散文へ転向する過渡的な作品である。文芸誌『新小説』に発表した小説『旧主人』（1902年）は姦通を扱ったため発売禁止処分を受けたが、詩に引き返すことはなく、以後も『水彩画家』などの短編を書いていった。1905年に小諸義塾を辞して上京し、親戚から資金を借りて『**破戒**』（1906年）を自費出版した。

『破戒』は被差別部落の青年瀬川丑松が、社会の偏見と差別に悩みながら、素性を隠せという父の戒めを破って、教え子に自らの出生を明かし、教壇を去るという筋書である。主人公の心の内面を客観的に描写し、**自然主義**文学の出発点になった。『破戒』は部落差別の問題提起という社会性を有していたが、続く『春』、『家』では自己の身辺の告白に終始した。『春』は北村透谷を中心に『文学界』時代の同人や恋を描き、『家』は自身をモデルにして、主人公とその姉の嫁ぎ先の没落の歴史を描く。

『家』の執筆中に妻が急死し、4人の幼児を抱えて窮した島崎藤村は、次回作のアイデアも出ず、家事手伝いに来ていた姪[3]の「こま子」と関係を持ち、人生に行き詰まりを覚え、新境地を求めて1913年フランスに旅立った。そこで東京『朝日新聞』に『仏蘭西だより』を送り、辛うじて作家としての存在を示した。フランスに永住する意志もあったが、第一次世界大戦の戦火を避けて帰国し、書きかけていた小説『桜の実の熟する時』[4]とフランスの紀行文『海へ』を完成させると、姪との禁断の関係を告白する『**新生**』（1918年）を発表した。懺悔して新しく生まれ変わる意味を込めての題名であった。『新生』は世間に衝撃を与え、こま子の父である次兄にも義絶されたが、総じて道義的な非難よりも誠実な告白に対する評価が強く、島崎藤村の文壇復帰を決定づけた。

1929年から1935年で長期連載した『**夜明け前**』は、父をモデルにして、明治維新前後の動乱を背景に主人公の苦難の生涯を描き、歴史小説の傑作とされた。

1935年**日本ペンクラブ**[5]が結成され、島崎藤村が初代会長に就任し、翌年の第14回国際ペンクラブ大会には有島生馬とともに参加した。

1943年8月23日、『東方の門』を執筆中に脳溢血で死去した。

<『破戒』>

　『破戒』では賤民身分の穢多への差別が描かれる。穢多は鎌倉時代の手工業者や雑芸人らの蔑称であるが、明確な社会的身分はまだなかった。江戸時代に封建的身分制度が確立し、士農工商からも外された最低身分として穢多が位置づけられ、職業や住居など一般庶民と差別された。1871年に解放令が出され身分制が廃止されたが、解放令反対一揆が起こり、穢多の身分であった人々への襲撃が断続的に勃発した。その後、騒動はなくなったが、差別意識は根強く残った。

　『破戒』の主人公瀬川丑松は、父の戒めを守り、身分を必死で隠していたが、同じ被差別部落の猪子蓮太郎が出身を明かして差別と戦っているのを見て、心が動いていた。瀬川丑松の身分も噂で流れ出し、隠し通すことは困難であった。そしてついに自分が穢多であることを学生に告白するのである。

　上は穢多への差別の場面である。

　告白後の瀬川丑松は、人生の希望を持ってアメリカのテキサスに渡り、物語は終わりを迎える。

■『破戒』の差別場面■
　今の下宿には斯ういふ事が起つた。半月程前、一人の男を供に連れて、下高井の地方から出て来た大日向といふ大尽、飯山病院へ入院の為とあつて、暫時腰掛に泊つて居たことがある。入院は間もなくであつた。もとより内証はよし、病室は第一等、看護婦の肩に懸つて長い廊下を往つたり来たりするうちには、自然と豪奢が人の目にもついて、誰が嫉妬で噂するともなく、『彼は穢多だ』といふことになつた。忽ち多くの病室へ伝つて、患者は総立。『放逐して了へ、今直ぐ、それが出来ないとあらば吾儕挙つて御免を蒙る』と腕捲りして院長を脅すといふ騒動。いかに金尽でも、この人種の偏執には勝たれない。（中略）ある日の暮、籠に乗せられ『不浄だ、不浄だ』の罵詈は無遠慮な客の口唇を衝いて出た。『不浄だとは何だ』と丑松はふに憤つて、蔭ながらあの大日向の不幸を憐んだり、道理のないこの非人扱ひを慨いたりして、穢多の種族の悲惨な運命を思ひつゞけた――丑松もまた穢多なのである。

<北村透谷>

　北村透谷は早稲田大学に学び、自由民権運動に参加した後、文学に身を投じて日本最初の長編叙事詩『楚囚之詩』や劇詩『蓬莱曲』、恋愛の純粋性を説いた評論『厭世詩家と女性』を書いた。1892年島崎藤村と知り合い『文学界』を創刊し、『人生に相渉るとは何の謂ぞ』、『内部生命論』などの評論を発表した。文学が宗教に代わる作用を持つことを説き、想世界への憧憬を示し、個人の精神の自由を主張して、森鴎外と並んで初期浪漫主義運動の指導的立場に立ったが、1894年、27歳で自殺した。

■ 日本文学史

　島崎藤村は自伝的小説『春』の中で『文学界』の同人との交流を描いている。人物の名前は変えてあるが出来事はすべて事実である。主人公の岸本捨吉が、先輩の青木駿一を尊敬していること、青木の自殺にショックを受けたことが描写されるが、ここに岸本＝島崎、青木＝北村という関係が認められる。

　島崎藤村は『北村透谷の短き一生』という随筆も書いており、北村透谷への想いの大きさが偲ばれる。

＜文学史　22. 自然主義＞

● 勃興期

　自然主義は19世紀後半にフランスで発した文学運動であり、想像力を排して現実を客観的に観察し描写する態度を指す。日本には1890年頃に作家ゾラの理論[6]が伝わったが、明治天皇の強権化に伴って社会への対抗心が失われ、自己の身辺の事実を記すという日本独自の自然主義を形成していった。また1904年から翌年にかけての日露戦争で日本は勝利したものの、その後締結されたポーツマス講和条約は賠償金が取れず、増税に苦しんでいた国民は**日比谷焼打ち事件**を起こした。過酷な現実は幻像を打ち砕き、人々に虚脱感をも与えた。この社会背景の中で『破戒』が発表され、読者を吸引したのである。

　翌1907年、**田山花袋**の『**蒲団**』が世に出た。妻子のある中年作家の竹中が、弟子の芳子に恋情や嫉妬を抱き、芳子が寝ていた布団に顔を埋めるという筋書で、作者自身を主人公としていて、**私小説**の端緒を開いた。

　田山花袋は尾崎紅葉の門下であったが、長年文壇の評価が得られず不遇であった。日露戦争に従軍し、戦場で人間の外面的な装いが剝ぎとられ事実が露出する様を見たことで文学観が構築された。紅葉死後の1904年、『露骨なる描写』という評論において硯友社の文学を批判し、事実を露骨に書くことで小説は成り立つとした。その大きな成果が『蒲団』であり、『破戒』と並んで自然主義を確立した。

● 自然主義と反自然主義

　両作品を評価したのが文学者・演劇家の**島村抱月**[7]であった[8]。抱月は東京専門学校文学科に学び、坪内逍遥に師事して、文芸雑誌『**早稲田文学**』の編集に参加した。卒業後西欧に留学し美学や近代劇を吸収して帰国すると、『早稲田文学』を拠点に評論活動を行った。評論『文芸上の自然主義』（1908年）では、自然主義の目標は真の追求であるとし、題材は社会問題、科学、現実から求められると論じた。この中の「現実」とは人間の獣性や醜悪な面であり、それを直視することが自然主義文学であると考えた。

　評論家の**長谷川天渓**は現実への幻滅や悲哀に対して解決や理想も持たないのが自然主義文学だと定義し、多くの評論活動を行った。片上天弦[9]、相馬御風[10]も自然主義を鼓舞する議論を展開した。彼らはいずれも早稲田出身であり、『早稲田文学』と関わ

りを持つ。坪内逍遥の提唱した写実主義の精神は自然主義に継承されたのである。

後藤宙外は早稲田出身であるが、『非自然主義』（1908年）などで自然主義を批判した。夏目漱石、森鴎外、谷崎潤一郎、石川啄木らもそれぞれ独自の文学性を持っているが、反自然主義という大きな枠で一つに括ることができる。自然主義は肯定と否定を受けながら文壇の関心を集めた。

自然主義の主要な拠点は三つあった。一つは上述の『早稲田文学』、もう一つは1906年に創刊された文芸誌『文章世界』である。『文章世界』は当初、投稿雑誌だったが、田山花袋が編集を担当したため1908年から自然主義運動の場となった。最後の一つは**正宗白鳥**[11]が担当した『読売新聞』の文芸欄である。

● **自然主義作家の動向**

国木田独歩は27歳で処女作『源叔父』（1897年）を書いた。その後、浪漫主義の詩人、小説家として作品を書いたが、『牛肉と馬鈴薯』（1901年）の頃から写実主義に傾き、晩年に自然主義の『窮死』（1907年）、『竹の木戸』（1908年）を発表して、38歳で死去した。

1907年4月より田山花袋が『読売新聞』で『生』を長期連載し[12]、同年の随筆『「生」に於ける試み』では、作者の主観を排除し客観の人物の内面にも入らず、見たまま、聞いたままを書く**平面描写**を提唱した。概ね文壇から受容されたが、これに異を唱えたのが**岩野泡鳴**であった。中年男性の恋を大胆に描く『耽溺』（1909年）は、第一人称を採用し、そこに作者を投影した。描写の視点を一人の人物の主観に限定して一元化し、作者は客観的態度でその主観を描写するというのが岩野泡鳴の**一元描写**である。岩野は文学面では詩集の出版や雑誌の創刊を行ったが、缶詰事業に手を出して失敗したり、複雑な女性関係から裁判沙汰になったりと放蕩な生活を送っていた。その実生活を元に『放浪』（1910年）、『断橋』（1911年）、『発展』（1911〜1912年）、『毒薬を飲む女』（1914年）、『憑き物』（1918年）の五部作を書き上げた。

正宗白鳥は早稲田大学で島村抱月に師事し、その指導のもとで読売新聞の文芸欄に文学評論を書いたので、ここが必然的に自然主義運動の拠点となった。『何処へ』（1908年）が『早稲田文学』に賞賛されて作家の地位を確立すると、続いて『五月幟』（同年）などを発表した。読売新聞社から、文芸欄が自然主義に染まることに難色を示され、退社を余儀なくされたが、その後も『微光』（1910年）などの力作を書き上げた。虚無的人生観を客観的に描くところに彼の個性が発揮された。

真山青果は小栗風葉[13]に師事し、代診の仕事の経験をもとに『南小泉村』（1907年）を書いて文名をあげた。続く『癌腫』（1908年）などで正宗白鳥と並ぶ自然主義文学の新進と注目されたが、文壇の中心には出られず、原稿二重売り事件も起こしてしまい、以降は劇作家に転じた。

徳田秋声は尾崎紅葉の門人の頃、文壇から評価されていなかったが、紅葉の死後、『新世帯』[14]（1908年）、『足跡』（1910年）、『黴』（1911年）などの自然主義作品で文名をあげた。『黴』は作者をモデルに結婚生活に入る男女を扱い、現実に対して理想を持たず解決もしないとする**無理想無解決**が作品に流れ、自然主義文学の理

■ 日本文学史

想を実現した。田山花袋からも平面描写の極致として絶賛された。その後、弟子の山田順子との恋愛を題材に「順子もの」と言われる短編群を書き、それを再構成した『仮装人物』（1935年）は晩年の代表作となった。

島崎藤村、田山花袋、正宗白鳥、徳田秋声は**自然主義四大家**と称される。

● 自然主義の終焉

田山花袋は平面描写の技法を用いて『蒲団』、『妻』、『生』、『縁』の自伝的小説を書いたが、『田舎教師』（1909年）では自己を離れ、実在の青年の日記をもとに貧しい小学校教師の一生を描くことに成功した。『時は過ぎゆく』（1916年）では田山一族の歴史を書いて新境地を示し、同じ頃に島崎藤村が自然主義の極致とも言える『新生』を書いた。しかし大局的には自然主義は勢力を失っていった。指導的理論家の島村抱月は1918年に急死し、岩野泡鳴も1920年に他界した。正宗白鳥は1920年代から小説よりも戯曲に傾倒し、真山青果は劇作家に転じ、徳田秋声は風俗小説に流れていった。拠点であった『文章世界』は1920年に廃刊した。『早稲田文学』は存続し、**宇野浩二**、**葛西善蔵**など自然主義を継承する作家もいたが、かつての勢力を回復する力はなかった。

明治30年代末から40年代の文壇を席巻した自然主義も、大正時代の半ばには衰滅し、他の文学思潮に道を譲ることになった。

◆ ◆ ◆

【コラム　日露戦争と日比谷焼打ち事件】

日露戦争は艦隊数や動員兵力数など様々な面で中日甲午戦争を上回る大規模な戦争であった。軍事費も膨大であり、外債8億円、内債6億円、増税3億円でまかなった。増税は1904年3月と1905年1月に実施され、市民の生活を圧迫した。しかし市民は日本政府の「連戦連勝」という虚報を信じ、戦争に勝てば多額の賠償金がもらえるという希望を持って苦しい生活を耐え忍んだ。

戦争後、アメリカのポーツマスで日本とロシアの交渉が行われたが、ロシア側は賠償金の支払いを頑なに拒否し、外交官小村寿太郎は樺太の南半分の割譲などで妥協してポーツマス条約に調印した。

条約の内容は市民の期待を大幅に裏切るものであり、全国各地で講和条約反対の集会が開かれた。東京の日比谷公園でも決起集会が開かれ、1905年9月5日新聞社や警察署などを焼打ちする暴動を起こした。暴動に加わった民衆の大部分は職人や車夫などの貧しい下層民であった。軍隊が出動して鎮圧したが、死者17人、負傷者500人以上を出す惨事となった。

課題研究

1. 島崎藤村が詩から小説へ転向したのはなぜですか。
2. 島崎藤村の文学上の功績を二つに集約して述べなさい。
3. 自然主義が隆盛した原因は何ですか。
4. 日本の自然主義の特徴は何ですか。
5. 『夜明け前』など、自然主義衰滅後の藤村文学にはどのような意義がありますか。

注釈

1. 小諸は長野県東部の市。
2. 『千曲川のスケッチ』を書いたのは1902年頃だが、実際に出版されたのは1912年。
3. 姪のこま子は島崎藤村の次兄の娘。
4. 明治学院時代から『文学界』創刊前後までを描く。
5. ペンクラブは文筆家の親善組織で1921年に発足し、本部をロンドンに置く。各国にペンクラブがある。2011年現在の日本ペンクラブ会長は第15代の阿刀田高。
6. エミール・ゾラ。人間の性格形成には遺伝と環境が大きく関わり、創作にはそれを重視すること、という考え。代表作に『居酒屋』、『ナナ』がある。
7. 島村抱月は新劇の「文芸協会」に参加していたが、女優の松井須磨子と不倫関係になり、2人で退会して「芸術座」を結成した。1918年に急死すると、翌年須磨子も後を追って自殺した。
8. 当時西欧では自然主義が既に過去のものであることを島村抱月は熟知していたが、この二作品を見てから自然主義を推進した。
9. 片上天弦はロシア文学者。のちにプロレタリア文学の評論を行った。
10. 相馬御風は詩人。早稲田大学をはじめ多くの校歌を書き、童謡を作った。
11. 正宗白鳥（1879〜1962）は享年84歳という長寿であった。小説の他、戯曲と評論も書いている。1943年から島崎藤村の後を継いで第二代日本ペンクラブ会長を務めた。
12. 同時期に島崎藤村が東京朝日新聞に『春』を連載開始した。
13. 小栗風葉は尾崎紅葉の門下で力作を発表していたが、自然主義の台頭に応じきれず、後年は通俗小説を書いた。
14. 写生文の高浜虚子の推挙を受けて国民新聞で連載となった。

■ 日本文学史

第36章　夏目漱石

■ 生没年；1867～1916　■ 小説家・英文学者

キーワード：木曜会、イギリス留学、漢詩、余裕派

<作者>

夏目漱石(なつめそうせき)は本名を金之助(きんのすけ)と言い、1867年1月5日、東京に生まれた。英語教師であったが、『吾輩は猫である』の執筆を契機に小説に傾倒し、専業作家になる。初期は明るくユーモラスな作風であったが、後期は人間のエゴなど重いテーマを扱った。木曜会を通して多くの門人を育てた。

■ 夏目漱石年表 ■

1867年	(慶応3年)	誕生
1868年	(明治1年)	養子に出される
1889年	(明治22年)	正岡子規を知る
1893年	(明治26年)	東大卒業
1896年	(明治29年)	結婚
1900年	(明治33年)	イギリス留学
1903年	(明治36年)	帰国
1905年	(明治38年)	『吾輩は猫である』
1907年	(明治40年)	朝日新聞者入社、『虞美人草』
1910年	(明治43年)	『門』、修善寺の大患
1914年	(大正3年)	『こころ』、講演『現代日本の開化』
1916年	(大正5年)	『明暗』未完、胃潰瘍のため死去

<生い立ちと文学>

夏目漱石は五男三女の末っ子であった。母は高齢出産のため母乳が出ず、子供も多いため、夏目漱石は古道具屋に里子に出された。2歳のとき塩原家の養子となり、10歳で生家に戻った[1]が、夏目家に復籍したのは22歳である。この年、建築家を志したが、級友の**米山保三郎**(よねやまやすさぶろう)から建築よりも文学を勧められ、英文学専攻を決意した。大学予備門で**正岡子規**(まさおかしき)と出会い俳句を作る。1893年に東大英文科を卒業し、高等師範学校英語教師、松山の愛媛県尋常中学校[2]教諭を経て、1896年第五高等学校[3]講師となった。同年、貴族院書記官長中根重一の長女鏡子[4]と結婚した。

● イギリス留学

1900年文部省の第一回給費生として英語研究のため渡英した[5]。ロンドン大学で聴講しながら、シェイクスピア研究家のウィリアム・グレイグ博士に毎週一回、個人授業を受けた。下宿生活の不自由さや孤独感で神経衰弱にかかり、発狂の噂が文部省に伝わったため、帰朝が決定された。1902年12月5日にロンドンを発ち、翌年の1月23日に神戸に着いた。出発の直前、正岡子規の訃報を知った。

同年4月、第一高等学校と東京大学の英語教師[6]を兼任したが、理詰めの講義は学生に不評であった。1904年**高浜虚子**に勧められて、気分転換のつもりで小説『**吾輩は猫である**』を書いた。中学教師の飼い猫の眼を通してユーモラスに文明批評を展開した当作品は、作者の意に反して大好評を博した。学校の講義と並行して作品を書きながら、創作に専念したい気持ちを強めていった。1905年の年末より**森田草平**、**鈴木三重吉**、**寺田寅彦**などの門下生が自宅を出入りするようになったが、鈴木三重吉の提案で毎週木曜日に夏目漱石と門人らが談話することに取り決め、「木曜会」と名付けた。

● **職業作家へ**

1906年、『**坊ちゃん**』と『**草枕**』を発表した夏目漱石は、翌年に教職を辞して朝日新聞社に入社し専属作家となった。第一作『**虞美人草**』の後、初期三部作『**三四郎**』、『**それから**』、『**門**』を書いた。『門』の脱稿後、胃潰瘍で入院した。退院してからいくつかの随筆を発表し、伊豆の修善寺に転地療養に赴くが、病状は悪化し、大量の血を吐いて危篤状態になった。この**修善寺の大患**は漱石文学を人間の内面に向かわせた。

後期三部作『**彼岸過迄**』、『**行人**』、『**こころ**』を完成させると、自伝的な『**道草**』（1915年）を発表した（表36-1）。この年に**芥川龍之介**、**久米正雄**らが門下生となった。

表36-1　夏目漱石の三部作

前期三部作	『三四郎』、『それから』、『門』
後期三部作	『彼岸過迄』、『行人』、『こころ』

晩年に文学・人生の理想として**則天去私**の境地を提唱した。これは夏目漱石の造語で、天の定めに従って私心を捨て去ることを示す。最後の大作『**明暗**』は人間のエゴイズムを追求した作品であったが、1916年12月9日に死去し、未完に終わった。

漱石と同年に生まれた作家には尾崎紅葉、幸田露伴がいるが、彼らは文学史的に回顧されるのみで現代文学への直接的な影響は希薄である。一方の漱石文学は今でもなお多くの日本人に読まれ、研究され、論文が書かれている。

＜漱石の思想＞

● **日本の近代化**

夏目漱石の文学は日本の近代化と濃密な関係を持っている。その近代化に対する思想を深めるのはイギリス留学時代からであった。

日本人は各種法律や制度を西洋から吸収し、衣服や食事も西洋を真似て近代化を誇っていたが、それは皮相に過ぎず、本質的に熟成した文明を有したわけではない。夏目漱石は同時代の

■ 1901年1月25日の日記 ■
西洋人は日本の進歩に驚くは今迄軽蔑して居つた者が生意気な事をしたり云たりするので驚くなり。大部分の者は驚きもせねば知りもせぬなり。（中略）土台日本又は日本人に一向 interest を以て居らぬ者多きなり[7]

■ 日本文学史

日本人の浅はかな近代化意識に憂慮した。西洋の文明には数百年の歴史があり、東洋の日本がそれを数年のうちに摂取することなど根本的に不可能である。日本が独自に文明を作ることができれば良いが、明治維新前は中国の文物を模倣していたことからも分かる通り、「日本人は創造力を欠ける国民」であった。

1901年3月15日の日記には、日本が今まで中国から多くの恩恵を受けてきたこと、中国人は名誉ある国民であり、ただ不幸にして今不振の有様で沈潜していることを述べる。これは明治時代の開始を境に日本が西洋を特別視し中国を軽視したことへの率直な疑問である。夏目漱石は西洋化、近代化の波に流されず、客観的な態度と冷静な思考で日本の現状を直視する事のできた知識人であった。

● **文学への野心**

文学に対しても大きな視野と野心をもって臨んでいる。1907年の評論『作物の批評』では、批評家は過去の法則に縛られず、新しい世界や価値観を内包した文学作品に即応して評価を下すべきだと主張し、「過去の文学は未来の文学を生む。（中略）余は只吾邦（わがくに）未来の文運の為めに云うのである」と結ぶ。

1906年10月、若杉三郎に宛てた手紙では、「明治の文学は是からである。（中略）僕も幸に此愉快な時期に生れたのだからして死ぬ迄後進諸君の為めに路を切り開いて、幾多の天才の為めに大なる舞台の下ごしらへをして働きたい」と述べ、文学が高尚で有益であることを日本人に知らしめようと意気込んでいる。同年同月の**狩野亨吉**（かのうこうきち）への手紙では「僕は世の中を一大修羅場と心得てゐる」と記し、世の為にならないものを敵とみなし、それと打死する覚悟で闘うと宣言している。そして「どの位人が自分の感化をうけて、どの位自分が社会的分子となつて未来の青年の肉や血となつて生存し得るかをためして見たい」と書き、自己の文学が未来の日本人に貢献できることを願い、意欲を表している。同様のことは1907年の講演『文芸の哲学的基礎』でも述べられており、「作家の偉大なる人格が、読者、観者もしくは聴者の心に浸み渡って、其血となり肉となって彼等の子々孫々迄伝わる。（中略）文芸に従事するものは此意味で後世に伝わらなくては、伝わる甲斐がないのであります」と文学の存在意義と未来への志向が強調される。

明治期の日本は伝統を捨てて西洋の文明を吸収し近代化を促進していたが、それは根本的に無理であり、日本の不自然な発達を引き起こした。一方で、強国が弱国を支配する帝国主義の時代では、近代化して自国を保護することが急務であった。夏目漱石は近代化の方法に違和感を覚えながらも、他に代替案もなく、これを認めざるを得なかった[8]。そこで混迷を極める現代を切り抜けた後の未来を見て、日本の健全たる発展がそのとき達成されることを希望し、自身の文学も何らかの貢献ができることを願ったと推測される。

● **反自然主義**

夏目漱石の文学の立場は反自然主義[9]であり、虚構の中に人間の真実を描いた。『田山花袋君に答う』（1908年）では、事実をそのまま書くのではなく、人間や物語を拵え、それを誇りにするべきだと述べている。1909年に『朝日新聞』に文芸欄が創始され、

漱石が編集責任者、門人の森田草平が編集担当になり、自然主義に対抗する評論を発表した。

森鴎外もまた反自然主義の作家で、夏目漱石とともに余裕派、高踏派と呼ばれる。両者はともに東大を卒業し、西欧留学し、傑出した文学作品を著し、文壇に影響力を持った明治期の文豪である。

＜漢詩＞

夏目漱石の家柄は町名主であるから、幼少の頃から『唐詩選』などの漢詩文に親しんでいたと推測される。15歳の時、漢学塾の二松学舎(にしょうがくしゃ)に入学し、『論語』や『三体詩』などを習い、作詩と作文の指導も受けた。大学進学に英語が必要なため、一年で二松学舎を去り、成立学舎に移って英語学習を始めたが、1889年正岡子規に出会い、彼の漢詩・漢文を集めた『七艸集』に触発されて、再度漢詩文の創作に励むようになった。第五高等学校に勤務の頃、優れた文人である長尾雨山(ながおうざん)に漢詩の添削を受け、技術を向上させた。

夏目漱石の漢詩創作の時期は4つに分けられる。

第1期は上述のイギリス留学以前である。

第2期は修善寺の大患時代である。留学を契機に漢詩と断絶し、10年間もの空白期間があったが、修善寺で大量の血を吐き命の危険に面してからは、毎日のように漢詩を書いた。

第3期は東京に戻って新聞小説の連載をしている頃である。画を描き、そこに漢詩を添える形で創作していたが、質は高くない。

第4期は『明暗』の執筆時期と重なる。午前に『明暗』を書き、午後に漢詩を作ったのである。100日の間に75首という密度の濃い創作であり、質的にも最高の水準であった。

■ 反官的な漱石 ■
森鴎外が陸軍軍医の最高位に昇り詰め、退位後も博物館館長など要職を歴任したのに対し、夏目漱石は反官的であった。東大の教職を辞して作家になり、1911年には文部省が授与するという博士号も辞退した。随筆『博士問題の成行』（1911年）では、博士号の価値が不当に高められ学問が学者的貴族に独占されるのは好ましくない、と辞退の理由を述べた。個人の名誉を捨てて日本全体の学問的発展を考慮したのである。

反官的な態度も結局は日本の近代化を憂う心理と同根であり、文学や日本に対する巨大な展望から自然に発生した行動なのである[10]。

■ 七言絶句 ■
郵駅緯血腹中文
嘔照黄昏漂綺紋
入夜空疑身是骨
臥林如石夢寒雲
（随筆『思い出すことなど』の13章の最後に置かれた漢詩。吐血の様子を生々しく描写する。）

■ 漱石の絶筆 ■
二〇八　無題
大正五年十一月二十日夜
真蹤寂寞杳難尋、欲抱虛懷步古今
碧水碧山何有我、蓋天蓋地是無心
依稀暮色月離草、錯落秋声風在林
眼耳雙忘身亦失、空中独唱白雲吟

■ 日本文学史

<俳句>

　夏目漱石の漢詩の創作時期には波があったが、俳句は正岡子規に出会ってから死去するまでの間、ほぼ毎年作っている。総数は2527句であり、松山と熊本で教職に就いていた頃に最も多作し、日本に帰国後も少数ながら作っている。ここが漢詩創作と異なる点である。

　夏目漱石は英語・英文学教師のアイデンティティを保つために、禁欲的に漢詩から離れたと考えられる[11]。しかし俳句は母国語の文学であり、創作への欲求を抑圧する必要がない。

　修善寺の大患以後に創作が増えたのは漢詩と同様である。夏目漱石には俳句と漢詩が身近な自己表現手段だったのである。

■ 漱石の俳句 ■
学生時代（1889〜1894）　53句
松山・熊本時代（1895〜1899）　1727句
イギリス留学時代（1900〜1902）　49句
修善寺の大患以前（1903〜1909）　81句
修善寺の大患以後（1910〜1916）　590句
時代不祥　27句

■ 晩年の俳句 ■
春雨や身をすり寄せて一つ傘
瓢箪は鳴るか鳴らぬか秋の風

<作品>

　『三四郎』の主人公三四郎は熊本から上京し、美禰子(みねこ)と知り合い、次第に魅かれていく青春小説である。大学生の生活を文明批評を交えて描いている。

　引用文は、三四郎が上京するとき、汽車の中で知り合った2人の男との談話場面である。

　富士山は日本が自慢するべきものだが文明の産物ではない。夏目漱石がイギリス留学時代に指摘した「日本人の創造力の欠如」と関連する場面である。『三四郎』は日露戦争終結から間もない1908年に発表されたが、その時期に、日本が「亡びるね」と断じるのは夏目漱石の信念の強さを示すものであり、冷静な思考力の証左でもある。日本政府に媚びない、反官的な姿勢がうかがえる。

■ 『三四郎』 ■
「どうも西洋人は美くしいですね」と云った。
　三四郎は別段の答も出ないので只はあと受けて笑っていた。すると髭の男は、
　「御互は憐れだなあ」と云い出した。「こんな顔をして、こんなに弱っていては、いくら日露戦争に勝って、一等国になっても駄目ですね。（中略）あなたは東京が始めてなら、まだ富士山を見た事がないでしょう。今に見えるから御覧なさい。あれが日本一の名物だ。あれより外に自慢するものは何もない。ところがその富士山は天然自然に昔からあったものなんだから仕方がない。我々が拵えたものじゃない」と云って又にやにや笑っている。三四郎は日露戦争以後こんな人間に出逢うとは思いも寄らなかった。どうも日本人じゃない様な気がする。
　「然しこれからは日本も段々発展するでしょう」と弁護した。すると、かの男は、すましたもので、
　「亡びるね」と云った。

『草枕』の冒頭は七五調の韻律で真実を突く。

当作品はプロットも事件の発展もなく、読者の頭に美しい感じが残ることを意図して執筆したという特異な作品である。作中には西洋の詩や漢詩、俳句、文学作品を踏まえた散文[12]、仏教や画の知識が博覧会のように提示されている。この中編小説を夏目漱石はわずか一週間で書き上げた。

■『草枕』の冒頭文 ■
山路を登りながら、こう考えた。
智に働けば角が立つ。情に棹させば流される。意地を通せば窮屈だ。とかくに人の世は住みにくい。

＜木曜会＞

木曜会では夏目漱石の人柄や作品を慕って多くの青年が漱石宅を訪れ歓談した。青年の大半は東大出身のエリートであり、木曜会を経て文壇や学術界で活躍した。下に、文学、評論、研究の三分野に分けて門人を解説する。

● **文学**

鈴木三重吉は大学を病気休学中、小説『千鳥』で漱石に推賞されたのを機に門下となり、後期浪漫主義の作家として文壇に出た。その後は児童文学に転じ、1918年に雑誌**『赤い鳥』**を創刊した。

寺田寅彦は東大で実験物理学を専攻した。病気療養中に写生文を書き始め、のちに独自の科学随筆を書いた。

森田草平は教え子と心中未遂事件を起こすなど不祥事が多く、木曜会のメンバーの中でも異色の存在であった。『細川ガラシャ夫人』などの歴史小説の他、多くの翻訳を手がけた。

野上弥生子（のがみやえこ）は『真知子』、『迷路』など社会小説を書き、文化功労者、文化勲章を受章した。

内田百閒（うちだひゃっけん）はドイツ語教官を務めたのち文筆業に入った。小説と随筆に独特のユーモアと風刺がある。

中勘助（なかかんすけ）は漱石の推薦で『朝日新聞』に小説『銀の匙』を連載し、文壇に認められた。詩も随筆も書いた。文壇から距離を置き、派閥にも属しない孤高の存在であった。

松根東洋城（まつねとうようじょう）は俳人であり、俳誌『渋柿』を創刊し、『漱石俳句研究』、『俳諧道』などを発表した。

この他に芥川龍之介と久米正雄がいるが、詳細は別の章に譲る。

● **評論**

小宮豊隆（こみやとよたか）はドイツ文学者で、『漱石全集』を編集し、『伝統芸術研究』、『能と歌舞伎』、『芭蕉の研究』などを書いた。

阿部次郎（あべじろう）は理想主義・人格主義を唱え思想界の重鎮となった。ゲーテの翻訳、ニーチェ、芭蕉の研究に貢献した。

安部能成（あべよししげ）は大学講師を務めながら『ホトトギス』や『朝日新聞』文芸欄に自然主義

批判を展開した。西洋哲学を研究し、『カントの実践哲学』、『西洋近世哲学』などを著した。戦後は文部大臣に就任した。

和辻哲郎（わつじてつろう）は実存主義哲学、倫理学、日本文化など多方面に渡って研究し、『ニイチェ研究』、『日本古代文化』、『日本精神史研究』、『倫理学』などの著作を残した。

● 研究

野上豊一郎（のがみとよいちろう）は第一高等学校のときから漱石に師事し、のちに法政大学総長となった。能楽を研究し、ケンブリッジ大学で世阿弥の講義をするなど海外への紹介にも努めた。野上弥生子は妻である。

<文学史　23．児童文学（明治時代〜現代）>

● 明治時代

明治時代初期の児童文学は明るさと活気があり、教訓性や娯楽性が強かったが、芸術性には欠けていた。巌谷小波、小川未明[13]の作品は詩的、情的であり、芸術性が認められたが、児童文学の全体的な質の向上は大正時代を待たねばならなかった。

● 大正時代

大正時代になると、巌谷小波に賛同する作家が集まって少年文学研究会を作り、島崎藤村、田山花袋、徳田秋声、与謝野晶子、野上弥生子（のがみやえこ）が執筆した。各出版社も児童に向けた雑誌を創刊して、児童文学は盛り上がりを示したが、全般的に作品の芸術性は低かった。

漱石門下の鈴木三重吉の雑誌『赤い鳥』は低調気味の児童文学に新風を吹き込んだ。低俗な作品から子供の純性を守るために、一流の作家が詩情に富んだ作品を届けることを理念とし、多くの作家が賛同した。泉鏡花、小山内薫、高浜虚子、有島生馬、芥川龍之介、北原白秋、島崎藤村、森鴎外の他、夏目漱石の門下生である森田草平、野上弥生子、野上豊一郎、小宮豊隆も名を連ねた。『赤い鳥』は大正デモクラシーの自由や平等を思想として持ち、知識階級からの支持を集めた。

表36-2に示すような大正時代の代表的作品の多くは『赤い鳥』に掲載された。『赤い鳥』の成功は『金の船』や『童話』など他の児童文学雑誌の創刊も促した。

表 36-2　大正期の児童文学

芥川龍之介	『蜘蛛の糸』、『魔術』、『杜子春』
島崎藤村	『二人の兄弟』
有島武郎	『一房の葡萄』
久保田万太郎	『木樵とその妹』
宇野浩二	『蕗の下の神様』

● 昭和時代

大正末期からプロレタリア文学と新感覚派が起こり、児童の心の純粋性を謳うだけの児童文学も時代への適応を求められ、社会主義の童話などが生まれた。戦争が進行

すると、戦争賛美の児童文学も書かれた。『赤い鳥』は1936年に廃刊し、役割を終えた。

● **戦後、現代**

1946年、児童文学者たちが集まり、「**日本児童文学者協会**」を創立し、機関紙『日本児童文学』を発行した。初代会長には小川未明が就任した。会員は作家、評論家、研究者、翻訳者などで構成され、日本全国に21の支部があり、機関紙の発行、文学賞の主宰、研究会の開催などを実施している。

戦後の児童文学の代表作には、田畑精一[14]と古田足日[15]の『おしいれのぼうけん』（1974年）、佐野洋子[16]の『百万回生きた猫』（1977年）などがある。

【コラム　日本とイギリス】

● **江戸時代のイギリス人**

日本に来た最初のイギリス人はウィリアム・アダムス(William Adams)である。アダムスは航海士であり、仲間とともに極東を目指して進んでいたが、様々な困難があり、ほとんどの船員が死んでいった。アダムスが日本の豊後国（現在の大分県）に漂着したのは1600年4月29日のことであった。徳川家康は帰国を願うアダムスを慰留させ、外国使節との交渉の通訳を担当させたり、航海術などの知識を教授させた。アダムスは帰国を諦め、日本人のお雪と結婚して家庭を持った。

西洋式の帆船を建造した功績で帯刀が許され領地が与えられた。また三浦按針という名前も授けられた。「按針」は水先案内人を指し、「三浦」は領地のある三浦半島に由来する。アダムスが1620年に死去すると、領地と「三浦按針」の氏名は息子のジョゼフに引き継がれた。

1613年、イギリスは日本と国交を結び、平戸（長崎県北部にある島）に東インド会社の商館を置いた。

● **幕末とイギリス**

幕末から明治時代初めまで日本はイギリスと衝突を繰り返した。1854年、日英和親条約が締結され、正式な国交が始まったが、その内容は日米和親条約と同様の不平等条約であった。1862年には、生麦村の近くで薩摩藩士がイギリス人4人の無礼に立腹し殺傷するという**生麦事件**が起こった。イギリスは幕府に対して賠償金と事件責任者の処罰を要求した。幕府は賠償金には応じたが、薩摩藩は攘夷運動の高まりを背景に犯人の処罰を拒否し、弱体化していた幕府も手が出せなかった。イギリス艦隊は薩摩藩に砲撃し、**薩英戦争**が始まった。薩摩藩は外国の軍事力を思い知り、攘夷を諦め、イギリスと和平交渉した。

薩摩藩と長州藩は敵対していたが、1866年薩長同盟を結び、力を合わせて江戸幕府を倒した。

■ 日本文学史

● 明治維新とイギリス

　新政府は明治維新を開始し、欧米の専門家を雇って、学術、教育、外交、医学、法律、建築、土木、交通、農業、鉱業、芸術、美術、軍事などあらゆる分野で近代化に努めた。欧米にとっても日本の近代化は通商の拡大になるため意欲的であった。雇われた外国人は**お雇い外国人**といい、その内訳の上位は、イギリス人928人、アメリカ人374人、フランス人259人、中国人253人であった。日本近代化に当たってイギリスの力は大きかった。

● 日英同盟

　日英同盟は1902年に締結された。イギリスは中国の植民地支配を進めていたので、ロシアがアジアを侵攻することを懸念していた。一方の日本も幕末からロシアの南下政策に悩まされていた。明治時代に入っても、敵対関係を持っていた。しかし、ロシアは強国であり、一国では対抗できない。そこで日本とイギリスが同盟を結んだのである。

　1904年勃発した日露戦争は、日英同盟がなければ日本は勝てなかったとも言われる。日英同盟のおかげで日本はイギリスから戦費を調達できた。また西欧からアジアへの近道であるスエズ運河はイギリスの管轄にあり、ロシアのバルチック艦隊は通行できなかった。アフリカ大陸をぐるりと回って日本に向かうことで燃料や食糧を消費し、さらに港の多くはイギリスの領地だったため途中で補給もできなかった。これらが遠因となってロシアは日本海戦で日本に敗れたのである。

◆　◆　◆

課題研究

1. 夏目漱石文学の方向性の変遷を簡潔に述べなさい。
2. 明治の文豪である夏目漱石と森鴎外の比較表を作成しなさい。項目は生没年、留学先など自由に設定しなさい。
3. 夏目漱石の文学上の功績を述べなさい。
4. 自然主義に対する夏目漱石の考え方は何ですか。
5. 夏目漱石の門人を一人選び、活動内容を詳しく調べてまとめなさい。

注釈

1. 4歳のとき天然痘にかかって顔に痘痕が残り、漱石は終生それを気にしていた。
2. 1901年に「愛媛県立松山中学校」と改称し、現在は「愛媛県立松山東高等学校」である。
3. 第五高等学校は熊本大学の前身。

4. 鏡子はヒステリー症で漱石を悩ませた。別居した時期もある。
5. 漱石は研究題目が「英文学」ではなく「英語」であることに不満だったが、文部省から「窮屈に考えなくてもよい」と言われ、渡英を承諾した。
6. 前任は小泉八雲(こいずみやくも)で、学生に人気があった。
7. 原文はカタカナと旧体字で書かれているが、平仮名と新体字に改め、適宜「。」も入れるなど読みやすくしてある。
8. これが講演『現代日本の開化』(1914年)の趣旨である。1908年の『夢十夜』も隠喩的に日本と西洋の関係が表現されているとする見解がある（2010年高鵬飞ゼミで公表）。
9. 唯一の例外として、自然主義作家の島崎藤村の『破戒』は高く評価した。
10. 夏目漱石は近代化を急ぐ日本に対し様々な考えを述べているが、1910年の大逆事件については沈黙している。多くの日記や手紙を書いた漱石であるが、大逆事件に言及したものはない。
11. 村上哲見（1994年）『漢詩と日本人』講談社を参考にした。
12. 本文中から一例を挙げると、「悄然として萎れる雨中の梨花には、ただ憐れな感じがする」の「雨中の梨花」は、長恨歌の「梨花一枝春帯雨」を踏まえている。
13. 小川未明（1882～1961）は坪内逍遥に師事した。『赤い船』（1910年）は日本初の童話集である。
14. 田烟精一（1931～2020）は京都大学中退。挿絵画家。
15. 古田足日（1927～2014）は1997年から2001年まで児童文学者協会の会長を務めた。
16. 佐野洋子（1938～2010）は1990年に谷川俊太郎と結婚したが、数年後に離婚した。

■ 日本文学史

第37章　正岡子規

■ 生没年：1867～1902　■ 俳人・歌人

キーワード：俳句革新、短歌革新、根岸短歌会

＜作者＞

正岡子規（まさおかしき）は本名を正岡常規（まさおかつねのり）と言い、1867年9月7日、愛媛県に生まれた。旧態依然とした俳句と短歌を革新し、明治という新時代にふさわしい短詩文学を確立した。夏目漱石の生涯の友人であった。

■ 正岡子規年表 ■

1867年（慶応3年）　　誕生
1884年（明治17年）　東大予備門入学
1889年（明治22年）　夏目漱石と交友する
1892年（明治25年）　『獺祭書屋俳話』、日本新聞社に出社、俳句革新に着手
1895年（明治28年）　中日甲午戦争に参戦、漱石と同居、『俳諧大要』
1898年（明治31年）　『歌よみに与ふる書』、俳誌『ホトトギス』、根岸短歌会
1901年（明治34年）　『墨汁一滴』、『病牀六尺』
1902年（明治35年）　没

＜生い立ちと文学＞

4歳で父を亡くし、祖父の大原観山から漢学の指導を受けた。小学校時代は画を描いて詩を添える楽しみを見出した。中学時代は友人らと漢詩会を催し相互批評した。1884年、東京大学予備門[1]予科に入学し、同級生に芳賀矢一（はがやいち）[2]、南方熊楠（みなかたくまぐす）[3]、山田美妙、夏目漱石がいた。夏目漱石とは生涯を通じての親友だが、このときはまだ交友がなかった。

翌年から俳句を作り始め、また坪内逍遥の『当世書生気質』に感銘を受けて小説『龍門』を書いた。漢詩の創作も続け、1888年『七艸集』（しちそうしゅう）を執筆した。翌年松尾芭蕉の俳諧を刷新した業績を讃えたが、過半数が駄句であると論じた。この年に夏目漱石と交友を始めた。

正岡子規は子供のとき政治家に憧れていたが、『荘子』の講義を聴くなどして哲学に興味を持ち、1890年東大哲学科に入学した。文学と哲学に関心を持っていたが、美学が詩歌や書画を哲学的に論じることを知って、翌年専攻を国文科に変えた。その年の終わりに幸田露伴の『風流仏』に感動し、作家を志して『月の都』（1892年）を書き上げ、露伴に批評を乞うたが、良い評価がもらえず、作家を断念して詩人になることを決意した。

● 俳句革新

　正岡子規は新聞『日本[4]』に『**獺祭書屋俳話**』（1892年）を掲載し、俳句革新に着手した。俳諧の宗匠が毎月開く例会では平凡で陳腐な句が詠まれ、新奇な句は避けられていたが、正岡子規はこれを月並俳句として批判した。使い慣れた漢語を多用し、洋語を排斥し、雅語もあまり使わない従来の俳句に対して、音調が調和する限りは雅語、俗語、漢語、洋語を使うべきだとした。宗匠の権威や流派への盲従を否定して、俳句を自由な精神で詠むことを推奨した。以上の革新から、旧来の「俳諧」という名称を改めて「俳句」と称した。この考えは日本全国に広がり、各地に俳句結社が作られた。

　正岡子規は1890年から松山中学の後輩**河東碧梧桐**と高浜虚子に、書簡を通じて俳句を指導しており、夏に帰省したとき彼らと句会を開いた。6月の大学2年生の学年試験を放棄して、学業より句作や俳句分類に専心することを決めた。夏目漱石から大学を卒業したほうがいいと忠告されたが、すでに何度かの喀血があり、余命を考えて好きな道に進むことを選んだのである。

　1892年12月より日本新聞社に出社して、新聞『日本』の紙上に俳句欄を設け、ここに自身の句の他、高浜虚子、河東碧梧桐、夏目漱石、**内藤鳴雪**[5]らの句を掲載した。連載記事では、松尾芭蕉の『奥の細道』の跡を訪ねた紀行文『はて知らずの記』（1893年）、俳句概論『俳諧大要』（1895年）、現代俳人を評した『明治二十九年の俳句界』（1897年）、与謝蕪村が松尾芭蕉を超越していると論じる『俳人蕪村』（同年）がある。

　新聞『日本』は**安政の仮条約**について反政府の意見を掲げ、しばしば発行停止処分を受けていた。そのため1894年2月、姉妹誌『**小日本**』[6]が創刊され、正岡子規が編集主任となった。「日本俳壇」を設けて一般からの俳句も募集し、その中から優秀句を選び小冊子を発行した。これらの名称や活動から、子規を中心とする俳句の一派を**日本派**と呼ぶ。『小日本』には子規の小説『月の都』も掲載された。代表的俳人の多くは青年で、新しい俳句の意欲に溢れていた。

　『小日本』は7月に廃刊された。8月に中日甲午戦争が始まると、正岡子規は従軍記者となり、1895年中国に渡った。軍医部長の森鴎外を訪問し、連句などを作った。一か月後の帰国途中に喀血して神戸の病院に入院した。松山に帰省した際、愛媛県尋常中学校の教員である夏目漱石の下宿先に転がり込んだ。下宿は**愚陀仏庵**[7]といい、漱石は二階、子規は一階に住み、8月27日から10月17日まで共同生活した。

　松山には俳句革新運動に共鳴した俳句結社「松風会」があった。正岡子規はその会の会長**柳原極堂**に指導を依頼され、愚陀仏庵で講義をしたり、句会を開いて実作指導したりした。夏目漱石も時折句会に参加している。この講義内容を整理したものが『俳諧大要』である。

　1895年の年末に東京の上根岸の子規庵で生活を始め、翌年1月3日の新年句会には、高浜虚子、河東碧梧桐、夏目漱石らに加えて森鴎外も出席した。俳句革新は順調な展開を見せたが、正岡子規の病状は悪化して、腰痛や歩行困難の症状が出始めた。脊椎カリエスと診断されて手術を受け、病床に伏しがちとなったが、精力的に句会を実施

し、随筆『俳句問答』を書き、文芸誌『めさまし草』や『早稲田文学』に子規一派の選句を載せた。この年、3038句もの俳句を作った。

　翌1897年松山の柳原極堂が俳誌『ほとゝきす』を創刊した。柳原極堂が発行責任者で、正岡子規が編集し、高浜虚子ら東京勢が執筆する形を取り、地方誌でありながら全国的俳誌の性格を有して発展した。経済的事情などで発行の継続が困難になったとき、高浜虚子がその発行と編集者を担当し、虚子庵を発行所として存続させた。名称も『ほとゝきす』から『ホトトギス』（1898年）に改称した。

　新聞『日本』に『俳人蕪村』の連載を始めてから、自宅で蕪村忌と称する句会を開催するようになる。俳句革新の成果として、俳人600余名の計4857句を季節ごとに分類した最初の総合句集『新俳句』（1898年）を刊行した。その一方で小説への名残もあり、『花枕』（1897年）を文芸誌『新小説』[8]に発表している。

● **短歌革新**

　1898年2月に『**歌よみに与ふる書**』を新聞『日本』に連載し、短歌革新を始動させる。ここで正岡子規は「貫之は下手な歌よみにて古今集はくだらぬ集に有之候」と書き、歌は日常の中に題材を求め、自由に感情を表現するべきだと主張した。歌人らに尊重されていた紀貫之と『古今集』を痛烈に批判したため、歌壇が受けた衝撃は大きかった。

　3月に初めて自宅で開いた歌会には俳人ばかりが参加したが、翌1899年から歌人の香取秀真（かとりほつま）、岡麓（おかふもと）、その翌年から**伊藤左千夫**（いとうさちお）、**長塚節**（ながつかたかし）らが参加し、のちに歌人だけの歌会となった。この歌会を**根岸短歌会**という。万葉調の歌を称揚し、源実朝や田安宗武（たやすむねたけ）[9]など過去の万葉調歌人を発掘した。

　正岡子規に共鳴する歌人が増え、短歌革新も順調に進んだが、病状は日々悪化し、1899年8月に大量喀血した。同月イギリス留学を控えた夏目漱石が離別の挨拶に子規庵を訪れたが、これが二人の最後の面会となった。

● **写生文**

　正岡子規は俳句・短歌に絵画の理論を導入し、実物や実景をありのまま写し取る**写生説**（しゃせいせつ）を提唱した。これを散文に応用したのが**写生文**であり、1900年1月、『叙事文』の中で主張された。写生文とは、事物をよく把握し、

■ **子規の短歌二首** ■

瓶にさす藤の花ぶさみじかければたたみの上にとどかざりけり

富士を踏みて帰りし人の物語聞きつつ細き足さするわれは

■ 『**墨汁一滴**』 ■

ガラス玉に金魚を十ばかり入れて机の上に置いてある。余は痛をこらへながら病床からつくづくと見て居る。痛い事も痛いが奇麗な事も綺麗ぢや。（四月十五日）

この頃の短夜とはいへど病ある身の寐られねば行燈の下の時計のみ眺めていと永きここちす。

　午前一時、隣の赤児泣く。
　午前二時、遠くに雞聞ゆ。
　午前三時、単行の汽缶車（きかんしゃ）通る。
　午前四時、紙を貼りたる壁の穴僅にしらみて窓外の追込籠に鳥ちちと鳴く、やがて雀やがて鴉。
　午前五時、戸をあける音水汲む音世の中はやうやうに音がちになる。
　午前六時、靴の音茶碗の音子を叱る声拍手の声善の声悪の声千声万響遂に余の苦痛の声を埋め終る。（六月六日）

主題を明快に書き表し、形容詞による余分な装飾を排除した文を指す。同年9月から「山会」という文章会を開き、高浜虚子、河東碧梧桐、寒川鼠骨[10]、坂本四方太らが互いの文章を批評しあった。「山会」の「山」は自分が主張しようとする主題を指す。

写生文は高浜虚子の編集で『寒玉集』、『写生文集』にまとめられた。小説の文体としても継承され、伊藤左千夫の『野菊の墓』、長塚節の『土』、夏目漱石の『吾輩は猫である』がその成果である。

● 病床の記録

随筆『墨汁一滴』では、十返舎一九、曲亭馬琴、幸田露伴などについて思うことを述べたり、河東碧梧桐の短歌を批評したり、節分や神戸牛の感想を自由に表現したりしている。そこには病気の苦痛や悲惨が感じられず、楽しみを見出して日々を生きる姿が活写されている。

病床の第二作『病牀六尺』は病気・看病のこと、俳句のこと、画のことなどが理知的に語られる。文中には「たまには何となく嬉しくてために病苦を忘るるような事が無いでもない」など「嬉しい」という言葉が散見される。痛みに束縛されず嬉しさの感情を発露させているところに、生きる強さが感じられる。

『仰臥漫録』は公表を意図せずに書かれた随筆で、俳句、短歌、メモ、写生画、献立などを記している。画については中村不折[11]から絵具をもらい受け、1899年から描き始めた。正岡子規の病床生活に一つの楽しみをもたらした。表37-1に随筆の執筆期間を示すが死ぬ直前まで筆を握っていたことがわかる。旺盛な創作意欲とも解釈できるが、脊椎カリエスによる肉体的苦痛を紛らわせようとする子規の心情が見て取れる。

表37-1　病床の随筆

作品名	執筆時期
『墨汁一滴』	1901年1月16日～7月2日
『病牀六尺』	1902年5月5日～9月17日（死の二日前）
『仰臥漫録』	第1期：1901年9月2日～10月28日 第2期：1902年3月10日～3月12日 第3期：1902年6月20日～7月29日

1902年9月18日午前11時、痩せ衰えた手で紙に絶筆三句を書いた。

正岡子規はその13時間後に死去した。短い生涯であったが、俳句と短歌を革新し、それぞれ24000句、2500首を残し、韻文文学を大きく進展させた。

1904年、伊藤左千夫らが遺稿を編集し、歌集『竹の里歌』を刊行した。短歌544首のほか、長歌15首、旋頭歌12首から構成される。

＜文学史　24. 俳壇の変遷（明治時代～現代）＞

● 新傾向俳句

高浜虚子と河東碧梧桐は親友であり、俳句革新に参加するため第二高等学校[12]をともに中退し、子規門下の双璧と称されていた。しかしその句風には違いがあり、子規

没後は両者の違いが一層際立って対立した。高浜虚子は事物の趣や情感を捉え、平易な言葉で表現する俳句を理想としたが、河東碧梧桐は写実派の立場に立ち、事物を表現するためなら造語や奇異な題材も構わないとし、個性的な俳句を志向した。そこには自然主義の影響もあった。高浜虚子は『ホトトギス』を主宰し、河東碧梧桐は正岡子規の後を継いで新聞『日本』の俳句欄を担当し、勢力が二分していた。

東本願寺の管長である句仏が、子規の日本派の俳句をより地方に浸透させるために全国遊説の旅に出ることを提案すると、高浜虚子は拒否したが、河東碧梧桐は喜んで応じた。かくして碧梧桐は句仏の経済的援助を受け、全国を旅しながら地方の俳人と句会を開き、自身の句への共鳴を得ることに成功したのである。旅は紀行文と俳句の『三千里』（1910年）という作品に結実した。全国行脚は二回実行され、それぞれ**三千里の旅**、**続三千里の旅**と言われる。

荻原井泉水は河東碧梧桐とともに俳誌『層雲』を創刊して俳句理論を発表し、更に定型、季題、文語から自由になる**自由律俳句**を作った。碧梧桐と対立してからは同誌を主宰して、**尾崎放哉**、**種田山頭火**など多くの優れた俳人を育てた。

中塚一碧楼は新傾向俳句運動に共鳴し、『自選俳句』（1910年）、『試作』（1911年）、『第一作』（1912年）を刊行した。碧梧桐が『層雲』を去ってから、ともに俳誌『海紅』（1915年）を創刊し、やがてこれを受け継いだ。

● **ホトトギス派**

高浜虚子は神経衰弱に悩む夏目漱石に小説を書いてみるよう勧めた。『ホトトギス』は俳誌であるが、既に「山会」での写生文を載せていたから、写生文の小説を載せることも自然であった。結果として『吾輩は猫である』は大好評を博し、高浜虚子も触発されて写生文の小説『欠び』などを書いた。『彦太』（1910年）は時代の風潮を受けた自然主義的な作品であった。

高浜虚子はこの時期、俳句よりも小説を書いていたが、『ホトトギス』が文芸誌化した結果、経費がかかるようになり、自身も健康を損ね小説の執筆を続けることが難しくなった。そこで1912年、『ホトトギス』を従来の俳誌に戻し、俳壇に復帰することを決意して「春風や闘志抱きて丘に立つ」の句を詠んだ。

■ **新傾向俳句** ■

大須賀乙字は評論『俳句界の新傾向』（1908年）で、下記の河東碧梧桐の句が暗示的、象徴的で新しいと評価した。

　　思はずもヒヨコ生れぬ冬薔薇
　　会下の友想へば銀杏黄落す

この評論文の題名から、河東碧梧桐を中心とする一派の俳句を新傾向俳句と呼ぶようになった。大須賀乙字は明治末に離反し『俳壇復古論』などで俳句の伝統を尊重した。

■ **新傾向俳句の衰退** ■

新傾向俳句はホトトギス派を圧倒して一時代を築いたが、安定感に欠け、俳壇の主流には成れなかった。主導者である河東碧梧桐も句作に行き詰まり、1933年に引退を宣言した。下記に自由律俳句を二句、挙げる。

　　咳をしても一人　尾崎放哉
　　なんとなくあるいて墓と墓との間　種田山頭火

■ **虚子、決意の句** ■

　　春風や闘志抱きて丘に立つ

第37章 正岡子規

　方針として、五七五の定型を守り、季題を詠み、平明かつ余韻のある句を目指し、新傾向俳句を否定した。『ホトトギス』では**飯田蛇笏**や**村上鬼城**、**前田普羅**が活躍した。村上鬼城は1865年生まれで正岡子規よりも年上であり、1895年に文通による指導も受けていた。俳句歴は長く、大正期になって高浜虚子に力量を認められた。

　昭和時代、『ホトトギス』には**水原秋桜子**、**阿波野青畝**、**山口誓子**、**高野素十**が活躍し、**四Ｓ時代**[13]を形成した。高浜虚子が提唱した**花鳥諷詠**と**客観写生**に忠実だったのは高野素十であった。続いて**松本たかし**、**川端茅舎**、**中村草田男**らが登場した。

　高浜虚子は1959年に死去したが、『ホトトギス』は長男の年尾の次女に引き継がれ、その没後は年尾の次女稲畑汀子が主宰している。

● **新興俳句運動**

　水原秋桜子は俳誌『**馬酔木**』[14]に移って『自然の美と文芸上の真』（1931年）を発表し、高野素十の句は自然の真を捕らえただけで、文芸上の真ではないと批判し、句作における主観の強調と情感の表現を説いた。これが『ホトトギス』と対立し、**新興俳句運動**の端緒となり、山口誓子もこれに参加して運動を推進した。新興俳句運動には『俳句研究』や『京大俳句』など多くの俳誌が参加し、伝統に反対するような無季俳句の実践などを展開した。しかし青年俳人らが反戦思想を強めた俳句を発表し始めると、特高警察はこれを危険思想とみなし、1940年から43年の間に『京大俳句』の**西東三鬼**、『土上』の**秋元不死男**など多数の俳誌・俳人を弾圧した。これを**新興俳句弾圧事件**という。

　戦後、俳句は解放され、山口誓子は西東三鬼とともに『**天狼**』（1948年）を創刊、主催した。

● **人間探求派**

　中村草田男は東大俳句会のとき水原秋桜子に師事し、『ホトトギス』に加入したが、のちに離脱して『**万緑**』（1946年）を創刊した。水原秋桜子の『馬酔木』からは**加藤楸邨**、**石田波郷**が育ち、それぞれ『寒雷』（1940年）、『鶴』（1937年）を創刊した。この三者は生活に即した人間の感情を詠み、**人間探求派**と呼ばれた。

● **戦後の俳句**

　金子兜太は東大在学中から加藤楸邨に師事し、『寒雷』

■『ホトトギス』の代表俳句■
冬蜂の死にどころなく歩きけり　村上鬼城
冬凪の檸檬色づくほのかなり　水原秋桜子
海に出て木枯帰るところなし　山口誓子

■ 新興俳句 ■
1931～1940年の反伝統の俳句とその運動を指す。無季俳句に移行し、反戦的傾向を強めた結果弾圧を受け消滅した。
機関銃低き月輪コダマスル　西東三鬼
ライターの火のポポポポと滝涸るる　秋元不死男

■ 人間探求派 ■
万緑の中や吾子の葉を生えそむる　中村草田男
兜虫死にたる脚が脚を抱き　加藤楸邨
柿食ふや命あまさず生きよの語　石田波郷

■ 戦後 ■
湾曲し火傷し爆心地のマラソン　金子兜太
満月の冴えてみちびく家路あり　飯田龍太

■ 日本文学史

に俳句を発表していた。俳句集『少年』（1955年）を刊行した後、前衛俳句運動を展開した。高柳重信も複数行の俳句を作り前衛俳句として知られる。

飯田蛇笏の四男**飯田龍太**と山口誓子に師事した**鷹羽狩行**も、金子兜太とともに戦後俳壇の重鎮である。

【コラム　1．安政の仮条約】

　安政5年の1858年、日本はアメリカ、オランダ、ロシア、イギリス、フランスと通商条約を結んだ。天皇の許可なく調印したため「仮条約」と言われる。関税自主権がなく、領事裁判権を認めるという不平等条約であった。

● 関税自主権

　これは外国から輸入した貨物に対して自由に関税を設定する権利である。もし関税自主権がないと安価な外国製品が国内に出回り、日本製品が売れなくなり、生産業も停滞してしまう。自国の生産業を保護するためには、外国の安価な製品に関税を課し、値段を日本製品と同じくらいに設定しなければいけない。

● 領事裁判権

　これは外国人の起こした事件を本国の領事が本国の法律で裁判する権利である。例えば1886年、イギリス船のノルマントン号が難破して日本人乗客全員が溺死するという事件が起きたが、領事裁判権のためにイギリス人船長は無罪となった。

　明治政府は粘り強く交渉を続け、外務大臣の陸奥宗光が1894年、領事裁判権の撤廃と関税自主権の一部回復に成功した。続いて1911年、外務大臣小村寿太郎が関税自主権の完全回復を実現し、列強諸国との対等の地位を得た。

【コラム　2．俳人たちの経歴】

　素人の目には、俳句は五七五という短い言葉の組み合わせに過ぎず、小説とは違って簡単に作れるように思うであろう。確かに字数を揃えて季語を入れれば俳句の形は作ることができる。しかし時代を超えて残るような芸術的俳句の創造には、鋭い観察力や豊かな感受性の他、深い教養と学識を必要とするのである。

　高野素十は医学部を出て、血清学を学ぶためにドイツ留学している。本職は医師であり、大学教授や学長として教育にも従事した。

　水原秋桜子も医師であり、大学の講師を経て、実家の産婦人科の病院を継いでいる。

　中村草田男は高校と大学で教職に就いた。

　尾崎放哉は生命保険会社に長く勤めた。

　上記の4人はいずれも東大出身である。この他、多くの俳人が東大や早稲田大学など一流の大学で学識を深めている。

【コラム　3．特高警察】

　正式名称は特別高等警察、略称は特高である。大逆事件を契機に設置され、

社会主義運動などの反体制活動を取り締まった。1911年東京に置かれ、順次主要都市に置かれた。1928年に全国に設置され、大規模な社会主義者取り締まりである三・一五事件を起こした。極端な思想弾圧のため国民から恐れられたが、敗戦の年にGHQによって廃止された。

課題研究

1. 正岡子規の俳句における業績は何ですか。
2. 正岡子規の短歌における業績は何ですか。
3. 正岡子規が夏目漱石に与えた影響は何ですか。
4. 高浜虚子の功績を述べなさい。
5. 新傾向俳句とホトトギス派の文学史的意義を述べなさい。

注 釈

1. 現在の第一高等学校。学生は東大入学前にここで教育を受けた。当時日本の大学は東大のみであったが、のちに他の高等教育機関も創設された。その場合も東京大学予備門を経て他へ進学した。
2. 芳賀矢一はドイツ留学し文献学を学び、日本の国文学研究を開拓した。
3. 南方熊楠は植物学者、民俗学者。大英博物館に勤務後、帰国して菌類を採集した。博覧強記と奇行で知られる
4. 陸羯南が1889年に創刊した新聞で、ナショナリズム運動の拠点になった。
5. 内藤鳴雪は正岡子規より20歳年上だが、子規に感化され、句作を始めた。
6. 名前は、『日本』新聞の小型版という意味であろう。
7. 「愚陀仏」は夏目漱石の俳号である。
8. 森田思軒、山田美妙らが1889年1月に創刊した文芸誌。翌年中断したが、1896年7月より幸田露伴の編集で再刊された。夏目漱石の『草枕』、田山花袋の『蒲団』など名作が掲載された。
9. 田安宗武（1715〜1771）は江戸時代中期の国学者、歌人。
10. 寒川鼠骨は『日本』の記者。写生文を実践し、子規の死後は子規庵の維持管理、写生俳句の継承に努めた。
11. 中村不折は洋画家、書家。正岡子規とともに新聞『日本』の記者として中日甲午戦争に従軍する。夏目漱石の『吾輩は猫である』の挿絵を書いた。
12. 第二高等学校は現代の東北大学。
13. 4人の名前がいずれも「さ（S）行」で始まるため、四S時代という。
14. 正岡子規の門人伊藤左千夫が1903年に創刊した短歌雑誌も同名の『馬酔木』である。

■ 日本文学史

第38章　与謝野晶子
■ 生没年：1878～1942　■ 歌人

キーワード：浪漫主義短歌、母性保護論争、歌壇の変遷

<作者>

与謝野晶子は本名を鳳しようと言い、1878年12月7日、大坂堺市に生まれた。激しい恋の情熱の歌集『みだれ髪』で明治浪漫主義を推進した。女性の経済的自立を説く母性保護論争、男女共学の文化学院の設立など、その活動は文学に留まらない。

■ 与謝野晶子年表 ■

1878年	（明治11年）	誕生
1900年	（明治33年）	与謝野鉄幹を知る
1901年	（明治34年）	『みだれ髪』、鉄幹と結婚
1904年	（明治37年）	『君死にたまふことなれ』
1912年	（明治45年）	パリへ旅立つ
1918年	（大正7年）	母性保護論争
1921年	（大正10年）	文化学院設立
1938年	（昭和13年）	『新新訳源氏物語』
1942年	（昭和17年）	没

<生い立ちと文学>

　与謝野晶子の実家は老舗の和菓子屋である。長兄は学問に優れ、のちに東大工学部教授になったが、次兄は2歳で亡くなった。他に姉が2人いて、男の子がもう一人欲しいと思っていた父は、与謝野晶子が生まれたときに失望したという。与謝野晶子を3年ほど親戚に里子に出し、引き取ってからは男の子のような格好をさせた[1]。
　父親は教育熱心のため、与謝野晶子は8歳のとき漢学塾に入り『論語』、『長恨歌』などを学んだ。10歳で堺女学校[2]に入学し、卒業後も補修生として残った。この頃から店の手伝いをしながら『源氏物語』などの古典、森鴎外や尾崎紅葉、樋口一葉の小説を読んでいた。短歌も作り出し、16歳のとき初めて『文芸倶楽部』に掲載された。歌風は極めて旧派であったが、『読売新聞』で東京の歌人**与謝野鉄幹**[3]の歌を知り、日常的な言葉で実感を伝える作風に感化された。地元の文学会に所属し、機関紙『よしあし草』に短歌を載せると、それが与謝野鉄幹の目に止まり、同誌の知り合いの同人を通して、晶子に『明星』への投稿を促した。『明星』とは与謝野鉄幹の短歌結社「東京新詩社」（1899年結成）の機関紙である。与謝野晶子の短歌は『明星』第2号に掲載された。

●『みだれ髪』と結婚

1900年8月、与謝野鉄幹は新詩社の宣伝を兼ねた講演旅行で関西を訪れ、11日間滞在した。この間に与謝野晶子と鉄幹は5回も面会を重ねた[4]。同年の11月、与謝野鉄幹が再度関西に来た時、与謝野晶子は誘いに応じて再会した。1901年1月にも会って関係を深めていった。

与謝野鉄幹には妻がいた。既婚の男性と恋に落ちることなど当時の社会道徳では現代以上に許されざることであったが、与謝野晶子は高まる想いを止められず、同年6月、単身で上京するのであった。与謝野鉄幹はすぐに晶子の歌集の発刊を企画し、8月15日、官能的な恋愛賛美の歌を399首集め、歌集名を『みだれ髪』として出版した。結婚はそれから2か月後の10月であった。ここに編集者としての与謝野鉄幹の意図が感じられる。『みだれ髪』の作者は既婚者よりも独身女性のほうが扇情的であり、それを計算しての出版、そして結婚と考えられるのである。『みだれ髪』出版時の作者名は本名の「鳳しょう」であった。

歌人の佐佐木信綱が「此一書は既に猥行醜態を記したる所多し人心に害あり」と批判するなど、歌壇はこの近代的歌集に否定的であったが、高山樗牛[5]や上田敏らは新しい文学の誕生として肯定的評価を下した。『みだれ髪』は人気を博し『明星』の売上も上がり、ともに浪漫主義を推進する原動力となった。

■『みだれ髪』二首抜粋■
清水へ祇園をよぎる桜月夜こよひ逢ふ人みなうつくしき
やわ肌のあつき血汐にふれも見でさびしからずや道を説く君

● 自己主張

与謝野晶子は自分の意見をしっかりと持ち、主張する女性であった。

日露戦争で弟が戦線に出された時、与謝野晶子は反戦詩『君死にたもうことなかれ』(1904年)を書き、弟の無事を願い、天皇を批判した。1911年平塚らいてうらが女性文芸誌『青鞜』を創刊すると、与謝野晶子もこれに加わったが、のちに両者の間で論争が繰り広げられた。平塚らいてうは、スウェーデンの婦人運動家エレン・ケイに影響を受け、国家による母性保護を主張し、妊娠・出産・育児期の女性は国家に経済的に守られるべきと主張した。一方の与謝野晶子は母性保護を否定し、女性は経済的・精神的に自立するべきであり、それが果たせないならば子供を産む資格もないと意見を表明した。与謝野晶子は11人の子供を育てており、与謝野鉄幹の歌が売れず苦しい時期も自ら働いて乗り越えたという経歴が主張の背景にあった。この**母性保護論争**には他の識者も加わり、女性解放における母性の扱い方を日本で最初に論じたものとなった。

● フランスへ

『明星』は全盛期を過ぎて人気が下火になり、1908年に廃刊した。与謝野晶子は原稿を書いて生活を支えながら、夫の再起を信じて欧州行きを勧める[6]。旅費や滞在費を工面し、与謝野鉄幹は1911年11月単身で欧州へ渡った。その翌年5月、

■パリで初めて詠んだ歌■
ああ皐月仏蘭西の野は火の色す
君も雛罌粟(コクリコ)われも雛罌粟

> ■ 失意の歌 ■
> 十余年わが書きためし原稿の
> 跡あるべしや学院の灰

晶子も後を追い、2人は再会を果たす。前ページ下はパリで初めて詠んだ歌である。

帰国してから与謝野晶子は鉄幹との共著『巴里より』（1915年）を刊行し、女性教育の必要性などを説いた。教育への関心から同志と専修学校である文化学院を設立し日本初の男女共学[7]を実施した。西村伊作が校長、与謝野晶子と石井柏亭が学監、川崎なつが主任、与謝野鉄幹らが顧問となり、教員には寺田寅彦、有島武郎らがいた。

1923年関東大震災で多くの人が死に、家屋が全壊・焼失した。『新訳源氏物語』の原稿は文化学院に預けていたが、この地震で学校ごと灰となり、与謝野晶子はやるせない気持ちを上の歌に表わしている。

> ■ 『巴里より』
> ―与謝野晶子の日本女性への提言―
> 自分は欧洲へ来て見て、初めて日本の女の美が世界に出して優勝の位地を占め得ることの有望の事を知った。唯其れには内心の自動を要することは勿論、従来の様な優柔不断な心掛では駄目であるが、其れは教育が普及して行く結果現に穏當な覺醒が初まつて居るから憂ふべき事ではない。但し女の容貌は一代や二代で改まる物で無いと云ふ人があるかも知れないが、自分は日本の女の容貌を悉く西洋婦人の様にしようとは願はない。今の儘の顔立でよいから、表情と肉附の生生とした活動の美を備へた女が殖えて欲しい。髪も黒く目も黒い日本式の女は巴里にも澤山にある。外観に於て巴里の女と似通つた所のある日本の女が何が巴里の女に及び難いかと云へば、内心が依頼主義であつて、自ら進んで生活し、其生活を富まし且つ樂まうとする心掛を缺いて居る所から、作り花の様に生氣を失つて居る事と、もう一つは、美に對する趣味の低いために化粧の下手なのとに原因して居るのでは無いか。日本の男の姿は佛蘭西の男に比べて随分粗末であるが、まだ其れは可いとして、日本の女の装飾はもつと思ひ切つて品好く派手にする必要があると感じた。

● **与謝野鉄幹**

与謝野鉄幹は正岡子規と同時期に結社の結成や機関紙の創刊などを行い、歌壇の大きな存在であったが、『明星』が廃刊になってから目立った活躍はなかった。1919年に慶応義塾大学の教授になり身分の安定を見たが、創作の面でかつてのような輝かしい業績は残していない。第2次『明星』を創刊したが勢いはなく、1927年に終刊した[8]。伊豆旅行から帰宅後に発熱し、1935年に肺炎で死去した。

● **古典文学**

与謝野晶子は夫の亡き後、歌集『白桜集(はくおうしゅう)』を刊行し、『新新訳源氏物語』（1938年）を発表した。王朝文学の教養が発揮された作品にはこの他に、『新訳栄華物語』（1914〜1915年）、『和泉式部歌集』（1915年、鉄幹との共著）、『新訳紫式部日記　新訳和泉式部日記』（1916年）などがある。

歌人にとどまらない活躍を見せた与謝野晶子であるが、1940年に脳溢血で左半身不随となり、1942年5月29日、狭心症で死去した。

<文学史　25．歌壇の変遷（明治時代～現代）>

　近世後期に**香川景樹**が**調べの説**を唱え、清新平明に歌うことを主張し、**桂園派**という和歌の流派を作った。桂園派は幕末から明治初期にかけて歌壇の主流となったが、落合直文が出て1893年に短歌結社「**あさ香社**」を作り、個性尊重に基づく和歌革新を実践した。和歌旧派の勢力は依然として強く、革新の進行も遅々たるものであったが、のちに新派結社が続々と作られ気運をあげた。久保猪之吉、尾上柴舟らの「いかづち会」（1898年結成）、八杉貞利、沼波武夫らの「わか菜会」（1899年結成）、丸岡桂らの「あけぼの会」等である。
　これらの結社は革新を標榜しながらも和歌の伝統を脱することができなかったが、落合直文の門下から与謝野鉄幹が出て、新しい和歌を推進したのである。

● 明星派

　与謝野鉄幹はまず『**亡国の音**』（1894年）で、旧派の女性的な**たをやめぶり**を否定し、男性的な**ますらをぶり**を提唱して、その実作を『東西南北』（1896年）、『天地玄黄』（1897年）で提示した。その歌風は当初、虎剣調と言われていたが、与謝野晶子の情熱的な恋の歌に影響され、星菫調に変わった。星や菫に託して恋愛を歌うという意味である。
　『明星』では短歌と詩を区別せず、短歌を新体詩と称することも厭わなかった。実際、明星派の歌人の多くは詩人でもあった。1903年から全盛期を迎えて後期**浪漫主義**を推進したが、日露戦争後から時代との間にズレが生じて発行部数も落ち、1908年に廃刊した。
　女性歌人では山川登美子、茅野雅子などを輩出した。男性歌人は以下に記す如くである。
　平出修は『明星』に短歌と評論を発表していたが、廃刊後は文芸雑誌『スバル』の創刊に携わった。与謝野夫妻も『明星』の廃刊後、『スバル』に移った。
　高村光太郎は『明星』、『スバル』に短歌を発表した。詩集に『道程』、『智恵子抄』などがある。
　窪田空穂は『明星』の中心歌人であり、1914年に『国民文学』を創刊して歌誌『アララギ』と並ぶ勢力となった。
　相馬御風は最初「東京新詩社」に入るが、脱退して『早稲田文学』の編集に携わり、口語自由詩を推進した。
　石川啄木は口語体3行書きの形式の短歌で生活感情を詠んだ。代表歌集に『一握の砂』がある。
　北原白秋は『明星』の新進作家であり、1909年象徴詩集『邪宗門』を発表した。
　萩原朔太郎は中学生の時から『明星』などに詩歌を投稿し、北原白秋への門人を経て、1917年詩集『月

■ 明星派 ■
そや理想こや運命の別れ路に
白きすみれをあはれと泣く身
　　　　　　　与謝野鉄幹
ロンドンの悲しき言葉耳にあり花赤ければ命短し
　　　　　　　北原白秋
かにかくに祇園は恋し寝るときも枕の下を水の流るる
　　　　　　　吉井勇

に吠える』で詩壇の注目を浴びた。口語自由詩による近代抒情詩を完成させた。
　吉井勇は『明星』に恋愛の歌を発表していたが、北原白秋とともに脱退して『スバル』を創刊した。代表歌集『**酒ほがひ**』では放埓・退廃の歌を詠んだ。戯曲も書いた。
　木下杢太郎は詩人、劇作家、医学者である。北原白秋とともに『スバル』や「パンの会」の耽美主義を代表。詩集『食後の唄』、劇曲集『和泉屋染物店』などがある。

● 耽美派
　明星派の高村光太郎、石川啄木、北原白秋、吉井勇、木下杢太郎らは、『明星』を離れた後、芸術家の交流会「パンの会」や文芸誌『スバル』に拠って耽美的な歌を詠んだので耽美派と言われる。

● 反明星派
　尾上柴舟と**金子薫園**は『明星』の歌が恋愛に偏重的であることについて「猥雑の愛」と批判し、叙景歌集『徐景詩』(1902年)を刊行した。
　尾上柴舟は「車前草社」を結成し門人を育てた。**若山牧水**[9]は『別離』(1910年)で自然主義の清新な歌風を示して注目を受けた。旅と酒の歌が多い。**前田夕暮**は歌集『収穫』(1910年)と雑誌『詩歌』(1911年)の創刊で、現実生活に密着した歌を作り、若山牧水とともに自然主義の二大歌人となった。
　金子薫園の結社「白菊会」から出た**土岐哀果**は、ローマ字3行書きの歌集『NAKIWARAI』(1910年)を刊行し、その後も3行書きの歌集を発表した。

■ 反明星派 ■
父と母くちをつぐみてむかひあへる姿は石のごとくさびしき
　　　　　　　　　　　　若山牧水
冬の朝まづしき宿の味噌汁のにほひとともにおきいでにけり
　　　　　　　　　　　　前田夕暮

● 根岸短歌会・アララギ派
　根岸短歌会は正岡子規が写生の実践として開催した歌会である。伊藤左千夫、長塚節、岡麓らが集まった。機関紙はなかったが、子規没後、伊藤左千夫が1903年に『馬酔木』を創刊した。浪漫主義に対抗して写生と万葉主義を歌風としたが、傍流に甘んじた。同人が減って弱体化し、1908年1月に終刊すると同時に三井甲之の『アカネ』に引き継がれた。同年10月、伊藤左千夫がこれを取り込んで『アララギ』を創刊した。奇しくも『明星』が廃刊を迎える前月のことであり、世代交代の感がある。
　『アララギ』には**島木赤彦、斎藤茂吉**[10]、中村憲吉、釈迢空、石原純らが集まった。

■ 根岸短歌会・アララギ派 ■
庭の木のさびれ合歓木の葉しひたぐる風ものものし荒れ来るらんか
　　　　　　　　　　　　伊藤左千夫
我が母よ死にたまひゆく我が母よ我を生まし乳足らひし母よ
　　　　　　　　　　　　斎藤茂吉
身はすでに私ならずとおもひつつ涙おちたりまさに愛しく
　　　　　　　　　　　　中村憲吉

　伊藤左千夫が正岡子規の理想を守り万葉調の和歌を実践するのに対し、若い同人は自然主義や耽美主義の思潮を受けて作歌するため、両者は対立した。斎藤茂吉は写生のあり方を模索して、伊藤左千夫の没後、『**赤光**』(1913年)を刊行し、短歌の新

時代を築いた。

● 反アララギ派

佐佐木信綱は落合直文と同様に歌壇に影響力を持ち、機関紙『心の華』[11]と結社「**竹柏会**」（1899年結成）を主催した。「竹柏会」から出た**川田順**は初期に浪漫的な歌を作ったが、のちに写実的な歌風となった。同じ門下の**木下利玄**[12]は清麗な詠風であった。太田水穂は芭蕉俳諧を取り入れた象徴短歌を提唱した。

1924年、歌人の大同団結を目的にして『**日光**』が創刊され、反アララギの川田順、木下利玄、前田夕暮、土岐哀果、『アララギ』を脱退した釈迢空、石原純らが結集した。自己の流派や歌風の意識が衝突し合い1927年に廃刊したが、口語短歌やその理論が発表され、昭和短歌に影響を与えた点で意義が認められる。

● 昭和以降の歌壇

前田夕暮は『詩歌』を1918年に廃刊した。その後、『日光』に加わるが運営の面で北原白秋と対立した。『日光』廃刊の年の1928年、『詩歌』を復刊して自由律短歌の試作をはじめた。歌壇の主流であるアララギ派の**土屋文明**[13]も新鮮さを求めて都会生活に取材し、字余りや字足らずも許容した。これらの短歌の散文化に加えて口語短歌の動きも大きく、新興短歌運動が歌壇を刷新しようとしていた。

『明星』の出身である北原白秋はこの傾向を批判して1935年『**多磨**』を創刊し、新しい浪漫主義を唱えた。

戦後、中城ふみ子らの女流歌人、**寺山修司**[14]らの前衛歌人が活躍した。佐佐木幸綱は早稲田大学の教員であり、明治期の歌人佐佐木信綱を祖父に持ち、歌集『群黎』（1970年）で注目された。早稲田大学の学生であった**俵万惠**は佐佐木幸綱に師事し、日常会話における片仮名や擬音語を短歌に使った『**サラダ記念日**』（1987年）を発表し、歌集としては異例の売上を記録して社会現象となった。

> ■ 反アララギ派 ■
> ゆく秋の大和の国の薬師寺の塔の上なる一ひらの雲
> 　　　佐佐木信綱
> 牡丹花は咲き定まりて静かなり花の占めたる位置のたしかさ
> 　　　木下利玄

> ■ 昭和以降 ■
> 嵐の如く機械うなれる工場地帯入り来りて人間の影だにも見ず
> 　　　土屋文明
> 木蓮の濃き影見れば良夜や月のひかりは庭にあかりぬ
> 　　　北原白秋
> 「この味がいいね」と君が言ったから七月六日はサラダ記念日
> 　　　俵万智

【コラム　1．関東大震災】

1923年9月1日午前11時58分、関東一帯をマグニチュード7.9の大地震が襲った。地震発生のとき、各家庭ではかまどや七輪で火を使って食事の準備をしていたため、家屋が倒壊するとあちこちで火災が発生した。関東大震災は地

震よりも火災による被害のほうが大きく、死者・行方不明者は14万人以上、被災者は340万人以上にのぼった。

この災害で特筆すべきことは、朝鮮人への虐殺事件が起こったことである。震災という極限状態の中で、「朝鮮人が暴動を計画している」というデマが流れ、朝鮮人が殺された。朝鮮人と疑われた日本人、中国人も被害に遭った。また軍部が震災の混乱を利用して、政府の邪魔者である社会主義者を殺害する亀戸事件、甘粕事件も起きている。

【コラム　2．平塚らいてう】

『みだれ髪』が発表された時、女性の地位は低かった。当時の女性なら誰もが地位向上を望んだであろうが、それを実現するのは並大抵のことではなかった。その意味で平塚らいてうは女傑であり英雄であった。

平塚らいてうは1911年青鞜社を結成し、初の女性雑誌『青踏』を創刊した。1920年には新婦人協会を設立し『女性同盟』を創刊して運動を続け、1922年に女性の政治活動を禁ずる治安警察法第五条の撤廃を実現したのである。

【コラム　3．釈迢空】

本名を**折口信夫**といい、国文学者、民俗学者でもある。**柳田国男**に師事して日本民俗学を開拓し、大学教授としても『万葉集』や『源氏物語』の講義を担当した。

柳田国男は農商務省に勤務する傍ら、島崎藤村らと交友し、自然主義文学に関心を持った。抒情的な詩を書いていたが、30代半ばから民族学の研究に専心した。

課題研究

1. 『みだれ髪』の文学史的意義について述べなさい。
2. 与謝野晶子の業績を簡潔に述べなさい。
3. 歌誌『明星』の果たした役割を文学史に沿って述べなさい。
4. 明星派と反明星派の歌風の違いについて述べなさい。
5. アララギ派と反アララギの歌風の違いについて述べなさい。

注　釈

1. この理由ははっきりしていない。男の子が欲しいという父の屈折した願望が、与謝野晶子から女の子らしさを奪おうとしたのかもしれない。
2. 堺女学校は今の大阪府立泉陽高校。
3. 与謝野鉄幹の本名は寛。

4. この時、二人きりで会ったのではなく、他に歌人の山川登美子などがいた。
5. 高山樗牛（1871～1902）は評論家。
6. この時期の生活の様子は与謝野晶子の小説『明るみへ』に書かれている。欧州旅行のために『朝日新聞』から原稿料を前借りし、帰国後に当作品を執筆したのである。
7. 日本の学校は例外を除き、敗戦まで男と女は別学であった。
8. 『明星』は第1期が1900～1908年、第2期が1921～1927年で共に鉄幹が主宰した。第三期は1947～1949年で、鉄幹の子の光が主宰した。文学的意義が高いのは第1期で、『明星』と言う時はこの第1期を指す。
9. 若山牧水（1885～1928）は早稲田大学卒。石川啄木の臨終に立ちあった。
10. 斎藤茂吉（1882～1953）は東大を出て精神科医をしながら短歌を作った。
11. 『心の華』はのちに『心の花』と改称した。
12. 木下利玄は志賀直哉らと1910年『白樺』を創刊した。
13. 土屋文明（1890～1990）は東大在学中に芥川龍之介らと第3次『新思潮』に参加した。アララギ派の指導的立場であった。
14. 寺山修司（1935～1983）は早稲田大学中退。演劇、映画、エッセイでも活躍した。

■ 日本文学史

第39章 石川啄木

■ 生没年：1886～1912　■ 歌人・詩人

キーワード：三行形式の短歌、大逆事件、生活派

<作者>

石川啄木（いしかわたくぼく）は本名を一（はじめ）といい、1886年2月20日、岩手県盛岡市に生まれた。生活に密着した短歌を独自の三行という形式で表わして、青春の感傷と失意の生活感情を歌った。無政府主義弾圧を強める日本政府に危機感を持ち、評論『時代閉塞の現状』などを書いたが、志半ばにして、26歳の若さで病死した。

■ 石川啄木年表 ■

1886年（明治19年）	誕生
1901年（明治34年）	中学校で短歌会結成
1902年（明治35年）	上京
1905年（明治38年）	詩集『あこがれ』
1907年（明治40年）	北海道移住
1909年（明治42年）	朝日新聞入社
1910年（明治43年）	大逆事件、歌集『一握の砂』
1912年（明治45年）	没、歌集『悲しき玩具』

<生い立ちと文学>

　父は寺の住職であった。幼少の頃から病弱で小学校低学年は成績も良くなかったが、高学年になると才学を発揮して首席で卒業した。中学に進学し、先輩の金田一京助（きんだいちきょうすけ）の勧めで『明星』を読み、与謝野晶子の歌集『みだれ髪』で短歌に開眼する。友人と「白羊会」という短歌研究会を開き、『岩手日報』に短歌を発表した。この頃、堀合節子（ほりあいせつこ）との恋愛が始まった。

　文学と恋愛の情熱で学業が疎かになり、試験中にカンニングして発覚し、退学勧告を受けると、文学で立身する決意をして、中学を退学し上京した。1902年、17歳であった。

　短歌結社「東京新詩社」[1]の会合に参加したり、与謝野鉄幹・晶子夫妻の自宅を訪れ知遇を得たが、職が得られず、結核の発病もあり、翌年故郷に帰った。そこで世界の海を主題としたアメリカの詩集『Surf and Wave』に感銘を受け、自らの詩作の源泉とした。長詩『愁調』を書き、12月の『明星』に掲載され注目を集めた。この頃から筆名を啄木にしている。

　1904年、健康を回復した石川啄木は複数の雑誌に詩歌を発表して新進詩人となる。同年晩秋に再度上京し、処女詩集刊行のために奔走した。出版社から拒否されたが、

小学校時代の同級生の縁故で話が進み、1905 年処女詩集『**あこがれ**』を出版した。77 篇の詩を収め、上田敏の序詩と与謝野鉄幹の跋文を擁した。詩人・歌人として順風満帆なスタートを切ったが、刊行直前に父が住職を罷免され、石川啄木は経済的基盤を失った。この時すでに堀合節子と結婚していたが、母と妹の面倒も見なければならなくなった。

故郷で文芸誌『小天地』を創刊して打開しようとするが、経済的に継続できず一号で終わった。1906 年小学校の代用教員として働きながら、小説家への夢を持ち、夏目漱石や島崎藤村を読み、『雲は天才である』、『面影』を書いた。

父が家出したことや北海道函館市の文芸誌から原稿の依頼が来たことなどで、石川啄木は新天地で新しい生活を開こうと考える。母は故郷の知人宅に、妻子は盛岡の実家に託して、北海道に移住した。妹は北海道小樽市の義兄に預けた。

● **北海道時代**

北海道での生活は約 1 年に渡り、4 つの街を放浪している。石川啄木は中学校退学という学歴のため厚遇されることはなく、自尊心の高さから職場の上司とも衝突して職を転々としたのである。

函館で実業家を父に持つ宮崎郁雨（みやざきいくう）と出会い、生涯の友人となった。小学校では女教師橘智恵子と知り合い、密かな想いを抱いた。石川啄木が函館を去ったのは大火事が発生したからであった。札幌の滞在期間はわずか 2 週間であったが、土地に密着した歌を詠んでいる。右の歌は札幌大通公園の様子を描写したものであり、現在の大通公園にはこの歌碑がある。

小樽にいるとき妻子を呼び新居を設けたが、職場の事務長と喧嘩して新聞社を去った。釧路では社長に実力を評価され、身分は三面主任であるものの事実上の編集長の仕事を任された。自己の生活に取材した小説『菊池君』の中では、手腕を発揮して得意になる自分の様子が描かれている。文中の「須藤氏」とは理事のことである。

■ **北海道放浪** ■

(1) 函館……1907.5.5 〜 1907.8.25　仕事は函館商工会議所臨時雇、小学校代用教員、函館日日新聞社遊軍[2]記者である。

(2) 札幌……1907.9.14 〜 1907.9.27　北門新報社校正係を担当した。

(3) 小樽……1907.9.27 〜 1908.1.19　小樽日報社の記者を務めた。

(4) 釧路……1908.1.20 〜 1908.4.24　釧路新聞社の編集者であった。

■ **大通公園の歌碑** ■

しんとして幅広き町の
　秋の夜の
玉蜀黍（とうもろこし）の焼くるにほひよ

しかし新聞社でいくら業績を上げても学歴がないため幹部になることはできず、主筆との関係も悪く、石川啄木は新聞社を無断退社して 1908 年 4 月 28 日に上京し、再び作家を目指すのであった。家族は宮崎郁雨に託した。

● **東京時代**

上京後の住居は、まず与謝野夫妻の世話になり、次に金田一京助の部屋に同居した[3]。金田一京助は援助を惜しまず、自分の蔵書を売って石川啄木の借金を払っている。

啄木は一年の間に『札幌』、『足跡』、『鳥影』、『病院の窓』などの小説を書いた。このうち『鳥影』だけが知人の斡旋で『東京毎日新聞』に連載することができたが、反響は乏しかった。

1908年、与謝野鉄幹に連れられて森鴎外主宰の観潮楼歌会に出席し、佐佐木信綱、伊藤左千夫、北原白秋、吉井勇などの歌人と交流した。文壇の重鎮である森鴎外の知遇を得たことは石川啄木に大きな進展をもたらした。『明星』が廃刊した翌年の1909年、森鴎外を指導者とする『スバル』が発刊されると、石川啄木はその発行名義人となり、小説『赤痢』を創刊号に、『足跡』を第2号に掲載した。小説の評価は得られず、『足跡』は同年の『早稲田文学』3月号で、作家の中村星湖に「作者の誇大妄想」と批判された。

■『菊池君』■
　私が編輯の方針を改めてから、間もなく「日報」の評判が急によくなつて來た。さうなると滑稽もので、さらでだに私は編輯局で一番年が若いのに、人一倍大事がられて居たのを、同僚に對して氣耻かしい位、社長や理事の態度が變つて來る。それ許りではない、須藤氏が何かの用で二日許り札幌に行つた時、私に銀側時計を買つて來て呉れた。

翌年に東京朝日新聞社の校正係の仕事を得た。**夏目漱石**の担当する『朝日新聞』文芸欄を石川啄木が校正していた関係から、漱石が胃腸病院に入院したとき、見舞いに赴いた。『二葉亭全集』の校正と編集を任されていた石川啄木は、夏目漱石に助言を乞い、『ツルゲーネフ全集』第五巻を借りた。

石川啄木は新聞紙上の「朝日歌壇」の撰者に選ばれ、小説家よりも歌人としての発展を考えるようになり、処女歌集『**一握の砂**』（1910年）を刊行した。計551首の歌は生活を主題とし、形式も1行ではなく3行書きという画期性があり、話題を呼んだ。

● 大逆事件
1910年5月、社会主義者と無政府主義者が明治天皇暗殺を策謀した疑いで逮捕された。非公開の裁判が行われ、翌年1月**幸徳秋水**ら12人が処刑された。これを**大逆事件**という。明治政府が反政府集団を排除するために暗殺計画を捏造したというのが真相であった。事件の文学の反映として、森鴎外『沈黙の塔』（1910年）、徳富蘆花『謀叛論』（1911年）、木下杢太郎『和泉屋染物店』（1911年）、平出修『逆徒』（1913年）、永井荷風『花火』（1919年）がある。石川啄木はロシアの思想家クロポトキン[4]と社会主義思想に傾注し、評論『時代閉塞の現状』（1910年）を書いた。夏目漱石を見舞った時に朝日文芸欄での掲載を打診した可能性が考えられる。新聞社は政府の弾圧を恐れ、これを掲載しなかった。

■『ココアのひと匙』の前半部分■
われは知る、テロリストの
かなしき心を——
言葉とおこなひとを分ちがたき
ただひとつの心を、
奪はれたる言葉のかはりに
おこなひをもて語らむとする心を、
われとわがからだを敵に擲げつくる
心を——
しかして、そは真面目にして熱心なる人の常に有つかなしみなり。

1911年、石川啄木は国家権力に対抗するた

めに奔走した。友人の平出修弁護士を訪ね、幸徳秋水の弁護人宛ての陳弁書を借りて筆写して、『日本無政府主義者陰謀事件経過及び附帯現象』を書いた。それから読売新聞社記者で歌人の**土岐哀果**(ときあいか)と文芸思想雑誌『樹木と果実』の創刊を企画した。雑誌を通して青年らを啓蒙する目的であり、『スバル』に創刊の広告も出した。しかしこの計画は印刷所の倒産と石川啄木の発病で実現しなかった。

　石川啄木は雑誌の発刊は諦めたが、大逆事件への追及は続け、事件の真相を伝える『A LETTER FROM PRISON —'V NAROD' SERIES』を病床で執筆した。「V NAROD」はロシア語で「民衆の中へ」の意味である。同様の趣旨を持つ詩篇『果てしなき議論の後』も書いた。その中の一篇『ココアのひと匙』の前半部分を掲げる。

　石川啄木の文学による革命意識は強かったが、病状は日増しに悪化し、1912年4月13日死去した。葬儀には夏目漱石、佐佐木信綱、北原白秋らが参列した。

　第二歌集『悲しき玩具』(がんぐ)は、土岐哀果が石川啄木の代わりに出版社と契約を交わし、出版された。

＜文学史　26．生活派＞

　日常生活の感情を歌う短歌一派を**生活派**と呼ぶ。石川啄木は貧困に苦しみながらも、宮崎郁雨や金田一京介、与謝野夫妻らの温かい援助に支えられて、詩、短歌、小説を書いてきた。人の優しさや友情を一身に受けた彼の作品には人生の美しさや悲しさが滲出していて、自然主義に見られる悲惨への傍観者的な態度がない。『一握の砂』に代表される石川啄木の歌はわかりやすく、3行書きなので区切りも明確である。右の歌は特に有名で、人口に膾炙している。

■ **啄木の代表歌** ■
はたらけど
はたらけど猶わが生活(くらし)楽にならざり
ぢっと手を見る

　土岐哀果はローマ字書きで3行に渡る歌集『NAKIWARAI』を、『一握の砂』に先じて刊行していたが、漢字仮名交じりによる3行書きは両者の同時発明と言える。土岐哀果が文芸誌に『書斎と市街』を発表したのと、石川啄木が『一握の砂』を編集したのは共に1910年10月であるからだ。

　土岐哀果もまた生活派の有力な歌人であり、幸徳秋水や堺利彦(さかいとしひこ)ら社会主義運動の先駆者と交流し、現代社会における生活者として歌を詠んだ。1913年に創刊した『生活と芸術』は、短歌の他、評論や小説、時評など幅広く掲載し、生活派の思想を文壇に拡充させた。生活派には西村陽吉、西川百子(にしかわももこ)など多くの歌人がいて、大正歌壇の一潮流をなした。生活派からは石川啄木を超える才能が出現しなかったが、その歌風はのちに出現するプロレタリア短歌に土壌を与えた。

■ 日本文学史

◆ ◆ ◆

【コラム　金田一】

　金田一京助は1882年に岩手県に生まれた。東大言語学科在学中からサハリン、北海道でユーカラの研究に勤しみ、日本の先住民族であるアイヌの言語、文学、民俗学で偉大な業績をおさめた。国語学も研究し、辞書の編集などを行った。長男の晴彦（はるひこ）は日本語のアクセントや方言を研究する他、多数の辞書の編纂に従事した。京助を祖父に、晴彦を父に持つ金田一秀穂（ひでほ）は、国語学者、日本語教師である。

　「金田一」という名前は、人気小説・漫画にも出てくる。小説は横溝正史の一連の推理小説に登場する名探偵、金田一耕助（こうすけ）である。漫画『金田一少年の事件簿』は、少年探偵の金田一一（はじめ）が金田一耕助を祖父に持つという設定で、数々の事件を解決していく。

課題研究

1. 石川啄木に対して、誰がどのような援助をしたかを簡潔に整理しなさい。
2. 石川啄木が職業作家になろうとする意志は、どのような行動になって表れていますか。簡潔に述べなさい。
3. 大逆事件に対する石川啄木の行動を説明しなさい。
4. 大逆事件に対する石川啄木と夏目漱石の反応の違いについて述べなさい。
5. 生活派の短歌の特徴は何ですか。また文学史的意義は何ですか。

注　釈

1. 東京新詩社は略して「新詩社」と呼ばれる。
2. 「遊軍」とは、決まった任務がなく、必要に応じて仕事ができるよう待機している人。
3. このあと蓋平館に転居した。『朝日新聞』の仕事が決まった後は、上京した母・妻子とともに他の家に移住した。
4. カロポトキン（1842～1921）は無権力社会を主張し、幸徳秋水らに影響を与えた。

◆明治文学重要事項一覧◆

- □ 小説
    - ○戯作文学　　仮名垣魯文『安愚楽鍋』、『東海道中膝栗毛』
    - ○翻訳小説　　丹羽純一郎(訳)『花柳春話』、川島忠之助(訳)『八十日間世界一周』
    - ○政治小説　　矢野龍渓『経国美談』、東海散士『佳人之奇遇』
    - ○写実主義　　坪内逍遥『小説神髄』、二葉亭四迷『浮雲』、尾崎紅葉『金色夜叉』、徳富蘆花『不如帰』、樋口一葉『たけくらべ』
    - ○浪漫主義　　泉鏡花『高野聖』、幸田露伴『五重塔』、森鴎外『舞姫』、北村透谷『厭世詩歌と女性』
        【雑誌】『めざまし草』、『しがらみ草紙』、『文学界』
    - ○自然主義　　島崎藤村『破戒』、田山花袋『蒲団』、国木田独歩『武蔵野』、徳田秋声『新世帯』、正宗白鳥『何所へ』
        【雑誌】『早稲田文学』
    - ○耽美主義　　永井荷風『あめりか物語』、谷崎潤一郎『刺青』
        【雑誌】『スバル』、『三田文学』
    - ○余裕派　　　夏目漱石『吾輩は猫である』、『それから』
- □ 詩
    - ○訳詩　　　　外山正一ら『新体詩抄』、森鴎外ら『於母影』、上田敏『海潮音』
    - ○創作　　　　島崎藤村『若菜集』、土井晩翠『天地有情』
- □ 短歌
    - ○明星派　　　与謝野晶子『みだれ髪』、与謝野鉄幹、北原白秋、吉井勇
        【雑誌】『明星』
    - ○根岸短歌会　正岡子規『歌よみに与ふる書』、伊藤左千夫
    - ○反明星　　　若山牧水『別離』、前田夕暮『収穫』、土岐哀果『NAKIWARAI』
    - ○アララギ派　伊藤左千夫、長塚節、岡麓
        【雑誌】『アララギ』
- □ 俳句
    - ○俳句革新　　正岡子規『俳諧大要』、『寒山落木』
        【雑誌】『ホトトギス』
    - ○新傾向俳句　河東碧梧桐『三千里』、大須賀乙字『俳句界の新傾向』
    - ○ホトトギス派　高浜虚子

大正、昭和（戦前）文学概観

時代区分：大正時代から第二次世界大戦終戦まで

■ 大正文学──1916〜1926年

　明治30年代後半から隆盛した自然主義も大正時代の社会と相いれず、次第に勢力を衰微させていった。代わって美を至上主義とする耽美派（永井荷風、谷崎潤一郎、吉井勇ら）と理想主義・人道主義の白樺派（志賀直哉、武者小路実篤ら）が大正時代前期の文壇の主流をなした。しかし美にしても理想にしても、現実を直視しないため真実を知りえないという弱点があった。そこで登場したのが新現実主義である。新思潮派（芥川龍之介、久米正雄、菊池寛ら）、新早稲田派（葛西善蔵、広津和郎、宇野浩二ら）、無所属の佐藤春夫らが新現実主義を構成し、大正時代後半から文壇に加わった。児童文学では『赤い鳥』が創刊され、有島武郎や北原白秋らが芸術性の高い作品を書いて、質を上げた。詩壇では萩原朔太郎が口語自由詩を完成させ、高橋新吉らが実験的な前衛詩を作った。
　大正末には、社会主義の立場から労働者階級の現実を描くプロレタリア文学が起こり、文芸誌『種蒔く人』、『文芸戦

■ 大正・昭和（戦前）文学 ■

1912年	大正時代開始
1914年	第三次『新思潮』
1916年	第四次『新思潮』
1917年	萩原朔太郎『月に吠える』
1918年	児童文学誌『赤い鳥』創刊
1919年	有島武郎『或る女』
1921年	文芸誌『種蒔く人』創刊
1923年	関東大震災
	江戸川乱歩『二銭銅貨』
1924年	宮沢賢治『春と修羅』
	文芸誌『文芸戦線』創刊
	文芸誌『文芸時代』創刊
1926年	川端康成『伊豆の踊り子』
1927年	芥川龍之介自殺
1929年	小林多喜二『蟹工船』
1933年	文芸誌『文学界』創刊
	小林多喜二、虐殺される
1936年	堀辰雄『風たちぬ』
1938年	火野葦平『麦と兵隊』
1941年	太平洋戦争
1942年	中島敦『山月記』
1945年	第二次世界大戦終戦

線』が創刊された。小林多喜二、徳永直、平林たい子が代表的作家である。同じころ、新感覚派の川端康成、横光利一らが感覚を理知的に捉えた文章表現で文壇に新風を吹き込んだ。

芥川龍之介と有島武郎の自殺は知識人の苦悩を象徴する出来事として記憶された。

■ 昭和（戦前）文学──1926～1945年

プロレタリア文学はナップ、コップを結成し勢いを増していたが、小林多喜二の特高による虐殺で失速した。共産党幹部の獄中での転向もプロレタリア文学運動の気勢を殺いだ。昭和前期は既成作家、転向作家、非プロレタリアの作家が文壇を占めることとなった。この時期の有力な新人作家は堀辰雄と伊藤整であり、新感覚派の後継の新心理主義に分類される。また小林秀雄が優れた文芸評論を行い、日本文学の一つの分野として確立させた。

大衆文学が隆盛したことも昭和文学の特徴である。文芸誌が創刊されて、直木三十五や吉川英治、江戸川乱歩の娯楽性の強い作品が人気を博した。

昭和後期は戦争が勃発し、文学者が兵士として、または従軍記者として戦地に赴いた。火野葦平は国策文学に応じたが、石川達三は日本軍を批判したため有罪判決を受けた。贅沢な生活描写も禁止され、日本文学史上、作家がもっとも表現の自由を奪われた時代であった。それでも谷崎潤一郎や永井荷風は密かに耽美的作品を書き続け、中島敦は古代中国に取材した小説を、太宰治は古典文学に取材した小説を発表し、作家としての存在を主張した。

■ 大正・昭和（戦前）文学の変遷

夏目漱石は東大の学生同人誌『新思潮』の作品に一つ一つコメントしていた。白樺派の武者小路実篤は夏目漱石への尊敬を表わし、また夏目漱石も『白樺』同人の作品の書評を書いていた。この2つの文学思潮は夏目漱石の影響下に出発したと言える。プロレタリア文学は政府の弾圧に屈して転向文学に転じた。新興芸術派は一過性の文学流派であった。

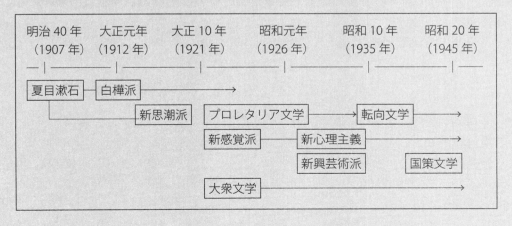

■ 日本文学史

第40章　宮沢賢治

■生没年：1896～1933　　■童話作家・詩人

キーワード：童話の世界、科学精神、詩壇の変遷

＜作者＞

宮沢賢治（みやざわけんじ）は本名であり、1896年8月27日、岩手県の花巻町に生まれた。日蓮宗の信者であり、農学校教師、農業技師として農民とともに生きた。童話や詩にはユーモアや宗教性、宇宙観があふれている。宗教心と科学精神に裏づけられた独自の世界を形成した。生前はほとんど注目されなかったが、死後、草野心平の発掘で多くの読者を得た。

■ 宮沢賢治年表 ■

1896年（明治29年）	誕生
1915年（大正4年）	盛岡高等農林学校に入学
1917年（大正6年）	同人誌『アザリア』
1920年（大正9年）	日蓮宗「国柱会」に加入
1921年（大正10年）	農学校の教員
1924年（大正13年）	『春と修羅』、『注文の多い料理店』
1926年（昭和1年）	学校を退職、羅須地人協会設立
1933年（昭和8年）	急性肺炎で死去

＜生い立ちと文学＞

　質屋・古着商を営む父は熱心な浄土真宗の信者であり、花巻仏教会を組織していた。宮沢賢治は父に連れられて会に参加し法話を聞くこともあった。

　小学生の時、鉱物、植物、昆虫採集、標本作りに熱中し、中学校に進学してもそれらの興味は持続した。かつて同校を中退した**石川啄木**の**『一握の砂』**に影響を受け、短歌の創作を始める。哲学書も愛読した。中学校を卒業後、島地大等の訳による『漢和対照妙法蓮華経[1]』を読み、感銘を受けて信者になる。

　学業は優秀であり、1915年盛岡高等農林学校[2]に首席で入学し、特待生に選ばれて授業料を免除された。関豊太郎教授に指導を受け地質調査を始めた。文学では3年生のときに同級生と同人誌『アザリア』を発刊している。卒業後、同校の研究生として研究しながら童話の創作を始めた。日蓮宗の宗教団体「国柱会」（こくちゅうかい）に入会し、信仰心の働きが文学に表れると聞かされ、旺盛な創作活動を見せた。

　1921年12月より花巻農学校の教諭となるが、1926年3月末に辞職して私塾の

— 250 —

羅須地人協会を開いた。昼間は農作業に従事し、夜は農民たちに稲作法、土壌学、芸術論「農民芸術概論綱要」などを講義した。近隣農村には肥料設計相談所を設置して相談に応じた。

1928年12月に急性肺炎を患い、長く闘病生活が続いた。1931年小康を取り戻し、東山町の東北砕石工場技師になって石灰肥料の宣伝販売を担当したが、やがて病状が悪化して再び療養生活に入った。この時期、手帳に『雨ニモマケズ』が書かれ、没後発見された。法華経に基づく詩境が表現され、末尾には法華経の「南無無辺行菩薩」などの題目が綴られる。その冒頭部分は非常に有名である。

> ■『雨ニモマケズ』の冒頭文 ■
> 雨ニモマケズ　風ニモマケズ
> 雪ニモ夏ノ暑サニモマケヌ
> 丈夫ナカラダヲモチ
> 慾ハナク／決シテ瞋ラズ
> イツモシヅカニワラッテヰル

公的な文学活動では、1925年以降、岩手詩人協会を設立した森佐一の同人誌『貌』と、詩人の草野心平の同人誌『銅鑼』に、童話や詩を発表している。著作は1924年に自費出版した詩集『春と修羅』と童話集『注文の多い料理店』の二冊である。印刷部数はいずれも1000部であった。

宮沢賢治は病状が回復しないまま1933年9月21日に死去した。草野心平は『銅鑼』より規模の大きい同人誌『歴程』で追悼号として彼の詩を載せた。地方の無名詩人であった宮沢賢治はこれによって世間に広く知れ渡ったのである。『銀河鉄道の夜』や『風の又三郎』などの遺稿も出版され、多くの読者を持つに至った。

<『春と修羅』>

『春と修羅』は宗教性や宇宙的感覚で詩の世界を築いている。郷土岩手への愛着も強く、「岩手山」、「東岩手火山」の詩篇もある。雲、風、松、草などの言葉も目立ち、幼いころから自然と親しんできた経歴が反映されている。更に最愛の妹、宮沢トシが1922年に24歳で病没した悲しみを「永訣の朝」で歌っている。

> ■『原体剣舞連』の結び ■
> 太刀は稲妻萱穂のさやぎ
> 獅子の星座に散る火の雨の
> 消えてあとない天のがはら
> 打つも果てるもひとつのいのち

宇宙的感覚の一例として、子供たちの剣舞を見て作ったと言われる『原体剣舞連』の末尾部分を抜粋する。詩中の「天のがはら」は「天の原」のことで、日本神話における天上界を示す。

宮沢賢治の生前、同詩集は評論家の辻潤から賞賛された以外は反響がなかった。

<文学史　27. 詩壇の変遷1（明治時代〜大正時代後半）>

近代詩の歴史は東大教授の外山正一、矢田部良吉、井上哲次郎の『新体詩抄』（1882

年)に始まる。従来の日本には漢詩、俳句、短歌、狂歌、川柳があったが、いずれも新時代である明治の精神を的確に表現できずにいた。この背景から外山正一らは西洋の詩を七五調に訳したり、類似の詩を作ったりして、新しい詩を切り開いたのである。『新体詩抄』の名称から取って**新体詩**と呼ぶ。新体詩は古い言葉を使い、韻律にも即し、表現において完全なる自由を獲得したわけではなかったが、近世から連綿と続く詩歌の伝統を断ち切ったことには大きな意義がある。

● 浪漫詩

森鷗外らの訳詩集『於母影』(1889年)、北村透谷の長編詩『楚囚の詩』(1889年)は初期浪漫主義の出発点となる記念碑的作品である。北村透谷の影響下で島崎藤村が浪漫の漂う『若菜集』(1897年)を発表した。同時期に雄壮な詩風の**土井晩翠**も活躍し、『**天地有情**』(1899年)などを著した。歌人の与謝野鉄幹も詩を書き、『明星』を主宰して詩や短歌などの浪漫的作品の拠点を築いた。

● 口語自由詩

川路柳虹が詩誌『詩人』に発表した詩篇『塵塚』(1907年)が日本最初の口語自由詩である。小説の文体として普及した言文一致が詩にも採用されたのである。石川啄木は評論『食らふべき詩』(1909年)で口語詩の大切さを論じている。**萩原朔太郎**の『月に吠える』(1918年)で口語自由詩が確立された。

● 象徴詩

上田敏がフランスの象徴詩・高踏詩を訳した『**海潮音**』(1905年)を刊行した。本書から詩篇『海のあなたの』を掲げる。

薄田泣菫と**蒲原有明**は最初浪漫的な詩を書いていたが、『海潮音』に触発されて、泣菫は『**白羊宮**』(1906年)を、有明は『有明集』(1908年)を刊行して象徴詩を完成させた。

彼らの後を引き継いだ北原白秋は『**邪宗門**』(1909年)で官能と異国情緒にあふれる詩を書き、**三木露風**は叙情的な『**廃園**』(1909年)を刊行して、二大新鋭詩人と評価された。

> ■『海のあなたの』■
> 海のあなたの遙けき国へ
> いつも夢路の波枕、
> 波の枕のなくなくぞ、
> こがれ憧れわたるかな、
> 海のあなたの遙けき国へ。

> ■『邪宗門』の『真昼』■
> 日は真昼――野づかさの、寂寥の心の臓にか、
> ただひとつ声もなく照りかへす硝子の破片。
> そのほとり WHISKY の匂蒸す銀色の内、
> 声するは、密かにも露吸ひあぐる、
> 色赤き、色赤き花の吐息……

● 耽美派

浪漫主義文芸雑誌『スバル』と芸術家の集まりである『パンの会』を拠点にした詩人が耽美派である。北原白秋、木下杢太郎、高村光太郎がいる。

● 理想主義

耽美主義から出発した高村光太郎は白樺派の影響を受けて理想主義的な口語自由詩を作り、『**道程**』(1914年)を刊行した。詩集前半の詩篇は「赤き辞典に／葬列

の歩調あり」などの文語表現で書かれ、後半は「いやなんです／あなたのいつてしまふのが」などの口語となっている。

有島武郎はアメリカの民主派の詩人ホイットマンの『草の葉』を訳した。その他に**室生犀星**の『愛の詩集』（1918年）、福士幸次郎の『太陽の子』がある。宮沢賢治の『春と修羅』（1924年）を理想主義に含む考え方もある。

● 民衆詩派

大正デモクラシーとホイットマンなど西洋の民主的詩人の影響の下で、詩の言葉の平民化と表現の社会性を重視した**民衆詩派**が誕生した。**白鳥省吾**、富田砕花、百田宗治らが代表的詩人であり、『民衆』、『表現』などの機関紙を発行した。一時的に多くの読者を得たが、詩壇からは批判され、北原白秋からも「散文以下の悪文」と論難された。民衆詩派の弱点は農民や労働者の実態を知らぬまま盲目的にその人間性を賞賛する表層的な詩感にあった。

● その他

西条八十は『砂金』（1919年）で繊細優美な詩風を示したが、その後は童謡、民謡、歌謡曲の作詞家に転じた。**佐藤春夫**は『殉情詩集』（1921年）で七五調・五七調を用いた文語定型詩で抒情を歌い、詩人の地歩を確立した。ここには谷崎潤一郎夫人の千代子への許されざる恋情が詠み込まれている。佐藤春夫は『都会の憂鬱』などの小説も書いた。

堀口大学は外交官の父について中南米や欧米各地で青春期を過ごした経験から、官能美と知性を融合した新しい詩風を大正詩壇に吹き込んだ。『月光とピエロ』（1919年）、『砂の枕』（1926年）などがある。フランスの訳詩集『月下の一群』（1925年）は明治期の『海潮音』に匹敵する反響を与えた。

■『砂の枕』の一篇『拷問』■
お前の足もとに跪いて
何と拷問がやさしいことだ
愛する女よ　残酷であれ
お前の曲線は私を息づまらせる
ああ　幸福に私は死にそうだ

＜文学史　28．詩壇の変遷2（大正時代後半～現代）＞

● 詩話会

大正中頃の詩壇は文壇の勢力に押され、しかも少数の詩人が複数の詩誌に分かれて論争しているという状況であった。詩壇回復のために諸派交流の場が求められ、川路柳虹らが発起人となって1917年「**詩話会**」を結成し、その2年後に詩誌『**日本詩集**』を創刊した。流派や大家、新進の区別なく公平に加入を呼びかけ、大勢の会員を擁することとなった。『日本詩集』は目的を達して1926年11月号にて廃刊となり、翌月に大正天皇が崩御して昭和が始まった。

● 前衛詩

1921年、**平戸廉吉**が東京日比谷で「日本未来派運動第一回宣言」という宣言と現

■ 日本文学史

> ■『洞察』冒頭文 ■
> 動くもののこゝろよさ、
> 動くこゝろの
> 動く機械のこゝろよさ！
> 衝きすゝむ車輪、
> 翔ける翼、
> 延鐵機の上から
> 都市へ
> 田園へ
> 無限に伸び上る手のこゝろよさ！

代詩を書いたビラを人々に配った。現代の機械文明を謳歌する詩であり、1909年のイタリアの詩人マリネッティが伝統的文化・芸術を排撃し、新時代に合致した新しい詩を主張した「未来主義第一宣言書」を模倣したものである。左は『平戸廉吉詩集』（1931年）収録の『洞察』である。

平戸廉吉は肺患と貧困のため30歳で死去した。上述の詩集も彼の死後、師匠の川路柳虹らが編集し出版したものである。未来派は支持が得られず消えていったが、大正詩壇において独特な存在感を放っている。

平戸廉吉と同時期に**高橋新吉**（たかはししんきち）が『ダダイスト新吉の詩』[3]（1923年）を刊行した。ダダとは1916年から1922年頃まで欧米で起こった芸術運動であり、伝統的芸術や道徳を否定し反理性を唱えた[4]。

『ダダイスト新吉の詩』と同年、「詩とは爆弾である！」と宣言する同人詩誌『赤と黒』が創刊された。同人の**萩原恭次郎**（はぎわらきょうじろう）、**壺井繁治**（つぼいしげじ）、**岡本潤**（おかもとじゅん）、**川崎長太郎**（かわさきちょうたろう）は現代社会の矛盾や不合理を破壊するべく未来派やダダと同系統の詩を発表した。彼らは無政府主義者としても活動した。

● プロレタリア詩

中野重治（なかのしげはる）は東大在学中からマルクス主義やプロレタリア文学運動に参加して優れた詩を書いた。その他、**小野十三郎**（おのとおざぶろう）らがいる。

● モダニズム

> ■『天気』■
> 覆（くつがえ）された宝石のような朝
> 何人か戸口にて誰かとささやく
> それは神の生誕の日

20世紀を代表する芸術思潮の一つ**シュルレアリスム**[5]は、ダダイズムや深層心理学の影響下に、機械・物質文明で損なわれた全人性を回復するべく、潜在意識にあるものの表現を企図した。そこでは合理性や理性が排除され、想像力・幻覚・夢・狂気を表現の素材とした。**西脇順三郎**（にしわきじゅんさぶろう）は1922年から1925年までイギリスの大学で英語と英文学を学び、帰国後、『超現実主義詩論』（1929年）、『シュルレアリスム文学論』（1930年）の理論書と詩集『**Ambarvalia**』（アムバルワリア）（1933年）を発表した。同詩集より詩篇『天気』を掲示する。

北川冬彦（きたがわふゆひこ）は東大在学中に詩誌『亜（あ）』（1924年）を創刊し、詩集『戦争』（1929年）を刊行してダダイズムの詩風を展開した。同人の**三好達治**（みよしたつじ）には『測量船（そくりょうせん）』（1930年）がある。

春山行夫（はるやまゆきお）は西脇順三郎らの集団と北川冬彦らの集団を統合して、『詩と詩論』（1928年）を創刊、編集し、シュルレアリスム運動を推進した。のちに高踏的な芸術主義の詩風を北川冬彦と三好達治が批判し、現実寄りの『詩・現実』（1930年）を創刊した。

これらをの流派をすべてモダニズムと称し、1930年代前半までプロレタリア詩と並んで盛行した。

● 四季派

1933年**堀辰雄**（ほりたつお）が詩誌『**四季**』を創刊し、同人の三好達治、**丸山薫**（まるやまかおる）、**中原中也**（なかはらちゅうや）、**伊藤静雄**（いとうしずお）、**立原道造**（たちはらみちぞう）らが抒情的な詩を作った。

中原中也は高橋新吉のダダイズムに影響を受け、それからフランス象徴派に傾倒し、翻訳『ランボオ[6]詩集』（1933年）と詩集『**山羊の歌**』（1934年）を刊行した。脳膜炎により30歳で死去したが、死後『**在りし日の歌**』（1938年）が刊行された。『在りし日の歌』から詩篇『北の海』を抜粋する。

> ■『北の海』■
>
> 海にゐるのは、
> あれは人魚ではないのです。
> 海にゐるのは、
> あれは、浪ばかり。
> 曇つた北海の空の下、
> 浪はところどころ歯をむいて、
> 空を呪つてゐるのです。
> いつはてるとも知れない呪。

● 歴程派

1935年草野心平らが『歴程』を創刊した。同人の中原中也、高橋新吉、**菱山修三**（ひしやましゅうぞう）、**吉田一穂**（よしだいっすい）らが詩を発表した。

『四季』と『歴程』は終戦まで詩壇の中心を成した。『四季』は戦後すぐに終刊となったが、『歴程』は現在も続いている。

● 戦時中の詩

戦時中の詩人が取る態度は、詩と戦争を切り離すこと、日本政府に配慮して戦争賛美の詩を作ること、詩で戦争批判すること、のいずれかであった。高村光太郎、三好達治、伊藤静雄など多くの詩人は戦争賛美を選択したが、**小野十三郎**（おのじゅうざぶろう）は叙景の描写に偽装して戦争批判した『**大阪**』（1939年）を発表した。**金子光晴**（かねこみつはる）は密かに抵抗詩を書きためておき、戦後になって『落下傘』（1948年）、『蛾』（1948年）、『鬼の児の唄』（1949年）の三部作を発表した。

● 戦後・現代の詩

終戦後たくさんの詩誌が創刊されたが、特に注目されたのが1947年創刊の『**荒地**』（あれち）である。詩人エリオット[7]は第一次世界大戦後の荒廃と再生を希望して、長編詩 "The Waste Land"（1922年）を書いたが、『荒地』はその詩境を敗戦で荒廃した日本に見て、誌名としたのである。**鮎川信夫**（あゆかわのぶお）を中心に、**三好豊一郎**（みよしとよいちろう）、**田村隆一**（たむらりゅういち）、**黒田三郎**（くろださぶろう）らが同人になった。

他の同人誌では、**関根弘**（せきねひろし）らの『列島』（1952年創刊）、**吉増剛造**（よしますごうぞう）の『ドラムカン』（1962年）などがある。新しい詩の試みとして中村真一郎らのマチネ・ポエティクがある。

詩集では**石垣りん**（いしがきりん）[8]の『私の前にある鍋とお釜と燃える火と』（1959年）、**三木卓**（みきたく）の『東京午前三時』（1966年）、**吉原幸子**（よしはらさちこ）の『幼年連祷』（1974年）などがある。

『歴程』の現代の同人には**山本太郎**（やまもとたろう）[9]、石垣りん、**谷川俊太郎**（たにかわしゅんたろう）[10]などがいる。谷川俊太郎は同人誌『櫂』（かい）（1953年）の創刊、詩集『二十億光年の孤独』（1952年）の刊行など現代詩人としての活躍が目覚ましい。

■ 日本文学史

【コラム　米騒動】
　宮沢賢治は文学を愛好したが農業への従事や農民との生活への想いも強かった。もしも彼が文学に専念し東京で活動したならば、生前に文壇から認められていたであろう。
　宮沢賢治が学校で勤務を始める少し前の1918年、日本では全国的な米騒動が起こっていた。米価が高騰して食事が満足に出来ない市民が米問屋の打ち壊しなどの暴動を起こしたのである。米騒動は炭坑夫の賃上げ要求をも誘発した。50日間にも渡って続いた暴動は死傷者約1000人、検挙者約7000人という事態となり、非立憲的な寺内正毅内閣が倒れ、原敬内閣が成立した。
　米騒動は近世初の大規模な大衆運動であり、下のような運動の基礎を作った。（　）内は結成の年を示す。

● **新婦人協会（1920年）**
　女性の地位向上を求める。
● **日本労働総同盟（1921年）**
　元の組織は1912年結成の友愛会である。当初は労働者の共済や修養を促進する性格であったが、米騒動の後は労働組合運動や普通選挙推進などの運動も展開するようになった。
● **全国水平社（1922年）**
　被差別部落の民衆が平等を求めて結成した。
● **日本農民組合（1922年）**
　地主に対して小作人の負担軽減を一致団結して要求する団体である。

課題研究

1. 宮沢賢治の家庭環境は文学にどのような影響を与えましたか。
2. 宮沢賢治の農業に対する考え方についてまとめなさい。
3. 宮沢賢治が学校を辞めたのはなぜですか。
4. 『新体詩抄』の意義について述べなさい。
5. 明治から現代の詩壇の変遷について、200字でまとめなさい。

注　釈

1. 『法華経』は日蓮宗の経典。
2. 盛岡高等農林学校は今の岩手大学農学部。

3. 編集したのは辻潤である。彼が宮沢賢治の『春と修羅』を称賛したのも、この詩集に同様の前衛性を見たからであろう。
4. 高橋新吉は1920年8月15日の新聞『万朝報（よろづちょうほう）』でダダイズム紹介の記事を読み、翌年上京し、平戸廉吉らを知り、詩を発表した。
5. 超現実主義と訳され、絵や彫刻にも広がった。日本の作家、安部公房にも影響を与えた。
6. アルチュール・ランボオ(1854～1891)はフランスの詩人で、代表作は『地獄の季節』（1873年）。通常は「ランボー」と表記する。
7. エリオット(1888～1965)はイギリスの詩人・劇作家・批評家。ノーベル文学賞受賞。
8. 石垣りん（1920～2004）は『石垣りん詩集』（1971年）で田村俊子賞を受賞した。
9. 山本太郎（1925～1988）は北原白秋の甥。
10. 谷川俊太郎（1931～　）は詩作の他、童話、歌詞、戯曲、エッセー、翻訳など多方面で活躍する。

■ 日本文学史

第 41 章　谷崎潤一郎

■ 生没年：1886 ～ 1965　■ 小説家

キーワード：耽美派、女性崇拝、第二次『新思潮』

<作者>

　谷崎潤一郎は 1886 年 7 月 24 日、東京に生まれた。官能美、女性崇拝を基調とした作品を発表し、耽美派、悪魔主義の作家として活躍した。関東大震災の後、関西に移住してからは、伝統的な日本文化と古典文学へ傾斜し、物語性豊かな世界を築いた。

■ 谷崎潤一郎年表 ■

1886 年（明治 19 年）	誕生
1908 年（明治 41 年）	東大入学
1910 年（明治 43 年）	大学退学、『新思潮』創刊、『刺青』
1915 年（大正 4 年）	最初の結婚
1924 年（大正 13 年）	『痴人の愛』
1943 年（昭和 18 年）	『細雪』
1949 年（昭和 24 年）	文化勲章受章
1964 年（昭和 39 年）	『潤一郎新々訳源氏物語』
1965 年（昭和 40 年）	没

<生い立ちと文学>

　五男三女[1]の次男であったが、長男が早く死去したため谷崎潤一郎が家を継ぐ立場になった。実家は洋酒店を営んでいたが、経営がうまくいかず、商売を変えても成功せず、家計は苦しかった。

● 小学、中学時代

　当時の学制を右の表 41-1 に記す。谷崎潤一郎は尋常小学校に在籍している時、すでに文学に関心を示しており、校友と回覧雑誌「学生倶楽部」を作っていた。高等小学校に上がり、担任教師の稲葉清吉から『雨月物語』、『弓張月』などの話をして、更に文学の面白さを知るようになる。学校以外では漢学や英語の私塾に通い教養を深めた。英語の塾は 4 人の西洋女性が経営しており、この特異な雰囲気がのちの谷崎文学の主題となる「女性崇拝」に何らかの影響を与えたと思われる。「女性崇拝」形成の他の要因として、祖父がキリスト教信者であり、マリア像にひれ伏す光景を谷崎が目撃していたこと、母が錦絵のモデルになるほどの美人であったことも考えられる。

　高等小学校の時、家が貧窮し、谷崎潤一郎は父から中学進学を断念するように言わ

表 41-1　谷崎の時代の学制

高校まで	学制
尋常小学校	4 年
高等小学校	4 年
中学校	5 年
高　校	3 年

れた。しかし担任教師の稲葉は彼の学才を惜しみ、父を説得した。親戚からの経済的援助が受けられたこともあり、谷崎は無事に進学できた。中学でも再度困窮し、退学の危機に直面したが、谷崎潤一郎が住み込みの家庭教師で学費を稼ぐことにより乗り越えた。なお、中学は5年制であるが、成績優秀なため4年で修了した。

● 高校時代

谷崎潤一郎には幼少の頃から経済的問題が付きまとったため、第一高等学校の専門も将来の仕事を考えて英法科（英語の法律）を専攻した。初恋をしてラブレターを書いたことが原因で家庭教師先から解雇されると、これを契機に作家を目指し、専門も英文科に変更した。学内活動としては文芸部委員となり『校友会雑誌』を編集した。

● 大学時代

1908年、23歳のとき東大国文科に入学した。国文科を選んだ理由は勉強が楽で創作に専念できると考えたからであった。東大文科の関係者が発行する雑誌『帝国文学』に処女作『誕生』を書くが不採用となり、自然主義の『早稲田文学』にも投稿するが掲載されず、神経衰弱を呈して、偕楽園別荘で療養した。谷崎潤一郎はここで永井荷風の短編集『あめりか物語』を読み、深い感銘を受けるのであった。

大学3年生になってすぐの9月、学費の滞納が原因で諭旨退学となったが、作家になる決意が固い谷崎にとっては些細なことであった。同月に第二次『新思潮』を小山内薫、和辻哲郎らと創刊し、多くの作品を発表していく。

● 文壇登場

谷崎潤一郎は、小説は民衆に面白い話を語るべきであると考えており、作家自身の身辺を語るだけの自然主義を嫌っていた。それでも『早稲田文学』に投稿したのは作家になるための妥協であった。

森鷗外もまた反自然主義の立場であり、耽美派雑誌『スバル』（1909年）、『三田文学』（1910年）を立て続けに創刊した。これに『新思潮』が加わり、耽美派文学の機運が盛り上がる中、谷崎潤一郎は短編集『刺青』（1911年）を処女刊行した。永井荷風は『三田文学』に「谷崎潤一郎氏の作品」と題した長編の評論を載せて、その耽美性を絶賛し、谷崎の文壇登場を決定付けたのであった。

● 55年に渡る作家生活

谷崎潤一郎は25歳で文壇に出て80歳で死去するまでの間に、あふれるような創作意欲で多くの傑作を残した。文学の主題である女性崇拝や美的感覚の追求は思想的に健康的であり、これが創作活動に安定した基盤を提供していたと言える。ただし若き日の谷崎には神経衰弱や強迫観念に悩まされる日々もあった。20代の青春を回顧する随筆『青春物語』（1932年）には、発狂・脳溢血・心臓麻痺への漠然たる恐怖、強い光線や色彩への眩暈、死の恐怖感などが綴られている。特に症状がひどかったのは大学2年と27歳の時であった。谷崎潤一郎はこれらの恐ろしい心理的経験をも題材にして、『悪魔』（1912年）と『恐怖』（1913年）を書いている。症状を作品に昇華させる力もまた創作意欲から発するものであろう。

30歳の時の随筆『父となりて』（1916年）に、「生活を芸術のために有益に費消

しようとくわだてた」とある。生活から受けた新鮮な感覚的刺激を小説の素材として書くという芸術至上主義の宣言である。谷崎はこの確固たる信念のもとに、いかなる障害や困難にも屈さず作品を完成させていく。創作上の障害とその克服について表41-2に示す。

表41-2　創作への執念

作品	障害・困難	克服
『痴人の愛』1924年	検閲当局が作品中の官能的描写を警告した	連載場所を雑誌『女性』に移して書き続け、完成させた
『潤一郎訳源氏物語』1939年	出版時、検閲当局が作品中の「中宮の密通の部分」を削除した	戦後に『潤一郎新訳源氏物語』を出し、更に完全を目指して『潤一郎新々訳源氏物語』を刊行した
『細雪』1943年	陸軍省報道部が「奢侈な記述が多い」として連載禁止を言い渡した	私的に書き続ける
	谷崎が『細雪』上巻200部を自費出版して友人らに配ったあと、さらに中巻の原稿も印刷しようとするが、軍当局に中止された	戦後、改めて上巻、中巻、下巻を刊行する
『瘋癲老人日記』1961年	右手に書痙を病んだ	口述筆記で書く

　谷崎の作家生活は1923年、38歳の時の関東大震災を境に前期と後期に分けられる。前期は主に現代社会風俗を書いていた。しかし震災の後、京都に移り住んでからは作風に変化が生じ、古典的な世界へ踏み出してゆく。作中の言葉遣いも大阪言葉が使用されるようになった。作品で言えば『痴人の愛』の執筆が終わってからが後期の開始である。

● 三度の結婚

　谷崎潤一郎は1915年、石川千代子と結婚したが、夫婦関係が精神的にも肉体的にも合致していないと感じ、妻の妹にも魅かれる始末であった。作家の佐藤春夫が石川千代子に同情し、恋情を覚え、引き取る意志を表したので、千代子は谷崎潤一郎と離縁し、佐藤春夫の妻となった。この旨を記した挨拶状は新聞社その他に公表され世を驚かせた。1931年、46歳の谷崎潤一郎は25歳の古川丁未子と二度目の結婚をした。理想的な夫婦関係のはずであったが、実は谷崎潤一郎には忘れ得ぬ人がいた。それは昭和元年（1926年）に初めて会った根津松子（旧姓森田）である。丁未子との結婚の2年目に、谷崎は根津松子宛てに手紙を書き、「私には崇拝する高貴の女性がなければ思ふように創作が出来ないのでございます」、「あなた様なしには私の今後の芸術は成り立ちませぬ」と自分の気持ちを表現した。

　事実、その頃からの創作力は目覚ましく、『卍』、『蓼食ふ蟲』、『吉野葛』、『盲目物語』、『春琴抄』などの傑作のほか、随筆『陰翳礼讃』、『饒舌録』、指南書

第41章　谷崎潤一郎

『文章読本』²などを立て続けに発表するのである。特に『春琴抄』は谷崎文学の最高傑作と評価される。

　根津松子は谷崎潤一郎と同じく既婚者であり、夫は大坂屈指の綿布問屋を営んでいた。しかし松子も谷崎もそれぞれ離婚して、1935年、新しい夫婦関係を結ぶのであった。同年に谷崎は『源氏物語』の現代語訳に着手し、その文体や小説の手法に影響を受け、自身の文学をより豊穣なものとした。

> ■『刺青』のサディズム性■
> 　人々の肌を針で突き刺す時、真紅に血を含んで脹れ上がる肉の疼きに堪えかねて、大抵の男は苦しき呻き声を発したが、其の呻きごえが激しければ激しい程、彼は不思議に云い難き愉快を感じるのであった。

<『刺青』>

　若い刺青師の清吉はサディズム³の傾向があった。右に掲げる文章にはそのサディズムがよく表れている。

　清吉の願いは美女の肌に魂を込めて刺青を彫ることであったが、自分を満足させる美女にはなかなか巡り合えずにいた。ある時、理想に叶う少女(おとめ)を見つけ、五年もの間、機会を待ち続け、ついに少女に女郎蜘蛛(じょろうぐも)の刺青を彫ることができた。女郎蜘蛛の雌は腹部に黄色と淡青色の横縞があり、脚は黒褐色で各節に黄色の環がある。これを女体の背中一面に彫るのである。

　普通の娘が清吉の精魂を込めた刺青で妖婦に変貌した。その様が「剣のような瞳」、「凱歌の声」などで表わされている。

> ■『刺青』■
> 　清吉は漸く絵筆を擱(お)いて、娘の背に刺り込まれた蜘蛛のかたちを眺めて居た。その刺青こそは彼が生命のすべてであった。その仕事をなし終えた彼の心は空虚であった。
> 「己はお前をほんとうの美しい女にする為めに、刺青の中へ己の魂をうち込んだのだ、もう今からは日本国中に、お前に優る女は居ない。お前はもう今迄のような臆病な心は持って居ないのだ。男と云う男は、皆なお前の肥料になるのだ。……」
> （中略）
> 「親方、私はもう今迄のような臆病な心を、さらりと捨ててしまいました。――お前さんは真先に私の肥料になったんだねえ」　と、女は剣のような瞳を輝かした。その耳には凱歌の声がひびいて居た。

<文学史　29．耽美派>

● 耽美派の形成

　耽美主義は19世紀後半のヨーロッパに表れた文芸思潮であり、美の追求に人生最大の価値を置く。外界の世界を写実するではなく、空想力で美的な世界を築き上げる。耽美派の極地の悪魔主義は人間の暗黒面に美を見い出す。

　日本では明治20年代、30年代に森鷗外、北村透谷、上田敏、泉鏡花、与謝野鉄幹、与謝野晶子らが浪漫主義文学を推進していた。1909年に森鷗外を指導者とする『ス

■ 日本文学史

　バル』が創刊されて、木下杢太郎、北原白秋、石川啄木、吉井勇、長田秀雄らの青年が作品を発表し、耽美派が形成された。彼らは本来的に詩人であり、詩歌の創作を基本に据えながらも、小説や戯曲などに耽美表現の場を求めている。『スバル』に拠った同人たちのことをスバル派という（表41-3）。

表41-3　スバル派

北原白秋	『邪宗門』（1909年）、『思ひ出』（1911年）、『桐の花』（1913年）
木下杢太郎	『和泉屋染物店』（1912年）、『食後の唄』（1919年）
吉井勇	『酒ほがひ』（1910年）、『河内屋与兵衛』（1911年）

　文学と美術の交流会である「パンの会」には、20代の美術家や耽美派作家が参加し耽美主義運動の拠点になった。彼らは東京をパリに、隅田川をセーヌ川に見立てて西洋料理を楽しみながら芸術を語り合った。

　1910年に森鴎外と上田敏の推薦で、永井荷風が慶応義塾大学主任教授に就任し、機関誌『三田文学』を創刊して、自然主義文学の牙城である機関誌『早稲田文学』に対抗した。同時期に創刊した第二次『新思潮』で作品を発表していた谷崎潤一郎は、「パンの会」の席上で永井荷風に初めて会い、尊敬の念を表した。

● 永井荷風

　1879年東京に生まれた永井荷風は、中学生の頃から小説を書き始めた。卒業後に吉原に遊び、外国語学校に入るがほとんど通学せず、広津柳浪の門下になった。その後も落語家の弟子、新聞の懸賞小説の入賞、歌舞伎座の狂言作者の見習いなど放埒な生活を続けていたが、フランス文学のゾラ[4]から影響を受けた。『地獄の花』（1902年）が森鴎外に絶賛され、出世作となった。

■ 永井荷風年表 ■
1879年（明治12年）　誕生
1902年（明治35年）　『地獄の花』
1903年（明治36年）　留学
1908年（明治41年）　『あめりか物語』
1916年（大正5年）　『腕くらべ』
1937年（昭和12年）　『濹東綺譚』
1959年（昭和34年）　没

　父は永井荷風の将来を案じ、実学を学ばせるためにアメリカとフランスに留学させた。しかし永井荷風が吸収したのは文学や音楽などの芸術であった。帰国後に書いた『あめりか物語』（1908年）は、4年間のアメリカ滞在で観察した娼婦の生活、召使として働く日本人の生活などを描き、自然主義の作家・評論家に好評を持って迎えられた。

　『ふらんす物語』（1909年）、『歓楽』（同年）が発禁になったとき、永井荷風は明治時代の上辺だけの文明に嫌悪感を抱き、前時代の江戸を賛美するようになり、『放蕩』、『帰朝者の日記』、『すみだ川』など耽美的作品を立て続けに発表した。『朝日新聞』の文芸欄を担当していた夏目漱石の依頼で、文明批評の『冷笑』を連載し、新進作家としての地歩を固め、翌年には慶応義塾大学教授の推薦を受けることとなった。政府の社会主義弾圧の大逆事件が起きると、時代逆行の傾向が更に強まり、自らを江戸の戯作者とした。

教授時代は派手な女性関係や二度の結婚と離婚など耽美的生活を送っていたが、小説の創作は停滞していた。この時期の仕事では小説よりも随筆、浮世絵研究、訳詩集『珊瑚集』が評価されている。教授職を辞してから花柳界を舞台にした長編小説『腕くらべ』（1916年）と『おかめ笹』（1918年）を書き、評価を得た。

　晩年の森鷗外が史伝に傾倒していたことに影響を受け、永井荷風も幼少期を過ごした下谷を舞台に、母方の祖父で武士・儒者である鷲津毅堂や周囲の人々を考証し、『下谷叢話』（1926年）を発表した。その後は停滞し、断続的に『紫陽花』（1931年）、『つゆのあとさき』（1931年）、『ひかげの花』（1934年）を発表する程度であった。しかし、1937年『朝日新聞』夕刊に連載した『濹東綺譚』は夕刊が売り切れる程の好評を博して、永井荷風の最高傑作となった。私娼街として有名な玉の井で、中年作家と私娼の「お雪」との交情を四季や風俗を絡めて描いた随筆的小説である。

　戦時中は娼婦の登場する小説など発表できず、人情本作者の伝記などを細々と書いていた。戦後にそれらの作品を一度に発表してブームを呼ぶが、持続力はなく、作品の数も減り、戦後の見るべき作品にはいくつかの随筆がある程度であった。1959年4月30日、80歳で死去した。

● **その他の作家**

　1907年に第一次『新思潮』を創刊した**小山内薫**は、翻訳、演劇、小説と多方面で才能を発揮した。代表作『大川端』（1913年）は花柳界を舞台にした演劇青年の恋を描く。**久保田万太郎**は『三田文学』に浅草の人々の哀歓を描いた『朝顔』（1911年）を発表し文壇に認められた。**水上滝太郎**は最初『スバル』に短歌を発表していたが、『三田文学』に小説『山の手の子』（1911年）を書いてから小説に転じた。『三田文学』にはこの他、**佐藤春夫**や**堀口大学**も加わった。以上の5人のうち小山内薫以外は皆、慶応義塾大学の学生である。

● **耽美派の終息**

　浪漫主義から耽美派へと受け継がれた愛や美の賛歌は、『スバル』、『三田文学』、「パンの会」で盛り上がりを見せたが、大逆事件に象徴される政府の言論弾圧で発展を阻まれた。『スバル』は1913年12月廃刊、「パンの会」は1911年2月に解散、『三田文学』は健在であったが、1916年永井荷風が辞職してからは生彩を失った。

　耽美派という運動は消失したが、耽美的作品は作家個人の関心や感性、力量によって書き続けられた。その代表的作家が谷崎潤一郎であった。

【コラム　1．ＧＨＱの検閲】

　ＧＨＱとはGeneral　Headquartersの略で、米政府が東京に設置した連合国総司令部を表す。日本は戦後に言論の自由を得て、戦争批判の小説や詩などを発表できるようになった。それはＧＨＱの民主化政策の効用であるが、ＧＨＱ

も無制限に言論の自由を認めていたのではない。数千人の日本人を高給で雇い、日本国内で発行される新聞、雑誌、放送、映画などを翻訳させ、問題の個所を削除するという検閲を行っていたのである。ＧＨＱが禁止した表現・内容とは、「ＧＨＱへの批判」、「占領軍軍隊への批判」、「アメリカへの批判」、「検閲制度への言及」、「神国日本の宣伝」、「占領軍兵士と日本女性との交渉」などであった。また『忠臣蔵』などの敵討ち物も禁じられた。米軍の兵士は殺人、強盗、強姦などの犯罪をし放題であったが、日本にはこの事実を指摘することが許されなかった。検閲は1945年9月から1949年10月まで続けられ、日本に深刻な影響を与えた。

【コラム　2．文学者と中国旅行】

中国旅行は明治時代からあったが、特に流行したのは大正時代からである。鉄道が整備され、ツーリズムが成立したことが大きな要因であろう。表41-4に示すのは中国を旅行した主な作家であり、漱石は大連、旅順、奉天などを巡り、谷崎は上海、南京、九江、漢口、長沙、洛陽、北京などを観光した。芥川の旅程は谷崎と似ており、上海、杭州、南京、九江、漢口、長沙、洛陽、北京、大同、天津などを観光した。彼らはか旅行を通して得られた発見や感動を紀行文、小説へと昇華させた。

表41-4　中国旅行から生まれた作品

作家	旅行年	作品
夏目漱石	1909年	紀行『満韓ところどころ』（1909年）
谷崎潤一郎	1918年、1926年	紀行『秦淮の夜』、『蘇州紀行』、小説『西湖の月』、『美食倶楽部』（すべて1919年）、他多数
芥川龍之介	1921年	紀行『上海遊記』（1921年）、『江南遊記』（1922年）
佐藤春夫	1920年、1927年、1938年	紀行『西湖の遊を憶ふ』（1935年）、『秦淮画舫納涼記』（1936年）、『曾遊南京』（1937年）

谷崎潤一郎は二度目の訪中の時、上海で書店を開いている内山完造を訪ね、彼を通して文学者の郭沫若、田漢、欧陽予倩、謝六逸らを知り、文学談義に花を咲かせた。田漢、欧陽予倩が来日した時は、谷崎が彼らに大阪、京都を案内し、自宅に泊めてもてなした。

課題研究

1．谷崎潤一郎の文学観を述べなさい。
2．谷崎潤一郎の長寿と創作意欲の原因を考察しなさい。
3．谷崎潤一郎の文体について考察しなさい。

4．永井荷風の特徴を述べなさい。
5．文学史における耽美派の個性を述べなさい。

注 釈

1. 弟の谷崎精二も作家であり、早稲田大学に在籍し、同人誌『奇蹟』に参加した。大正文壇では、「谷崎二兄弟」「有島三兄弟」と騒がれた。有島三兄弟とは、白樺派の有島武郎、有島生馬、里見弴である。
2. 他の作家では、川端康成が1950年に『新文章読本』を、三島由紀夫が1959年に『文章読本』を出している。
3. sadism。相手に苦痛を与えることで性的満足を得る異常性欲。サディズムを日本文学で表したのは谷崎潤一郎が最初である。

■ 日本文学史

第42章　志賀直哉

■ 生没年：1883〜1971　■ 作家

キーワード：白樺派、キリスト教、心境小説

＜作者＞

志賀直哉は1883年2月20日、宮城県に生まれた。白樺派の作家。簡潔な文体と鋭い観察力で自己の経験に根ざした短編を書く。その文体、作風は多くの青年の憧れとされ、芥川龍之介や小林秀雄など文学者にも称揚された。『暗夜行路』は唯一の長編である。

■ 志賀直哉年表 ■

1883年	（明治16年）	誕生
1900年	（明治33年）	内村鑑三を知る
1904年	（明治37年）	作家を志す
1906年	（明治39年）	祖父死去、東大入学
1908年	（明治41年）	内村鑑三の訪問を止める
1910年	（明治43年）	『白樺』創刊
1914年	（大正3年）	結婚
1917年	（大正6年）	『城の崎にて』
1937年	（昭和12年）	『暗夜行路』
1949年	（昭和24年）	文化勲章受章
1971年	（昭和46年）	没

＜生い立ちと文学＞

　志賀直哉は両親が健在であったが、祖父母に育てられた。長男の直行が2年8か月で夭折したため、両親は次男の志賀直哉を育児に慣れた祖父母に任せようと考えたのである。13歳の時、母が死去し、浩という女性が義母になった。
　学習院中等科在学中の時に**内村鑑三**を訪ね、以後7年間通ってキリスト教の教えに接した。成績は悪く、中等科では3年から4年への進級および卒業の際に落第した。最高学年の時、**武者小路実篤**、**木下利玄**と同級生になり、のちに彼らと同人誌『**白樺**』を創刊することになる。
　志賀直哉は最初に海軍士官、次に実業家を志望していたが、1904年に生涯の仕事として小説家になることを決意し、処女作『菜の花と小娘』を書いた。この作品は後年の1920年に活字になった。
　志賀直哉は尊敬する人として、身内の祖父、師匠の内村鑑三、友人の武者小路実篤を挙げている。祖母に対しても深い愛慕の念を抱き、次女の名である留女子は祖母の「留女」から来ているし、最初の短編集も『留女』であった。
　父とは不仲であった。1901年に起こった足尾銅山鉱毒事件に人道的立場から関心

を持ち、友人らと被害地を視察する計画を立てたが、銅山側を支持する父に反対された。1907年には女中と結婚する意志を表わし、父のほか義母、祖母とも争った。この問題で内村鑑三に助言を求めたが、満足のいく回答は得られなかった。キリスト教の性欲観に違和感を覚え、7年続いた内村鑑三宅の訪問に幕を閉じた。師匠への尊敬の念を持ちつつ、これからは自分一人で考えて生きていくことを決めたのである。女中との結婚は断念したが、1914年、武者小路実篤の従妹の娘、康との結婚は、周囲の反対を振り切って自分の意思を通し、父との関係が完全に決裂した。

● **大学時代**

学習院高等科を卒業し、東大英文科へ入学すると、『或る朝』や『網走まで』を書いた。1908年国文科へ転科し、1910年、27歳の時に、同人誌『白樺』を創刊した。これは志賀直哉、武者小路実篤、木下利玄らの『望野』、里見弴、児島喜久雄らの『麦』、柳宗悦、郡虎彦らの『桃園』という3つの同人誌が合同したものである（表42-1）。

表42-1　『白樺』の前身

志賀直哉、武者小路実篤ら	『望野』
里見弴、児島喜久雄ら	『麦』
柳宗悦、郡虎彦ら	『桃園』

これに同人として**有島武郎**・生馬の兄弟が加わった。

● **父との葛藤と文学**

志賀直哉は父との対立を文学に昇華して『大津順吉』（1912年）を書き、続編として『時任謙作』を構想した。これは夏目漱石から依頼を受け、『朝日新聞』に連載する予定であったが、結局書くことができず、1914年に辞退した。1917年に父と和解が成立すると、その喜びを『和解』（1917年）に表わした。1927年には対立を回顧した作品群『或る男、其姉の死』、『過去』、『山形』を発表した。

難航していた『時任謙作』は、父との和解によってモチーフの根拠を失ったが、これに虚構性を加えて『**暗夜行路**』を著した。前編は1921年に一気に書かれたが、後編は難渋し、1922年、1923年、1926から1929年、1937年と断続的に執筆された。

『暗夜行路』は主人公の幼少時の母との死別、祖父に引き取られたこと、父から憎まれていたこと、自伝小説を書き始めることなど、作者志賀直哉の人生を形成した重要な部分が摂取されている。主人公の長男は生まれてすぐに死んでしまうが、志賀直哉の長女もまた夭折している。物語の最後で時任謙作は妻を従兄に犯され、苦悩する心を抱えて山に昇り、身心が自然と融合する感覚を覚えるのであった。

『暗夜行路』は志賀直哉の唯一の長編である。この作品以降、志賀直哉はほとんど小説を書かなくなり、戦後も『灰色の月』（1946年）、『蝕まれた友情』（1947年）以外は随筆と小品であるから、実質的に『暗夜行路』で志賀文学は幕を閉じている。

■ 『剃刀』抜粋 ■

彼はただそれを見詰めて立った。薄く削がれた跡は最初乳白色をしていたが、ジッと淡い紅がにじむと、見る見る血が盛り上ってきた。彼は見詰めていた。血が黒ずんで球形に盛り上って来た。それが頂点に達した時に球は崩れてスイとひと筋に流れた。

■ 日本文学史

● 作品・文体の特徴

　志賀直哉は小説の執筆のために資料を調べるということはしない。書くのは主に自己の身辺に取材した小説である。内容的に社会的制度への反感がないので調和型私小説家、心境小説家といわれる[1]。心境小説で有名なのが『城の崎にて』(1917年) である。虚構の小説には『剃刀』(1910年) や『網走まで』(同年)、『小僧の神様』(1920年) などがある。文章は簡潔で、描写力に優れ、評論家や作家から名文と高く評価されている。そこから『小僧の神様』を文字って「小説の神様」と言われた。

　描写力について『剃刀』から例を挙げる。主人公芳三郎は10年間客の顔を剃刀で剃り、一度も傷つけたことがなく、それを誇りにしていた。しかし風邪を引いて体調が悪い時、若い労働者の顔剃りをして、喉を少しばかり傷つけてしまった。

　交友関係では**谷崎潤一郎**、安倍能成[2]、梅原龍三郎[3]らがいる。谷崎潤一郎とは1949年に同時に文化勲章を受けた。門下には広津和郎、尾崎一雄[4]、阿川弘之[5]、**小林多喜二**らがいる。

　1947年から1年間、第3代日本ペンクラブ会長を務めた。1971年10月21日、肺炎で死去した。

> ■『城の崎にて』の冒頭文 ■
> 　ある朝のこと、自分は一匹の蜂が玄関の屋根で死んでいるのを見つけた。足を腹の下にぴったりとつけ、触覚はだらしなく顔へたれ下がっていた。他の蜂はいっこうに冷淡だった。巣の出入りに忙しくその傍を這いまわるがまったく拘泥する様子はなかった。忙しく立働いている蜂はいかにも生きている物という感じを与えた。その傍に一匹、朝も昼も夕も、見るたびに一つ所にまったく動かずに俯向きに転っているのを見ると、それがまたいかにも死んだものという感じを与えるのだ。

<作品>

　『城の崎にて』は志賀直哉が1913年山の手線の電車にはねられて負傷し、城先温泉で養生したときの記録である。二階の自分の部屋から、玄関の屋根の上に蜂の巣を見ることができた。

　作者は蜂の死骸に対して静かさを感じ、更にその静かさに親しみを覚えるのであった。ある日、川沿いを歩いていると、首のところに串の刺さった鼠が川の中にいた。必至な様子で岸に上がろうとするが子供たちが石を投げ付けるので川に流されてしまう。このとき作者は鼠の死を予測し、死という静かさの前に苦しみがあることを知る。

　小川に沿って歩いている途中、イモリの姿が見えたので、驚かしてやろうと思って小鞠ほどの大きさの石を投げた。殺すつもりなど全くなかったが、石は偶然にもイモリに当たり死んでしまった。作者はここで、偶然に死んだイモリと、偶然に死ななかった自分を対比する。自分が電車にもはねられても大事に至らずに生きていることを感謝するべきだろうが、作者にその種の気持ちは起こらず、ただ生と死に差がない感覚を覚えるのであった。『城の崎にて』は自分の生と身の回りの生物の死を交差させて、生死の連続性を浮き上がらせる佳作である。

自我肯定の思想が垣間見られるのが『範の犯罪』（1913年）である。ある奇術家の夫妻がいて、夫が離れた所から妻の頭の上や脇の下にナイフを投げつけるショーを見せた。しかしその途中で失敗しナイフが妻の喉に刺さり殺してしまう。実は夫は、妻が密かに従兄と不貞の関係を持ち、子供まで産んだことを恨んでいた。許そうと思っても許せない。しかし妻は実家がなく、足が小さいので労働もできないため、妻の将来を考えると離婚もできなかった。そこで夫はナイフの演芸の際、過失と見せかけた故殺を謀ったのである。

犯行後、夫は処罰を逃れるため、過失と認定されるような供述を考えるのだが、そのうち、あれは本当に故殺だったのかと自分自身に疑問を持つに至り、興奮し、愉快な気持ちになる。法廷で裁判官に「あの事件を過失と思えるようになったのか」と問われ、夫は「過失か故殺かはまったく分からない」と答える。上は末尾部分である。

作品に示すような夫婦関係の時、志賀直哉は「自分が死ぬより女を殺すほうがましである」と考える。更に「自分の自由を得るために他人の自由を尊重するが、自分と他人の自由が両立しえないときは、他人の自由を圧する」と述べる。自己犠牲ではなく自己肯定による状況突破を目指すのであり、白樺派の思想が端的に表れていると言える。

> ■『範の犯罪』の結び■
> 「ただ今の私にとっては無罪になろうというのがすべてです。その目的のためには、自分を欺いて、過失と我を張るよりは、どっちか分からないといっても、自分には正直でいられることのほうが遙に強いと考えたのです」（中略）
> 「ところでお前には妻の死を悲しむ心は少しもないか？」
> 「まったくありません。私はこれまで妻に対してどんな烈しい憎しみを感じた場合にもこれほど快活な心持で妻の死を話し得る自分を想像したことはありません」
> 「もうよろしい。引き下がってよし」と裁判官が言った。（中略）
> 彼はすぐペンを取り上げた。そしてその場で「無罪」と書いた。

＜文学史　30．白樺派＞

『白樺』は1910年から1923年まで刊行され、文学のみならず美術評論や西洋美術も紹介し、多くの同人を得て大正文壇の中心をなした。創刊時の同人はすべて学習院出身で、後続の同人も多くが同校出身者である。学習院とは皇族・華族の子弟教育のために1877年に創立された学校である。白樺派の作家が影響を受けた思想はトルストイ主義・キリスト教・社会主義である。

トルストイはドストエフスキーと併称される19世紀ロシア文学の代表作家であり、思想家でもある。中編小説『クロイツェル・ソナタ』では上流社会が賛美する肉欲を攻撃し、人類滅亡も厭わず性愛を否定して人間の理想を実現するべきだと主張している。キリスト教は人間性や人間愛の人道主義を説き、社会主義は平等社会の実現を目

指す思想・運動である。白樺派はこれらの思想に触れ、人道主義、理想主義、個性尊重を標榜し、反自然主義の拠点となった。『白樺』創刊号で、武者小路実篤は夏目漱石への親愛感を表明し、『それから』の評論文を発表した。『白樺』は当初文壇に注目されなかったが、夏目漱石は新聞や雑誌の書評で白樺同人の作品を評価した。また武者小路実篤や志賀直哉との手紙のやり取りもあり、白樺派と夏目漱石の繋がりは強かった。

● **自然主義との比較**

白樺派と自然主義を比較すると、前者は主に東京出身、上流階級であるのに対し、後者は農村・地方出身、中流以下の階級である（表42-2）。その鮮烈な対比から、自然主義の島崎藤村は『白樺』創刊に際して「金持ち息子の道楽だ」と批判した。しかし大正デモクラシーで民主主義思潮が起こり、自由や平等の意識が高まると、白樺派の文学は市民にニーズ合致するようになる。白樺派作家の世代は明治10年代後半以降で、自然主義作家よりおおよそ10年若く、『白樺』創刊の1910年には近代社会の構築もかなり進んでいた。こうして文壇を席巻した自然主義は次第に衰退していき、白樺派その他の文学思潮が隆盛していく。

表42-2　自然主義との比較

項目	自然主義	白樺派
出身	農村・地方	東京
階級	中・下層階級	上流階級
世代	明治10年代前半	明治10年代後半〜20年代前半
重点	真	善・美

『白樺』は同人誌中、最長の13年間に渡って存続したが、1920年代のプロレタリア文学の高揚に圧倒され、関東大震災を契機に廃刊した。

● **武者小路実篤**

華族の家に生まれた武者小路実篤は白樺派の思想的指導者であり、青年時代にトルストイに傾倒し、自己愛と自我尊重を主張した。のちにトルストイの禁欲的思想の重荷に耐えられず自我の徹底的な肯定に走った。『お目出たき人』（1911年）は、主人公が片思いをした少女が自分のことも好いていてくれるはずだと根拠もなく信じ、彼女が結婚してからもその確信を持ち続ける。1914年頃から再度社会に関心を持ち、人道主義に傾斜して反戦思想を抱くに到る。戯曲『その妹』（1915年）は優れた画家が戦争で視力を失う物語である。1918年より、理想の国家の建築を目指してユートピア「新しき村」の建設に着手した。私財を投じて宮崎県日向に約

■ **武者小路実篤年表** ■

1885年	（明治18年）	誕生
1906年	（明治39年）	東大入学
1908年	（明治41年）	『望野』創刊
1911年	（明治44年）	『お目出たき人』
1918年	（大正7年）	「新しき村」建設
1949年	（昭和24年）	『真理先生』
1951年	（昭和26年）	文化勲章受章
1976年	（昭和51年）	没

> ■ 有島武郎年表 ■
> 1878年（明治11年）　　誕生
> 1901年（明治34年）　　札幌農学校卒業
> 1903年（明治36年）　　アメリカ留学
> 1907年（明治40年）　　帰国、札幌農学校英語教師
> 1917年（大正6年）　　『カインの末裔』
> 1918年（大正7年）　　『生まれ出づる悩み』
> 1922年（大正11年）　　『宣言一つ』
> 1923年（大正12年）　　心中

1万坪の土地を買い、同士19人と共同生活を送り、昼間は農作業に勤しみ、夜と休日・祭日は芸術を楽しんだ。有島武郎は夢想的であると批判し、親友の志賀直哉もその運動には懐疑的であったが、武者小路実篤は理想に従ってこの生活を8年間続け、その間に『幸福者』(1919年)、自伝小説の『或る男』(1921～1923年)、『第三の隠者の運命』(1921～1922年)など旺盛な創作力を示したのである。

不可解なことに武者小路実篤は新しき村にいた時から徐々に反社会主義に目覚め、1935年から文学作品で戦争に協力するようになった。戦後、戦争加担の非難を受けたのち、文壇に復帰して『真理先生』(1949～1950年)などを書いた。

● **有島武郎**

有島武郎は上流階級の長男であり、大蔵省官僚を経て実業家として成功した父を持つ。学習院中等科を卒業した後、札幌農学校[6]で農業を学び、1901年キリスト教に入信した。1903年からアメリカの大学に籍を置き、民主主義詩人ホイットマンや人道的作家ツルゲーネフ、社会主義に傾倒した。帰国後、札幌農学校で英語教師を務める傍ら、キリスト教から離脱して社会主義研究会の指導に当たった。弟の生馬を通じて志賀直哉らと知り合い、『白樺』の同人になって文筆活動に入った。1916年に妻と父を続けて失ってから旺盛な創作活動を始め、評論『惜しみなく愛は奪ふ』(1917年)、小説『カインの末裔』(同年)、『生まれ出づる悩み』(1918年)、『或る女』(1911～1919年)を発表した。

『或る女』は自我に目覚めた女性である早月葉子（さつきようこ）が旧弊な世間に反抗し最後に自滅する物語で、リアリズム文学の代表作とされる。

自分の出自、理想と現実の乖離に苦悶した有島武郎は、1922年、随筆『宣言一つ』で、第四階級である労働者・農民と自分との絶望的な距離感を告白した。

> ■ 『宣言一つ』 ■
> 私は第四階級以外の階級に生まれ、育ち、教育を受けた。だから私は第四階級に対しては無縁の衆生の一人である。私は新興階級者になることが絶対にできないから、ならしてもらおうとも思わない。第四階級のために弁解し、立論し、運動する、そんなばかげきった虚偽もできない。

その後、父から譲り受けた農場を小作人に解放し、翌1923年、人妻である波多野秋子と情死を果たすのであった。自己を肯定する傾向の白樺派の中で、有島武郎は苦悩の人生を生きた異色の存在である。

志賀直哉は彼の自殺について「弱気が残念だ」と腹立たしげに言ったとされる。

● **その他の白樺派作家**

有島生馬は有島武郎の弟であり、イタリアとパリで絵を学び、1910年に帰国後、『白樺』

紙上でフランスの画家のセザンヌを紹介した。美術団体である二科会、一水会の創立にも携わった。文才もあり『ボーヂェの森』（1911年）などの小説も書いている。

里見弴[7]は有島生馬の弟であり、学習院高等科、東大中退を経て『白樺』に参加した。人道主義を掲げながら、自己の欲求を認めそれに忠実に従うという「まごころ哲学」を『多情仏心』（1922～1923年）の中で表現した。

木下利玄は歌人の佐佐木信綱に師事して歌誌『心の花』を発表した後、『白樺』の同人となり、短歌を発表した。

長与善郎は『青銅の基督』（1923年）などを書いた。

◆ ◆ ◆

【コラム　札幌農学校】

札幌農学校の前身は1872年東京に設立した開拓使仮学校である。この学校は北海道開拓における農業の指導者を育成することを目的としていた。1875年に札幌に移設され、校名も札幌学校に変わった。翌年、アメリカのマサチューセッツ農科大学学長であるクラーク博士が教頭として赴任し、校名が札幌農学校となった。

クラークは自分の大学をモデルに札幌農学校のカリキュラムを構築したので、その教育内容は近代的、先端的なものだった。クラークは植物学や農業実習などを教え、また聖書を使った道徳教育も行った。学生には紳士的な言動を身に着けるよう指導し、酒と煙草は品位がないから止めるようにと勧めた。クラーク自身も酒を飲むのだが、示しをつけるためにアメリカから持ってきた大量のワインを学生たちの前で割り、「わたしは酒をやめる」と宣言した。このような誠実な人間像に学生は感化され、学期の終わりにはクラークの勧めを受け入れてキリスト教徒になった。

クラークは八か月しか学校で教えなかったが、一期生に与えた影響は大きかった。クラークが学生と別れるときに贈った「Boys、be ambitious（少年よ、大志を抱け）」という言葉はあまりに有名である。

札幌農学校では下記のような人材が育った。

● **新渡戸稲造——教育家**

学校を卒業後、欧米に留学した。東大やアメリカの大学で講義をするほか、女子教育にも力を入れて津田塾大学を創立した。国際舞台でも国際連盟事務局次長として活躍した。著書は多いが、中でも『武士道』は武士階級における道徳体系を説き広く知られる。

● **内村鑑三——キリスト教思想家**

新渡戸稲造の同級生内村鑑三は、卒業後アメリカの大学で学び、第一高等中

学校講師の職に就いたが、新年の始業式で教育勅語に礼をしなかったため、教職を追われた。1897年、新聞『万朝報』の記者となり、足尾銅山鉱毒事件を批判し、日露戦争に対しては非戦論を主張した。

● 広井勇（ひろいいさむ）
東大教授になって橋梁工学を担当し、土木界に業績を残した。

● 宮部金吾（みやべきんご）
北海道や千島の植物を調査し、大学で植物学、植物病理学を教えた。

課題研究

1. 志賀直哉とキリスト教の関係を述べなさい。
2. 志賀直哉の行動や作品の中で自我肯定が感じられる部分を指摘しなさい。
3. 志賀直哉の父への感情を説明しなさい。
4. 志賀直哉の文体について、感じることを述べなさい。
5. 白樺派の特徴を述べなさい。

注 釈

1. これと反対に、破滅型私小説家は葛西善蔵である。
2. 安倍能成（1883〜1966）は夏目漱石の門下生。大学教授を歴任し、戦後、文部大臣を務めた。
3. 梅原龍三郎（1888〜1986）は洋画家。
4. 尾崎一雄（1899〜1983）はユーモアのある私小説を書く。『暢気眼鏡』で芥川賞受賞。
5. 阿川弘之（1920〜2015）は志賀直哉の推薦で文壇にデビューした。私小説、児童文学、歴史小説などを書く。
6. 札幌農学校は今の北海道大学。
7. 里見弴（1888〜1983）は本名、山内英夫。母の実家山内家を継いだ。

■ 日本文学史

第43章　芥川龍之介

■ 生没年：1892～1927　■ 小説家 A

キーワード：新思潮、新現実主義、エゴイズム

<作者>

芥川龍之介は1892年3月1日、東京に生まれた。『鼻』(1916年) で夏目漱石に認められ文壇に出た。キリスト教や日本古典など東西の文献を渉猟し、様々な様式を駆使して、技巧的な短編を書いた。晩年は神経衰弱に罹り、睡眠薬自殺した。

■ 芥川龍之介年表 ■

1892年（明治25年）	誕生
1913年（大正2年）	東大入学、第三次『新思潮』
1915年（大正4年）	『羅生門』
1916年（大正5年）	第四次『新思潮』、東大卒業
1919年（大正8年）	大阪毎日新聞社入社
1923年（大正12年）	『侏儒の言葉』
1927年（昭和2年）	自殺、遺稿『歯車』など

<生い立ちと文学>

生後7か月頃、母のフクが発狂し、芥川龍之介は母の実家の芥川家で養育されることになった。実家は旧家で、文芸や画など伝統的な江戸文化を守っていたから、芥川龍之介もその影響を受け、早くから骨董品や漢籍に触れていた。神経質で、ひ弱な子供であったが、小学生の時から成績が優秀で、文学への興味も示し、同級生と回覧雑誌『日の世界』を発刊して編集に携わったり、徳富蘆花、泉鏡花などの明治文学、滝沢馬琴、近松門左衛門などの江戸文学の他、『西遊記』や『水滸伝』を愛読したりした。中学時代はますます文学に傾倒し夏目漱石や幸田露伴など当世の文学作品を濫読した。優秀な学業成績のため無試験で高校に入学し、そこで後の文学者である**久米正雄**、**菊池寛**[1]、**松岡譲**、**山本有三**、**土屋文明**らと出会う。

● 大学入学から卒業まで

1913年、21歳のとき東京大学英文科に入学し、翌年久米正雄らと第三次『新思潮』を発刊した。芥川龍之介はそこに翻訳や小説の処女作『老年』、戯曲『青年の死』を発表した。同時期に幼馴染の女性と恋愛し、求婚したが、周囲の反対で断念することを余儀なくされた。この体験が人間の醜さ、エゴイズム、存在の苦しみ、厭世感を芥川龍之介の思想にもたらした。**『羅生門』**(1915年) は老婆が生きるために悪をなし、

主人公の下人もまた生きるために老婆の着物を盗み去るという筋で、厭世感を理知的に表現した傑作である。

1916年、廃刊した第三次の後を受けて**第四次『新思潮』**を発刊し、創刊号に『**鼻**』を発表して夏目漱石の激賞を受けた。漱石門下の鈴木三重吉の推薦で文芸誌『新小説』に執筆の機会を得て、『芋粥』を発表し、好評を博した。この作品と、文芸誌『中央公論』に掲載された『手巾』で、新進作家の地歩を固めた。大学卒業後、海軍機関学校の英語教師を経て、1919年に大阪毎日新聞社社員となり、多くの小説を発表していく。

● **田端**

1914年、芥川龍之介は鎌倉から東京の田端に引っ越した。これ以後、多くの文人が田端にやって来て生活するようになる。例えば、室生犀星、野上弥生子、平塚らいてう、堀辰雄、土屋文明、佐多稲子らである。菊池寛と萩原朔太郎も数か月だが滞在した。こうして田端文士村が形成された。田端に居住していた医師の下島勲は、文学に関心を寄せ、書道もした。芥川龍之介が書斎の扁額を「我鬼窟」から「澄江堂」に変えるときは下島勲が筆をとった。下島勲は芥川龍之介のかかりつけ医でもあった。

● **作品傾向**

芥川龍之介は歴史から題材を得る歴史小説家の側面が強い。『今昔物語集』などの古典、中国の伝奇、切支丹[2]文献、西欧文学など広範な典拠から、各時代を設定し、素材に適合する文体や形式を選んで芸術的な短編小説に仕上げる（表43-1）。文体は現代口語体、敬語体、漢文直訳体、候文体、切支丹教義体など多様であり、形式も書簡体、独白体、考証体、記録体など多岐にわたる。これらを縦横無尽に使いこなす作家は芥川龍之介を除いて存在しなかった。

表43-1　多彩な歴史小説群

作　　　品	分　　類
『戯作三昧』、『枯野抄』	江戸物
『奉教人の死』、『西方の人』、『おぎん』	切支丹物
『舞踏会』、『雛』	開化物
『蜘蛛の糸』、『杜子春』	インド・中国に取材
『羅生門』、『芋粥』、『地獄変』	日本古典文学に取材

芥川龍之介は芸術至上の立場に立つ。それが如実に表れているのは最晩年の未完の自伝『或阿呆の一生』の「人生は一行のボオドレエル[3]にも若かない」という一文である。

● **晩年**

30歳より健康が衰え、神経衰弱、胃痙攣、痔などに悩まされ続けた。プロレタリア文学の台頭など時代の変化に追いつけず神経衰弱が深刻化した[4]。更に義兄が鉄道自殺を遂げたことから高利の借金が残り、芥川龍之介はその後始末に追われた。実母の発狂に対する遺伝の恐れも彼を苦しめた。遺書の中で3人の子供に宛てた文章にも

■ 日本文学史

「汝等は皆汝等の父の如く神経質なるを免れざるべし。殊にその事実に注意せよ」とあり、遺伝への諦念が示されている。

> ■ 辞世の句 ■
> 湊（すばな）や鼻の先だけ暮れ残る

　1927年7月23日、芥川龍之介は『続西方の人』を書いていた。これはキリストの一生を描いた小説『西方の人』の続編である。翌24日の午前1時過ぎ、下島医師へ短冊を渡してほしいと伯母にお願いした。その短冊には上の俳句が記されていた。

　寝床に入り、夫人に「いつもの睡眠薬を飲んだ」と言い、聖書を読みながら眠りについた。25日の朝、妻が気がついたときには、芥川龍之介は顔色が青くなっていて、駆け付けた下島医師の必死の処置もむなしく帰らぬ人となった。この自殺は突発的ではなく、以前から考えられ、計画されたものであった。

　死の直前に発表された『河童（かっぱ）』には作者の焦燥感、嫌悪感が表現されている。遺稿の『歯車』では地獄的な人生を生きる主人公の恐ろしい幻影が描かれる。『或阿呆の一生』は51の断章からなる短編であり、「彼」に作者を仮託して、周囲の人間関係や病気、その他いろいろなことが客観的に淡々と語られる。最後の51章「敗北」は睡眠薬を服毒したこと、ペンを持つ手が震え出したことなどが書かれて終わる。作品の冒頭に久米正雄宛ての言葉があり、「僕はこの原稿を発表する可否は勿論、発表する時や機関も君に一任したいと思つてゐる」と記している。

＜谷崎潤一郎との論争＞

　芥川龍之介は1927年2月の座談会で、谷崎潤一郎の作品について、「話の筋の面白さと芸術的価値は無関係である」との発言をした。誌面でこれを読んだ谷崎潤一郎は雑誌『改造』に連載中の随筆『饒舌録』で、筋の面白さは小説の特権であると反論した。芥川龍之介は同誌『改造』で**『文芸的な、余りに文芸的な』**を発表し、「話」のない話を最上とは思わないが、そのような小説も存在しうることを力説した。今の谷崎潤一郎の小説には詩的精神が欠如していて、『刺青』の頃はよかったが、『愛すればこそ』は詩人ではないとし、最後に「大いなる友よ、汝は汝の道にかへれ」と述べた。志賀直哉にも言及し、「僕等のうちでも最も純粋な作家」、「人生を立派に生きてゐる作家」と称賛している。

　谷崎潤一郎は『改造』紙上で反論し、論争になったが、芥川龍之介の自殺で終結した。なお、論争中も両者の間には交友関係があった。

＜『鼻』＞

　夏目漱石は『鼻』について批評の手紙を書き、新しい材料や整った文章を賞賛し、

「ああいふものを是から二三十並べて御覧なさい。文壇で類のない作家になれます」と述べた。これが芥川龍之介の文壇登場の機縁となった。

『鼻』は『今昔物語集』と『宇治拾遺物語』から題材を取った作品である。高僧の禅智内供（ぜんちないぐ）が自分の長い鼻に劣等感を抱き、周囲から笑われているのを気にして、一策を講じ鼻を短くするが、その鼻に対しても周囲が嘲笑するので、高僧は結局元の鼻に戻してしまう。傍観者の身勝手さやエゴイズム、高僧の滑稽さや愚かさを端的に描いている。左に掲示するのは末尾部分である。

> ■『鼻』末尾■
> 　内供は慌てて鼻へ手をやった。手にさわるものは、昨夜の短い鼻ではない。上唇の上から顎（あご）の下まで、五六寸あまりもぶら下っている、昔の長い鼻である。内供は鼻が一夜の中に、また元の通り長くなったのを知った。そうしてそれと同時に、鼻が短くなった時と同じような、はればれした心もちが、どこからともなく帰って来るのを感じた。
> 　――こうなれば、もう誰も哂（わら）うものはないにちがいない。
> 　内供は心の中でこう自分に囁いた。長い鼻をあけ方の秋風にぶらつかせながら。

＜文学史　31．新思潮派＞

　文芸誌『新思潮』は雄大な歴史を持ち、第一次発刊以降、十数次に及んでいるが、文学流派における「新思潮派」は第三次と第四次のみを指す。

● **第三次『新思潮』**

　第三次『新思潮』は、谷崎潤一郎を輩出した第二次『新思潮』の後を受けて、東大文学部の9人と京都大学の菊池寛により発刊されたが、先行誌を継承するという意識は特になく、同人全体の主義・主張は持たず、ただ個人が自己の文学性に従って作品を発表すればよいとした。

　明治末から大正にかけて戯曲が流行していて、同人の久米正雄も『牛乳屋の兄弟』（1914年）、『蝕める青春』、『人と幸福』などを書き、劇作家として脚光を浴びた。その後は『**破船**（はせん）』（1922年）など通俗小説を書いた。

　山本有三は高校のときに戯曲『穴』を書き、『新思潮』には劇評を掲げた。『生命の冠』、（1920年）で注目を浴び、『嬰児殺し』（同年）、『米百俵』などを20編余を書いた後、小説に転向し、『女の一生』、『**路傍の石**』、『真実一路』その他を書いた。

　豊島与志雄（とよしまよしお）は創刊号に『湖水と彼等』を発表して文壇に認められた。以降、作家活動と並行してフランス文学者として教壇に立ち、『レ・ミゼラブル』[5]、『ジャン・クリストフ』[6]を翻訳した。戯曲、童話、文芸評論、随筆も書いた。

● **第四次『新思潮』**

　第三次『新思潮』同人の間で特に親しい関係の久米正雄、芥川龍之介、松岡譲、成瀬正一（なるせしょういち）、菊池寛が1916年2月に第四次『新思潮』を発行した。誌名こそ同じであるが、誌面は第三次と異なり、小説と戯曲の創作で大半を埋め、翻訳・評論・随筆は極力少

なくした。この動機には夏目漱石の存在があった。

1915 年以降、久米正雄、芥川龍之介、松岡譲の三氏は木曜会の常連となっていて、創作への刺激を受け、自分の作品を活字にして夏目漱石に読んでもらうという考えが浮かんだのであった。夏目漱石は多忙の身でありながら一つひとつに批評を加え、同人らに大いなる励みを与えた。その漱石も 1916 年に突然死去してしまい、第四次『新思潮』は翌年 3 月に追悼号を出して終刊した。しかし、『新思潮』を冠した文芸誌はその後も発行され、第六次からは川端康成、第十五次からは曾根綾子といっ大物作家が輩出されている（表 43-2）。

松岡譲は第三次では寡作であり、第四次では多くの作品を発表したが、文壇には認められなかった。仏教界を批判した『法城を護る人々』（1923～1926 年）で存在が知られたが、それ以上の進展はなかった。

成瀬正一はいくつかの創作をした後、学問の研究に携わった。

表 43-2　主な『新思潮』の歴史

第 1 次	1907～1908 年	小山内薫
第 2 次	1910～1911 年	谷崎潤一郎、和辻哲郎ら
第 3 次	1914 年	久米正雄、松岡譲ら
第 4 次	1916～1917 年	芥川龍之介、菊池寛ら
第 6 次	1921～?	川端康成、今東光ら
第 14 次	1947～1948 年	中井英夫、吉行淳之介ら
第 15 次	1950～1958 年	曽野綾子、三浦朱門ら

菊池寛は戯曲の『屋上の狂人』（1916 年）と『父帰る』（1917 年）を第四次『新思潮』に発表したが、文壇からは認められなかった。しかし、『無名作家の日記』（1918 年）やヒューマニズム精神の『恩讐の彼方に』（1919 年）で好評を博した。純文学作家であったが『真珠夫人』（1920 年）から通俗小説を書くようになった。創作以上に文学関連事業において目覚ましい活躍を見せ、文芸誌『**文藝春秋**』の創刊と文芸春秋社の経営、劇作家協会と小説家協会の設立[7]、**芥川賞・直木賞**の創設[8]などを行った。この 2 つの賞は、純文学作家の芥川龍之介および大衆文学作家の**直木三十五**を讃えて創設され、優れた作品を書いた新人作家に授与される。現在でも日本の数ある文学賞の中でもっとも権威のある賞となっている。

＜文学史　32. 新現実主義＞

美に陶酔する耽美派と理想主義を掲げる白樺派は現実を見過ごすきらいがあった。これと対照的な一派が**新現実主義**であり、現実を理知的に捉え直す文学を志向した。

大正文壇[9]は耽美派、白樺派、新現実主義から構成された（表 43-3）。新現実主義は複数の作家・集団の総称であり、新思潮派はその一つである。他には以下の流派、作家がいる。

表 43-3　大正文壇の全景

耽美派	白樺派	新現実主義（新思潮派、新早稲田派、佐藤春夫、室生犀星）

● **新早稲田派**

　自然主義は大正初期から退潮するが、若い早稲田大学出身者は『早稲田文学』の影響下に育ち、同人誌に参加して文筆活動を展開した。『奇蹟』（1912年創刊）の**葛西善蔵**、**広津和郎**、**相馬泰三**、『北方文学』（1926年創刊）の小川未明、『しれえね』（1926年創刊）の宇野浩二などである。

　『奇蹟』を中心とし、その周辺を総称して**新早稲田派**と呼ぶ。

　葛西善蔵は私小説作家の代表的存在で、自分の貧窮や孤独、病気を冷徹に描き出した。出世作『子をつれて』（1918年）は子を連れて街頭をさ迷う筋書である。広津和郎は悲惨小説の代表作家広津柳浪の子で、若者の自意識過剰を描く『神経症時代』（1917年）で注目された。**宇野浩二**は『蔵の中』（1919年）、『苦の世界』（同年）で人生の悲惨と滑稽を描いた。

● **その他**

　佐藤春夫は最初、与謝野鉄幹・晶子夫妻に師事して詩を書き、やがて小説に転じて『**田園の憂鬱**』（1918年）などを発表した。**室生犀星**は北原白秋に師事して、同門の萩原朔太郎と親交を深め、新進詩人として認められた後、小説『幼年時代』（1919年）、『**性に目覚める頃**』（同年）を書いた。

【コラム　芥川賞・直木賞受賞者】

　芥川賞と直木賞の受賞者は毎年上半期と下半期に選定される。賞をもらってもその後、佳作が書けずに消えていく作家もいる。以下に列挙するのは受賞後も優れた作品を発表し、文壇に名前を残した作家たちである（表43-4、43-5）。文学史的な意義から1970年代までを紹介する。

　表中の「上」は上半期、「下」は下半期を示す。

表43-4　主な芥川賞作家

回（受賞年）	受賞者	受賞作名
第1回(1935年上)	石川達三	『蒼氓』
第22回(1949年下)	井上靖	『闘牛』
第25回(1951年上)	安部公房	『壁』
第28回(1952年下)	松本清張	『或る「小倉日記」伝』
第29回(1953年上)	安岡章太郎	『悪い仲間・陰気な愉しみ』
第31回(1954年上)	吉行淳之介	『驟雨・その他』
第32回(1954年下)	庄野潤三	『プールサイド小景』

続表

回（受賞年）	受賞者	受賞作名
第 33 回 (1955 年上)	遠藤周作	『白い人』
第 34 回 (1955 年下)	石原慎太郎	『太陽の季節』
第 38 回 (1957 年下)	開高健	『裸の王様』
第 39 回 (1958 年上)	大江健三郎	『飼育』
第 49 回 (1963 年上)	河野多惠子	『蟹』
第 50 回 (1963 年下)	田辺聖子	『感傷旅行センチメンタル・ジャーニィ』
第 59 回 (1968 年上)	丸谷才一	『年の残り』
第 64 回 (1970 年下)	古井由吉	『杏子』
第 74 回 (1975 年下)	中上健次	『岬』
第 75 回 (1976 年上)	村上龍	『限りなく透明に近いブルー』
第 82 回 (1979 年下)	森禮子	『モッキンガバードのいる町』

表 43-5　主な直木賞作家

回（受賞年）	受賞者	受賞作名
第 1 回 (1935 年上)	川口松太郎	『鶴八鶴次郎・風流深川唄、その他』
第 6 回 (1937 年下)	井伏鱒二	『ジョン萬次郎漂流記、その他』
第 26 回 (1951 年下)	柴田錬三郎	『イエスの裔』
第 39 回 (1958 年上)	山崎豊子	『花のれん』
第 42 回 (1959 年下)	司馬遼太郎	『梟の城』
第 43 回 (1960 年上)	池波正太郎	『錯乱』
第 44 回 (1960 年下)	黒岩重吾	『背徳のメス』
第 45 回 (1961 年上)	水上勉	『雁の寺』
第 56 回 (1966 年下)	五木寛之	『蒼ざめた馬を見よ』
第 58 回 (1967 年下)	野坂昭如	『アメリカひじき・火垂るの墓』
第 60 回 (1968 年下)	陳舜臣	『青玉獅子香炉』
第 63 回 (1970 年上)	渡辺淳一	『光と影』
第 67 回 (1972 年上)	井上ひさし	『手鎖心中』
第 69 回 (1973 年上)	藤沢周平	『暗殺の年輪』
第 81 回 (1979 年上)	阿刀田高	『ナポレオン狂』

課題研究

1. 芥川龍之介の生育環境について説明しなさい。
2. 芥川龍之介の小説の特徴について述べなさい。
3. 芥川龍之介と夏目漱石の関係を述べなさい。
4. 新思潮派の特徴は何ですか。
5. 新現実主義の存在意義について述べなさい。

注 釈

1. 本名は「菊池寛(きくちひろし)」である。
2. 1549年フランシスコ＝ザビエルに伝えられたキリスト教、およびその信者。
3. ボオドレエル（1821～1867）はフランスの詩人。『悪の華』で近代詩を革新した。
4. 芥川龍之介はプロレタリア文学を否定したわけではない。雑誌『新潮』のアンケートに、自分の人生観や芸術観から見てプロレタリア文学は存在するべきだと述べている。
5. 『レ・ミゼラブル』はフランスの詩人、作家ビクトル・ユゴーの小説。1862年刊。
6. 『ジャン・クリストフ』はフランスの作家ロマン・ロランの大河小説。1904～1912年刊。
7. 劇作家協会と小説家協会は文芸家の親睦や著作権の擁護を目的にし、のちに統合されて文芸家協会になり、戦後に日本文芸家協会となった。
8. 芥川賞・直木賞の設立の背景には菊池と両作家の深い親交がある。芥川は菊池寛の「寛(ひろし)」を長男の名前に付けて「比呂志(ひろし)」としていた。
9. 大正時代は、1912年7月30日から1926年12月25日までである。

■日本文学史

第44章　川端康成

■生没年：1899～1972　■小説家

キーワード：孤児根性、新感覚派、ノーベル文学賞

＜作者＞

川端康成(かわばたやすなり)は1899年大阪に生まれた。幼少期から肉親と死別し、孤児根性を形成した。横光利一らと『文芸時代』を創刊し、新感覚派文学を推進した。初期の代表作に『伊豆の踊子』(1926年)がある。日本の伝統美を書き、1968年**ノーベル文学賞**を受賞した。新人の発掘にも力を入れ、三島由紀夫などを見いだした。

■川端康成年表■

1899年（明治32年）	誕生
1913年（大正2年）	作家を志す
1914年（大正3年）	『十六歳の日記』執筆
1921年（大正10年）	第六次『新思潮』創刊
1924年（大正13年）	東大卒業、『文芸時代』創刊
1926年（昭和1年）	第一作品集『感情装飾』
1927年（昭和2年）	第二作品集『伊豆の踊子』
1937年（昭和12年）	『雪国』
1948年（昭和23年）	日本ペンクラブ会長
1958年（昭和33年）	国際ペンクラブ副会長
1961年（昭和36年）	文化勲章受章
1968年（昭和43年）	ノーベル文学賞受賞
1972年（昭和47年）	ガス自殺

＜生い立ちと文学＞

　幼少期から肉親の不幸が続き、1歳で父が死去して母の実家に移るが、翌年に母が亡くなった。以降は祖父母に育てられたが、7歳のとき祖母が死去した。10歳のとき唯一の兄弟である姉を亡くし、中学3年生のとき祖父が死んだ[1]。川端康成は学校に通いながら盲目で寝たきりの祖父を看病し、その様子を記録してのちに『**16歳の日記**[2]』を発表している。

　小学の上級時から濫読を始め、中学から小説家を志し、毎日本屋に通って文学書を買い求めた。中学を卒業後に上京し、予備校を経て第一高等学校英文科に入学した。主にロシア文学を読んだが、芥川龍之介と志賀直哉の作品にも親しんだ。入学翌年の1918年、一人で伊豆旅行に出掛け、湯ケ島の湯本館に宿泊した。旅芸人の一行と道連れになり、その体験をもとに中編小説『**伊豆の踊子**(いずおどりこ)』を書いた。川端康成は以後10年間、毎年湯ケ島を訪れた。

　1920年、東大英文学科に入学し、同級生と第六次『新思潮』の発行を計画する。

菊池寛に了解をもらい翌年に創刊号を出した。これが機縁で川端康成は菊池寛に恩顧を受けるようになり、第二号に発表した『招魂祭一景』で好評をもらい、同年に菊池寛の自宅で芥川龍之介、久米正雄、**横光利一**を紹介され、1923年に菊池寛主宰の『文藝春秋』の編集同人になった。

大学は1922年国文科に転科して、1924年25歳の時、卒業論文『日本小説史小論』を提出して卒業した。

● 『文芸時代』と『文学界』

1924年10月、『文芸時代』が創刊された。川端康成は発起人として『創刊の辞』を記し、「我々は先づ自身の生活と藝術とに局面打開を招来するため、この雑誌に集まつたのである」と目標を述べた。同人は横光利一、片岡鉄兵、中河与一、佐々木茂索らである。創刊号に掲載された横光利一の『頭ならびに腹』は上の文で始まる。ここには「真昼」、「満員」、「全速力」という最大限の言葉が連なり、情景の激しさを演出している。列車と小駅の対比も鮮烈である。

■ 『頭ならびに腹』の冒頭文 ■
真昼である。特別急行列車は満員のまま全速力で馳けてゐた。沿線の小駅は石のやうに黙殺された。

彼らはダダイズム・未来派など前衛性文学に学んで擬人法や隠喩を多用した文章を駆使し、新しい感覚で外部の現実を把握することに努め、当時台頭していたプロレタリア文学とリアリズムを否定した。評論家の千葉亀雄はこの新しい文学一派を**新感覚派**と命名し、川端康成らもこれを受け入れた。新感覚派の文学は映画との関係を強め、1926年10月号の『文芸時代』は映画の特集号を出した。新感覚派映画聯盟を結成し、川端康成脚本の『狂つた一頁』が映画化された。

『文芸時代』は1927年に廃刊し、プロレタリア文学も小林多喜二が虐殺されてから退潮した。川端康成は再び文芸復興を目指し、小林秀雄、広津和郎、林房雄らと『**文学界**』を創刊して小説や評論を活性化させた。

● 活動

戦争の影響で出版が抑制され、作家が生活難に陥り、読者も活字に飢えた。そこで1945年5月に鎌倉市在住の作家たちが蔵書を持ち寄って貸本屋「**鎌倉文庫**」を開いた。発案者は川端康成らであった。終戦直後に出版社となり、雑誌『人間』を創刊した。1949年に業績悪化で倒産したが、戦時下の暗い生活の中で作家と読者に希望を与えた功績は大きい。

■ ノーベル文学賞受賞 ■
日本の美を描く作風が評価され、1956年頃から作品が海外で翻訳され始めた。そして1968年、日本人初のノーベル文学賞を受賞し、受賞式では『美しい日本の私——その序説』と題して講演した。

ハワイ大学で源氏物語論を講義したり、中国台北でのアジア作家会議やソウルでの国際ペン大会に参加したりして、国際的作家となった川端康成であるが、ノーベル賞受賞以降小説は執筆しなかった。

川端康成は新人発掘にも力を注ぎ、芥川賞の選考委員を第1回から晩年まで務めた。ハンセン病の北条民雄[3]の『いのちの初夜』（1936年）を評価して『文

学界』に載せたり、無名だった**岡本かの子**や**三島由紀夫**を文壇に登場させた。川端康成は20代前半から文芸時評を書いていたため、新人の作品には敏感であった。

社会活動も行い、志賀直哉の後を継いで第4代日本ペンクラブ会長に就任し、会員たちと原爆被災地の広島、長崎を視察した。湯川秀樹の世界平和アピール七人委員会にも参加している。

1957年には国際ペンクラブ東京大会が実施され、会長として繁務に当たった。翌年に国際ペンクラブの副会長に就任した。

1971年三島由紀夫が割腹自殺を遂げ、葬儀委員長を務めた。川端康成はすでに死去している横光利一に言及し、2人の師友を失った悲しみを淡々と述べた。

1972年4月16日夜、仕事部屋でガス自殺した。遺書はなく自殺の詳しい原因は謎のままである。

＜作品＞

●『伊豆の踊子』

『文芸時代』に発表した『伊豆の踊子』は川端康成の出世作となった。19歳の伊豆旅行の体験を記したものである。旅の目的は作中で次のように語っている。「二十歳の私は自分の性質が孤児根性で歪んでいると厳しい反省を重ね、その息苦しい憂鬱に堪え切れないで伊豆の旅に出て来ているのだった」。孤児根性とは幼少期の身内との死別体験から形成された人格のことである。

冒頭部分を抜粋する。

文中の「一つの期待」とは旅芸人に出会うことであった。主人公の願いは叶い、幼い踊子と淡い恋愛感情を交わした。踊子と別れて帰るとき、涙を流し、甘い快さを覚えるのであった。

> ■『伊豆の踊子』の冒頭文 ■
> 道がつづら折りになって、いよいよ天城峠(あまぎとうげ)に近づいたと思う頃、雨脚が杉の密林を白く染めながら、すさまじい早さで麓から私を追って来た。
> 私は二十歳、高等学校の制帽をかぶり、紺飛白(こんがすり)の着物に袴をはき、学生カバンを肩にかけていた。一人伊豆の旅に出てから四日目のことだった。修善寺温泉に一夜泊り、湯ヶ島温泉に二夜泊り、そして朴歯(ほおば)の高下駄で天城を登って来たのだった。重なり合った山々や原生林や深い渓谷の秋に見惚れながらも、私は一つの期待に胸をときめかして道を急いでいるのだった。

●『水晶幻想』

1931年に雑誌に発表された短編集であり、新心理主義の手法が使われている。川端康成はその前年、新人作家の伊藤整の『感情細胞の断面』の批評文を書いており、新心理主義文学に注目していた。

●『雪国』

『雪国』が書かれたのは1935年であり、1937年に一応の完成を見たが、満足できずに書き継がれ、1947年に完結した。男、芸者、その妹の交情を通して愛の美しさ

> ■『屋根の下の貞操』の冒頭文 ■
> ―午後四時公園の丘でお待ちいたします。
> ―午後四時公園の丘でお待ちいたします。
> ―午後四時公園の丘でお待ちいたします。
> 　彼女は三人の男に同じ速達郵便を出した。ステッキを持って歩く男と、眼鏡をかけた男と、ステッキも眼鏡もない男とに。
> 　三月の午後三時の丘に、彼女は夕顔の花のように静かに咲いていた。彼女の身のまわりには、今朝初めて幼い肌を空気に触れさせた若芽が、生れて初めての夕が来るのを、木々の梢で悲しんでいた。

を描き、下の冒頭部分は名文として知られる。

「国境の長いトンネルを抜けると雪国であった。夜の底が白くなつた。信号所に汽車が止まった。」

● 『名人』

川端康成は若い時から囲碁を打っていたことから、本因坊秀哉名人の引退碁観戦記『名人』も書いている。1942年から約10年もの年月をかけて完成させた。

● 掌の小説

一つの作品を完璧に仕上げるために長い時間をかけて書き続ける作家であるが、その一方で多くの超短編を執筆している。第一作品集**『感情装飾』**も超短編を集めたものであった。川端康成はこれを「掌（てのひら）の小説」と呼んでいる。大正末期に幾人かの作家が超短編を書いたが、一過性の現象であり、川端康成のみがこの才能を有して127編もの作品を書いた。執筆の時期は三期に分かれる。

第一期：1923年から1929年頃まで
第二期：1944年から1950年まで
第三期：1962年から1964年まで

作品の１つ『屋根の下の貞操』は冒頭から新感覚派的な技巧が感じられる作品である。

● その他

その他の作品には、『禽獣（きんじゅう）』（1933年）、『故園』（1943年）、『千羽鶴』（1952年）、『山の音』（1954年）、『眠れる美女』（1961年）、『古都（こと）』（1962年）などがある。

＜文学史　33．新感覚派＞

横光利一は新感覚派の中心的存在である。『蠅』（1923年）、『日輪（にちりん）』（同年）の新しい文体で認められ、集大成として『上海』（1928年）を発表した。そのあと新心理主義に転向して『機械』（1930年）、『紋章』（1934年）などを書いた。東洋精神と西洋精神の対決を主題にした大作『旅愁』は未完に終わったが、最後まで実験的手法による作品を発表して時代思潮を先導した。

片岡鉄兵は新感覚派作家として『綱の上の少女』（1927年）などを書いていたが、プロレタリア文学に転じ、更に転向して通俗小説作家になった。

中河与一は歌集刊行の後『文芸時代』に参加し、『刺繍せられた野菜』などを書いた。

■ 日本文学史

やがて民族主義に傾き、文学流派「**日本浪漫派**」に属した。

　佐佐木茂索は芥川龍之介に師事して小説を書いた。『文芸時代』の同人ではあるが新感覚派作家としての活躍はなく、『文芸春秋』編集長、文芸春秋新社社長などの方面で手腕を発揮した。

　新感覚派には文学の新局面を開く力があったが、やがて表現方法の新奇さだけに意識が向き、内容が疎かにされ、形骸化していった。

＜文学史　34．新興芸術派＞

　1929年、隆盛するプロレタリア文学に反感を持つ文学者たちが集まり十三人倶楽部を結成した。これには川端康成、**嘉村礒多**[4]らがいて、翌年には井伏鱒二、**舟橋聖一**[5]らが加わり、新興芸術派倶楽部が生まれた。この文学一派を**新興芸術派**と呼ぶ。結成の目的は作家の一致団結を図り芸術を擁護することにあった。文芸雑誌『新潮』の編集長中村武羅夫の援助を受けて活動していたが、まもなく内部分裂を起こして解散した。新興芸術派から出た作家として注目されるのは**井伏鱒二**と**梶井基次郎**である。

● 井伏鱒二

　井伏鱒二は1898年に生まれた。中学生のとき画家を目指したが挫折し、文学に転向した。1919年早稲田大学文学部に入ったが、教授と衝突して休学した。復学も教授の反対で果せず、中退せざるを得なかった。同年に早稲田の同級生青木南八が急逝し衝撃を受けた。同人誌の参加、佐藤春夫への師事を経て、1929年『山椒魚』、『屋根の上のサワン』を発表し、文壇に認められた。翌年に処女作品集『夜ふけと梅の花』を出版した。1938年『ジョン万次郎漂流記』で直木賞を受賞して作家の地位を確立した。他に『集金旅行』、『駅前旅館』などがある。1993年、95歳で死去した。

　作品の傾向としてはユーモアを基調として市民の生活の哀歓を描く。『山椒魚』は1923年に書いた『幽閉』を加筆した作品であり、学校の教科書にもよく掲載されている。1匹の山椒魚が川のくぼみで過ごしていたが、頭が大きくなって出られなくなるという筋書きである。引用部分にはユーモアが感じられよう。

■『山椒魚』■
強いて出ていこうとこころみると、彼の頭は出入口を塞ぐコロップの栓となるにすぎなくて、それはまる二年の間に彼の体が発育した証拠にこそはなったが、彼を狼狽させ且つ悲しませるには十分であったのだ。

　『本日休診』（1949年）では休診日を無視して病院に来る庶民と老人の医者との交流が描かれる。反戦文学にも深い関心を示し、『遙拝隊長』（1950年）は戦争の傷が癒えない旧士官を書き、軍国主義を批判する。『**黒い雨**』（1965年）は実際の被爆者である重松静馬の日記をもとに書かれた作品である。主人公の重松の姪は被爆者であるため縁談がなかなかまとまらなかった。本当は爆心地から遠く離れた所にい

たので直接の被爆はなく、健康にも問題がないはずであったが、被爆者という噂が流れて結婚話が進まない。新たに縁談が持ちかけられたとき、重松は姪に健康診断を受けさせ、更に被爆者ではないという証明書も準備するが、その後で姪が原爆投下の当日、瀬戸内海上で黒い雨を浴びていたことを知る。まもなくして姪は原爆症を発症し、命の危険に晒される。縁談も当然破談となった。『黒い雨』は日常生活の中の市民を通して原爆の悲惨を伝える傑作である。

● **梶井基次郎**

　梶井基次郎は1901年に生まれ、東大に進学したが結核を病んで中退した。鋭い感受性と繊細な文体で短編を書いたが文壇からは無視されていた。『桜の樹の下には』（1928年）でようやく文壇から認められるようになったが、病気が進行し、余命の少ない中で創作を続けた。1932年肺患で死去した。代表作に『檸檬』（1925年）がある。

【コラム　川端康成の晩年と日本】

　川端康成が自殺するまでの最後の10年間に、日本で次のような文化現象や社会的事件が起きていた。
- 1963年、手塚治虫のアニメ『鉄腕アトム』がテレビで放映された。これは日本で初めてのアニメ放送であった。
- 1964年10月1日、東京から大阪までの新幹線が開通し、同月24日東京オリンピックが開催された。
- 1966年、世界的人気を誇るイギリスのバンド、ビートルズが日本公演に来た。
- 1967年、三重県の四日市で、工場から排出される煤煙のため健康を害した患者たちが、工場に対して訴訟を起こした。公害にはこの他、冨山県のイタイイタイ病、新潟県と熊本県の水俣病がある。
- 1970年、大阪万国博覧会が開催された。
- 1972年、アジアで初めての冬季オリンピックが札幌で開催された。

課題研究

1. 川端康成の生育環境について述べなさい。
2. 鎌倉文庫の意義は何ですか。
3. 川端康成の文学の特徴は何ですか。
4. 川端康成の功績は何ですか。
5. 新感覚派、新心理主義、新興芸術派について特徴や関連性を説明しなさい。

注 釈

1. 生活費は、母の遺産を親戚が管理していて、毎月川端康成と祖父に送っていた。
2. 後年、川端康成は当時を振り返り、「死に近い病の傍で、それの写生的な日記を書く私は、あとから思うと奇怪である」と述べている。
3. 北条民雄（1914～1937）は1933年に発病し、入院してから創作を開始した。
4. 嘉村礒多（1897～1933）は私小説作家。
5. 舟橋聖一（1904～1976）は小説家、劇作家。

第45章　小林多喜二

■生没年：1903～1933　■小説家

キーワード：プロレタリア文学、転向文学、戦後派

<作者>

■小林多喜二年表■

1903年（明治36年）	誕生
1924年（大正13年）	高校卒業、銀行勤務
1928年（大正17年）	『一九二八年三月十五日』
1929年（大正18年）	『蟹工船』、『不在地主』
1931年（大正20年）	共産党入党
1932年（大正21年）	『党生活者』
1933年（大正22年）	特高警察に虐殺される

小林多喜二(こばやしたきじ)は1903年10月13日、秋田県に生まれた。プロレタリア文学運動に参加して、『蟹工船』、『党生活者』を書き、国家権力に抵抗する労働者たちの姿を描写した。1933年特高警察に拷問、虐殺された。初期の作品の文体は志賀直哉の影響を受けている。

<生い立ちと文学>

貧しい農家の小林家は生活の手立てを求めて北海道に移住した。伯父の経営するパン工場で働きながら通学し、1924年に小樽高等商業学校[1]を卒業した。在学中から小説を書き、校内の同人誌『クラルテ』に発表したり東京の文芸誌に投稿したりしていた。北海道拓殖銀行小樽支店に勤務以降も創作を続けていたが、マルクス主義に傾倒してから文学的方向性も変わっていった。

社会の変革はプロレタリアートらの階層の権力奪取によって実現されるという理念のもとにプロレタリア文学・文化運動が展開され、ロシア革命の支持、反戦平和運動などが行われた。その運動の先駆的役割を果たしたのが1921年に創刊された文芸誌**『種蒔く人』**(たねまくひと)であり、社会運動の気運は日増しに高まっていった。政府は1928年3月15日、大規模な弾圧を決行し、全国の運動に携わる労働者・農民・知識人を検挙し投獄した。日本共産党と直接の繋がりがなく難を免れた小林多喜二は、この三・一五事件(さんいちごじけん)の革命指

■『党生活者』■
私の写真は各警察に廻っている。私は勿論顔の形を変えてはいるが油断はならなかった。十三年前に写した写真が警察にあったために、一度も実際の人物を見たこともないスパイに捕まった同志がある。

導者たちの英雄的行動を題材に『**一九二八年三月十五日**』を書き、『**戦旗**』に発表した。『戦旗』はプロレタリア文学運動を推進する「全日本無産者芸術連盟」、略称ナップ（NAPF[2]）の機関紙である。翌年同誌に発表した『**蟹工船**』は、オホーツク海で過酷な労働を強いられる百姓や坑夫、貧民街の少年らが団結して蜂起する過程を描き、プロレタリア文学の代表作となった。

　同年『不在地主』を発表した時、政府を恐れる銀行は小林の解雇を決めた。しかし、小林は屈することなく『工場細胞』（1930年）、『オルグ』（1931年）、『転形期の人々』（同年）を書き、1931年秋には日本共産党に入党した。1932年の春にプロレタリア文化団体への弾圧があってから小林多喜二は地下生活者となり、危険と背中合わせで活動した。この非合法な党生活を元に『**党生活者**』（1932年）を書いたが、発表されないまま時が過ぎ、1933年2月20日、小林多喜二は逮捕され、警察署で虐殺された。同年の4月と5月、『党生活者』は『転換時代』という仮題で発表されたが、全体の五分の一が伏字になっていて、当作品の全貌が公表されたのは戦後であった。

<『蟹工船』>

　小林多喜二は志賀直哉の文体を模倣し、初期作品にその影響を色濃く出している。1931年11月には志賀直哉の家を訪れている。しかし『蟹工船』など後期の作品では擬声語を使うなど志賀の文体から脱却している。

　小説冒頭の「地獄」は誇張ではなく、本当の地獄であった。労働者たちは蟹工船の劣悪な環境で蟹缶詰を作り、過労のために朝起きれなくなると、監督が石油の空缶を耳元で叩き、「死ぬ覚悟で働け！　馬鹿野郎！」と怒鳴る。仕事で怪我をするよりも監督の暴力で怪我をすることのほうが多く、ろくに治療も受けられなかった。死人に対する処置も非情であり、監督はまさに「蛇に人間の皮をきせたような奴」であった。最終的に、労働者たちはストライキを成功させ、無事に函館へ帰港し、監督はストライキの不祥事を追及され解雇されるのであった。小林多喜二の労働者階級への希望が感じられてくる。

■『蟹工船』の冒頭文■
「おい、地獄さ行ぐんだで！」
二人はデッキの手すりに寄りかかって、蝸牛が背のびをしたように延びて、海を抱え込んでいる函館の街を見ていた。──漁夫は指元まで吸いつくした煙草を唾と一緒に捨てた。巻煙草はおどけたように、色々にひっくりかえって、高い船腹をすれすれに落ちて行った。彼は身体一杯酒臭かった。

第 45 章　小林多喜二

<文学史　35. プロレタリア文学>

　1910年の大逆事件で社会主義運動の弾圧が険しくなったが、一部の作家や思想家は果敢に雑誌を創刊して啓蒙活動を推進した。**土岐哀果**は1913年、すべての人間が平等に生きることを願って、生活派の短歌誌『**生活と芸術**』を創刊した。思想・文芸誌『**近代思想**』の編集と執筆に当たった大杉栄は、人道主義作家ロマン・ロランの『民衆劇論』を『民衆芸術論』と訳出して発表した。民衆芸術運動は徐々に高まりを見せ、**宮嶋資夫**の『坑夫』（1916年）は鉱山労働者の悲惨な状況を伝え、労働文学[3]の先駆となった。同時期に**宮本百合子**の『貧しき人々の群』（1916年）、宮地嘉六の『或る職工の手記』（1919年）などがある。

　その頃フランスでは、作家バルビュスが第一次世界大戦の反省から、戦争回避のために人間が理性的に相互理解を深めていく大切さを主張し、雑誌『クラルテ』に反戦と平和を謳った作品を発表した。このクラルテ運動に参加したのが、中学時代からパリで苦学していた小牧近江であった。小牧近江は帰国後、同志を集めて故郷の秋田県土崎で文芸誌『**種蒔く人**』を創刊し、詩や論文を発表した。3冊発行して終刊となったが、半年後に東京で佐々木孝丸などを加えて再刊され、民衆詩派の白鳥省吾や白樺派の有島武郎らが協力して執筆した。政府に監視され、削除・伏字を強制された部分が多いものの、労働階級の立場から作品が書かれプロレタリア文学運動の推進に寄与した。

　1923年9月1日に関東大震災が発生し、多くの死傷者が出て、社会が混乱に陥る中で、無政府主義・社会主義への弾圧が断行され、甘粕事件、亀戸事件が起きた。地震の影響で『種蒔く人』も廃刊になったが、その後継誌として『**文芸戦線**』が1924年6月に創刊され、小牧近江、**青野季吉**、**金子洋文**、**平林たい子**、**葉山嘉樹**らが活躍し、労農芸術家連盟の機関紙になった（表45-1）。

表45-1　プロレタリア文芸誌

主な同人	雑誌名	発行期間
土岐哀果	『生活と芸術』	1913年9月～1916年6月
大杉栄	『近代思想』	1912年10月～1916年1月
小牧近江	『種蒔く人』／土崎版	1921年2月～同年4月
佐々木孝丸	『種蒔く人』／東京版	1921年10月～1923年10月
青野季吉	『文芸戦線』	1924年6月～1932年7月

　ナップ成立後、『文芸戦線』派は『戦旗』派の掲げる「政治優先の創作」などに反対し対立抗争を繰り広げたが、内部分裂もあって衰微していった。『戦旗』は小林多喜二、**徳永直**、宮本百合子、久保栄らを擁してプロレタリア文学を牽引した。

　1931年、ナップを母体として、プロレタリア文化運動の12団体が日本プロレタリア文化連盟、略称コップ（KOPF）を結成した。小林多喜二、中野重治、**蔵原惟人**らが

■ 日本文学史

中心になり、小説家、演劇家、美術家、音楽家、教育者らと共に活動した。ナップは新組織の中で「日本プロレタリア作家同盟」、略称ナルプとなり、機関紙『プロレタリア文化』を創刊した。しかし相次ぐ弾圧と政治優先の創作に作家が脱落し、幹部の逮捕も続き、コップは1934年に解散し、プロレタリア文学運動も終息するのであった（表45-2）。

> ■『種蒔く人』以降の変遷 ■
> 第一期　『種蒔く人』土崎版⇒『種蒔く人』東京版⇒『文芸戦線』／労農芸術家連盟
> 第二期　『戦旗』／ナップ⇒『プロレタリア文化』／ナルプ（下位組織）／コップ（上位組織）

表45-2　プロレタリアの組織と雑誌

組織名	雑誌名	発行期間
ナップ	『戦旗』	1928年5月～1931年12月
コップ（ナルプ）	『プロレタリア文化』	1931～1934年

● **作家と作品**

宮本百合子は坪内逍遥の推薦で『貧しき人々の群』を発表し文壇に出た。アメリカ留学、ソ連訪問を経て、帰国後日本共産党に入党し指導的立場に立った。青野季吉は『心霊の滅亡』（1922年）で文芸評論家として認められてから、プロレタリア文学運動の指導的理論家として活躍した。葉山嘉樹は大学を中退後、下級船員や会社員事務員をしながら労働運動に参加する。**『セメント樽の中の手紙』**（1926年）、『海に生くる人々』などでプロレタリア文学の先駆者となった。徳永直は印刷工場勤務の経験から1929年**『太陽のない街』**を雑誌『戦旗』に発表した。印刷工場が38人を解雇し、ストライキなどの争議が起こったが、結局経営者側の巧みな作戦で労働者が敗北するという実話にもとづく。

中野重治はナップ、コップの結成に参加し、評論、詩、小説を発表した。久保栄は東大卒後にプロレタリア演劇運動に加わり、劇団の結成、戯曲・小説の執筆をした。蔵原惟人はプロレタリア文学の理論家として活躍し、ナップからコップへの改組も指導した。小林多喜二からの尊敬を受け、『党生活者』の最後にも「作者付記。この一篇を同志蔵原惟人におくる」と記されている。

● **転向文学**

1929年3月15日、日本共産党員が一斉検挙され、続く4月16日には逃亡していた幹部も逮捕された。この四・一六事件で指導者の佐野学らが入獄し、獄中生活を送っていたが、1933年に天皇制支持やコミンテルンからの離脱を主張して共産主義思想の放棄を同志に呼びかけた。同年、小林多喜二も警察に虐殺され、権力の弾圧を目の当たりにする中で、プロレタリア作家はやむなく共産主義を捨てて転向するようになった。この思想の転向に関する文学が**転向文学**である。

村山知義の『白夜』（1934年）、立野信之の『友情』（同年）は転向の苦悩を私小説の手法で描いている。島木健作は4年間の獄中生活を経て転向し、代表作となる

『生活の探求』（1937～1938年）を発表した。主人公の大学生が都会より農村での作業に生甲斐を見出し、官庁との折衝も担当して、農民の指導的立場になっていく物語であり、思想的挫折後の自己の再生を切り開いている。

中野重治は日本共産党員であったが、1932年に投獄されて転向し、出所後に『村の家』、『空想家とシナリオ』などを発表し続けた。戦後、共産党に再入党し、二度目の転向を示した。**林房雄**はプロレタリア文学の新人として活躍していたが、検挙・投獄を経験して転向し、政治から文学を切り離す立場を取った。

亀井勝一郎は投獄され転向したが、保釈後にプロレタリア作家同盟に参加した。プロレタリア文学運動が壊滅した後は新しい浪漫主義を創建するべく同人誌『**日本浪漫派**』を創刊した。評論家であり、著作に『日本人の精神史研究』（1959～1966年）などがある。

1933年創刊の『**文学界**』はプロレタリア文学退潮後の文芸復興を目的とし、小林秀雄、川端康成、林房雄、島木健作らが同人となった。亀井勝一郎も『日本浪漫派』廃刊後に参加した。『文学界』は戦後、文芸春秋新社発行の商業文芸誌になり現在に至っている。

● 戦後のプロレタリア文学

1945年12月に発足した新日本文学会は、プロレタリア文学を継承して**民主主義文学**を主張し、翌年3月機関紙『新日本文学』を創刊した。蔵原惟人の『新日本文学の社会的基礎』、中野重治の『日本文学史の問題』、宮本百合子の『播州平野』、徳永直『妻よねむれ』などが初期の主要な作品である。

文芸評論家の**平野謙と荒正人**は1946年に創刊した『**近代文学**』に拠って、プロレタリア文学の「政治優位の創作」、および小林多喜二とその作品『党生活者』を批判し、新日本文学会、特に中野重治と論争になった。これを**政治と文学論争**という。

文学の政治からの独立と作家の主体性の獲得を主張した『近代文学』は**戦後派**文学者の拠点となり、野間宏、三島由紀夫など大量の同人を得た。

【コラム　戦前と戦後の検閲】

　日本は明治時代になるとすぐに新聞発行を許可制にしたが、内容は特に厳しく取り締まってはいない。しかし自由民権運動が盛んになり政府批判の記事が目立つようになると、政府は態度を厳格にし編集者や筆者を処罰しはじめた。当時は政府機構が不安定な時代で、政治家の暗殺もあり、派閥の対立も激しかった。マスメディアが政府を糾弾し、世論を負の方向に導くことは、政権安定、社会安定のためにも避けねばならず、そのための言論弾圧だったと言えよう。

　時代が下り、1925年に治安維持法が制定された。これは反体制派や社会運動を取り締まり、国家の安定をはかる法律である。治安維持法は新聞、書籍、雑

誌にも適用された。自由なる思考で文章を書いても、出版社がそれを「政府の検閲に引っかかる」と判断すれば、○○○や×××の伏字に編集した。

　検閲の基準は「安寧秩序紊乱」と「風俗壊乱」である。社会の秩序を乱したり、性欲性愛に関する表現は禁止された。しかしこの二つは拡大解釈が可能で、政府に都合の悪いことなら何でも禁止にすることができた。この時代を生きた文学者の苦労は計り知れない。

　終戦後、ＧＨＱが日本を占領し改革を進めるなかで、治安維持法を廃止し、憲法に言論の自由を組み入れた。しかしＧＨＱもまた日本国民に厳格な検閲を行ったのである。ＧＨＱへの批判、極東軍事裁判に対する批判、アメリカへの批判を禁止し、出版や映画、新聞が検閲されていることへの言及も禁止された。日本政府の検閲では○○○や×××の伏字を使ったり塗りつぶしたりしたため、読者は検閲された事実がわかったが、ＧＨＱは版を組み換えて出版させる徹底ぶりだった。危険な文書を燃やしたり私信を開封することもあった。だから日本人は検閲されていることを知らないまま生きていた。

　ＧＨＱの占領政策は1952年に終わる。それは言論の自由、表現の自由の始まりを意味していた。

課題研究

1. 小林多喜二の生育環境とプロレタリア文学との関係を述べなさい。
2. 小林多喜二は志賀直哉の文体を模倣したのはなぜですか。
3. 小林多喜二の死はプロレタリア文学にどのような影響を与えましたか。
4. プロレタリア文学作家を一人選び、調べてまとめなさい。
5. プロレタリア文学と「新日本文学会」の共通点、相違点について述べなさい。

注　釈

1. 小樽高等商業学校は今の小樽商科大学。下級生にのちの新心理主義作家の伊藤整がいた。
2. NAPFはエスペラント語の「Nippona Artista Proleta Federacio」の頭文字である。
3. 労働者出身の作家たちの文学。

第46章　岸田国士

■生没年：1890〜1954　■劇作家

キーワード：フランス劇、近現代の歌舞伎、新派、新劇

<作者>

岸田国士(きしだくにお)は1890年11月2日、東京に生まれた。フランスの心理劇を日本に導入し、新劇運動の指導に当たった。創立した劇団文学座は現在も存続している。

■岸田国士年表■

1890年	（明治31年）	誕生
1917年	（大正6年）	東大入学
1924年	（大正13年）	『チロルの秋』
1932年	（昭和9年）	『劇作』創刊
1937年	（昭和14年）	「文学座」結成
1950年	（昭和27年）	「雲の会」結成
1954年	（昭和31年）	没

<生い立ちと文学>

父が陸軍軍人であったため、岸田国士も17歳で陸軍幼年学校に入ったが、フランス文学に耽溺し、軍隊生活に反抗を示した。20歳で士官学校に進んだが、課業よりも文学に熱中した。1914年7月、日本が第一次世界大戦に参戦したのに伴い、少尉だった岸田国士は内地補充隊勤務を命ぜられたが、軍務を嫌い、休職願いを出して上京した。父からは勘当された。

1916年、27歳のとき、東京大学仏文科選科に入学した。フランス演劇に傾倒し、翻訳や通訳の仕事で旅費を貯め、29歳でフランスに渡った。日本大使館などで働きながら演劇を学んだ。32歳のとき喀血し、更に父の訃報に遭い、母と年少の弟や妹を養うために帰国を決意した。

1924年、戯曲『古い玩具』、**『チロルの秋』**を発表して注目を浴びた。いずれもフランス心理劇の影響を受けた作品である。同時期に新感覚派の同人誌『文芸時代』にも参加している。新聞小説『由利旗江』（1929年）、『暖流』（1938年）などを書き、小説家としても活躍した。

1932年に演劇雑誌**『劇作』**を創刊した。この雑誌には新進劇作家や演劇評論家志望の若者が参加した。三島由紀夫や遠藤周作も寄稿している。1937年には岩田豊雄(いわたとよお)[1]、久保田万太郎(くぼたまんたろう)[2]とともに劇団「**文学座**」を結成し、芸術性の演劇を追求した。

1940年**大政翼賛会**(たいせいよくさんかい)が発足すると文化部長になったが、これが原因で戦後、GHQに**公職追放**された。

1950年演劇と文学を結びつけた「**雲の会**」を結成し、三島由紀夫、木下順二、小

■ 日本文学史

林秀雄らが参加した。作家の椎名麟三、石川淳、中村光夫、大岡昇平、石原慎太郎らもここで戯曲を書くようになった。

1954年3月4日、演劇の監督中に脳卒中で倒れ、死去した。

＜作品＞

岸田国士は戯曲、小説の他、多くの評論や随筆を書いている。**批評家の顔を持つ劇作家は岸田国士が初めて**である。

● 演劇

『チロルの秋』はホテルの食堂で、アマノとステラとエリザが出発を目前にして、最後の会話をするという短い劇である。主要な人物は日本人男性のアマノと外国人女性のステラである。ステラはいつも食事が済むとすぐに読書と瞑想に耽っていたが、最後の日の今日は、アマノとの話に応じた。アマノは彼女に「空想の遊戯」を持ち掛ける。アマノは自分が愛している女性をステラに仮託し、ステラは恋人をアマノに投影するという遊戯である。アマノはこれを「夢で遇った二人が、夢で恋をする」と表現した。2人は芝居を始めるが、アマノはステラの母が日本人であることを知り、動揺し、ステラの身の上を知りたい

> ■『チロルの秋』■
> ステラ ［中略］さう、さう……
> 　あなたは、笛がお上手ね。
> アマノ （暗い表情）笛ですか……
> 　笛も吹きませう。
> 　沈黙。
> ステラ どうしたの？
> 　あたし、何か云つたか知ら……。
> アマノ いいえ。（間）
> 　（冷やかに）誰と話しをしてゐるんです、あなたは……。
> 　誰です、一体、その笛の上手なのは。
> 　（気がついたやうに）馬鹿でせう、こんなことを訊くのは……。

と願う。それは日本人が異国で同郷の者を求める素朴な感情であった。「空想の遊戯」を始めようと言ったのはアマノであるが、ステラの現実に意識が向いてしまい、甘美なる恋人ごっこから離れてしまう。ステラは過去の恋人を想起して、「笛がお上手ね」と言ったのであるが、アマノはそれが誰なのかが気になり、つい聞いてしまうのである。

随筆『明日の劇壇へ』（1932年）では、俳優が演出者の傀儡になるのではなく、新劇以前のように、俳優が独自の魅力を発揮することが大切であると述べる。俳優と演出者は自分の領分を守り、互いに立ち入ることを禁止することも提言している。

● 文学

新感覚派の同人であったことから『横光利一全集』の巻頭にも文章を書いている。「天才的な作家」と賞賛し、「痛ましく華やかな」文体と述べている。

『「明るい文学」について』（1927年）では甲と乙の会話形式で文学の理想を述べる。

> ■『「明るい文学」について』■
> 苦悶なき人間、苦悶を回避し又は苦悶と戦ひ得ない人間は、人類の屑だ。文学は、さういふ人間の為めに在るのではない。

人生に苦悶の意義を認める点に、作者の人生観が表われている。

<文学史　36. 近現代の劇文学（歌舞伎、新派、新劇）>

【歌舞伎】

歌舞伎は明治期から現代まで四段階の変遷が見られる（表46-1）。

表46-1　歌舞伎の変遷

演劇改良会	1886～1838年
新歌舞伎	1907年前後～1940年頃
前進座	1931年～現在
新作歌舞伎	戦後～現在

● **演劇改良会**

明治新政府は演劇を改良して民衆を教化しようと企図した。末松謙澄はこの方針に沿って**演劇改良会**を組織し、西欧演劇を模した歌舞伎を始めた。河竹黙阿弥が脚本を書き、9世市川団十郎ら名優が演じた。河竹黙阿弥は新しい時代を意識して散切もの、活歴ものを書いたが、面白味に欠けていて、反発や不満も多かった。

● **新歌舞伎**

歌舞伎の伝統では、作家は劇場に専属し俳優のために脚本を書いていた[3]。これに対して**新歌舞伎**は、劇場から独立している外部の作家が脚本を書き、提供するものである。物語は近代社会に適合するものであった。その歴史は松井松葉の『悪源太』（1899年）から始まるが、坪内逍遥の『桐一葉』（1904年）以降特に増えたため、一般には坪内逍遥以降の作品を新歌舞伎と称する。谷崎潤一郎、菊池寛、山本有三、岡鬼太郎などの作品があるが、岡本綺堂の『**修善寺物語**』（1911年）と真山青果[4]の『元禄忠臣蔵』（1934年）は、俳優の2世市川左団次[5]の好演で人気作となった。

新歌舞伎はプロレタリア演劇が台頭するまで、新劇を凌駕する勢いを誇った。

● **前進座**

1931年歌舞伎俳優の河原崎長十郎らが歌舞伎界の古さを改革するべく「**前進座**」を結成した。歌舞伎界の封建制をなくし、民主的運営を基本に据えた。歌舞伎にこだわらず、『阿部一族』などの時代劇映画の製作にも携わり、時代劇、現代劇、児童劇、新劇も上演した。多数の女優を擁することも特徴の一つであり、現在でも活動を続けている。

● **新作歌舞伎**

新作歌舞伎は戦後の大仏次郎、三島由紀夫、舟橋聖一らによる復古調の歌舞伎を指す。歌舞伎外部の作家が脚本を書くという点では、新歌舞伎と共通する。

現在の歌舞伎は大別して、時代物、世話物、所作事、新歌舞伎・新作歌舞伎の4つがある。時代物は江戸時代以前の平安、鎌倉、室町の時代を舞台にした歌舞伎である。世話物は江戸時代の人々を描いた現代劇、所作事は舞踊劇である。以上の3つはいずれも伝統があり、これに近現代の新歌舞伎・新作歌舞伎が加わる。

■ 日本文学史

【新派】

　明治20年代（1887～1896）に起こった新派(しんぱ)は、最初期、自由民権思想を広めるための政治色の強い演劇であったが、やがて現代の風俗劇として発展した。尾崎紅葉の『金色夜叉』、徳富蘆花の『不如帰』などの小説を演劇化して、歌舞伎を圧倒する人気を誇った。歌舞伎を旧派と位置付けるところから、この演劇を新派、または新派劇と呼ぶ[6]。

　明治後期から大正初期まで新派に脚本を提供したのは泉鏡花、小栗風葉、佐藤紅緑などの硯友社同人であった。泉鏡花の小説は人気があり、よく舞台化された。

　新派は大正時代末から昭和初期までは衰えていたが、『二筋道』の上演で復活した。『二筋道』はシリーズ化し多くの続編が出た。

　1939年、川口松太郎[7]らが「新生新派」を結成したのを契機に、井上正夫らの「演劇道場」、喜多村緑郎らの「本流新派」、水谷八重子の「芸術座」が結成され、新派は4つに分かれた。戦後の1949年に大同団結して**劇団新派**を結成し、現在に至る（表46-2）。

表46-2　新派の発展史

時間	1887～1939年	1939～1949年	1949年～現在
流派	新派	新生新派、演劇道場、本流新派、芸術座	劇団新派

【新劇】

● 文芸協会、芸術坐、自由劇場

　新劇は歌舞伎とも新派とも異なる近代演劇[8]であり、ヨーロッパの影響下に成立した。新劇を日本に広めようとする運動を新劇運動といい、その先駆けが1906年設立の「**文芸協会**」である。坪内逍遥と島村抱月を指導者として、文学・美術・演劇・教育などの改革を目指した。2回の演劇公演を行っただけで終わったが、1909年に演劇団体として改組し、演劇研究所を開設して俳優を養成した。第1回公演はシェイクスピアの『ハムレット』、イプセン[9]の『人形の家』などを上演し、好評を博した。しかし、1913年島村抱月は女優の松井須磨子と恋愛事件を起こし、「**芸術座**」を立ち上げて、「文芸協会」な解散してしまう。「芸術座」もまた島村抱月の病死、松井須磨子の後追い自殺で1919年に活動停止した。のちに再興したが10年ほどで解散した（表46-3）。

　1909年、小山内薫と2世市川左団次が劇団「**自由劇場**」を創設し、「文芸協会」と並んで新劇運動を展開した。西洋演劇の他に吉井勇らの新作を上演し、1919年に解散した。

● 築地小劇場

　土方与志(ひじかたよし)は中学時代から芝居に熱中し、小山内薫の門下生になり、演劇研究のためにヨーロッパに渡った。関東大震災の後に帰国し、1924年巨額の私財を投じて日本で初めての新劇専門の小劇場

表46-3　新劇の劇団

文芸協会	1906～1913年
芸術座	1913～1919年／1924～1935年
自由劇場	1909～1919年
築地小劇場	1924～1930年
新築地劇団	1928～1940年
左翼劇場	1928～1940年
新協劇団	1934～1940年
文学座	1937年～現在

「築地小劇場」を建設した。同じ年に同名の劇団「**築地小劇場**」を結成し、チェーホフ[10]の『白鳥の歌』、ゲーリング[11]の『開戦』など欧米の翻訳劇を上演した。小山内薫の急逝で解散した。

● **新築地劇団**

土方与志は師である小山内薫の没後、すぐに丸山定夫[12]、山本安英[13]らと「**新築地劇団**」を結成した。

その頃、プロレタリア演劇の大規模な劇団「**左翼劇場**」が結成されていた。「新築地劇団」もこの影響を受けて左傾化し、レマルク[14]の『西部戦線異状なし』、トレチヤコフ[15]の『吠えろ、中国！』(1926年)など上演した。弾圧や検閲を受けてやむなく路線変更し、長塚節の『土』など芸術性の高い演劇を行ったが、1940年解散させられた。

● **新協劇団**

小林多喜二の虐殺など政府によるプロレタリア運動の弾圧が強まる中で、**村山知義**は新劇の劇団の団結を呼びかけ、1934年、「**新協劇団**」を結成した。島崎藤村の『夜明け前』、久保栄の『火山灰地』などを原作として社会主義リアリズム演劇を行った。1940年、「新築地劇団」とともに強制解散させられたが、戦後の1959年、再建して「**東京芸術座**」を結成した。

● **文学座**

1937年岸田国士らは結成の際に「現代人の生活感情にもっとも密接な演劇の魅力を創造しよう」という所信表明をした。左翼的な演劇に対抗して、芸術至上主義の演劇を行い、現在も**新劇最古の劇団**として活動を続けている。戦後には芥川龍之介の長男、芥川比呂氏も俳優として参加した。

このように近現代劇は劇団の誕生と解散、そして継承的発展を経て現在の劇団に至っているのである（表46-4）。

表46-4　近現代劇の展開

歌舞伎	● 演劇改良会→新歌舞伎 ● 前進座
新派	● 新派→新生新派・演劇道場・本流新派・芸術座→劇団新派
新劇	● 文芸協会→芸術座 ● 自由劇場→築地小劇場→新築地劇団・新協劇団→文学座

● **現代の演劇**

戦後に書かれた演劇として、木下順二『夕鶴』(1949年)、加藤道夫『なよたけ』(1955年)、三島由紀夫『鹿鳴館』(1957年)、安部公房『幽霊はここにいる』(1958年)などがある。

19世紀末から20世紀初頭にかけて世界各国で**小劇場運動**が起こった。大劇場で行われる商業的な演劇に対して、小劇場における芸術を追求した演劇を作りだそうとする運動である。小劇場運動の一つにアンダーグラウンド（under ground）演劇、略称**アングラ演劇**があり、反体制や前衛性を主内容として1960年代以降各国で展開した。

日本でも同時期に、新劇に対抗するものとしてアングラ演劇が起こり、小劇場のほか、テント、街頭などで公演した。劇団には唐十郎の「状況劇場」、別役実らの「早稲田小劇場」、**寺山修司**の「天井桟敷」、佐藤信の「黒色テント68/71」などがある。

アングラ演劇は劇の新時代を形成したが1980年前後に終息した。俳優や脚本家がテレビや映画、商業演劇に吸収されたり、代表的存在であった寺山修司が1983年に死去してアングラへの士気が下がったことなどが原因とされる。

テレビドラマの脚本家では、倉本聰[16]、橋田寿賀子[17]、山田太一[18]、向田邦子[19]らがいる。

【コラム　1．大政翼賛会】

大政翼賛会は、1940年（昭和15年）10月、内閣総理大臣近衛文麿らが中心になって組織した国民統制組織である。首相が総裁になり、各都道府県の知事が支部長になって、すべての国民を統制し太平洋戦争に協力させた。1945年6月、大政翼賛会とその傘下の大日本翼賛壮年団、大日本産業報国会、大日本婦人会、日本文学報国会などが国民義勇隊という組織に統合された。本土決戦に備えて、国民が消火活動、食糧増産、軍需品の輸送、陣地構築などの活動に当たったが、終戦とともに消滅した。

【コラム　2．日本文学報国会】

1926年、文学者の職能擁護団体として文芸家協会が発足し、活動を続けていたが、アメリカと開戦してから解体され、1942年日本文学報国会として組織化された。文学活動を国家統制下に置くための手段であった。

- ● 会長　徳富蘇峰
- ● 常任理事　久米正雄、中村武羅夫
- ● 理事　長与善郎ら16名

4000人の会員を擁し、『愛国百人一首』、『国民座右銘』などを編集したが、1945年，敗戦で解散した。日本文芸家協会が再発足して、菊池寛、広津和郎、青野季吉[20]らが会長を歴任した。

【コラム　3．公職追放】

1946年1月、ＧＨＱは日本民主化政策の一環として公職追放令を施行した。軍国主義者・国家主義者を国会議員・報道機関・団体役職員などの公職から追放するものであり、のちに軍需産業の幹部も対象にされた。被追放者の数は21万人にのぼったが、1952年サンフランシスコ講和条約で追放令が廃止され、全員公職に戻った。

課題研究

1. 演劇に携わる岸田国士が新感覚派の同人になったのはどうしてだと思いますか。

2. 『チロルの秋』の感想を述べなさい。
3. 岸田国士の功績は何ですか。
4. 歌舞伎の発展について要約しなさい。
5. 戦後から現代までの演劇の特徴を述べなさい。

注 釈

1. 岩田豊雄（1893～1969）は筆名を獅子文六。近代劇のあと、大衆文学に入った。
2. 久保田万太郎（1889～1963）は小説と戯曲を『三田文学』と『太陽』に発表し文壇に出た。新劇、新派、歌舞伎の演出、小説と俳句の創作をした。
3. これを「座付き作家」という。
4. 真山青果（1878～1948）は小栗風葉に師事。自然主義作家として活躍後、戯曲作家になる。
5. 市川左団次（1880～1940）は役者として新歌舞伎も新劇も演じた。
6. 政治色の強い初期は、壮士芝居、書生芝居と呼ばれていた。
7. 川口松太郎（1899～1985）は第1回直木賞受賞の作家。映画、演劇でも活躍した。
8. 演劇の基本要素は戯曲、俳優、舞台、観客であるが、近代演劇はこれに演出を加える。演出者は自分の意図した通りに舞台装置、俳優、演技を統制し、劇を見せる。この点が、俳優重視の歌舞伎と大きく異なるところである。
9. イプセン（1828～1906）はノルウェーの劇作家。『人形の家』は、夫と子供のいる女性ノラが、妻と母親である以前に一個の人間として生きることを望む物語であり、日本の女性解放運動にも影響を与えた。
10. チェーホフ（1860～1904）はロシアの小説家、劇作家。
11. ゲーリング（1887～1936）はドイツの小説家、劇作家。反戦を主題にした作品で知られる。
12. 丸山定夫（1901～1945）は広島で公演中、原爆の被害に遭い、死去した。
13. 山本安英（1902～1993）は女優。木下順二の『夕鶴』の主役を1000回以上演じ、多くの賞を受賞した。
14. レマルク（1898～1970）はドイツの小説家。戦争の残酷さを訴える『西部戦線異状なし』は25か国語に翻訳された。ナチスに迫害され、アメリカに亡命した。
15. トレチヤコフ（1892～1939）はソ連の詩人、劇作家。前衛芸術運動に参加した。のちに逮捕され処刑された。
16. 倉本聰（1935～）は代表作『北の国から』。
17. 橋田寿賀子（1925～）は代表作『おしん』。
18. 山田太一（1934～）は小説も書く。
19. 向田邦子（1929～1981）は小説も書き、直木賞を受賞した。飛行機事故で、中国台湾で没した。
20. 青野季吉（1890～1961）はプロレタリア文学評論家であり、『種蒔く人』、『文芸戦線』の同人。

■ 日本文学史

第47章　堀辰雄

■ 生没年：1904～1953　■ 小説家

キーワード：新心理主義、西洋文学、軽井沢

<作者>

堀辰雄は1904年12月28日、東京に生まれた。芥川龍之介に師事しをた。フランス文学などから心理主義の手法を学び、新感覚派を発展させた新心理主義の作風を打ち出した。肺結核を病み、死を抱えながら愛や生を主眼とした小説を書いた。

■ 堀辰雄年表 ■

1904年（明治37年）	誕生
1923年（大正12年）	室生犀星、芥川龍之介を知る
1925年（大正14年）	東大入学、『山繭』に参加
1926年（昭和1年）	『驢馬』創刊
1929年（昭和4年）	『文学』創刊
1930年（昭和5年）	『聖家族』
1938年（昭和13年）	『風立ちぬ』
1941年（昭和16年）	『菜穂子』
1953年（昭和28年）	没

<生い立ちと文学>

父堀浜之助の妻は病身で、広島にいた。子がいなかったので、西村志気が生んだ堀辰雄を嫡男として届け出た。

妻の上京に伴い、西村志気は2歳の堀辰雄を連れて家を出て、数年後に彫金師と再婚し家庭を築いた[1]。

堀辰雄は中学時代から将来の夢として数学者を考えていたが、第一高等学校で知り合った神西清に文学を勧められた。1923年萩原朔太郎の第二詩集『青猫』を読み、詩の面白さを知った。同年に母校の中学の校長から室生犀星を紹介され、軽井沢へ会いに行った。同年の関東大震災で母を亡くし、大きなショックを受けた。さらに肋膜炎にかかり、休学した。

● 『芥川龍之介論』と『聖家族』

室生犀星は堀辰雄の面倒見がよく、軽井沢から故郷の金沢に帰る直前に、芥川龍之介を紹介した。1923年11月、堀辰雄は芥川龍之介からの手紙で「わたしは安心してあなたと芸術の話の出来る気がしました」という言葉をもらい感激した。

1924年7月、堀辰雄は軽井沢の芥川龍之介を訪れ、そこで片山広子とも知り合った。片山広子は1878年生まれで、筆名を松村みね子といい、佐佐木信綱に師事して短歌を作り、アイルランド文学の翻訳に携わった作家である。

翌1925年、堀辰雄は東京大学文学部国文科に入学した。夏休みは軽井沢に部屋を

借りて滞在し、室生犀星、芥川龍之介、松村みね子一家、萩原朔太郎の妹などを客として迎えた。このときの経験をもとに後に書いたのが『ルウベンスの偽画』（1927年）である。スタンダール[2]やメリメ[3]、ジッド[4]など外国文学も濫読し、充実した夏を過ごした。9月には、小林秀雄、永井龍男[5]らが創刊した同人誌『山繭』に加わり、『甘栗』を発表した。

　1926年4月、室生犀星を通じて知り合った中野重治、西沢隆二、窪川鶴次郎[6]、佐多稲子[7]たちと『驢馬』を創刊し、自作の詩やアポリネール[8]、コクトー[9]の翻訳を発表した。

　窪川鶴次郎など多くの同人がプロレタリア文学運動を始めると、堀辰雄は彼らと袂を分かち、竹山道雄[10]、神西清らと『箒』を創刊して、ヨーロッパ文学を翻訳し紹介した。『箒』は終刊後に『山繭』に合同した。

● **芥川龍之介の自殺**

　1927年の芥川龍之介の自殺は堀辰雄に打撃を与えた。その精神的衝撃は大学の卒業論文『芥川龍之介論』の執筆を通して、自分なりの意味や価値を付与することで克服された。堀辰雄は、芥川文学が多くの古典を典拠としていることに言及し、「彼はついに彼固有の傑作をもたなかった」と述べる。そして芥川龍之介の内部にある自殺に至らしめたものを明確にし、新しい価値を付けることが重大である、とした。堀辰雄は、師匠の仕事を真似するのではなく、仕事が終わったところを出発点としてやっていくのが本当の弟子であると考えたのである。

　1929年、犬養健[11]、川端康成、横光利一、永井龍男らと『文学』を創刊すると、堀辰雄は虚構の小説こそ純粋の小説であるという考えのもとに、西洋の一流作家の翻訳作品を発表した。26歳のとき最初の作品集『不器用な天使』を刊行、『聖家族』を文芸誌『改造』に発表した。『聖家族』の登場人物の九鬼は芥川龍之介を、河野扁理は堀辰雄をモデルにしている。

● **西洋文学への傾倒**

　同年秋に喀血し自宅で療養するが病状はよくならず、信州の富士見高原療養所に入院した。病床でプルースト[12]やジョイス[13]に傾倒し、のちにリルケ[14]とモーリヤック[15]も読むようになる。

　意識は絶えず変化しているが、人格的意識は連続するものとして捉えられる。この変化と連続性が「**意識の流れ**」であり、アメリカの心理学者ジェームズ[16]が提唱した。プルーストの『失われた時を求めて』（1913～1927年）やジョイスの『ユリシーズ』（1922年）は心理学の「意識の流れ」を文学に応用し、人間の心理に起こるイメージや記憶をそのまま描写したものである。リルケは人間実存の不安を追求した作家であり、小説『マルテの手記』（1910年）は無名の青年作家の遺稿集という形式を取り、死と愛を作品の主題とした。モーリアックは人間性が内包する罪を心理的に分析した。

　以上のフランス文学を中心とする心理主義の作風は堀辰雄の文学に浸透していった。またモーリアックの『小説論』で、小説には作家自身の個人的悲劇を表すべきではないという旨の文章があり、大いに啓発された。小説は現実の再現ではいけないと

創作への気持ちを新たにするのであった。

　1933年、軽井沢で矢野綾子と知り合い、翌年婚約する。彼女も肺を病んでいて、2人で療養所に入院するが、矢野綾子は死去してしまう。この体験から代表作『**風立ちぬ**』（1936〜1938年）が書かれた。「序曲」、「春」、「風立ちぬ」、「冬」、「死のかげの谷」の5章から構成され、終章はリルケの詩『レクイエム』の末尾部分が引用された。

　『**美しい村**』（1933）は、「序曲」、「美しい村」、「夏」、「暗い道」から成り、小説を書くために高原を訪れた「私」が感じたことを次々と提示していく。

● 詩

　堀辰雄は生涯の間に三度、詩誌『四季』の編集に従事している（表47-1）。第1次は1933年に創刊し、室生犀星、小林秀雄、中原中也、佐藤春夫、三好達治らが執筆したが、第2号を出して中絶した。第2次は1934年から1944年まで続き、ヨーロッパ詩を理解しつつ日本詩の正統を守ることを基本姿勢とした。中原中也、三好達治、萩原朔太郎、**立原道造**らが執筆した。堀辰雄の愛好するリルケの影響が強く出ている。第3次は1946年に出版社の角川書店から発行され、堀辰雄の没後は神西清が編集を引き継ぎ、1947年に終刊となった。一貫して萩原朔太郎の音楽的抒情性が流れ、**四季派**という巨大な詩の一派を形成した。

表47-1　『四季』

項目	活動期間	発行巻数
第1次	1933年5月〜7月	計2巻
第2次	1934年10月〜1944年6月	計81巻
第3次	1946年8月〜1947年12月	計5巻

● 古典文学

　1937年の春、堀辰雄は作品集のあとがきで、張りつめていた心が緩んで空虚になり、それから逃れるために日本の古い美しさに向かった、と述べた。

　室生犀星の家で知り合った折口信夫の門人の小谷恒と共に『伊勢物語』の勉強を始めたり、折口信夫の著作を読んだり、大学で折口信夫の講義「宇津保物語・落窪物語」、「源氏物語全講会」を聴講したりした。堀辰雄は少年の頃から『更級日記』を愛読し、プルーストと並行して『竹取物語』や『伊勢物語』を読んでいたから、もともと古典には親しんでいた。しかし学問的な姿勢で古典と向かい合うことは初めてであり、新しい知見や理解が得られた。『かげろふの日記』、『ほととぎす』、『姨捨記』、『曠野』などの王朝小説はその成果である（表47-2）。

表47-2　堀辰雄の作品と典拠

原典	堀辰雄の作品
『蜻蛉日記』	『かげろふの日記』、『ほととぎす』
『更級日記』	『姨捨記』
『今昔物語』	『曠野』

● 病状の悪化

　1937年、加藤多恵と知り合い、翌年、室生犀星夫妻の媒酌で結婚した。1941年、小説らしい小説を書くという意欲のもとで『**菜穂子**』を発表した。小説『ふるさとびと』（1943年）と対話形式の随筆『大和路・信濃路』（同年）を書いたあと旅行に

出掛けるが、翌年に喀血し絶対安静となった。1946年、42歳のときの『雪の上の足跡』が最後の作品になった。1951年7月、信濃追分の新居に移ったが、ろくに歩くこともできず、ほとんど書斎に蒲団を敷いて寝ていた。妻の多恵には、庭にある書庫の本棚にどのように本を収めるかを指示して、書斎から双眼鏡で書庫の様子を見ていたが、病状は回復しないまま、1953年5月28日、48歳で死去した。

告別式には折口信夫、佐藤春夫、室生犀星、井伏鱒二、芥川比呂氏(あくたがわひろし)[17]、神西清などが参加し、川端康成が葬儀委員長を担当した。

＜堀文学と軽井沢＞

堀辰雄は頻繁に軽井沢を訪れた（表47-3）。1944年が最後の軽井沢滞在となったが、これは療養に専念するためであり、健康状態が良ければその後も訪れていたであろう。最後の作品『雪の上の足跡』（1946年）にも冬の軽井沢が登場し、堀辰雄の強い愛着が示されている。

軽井沢は長野県東部に位置し、山地に囲まれた盆地状の高原である。避暑地として人気があり、多くの別荘地がある。このような現実の生活から離れた非日常的空間は、堀辰雄の文学から社会への接触を排除したと思われる。プロレタリア文学が台頭し、同人誌『驢馬』の仲間の多くが左翼文学に参加しても、堀辰雄は虚構による芸術的な小説世界を保持した。戦時中に書かれた『風立ちぬ』も『菜穂子』も戦争の悲惨さの影がなく、人間の深層心理の流れを丁寧に描くことに終始している。

現実から離れたところにある古典文学も軽井沢と同様の意義を持って堀文学の中核にあると言える。

表47-3 堀辰雄と軽井沢

滞在期間	軽井沢での用件
1923年8月	室生犀星を訪ねる
1924年8月	芥川龍之介を訪ねる
1925年7月上旬～9月	文学関係の客を迎える
1928年8月末の約10日 1930年7月、8月	滞在
1931年8月中旬～10月上旬	滞在。『恢復期』執筆
1932年7月末～9月初め	滞在
1933年6月初め～9月	矢野綾子を知る。『美しい村』執筆
1936年7月中旬	滞在
1937年11月頃	川端康成の別荘に移る
1938年4月	別荘に妻と住む
1939年7月	山荘に移住する
1940年7月	別荘を借りる
1941年12月末	遊ぶ
1941～1944年、各年の夏	滞在

■ 軽井沢以外の滞在場所 ■

1928年4月……湯河原で静養する。
1931年4月から6月……信州の富士見高原療養所に入院する。
1934年7月から10月上旬……信濃追分の油屋旅館に滞在し、『物語の女』を執筆する。
1935年7月……信州の療養所に入院する。
1936年8月から1937年11月頃……信濃追分の旅館で『風立ちぬ』、『かげろふの日記』を執筆。

<作品>

●『マルテの日記』

　堀辰雄はリルケの小説『マルテの手記』を読み、その概要を同名の『マルテの手記』（1940年）に表わしている。主人公のマルテはパリの生活に孤独と不安と死の恐怖を感じる。憑かれた男、盲目の物売り、自分の病気、父や母の死などの情景や記憶がマルテを包囲する。リルケは小説を通して「生」を見極めるために、マルテを死のぎりぎりの傍らへ立たせたのであった。しかしリルケは友人に出した手紙の中で、「生きることの不可能なことを殆ど證明するに了つたかに見えるこの本は、この本自身の流れに逆ひつつ讀まれなければならない」と述べる。

　堀辰雄が『マルテの手記』に魅せられたのは、これが死に脅かされた生を主題に据えているからであろう。死の恐怖の極限状態を生きるマルテは、肺結核を抱えて生きる堀辰雄と重なる。

●『プルウストの文体について』

　『プルウストの文体について』（1934年）では、プルーストの文体を考察している。右記は、リラの花の描写を引用したものである。

　「気泡」や「泡」など海に関する言葉でリラを比喩的に表現して、何も知らない読者でも楽しみながらリラの実体を知ることができる。ここにプルーストの「藝術上の創造がある」と堀辰雄は述べている。文は長く、修飾語句も多く、決して読みやすくはないが、読みやすさよりも読者の中にある種の感覚を起こすことができるかどうかを重視しているのである。

> ■『プルウストの文体について』■
> 　リラの季節もその終りに近づいてゐた。二三の花はまだ彼等の花のデリケエトな氣泡（bulles）を葵色の高い枝付燭臺のやうに噴出（effusaient）させてゐたけれど、つい一週間前まではその香ばしい泡（mousse）が逆巻いてゐた（déferlait）それ等の葉の多くの茂みの中では、空虚な、ひからびた、香りのない泡（écume）が、ちぢまり、黒ずみながら、萎んでゐた。

　「藝術上の創造」という言葉からは堀辰雄の小説に対する考え方が感じられてくる。小説はあくまでも芸術であって、事実を伝えるだけの普通の文章ではありえないし、まして社会改革のための手段ではない。重く苦しい現実社会がプロレタリア文学を出現させたが、堀文学は逆に社会の芸術への侵入を拒否したところに成立するのである。

●『菜穂子』

　堀辰雄の最初の傑作は『菜穂子』であった。この作品は「楡の家」の第一部、第二部、および「菜穂子」の二篇から成る。表47-4に示す通り複雑な過程を経て成立し、1942年、第一回中央公論社文芸賞を受賞した。

■『菜穂子』■

　三月の或暮方、菜穂子は用事のため夫と一しょに銀座に出たとき、ふと雑沓の中で、幼馴染の都築明らしい、何かこう打ち沈んだ、その癖相変らず人懐しそうな、背の高い姿を見かけた。（中略）それは菜穂子にとっては、何でもない邂逅のように見えた。しかし、それから日が立つにつれて、何故かその時から夫と一しょに外出したりなどするのが妙に不快に思われ出した。わけても彼女を驚かしたのは、それが何か自分を伴っていると云う意識からはっきりと来ていることに気づいた事だった。それに近い感情はこの頃いつも彼女が意識の閾の下に漠然と感じつづけていたものだったが、菜穂子はあの孤独そうな明を見てから、なぜか急にそれを意識の閾の上にのぼらせるようになったのだった。

表47-4　『菜穂子』

各編の名称	発表時の名称	発表時期
「楡の家」第一部	「物語の女」	1934年11月
「楡の家」第二部	「目覚め」	1941年9月
「菜穂子」	「菜穂子」	1941年3月

　菜穂子の母は、夫の死後、軽井沢の別荘で作家の森から思慕を寄せられた。菜穂子はそれに反発を覚え、結婚するが、夫と姑の関係になじめずにいた。ある日、幼なじみの都築明（つづきあきら）と再会する。都築明の描写は『プルウストの文体』で紹介された文体を思わせるであろう。また菜穂子の心理描写も細かく記述されている。

　このあと菜穂子は結核を病み療養所に入院するが、そこには暗さや悲惨さはない。「軽井沢」や「結核」、「療養所」など堀辰雄自身の経歴が小説の中に投影されているが、悲劇はない。

　『風立ちぬ』には舞台として「サナトリウム[18]」が設定され、死期の近い婚約者が登場する。これも堀辰雄の経験が土台になっていて、小説中の婚約者が矢野綾子であることは自明である。しかし『風立ちぬ』では、生の意味や幸福感を体験する過程が感覚的に描かれていて、作者の悲劇は表れていない。堀辰雄の徹底した虚構による物語世界の創造には、モーリアックの文学観と芥川龍之介の芸術至上が作用していると考えられる。

●『雪の上の足跡』

　1946年3月に発表した『雪の上の足跡』は堀辰雄の最後の作品である。「主」と「学生」の対話で形式を取り、三好達治、チェーホフ、折口信夫、立原道造らを取り上げながらその作品の感想を述べたりする。最終場面で、「主」は軽井沢の山小屋の雪景色に思いを馳せ、目を閉じて想像する。

　堀辰雄は雪の積もった軽井沢を見たことがなかった。好奇心があるものの、寝たきりの状態では雪景色を想像することしかできない。

■『雪の上の足跡』末尾■

主　（中略）そのあたりには兎やら雑子やらのみだれた足跡がついている。そうしてそんな中に雑じって、一すじだけ、誰かの足跡が幽かについている。それは僕自身のだか、立原のだか……。
学生　急に寒くなってきましたね。もう窓をしめましょうか。

　堀辰雄の愛弟子であった立原道造は、肋膜炎のため1939年、25歳で死去した。同じく肋膜炎で死期が迫っている堀辰雄は、この

とき、自分と立原道造と重ね合わせていたのだろう。一すじの足跡は、2人が死を通して一体となった足跡を指しているのかもしれない。

1943年に書かれた『大和路・信濃路』は「主」と「客」の対話形式であり、最後の場面で「主」が「すこし冷え冷えとしてきたようだから、窓をしめようね」と言う。

> ■『大和路・信濃路』末尾■
> 主 そうか。あんまり無理をするなよ。——ああ、もうすっかり暗くなってしまったね。すこし冷え冷えとしてきたようだから、窓をしめようね。

『雪の上の足跡』はこれを踏襲して「もう窓をしめましょうか」という言葉で終わらせたのであろう。しかしそこには、まるで自分の人生と文学を閉じるかのような暗示があり、2か月後に堀辰雄は死去するのであった。

<堀辰雄の師弟、友人>

堀辰雄の師は芥川龍之介であるが、先輩作家として重要な人物であった。両者共に、古典的な日本美と、芸術としての小説を大切にした。堀辰雄の追分の新居の書斎に川端康成の書が掛っており、告別式で川端康成が葬儀委員長を務めたことも、両者の関係を示している。

堀辰雄の弟子は、立原道造を除くと、中村真一郎(なかむらしんいちろう)、福永武彦(ふくながたけひこ)、加藤周一(かとうしゅういち)などがいる。彼らはフランス文学を中心とする西洋文学の日本文学への移植を試みて、日本語による音韻定型詩や西欧を模した本格長編小説を試みた。この文学運動を**マチネ・ポエティク**という。

神西清は堀辰雄の終生の友人であり、チェーホフ、ドストエフスキー、ツルゲーネフ、バルザックなどを翻訳して名声を得た。小説は『恢復期』(1930年)、『垂水』(1942年)などがあるが寡作である。堀辰雄もまた1931年に同名の『恢復期』を書いている。

萩原朔太郎もまた堀辰雄の親友であり、よく会ったり、手紙のやり取りをしたり、本を送ったりしていた。『美しい村』を読んだ感想は、文章ではなく、「音楽、音楽としてのやさしさ匂ひ」、「散文で書いた抒情詩」など箇条書きのメモにして、堀辰雄に書き送っていて、気兼ねしない間柄だったことがわかる。

<文学史 37. 新心理主義>

堀辰雄の文学は人物の深層心理の流れを描くことから**新心理主義**と呼ばれる。新心理主義という用語を提唱したのは**伊藤整**(いとうせい)である。北海道出身であり、在学した小樽高等商業学校の先輩には小林多喜二がいた。『感情細胞の断面』(1930年)で川端康成に認められ文壇に出た。「意識の流れ」や「内的独白」を採用した文学論『新心理主義文学』(1932年)を書き、ジョイスの『ユリシーズ』(1931～1934年)を翻訳

した。

　伊藤整の作風はやがて現実の社会との接点を持ち、新心理主義から離れていった。『得能五郎の生活と意見』（1940〜1941年）と『鳴海仙吉』(なるみせんきち)（1950年）はそれぞれ戦前、戦後の知識人の姿を描く作品である。翻訳小説**『チャタレー夫人の恋人』**（1950年）では、裁判所から文学的な性愛表現が猥褻と判断され、有罪判決を受けた[19]。伊藤整はこの事件を『裁判』に著し問題提起した。日本文芸家協会理事、早稲田大学講師などの社会的身分もあった。

　新感覚派はダダイズムや未来派など西洋文学に影響を受けて意識を感覚的な文体で表現したが、新心理主義もまた西洋文学に学び、人間の心理の流れを掴み取り文章に表わすことに専心した。2つの文学思潮は連続しているため、横光利一の『機械』や川端康成の『水晶幻想』は新心理主義に分類される。

【コラム　日本の心理学の創生期】

　心理学の歴史はドイツ人のブントが1879年ライプチヒ大学に世界初の心理学実験室を開いたことから始まる。心理学は欧米で盛んに研究され、その中に「意識の流れ」を提唱したジェームズもいたわけである。

　心理学という用語を作ったのは啓蒙思想家の**西周**(にしあまね)であるが、日本初の心理学者は**元良勇次郎**(もとらゆうじろう)である。元良勇次郎は同志社英学校（今の同志社大学）を卒業し、東京英語学校（今の青山学院大学）の教授となってから、アメリカに留学し、ホール（hall）に師事した。ホールはブントの門下生を経てアメリカに最初の心理学実験室を開いた人物である。元良勇次郎は1888年に帰国して東大で精神物理学の講義を開いた。ほぼ同時期に**松本亦太郎**(まつもとまたたろう)はブントの心理学実験室で学び、1900年に帰国して京都大学に実験室を開いた。彼らが日本の心理学の基礎を築いたのである。

　佐久間鼎(さくまかなえ)は東大哲学科心理学専修を卒業し、1923年ドイツでケーラーに師事してゲシュタルト心理学を学んだ。帰国後、九州大学で心理学講座を担当した。それまでの心理学は精神活動を心的要素の連合として説明していたが、ゲシュタルト心理学はそれを否定し、全体としてのまとまりを主張した。佐久間鼎は言語学者でもあり、日本語の音声学、話し言葉の文法を研究した。

　三上章(みかみあきら)はその影響から文法研究を始め、**主語廃止論**など画期的な理論を提唱した。

課題研究

1. 堀辰雄は芥川龍之介からどのような影響を受けましたか。

2. 堀辰雄が西洋文学から学んだものは何ですか。
3. 軽井沢は堀辰雄にどんな影響を与えましたか。
4. 堀辰雄が肋膜炎を病んでいたことは文学にどう反映されましたか。
5. 新心理主義について要約しなさい。

注 釈

1. 堀辰雄が6歳のとき、実父の浜之助が死去した。
2. スタンダール（1783～1842）はStendhal。フランスの小説家。心理描写にすぐれ、代表作に『赤と黒』がある。
3. メリメ（1803～1870）はMerimee。フランスの小説家、考古学者。
4. ジッド（1869～1951）はGide。フランスの小説家、評論家。ノーベル文学賞受賞者で、代表作に『狭き門』などがある。「ジード」とも言う。
5. 永井龍男（1904～1990）は菊池寛に認められて文壇に出た。文藝春秋社に勤務しながら小説を書いた。
6. 窪川鶴次郎（1903～1974）はプロレタリア文学運動の中で評論家として活躍した。
7. 佐多稲子（1904～1998）は本名は佐田イネ。母の死、父の失職で、小学生の時からキャラメル工場などで働き、文学を通して窪川鶴次郎を知り結婚したがのち離婚。共産党の加入・除名を経て作家として成長した。
8. ポリネール（1880～1918）はフランスの詩人。ダダイズムなどの前衛詩を書いた。
9. コクトー（1889～1963）はフランスの詩人、作家。前衛的な作風。代表作は『恐るべき子供たち』。
10. 竹山道雄（1903～1984）はドイツ文学者、評論家、小説家。
11. 犬養健（1896～1960）は白樺派の作家として世に出る。のちに衆議院議員、法務大臣。父は首相の犬養毅。
12. プルースト（1871～1922）はフランスの小説家。『失われた時を求めて』（1913～1927年）はフランス文学の最高傑作とされる。
13. ジョイス（1882～1941）はアイルランドの小説家。
14. リルケ（1875～1926）はドイツの詩人。小説も書いた。
15. モーリヤック（1885～1970）はフランスの小説家。1952年ノーベル賞受賞。
16. ジェームズ（1842～1910）はアメリカで初の心理学実験室を開く。哲学も研究した。日本の近代哲学、夏目漱石にも影響を与えた。
17. 芥川比呂氏（1920～1981）は芥川龍之介の長男。俳優、演出家。
18. sanatorium。療養所。特に結核療養所を指すことが多い。
19. この事件を「チャタレー事件」と言い、1957年有罪判決が出た。イギリスでも裁判沙汰になったが、1960年無罪判決が出た。

第 48 章　太宰治

■生没年：1909～1948　■小説家

キーワード：左翼活動、無頼派、破滅的傾向、心中事件

＜作者＞

太宰治(だざいおさむ)は本名を津島修治(つしましゅうじ)と言い、1909年6月19日、青森県に生まれた。井伏鱒二に師事した。高校時代から共産主義の非合法活動に関心を寄せ、自殺未遂を繰り返し、自己破滅型の作家であった。坂口安吾らとともに無頼派を成した。代表作『人間失格』（1948年）で自己の生涯を投影し、脱稿後に愛人と入水自殺を遂げた。

■ 太宰治年表 ■

1909年（明治42年）	誕生
1930年（昭和5年）	東大入学
1931年（昭和6年）	初代と結婚
1933年（昭和8年）	『思ひ出』、『魚服記』
1934年（昭和9年）	『青い花』創刊
1935年（昭和10年）	第1回芥川賞候補
1936年（昭和11年）	第3回芥川賞候補
1937年（昭和12年）	初代と離婚
1939年（昭和14年）	美知子と結婚
1940年（昭和15年）	『走れメロス』
1947年（昭和22年）	『斜陽』
1948年（昭和23年）	自殺、『人間失格』

＜生い立ちと文学＞

　太宰治は十番目の子供で六男であったが、長兄と次兄は夭折したため実質的には四男であった。家の中で一緒に過ごした家族は、祖父母、祖母、父、母、長姉タマ、タマの夫良太郎、次姉トシ、長兄文治、次兄英治、三兄圭治、三姉あい、四姉きやう、叔母きる、叔母の娘リエ・フミ・キヌ・テイであり、使用人を加えると30人を超えた。津島家は曽祖父の代に新興商人地主となった。父は県会議員を経て衆議院議員になり、地元では権力者であった。

　太宰治は最初、乳母の世話を受け、乳母が家を去ると叔母に育てられた。母は政治家の妻として多忙であり、太宰治を世話する時間がなかったのである。叔母との共同生活は小学校に上がるまで続き、太宰治は叔母を実母と思っていた。

● 小学校時代

　津島家の師弟は小学校で優遇され、学年代表を任せられていた。太宰治は代表をしっかりと務め、読書を好み、作文に才能を示した。その一方で悪戯にも熱中して教師を困らせた。尋常小学校を卒業した後、中学に進学するはずであったが、父の意向で学力補充のために郊外の小学校に通うことになった。その学校は津島家の威光が及ば

ず、太宰治を特別扱いすることはなかった。太宰治に対して「不遜な態度である」と評した。中学受験の直前、父が病没した。

● 中学、高校時代

太宰治は中学に上がってから、小学校時代の同級生に追い付こうと勉強に打ち込んだが、やがて芥川龍之介や菊池寛の文学に熱中した。校友会誌に初めての小説『最後の太閤』を載せ、同人誌『蜃気楼』を創刊して編集を務めた。

高校に進学後は熱心に勉強していた。1927年5月21日に文芸講演会が開かれ、太宰治は心酔していた芥川龍之介の話を聴く機会に恵まれた。2か月後の7月24日に芥川龍之介が自殺し、太宰治の生活も乱れ始める。美貌の女師匠から義太夫[1]を習い、花柳界に出入りし、芸妓の小山初代と深い関係に入る。読書では芥川龍之介の他、江戸の遊里文学、俳諧、近松門左衛門、泉鏡花に没頭していた。

同期生でマルクス主義者の上田重彦が校友会雑誌に短編を掲載し、それを読んだ太宰治はプロレタリア文学の傾向を持つ。1928年、三・一五事件が起こり、警察の左翼活動家への弾圧が強化された。この社会情勢の中で、太宰治は『細胞文芸』を創刊し、長編小説『無間奈落』を連載した。父をモデルにして悪徳地主を告発する筋書きであり、長兄の叱責にあって第2回で中断された。それ以降の『細胞文芸』は、三兄の協力を得て、中央の若手作家の舟橋聖一や井伏鱒二に寄稿してもらった。第4号で廃刊した後は、青森の同人誌『猟騎兵』に参加し、更に校内の新聞雑誌部に入った。編集委員長を務める上田重彦は、学校長が公金を無断で費消した事件に対して、学生全体に授業を放棄する学生ストライキを呼びかけた。太宰治も積極的に参加し、校長の排斥を実現した。『弘高新聞』に載せた「文芸時評」では徳永直らのプロレタリア文学を称賛した。

精力的な活動を示していたが、芸妓との結婚の問題や成績低下で苦悩もあり、1929年12月10日夜、鎮静催眠薬のカルモチンを多量に服用し自殺をはかった。これが1回目の自殺未遂である。

卒業直前の冬休み明けに、警察は上田重彦らを検挙し、学校もそれに対応して16人を無期停学や諭旨退学などに処分した。太宰治は無事であった。

● 大学時代

1930年、太宰治は東大文学部フランス文学科に入学した[2]。プロレタリア文学への志向は持続し、地元の同人誌『座標』に『地主一代』を連載していた。共産党員の工藤永蔵から党のシンパに誘われ、戸惑いながらも応じた。同時期に**井伏鱒二**の門人になった。

小山初代との結婚は義絶を条件に認められたが、長兄が初代を連れて実家に帰っている間に、太宰治はカフェの女給の田部シメ子と薬物心中を図った。2回目の自殺未遂であった。女が死んだため、太宰治は自殺幇助罪に問われた。

翌年小山初代と結婚し、一軒家を借りて一緒に暮らし始めたが、党活動家が頻繁に訪れ、太宰夫妻も左翼活動に巻き込まれていった。工藤永蔵が検挙され、危険が身に迫り、転居を繰り返した。逃亡生活に疲れ、長兄の勧告も聞き入れて、警察署で左翼活動と絶縁することを誓約した。

その後に書いたのが自伝的小説『思ひ出』であり、太宰治が処女作であると自称する作品である。次に『魚服記』を執筆し、ともに同人誌『海豹』に発表して好評を得た。続いて文芸誌『鷭』に『葉』と『猿面冠者』を発表した。檀一雄[3]や中原中也らと『青い花[4]』を創刊したが一号のみで終わった。次の『日本浪漫派』に載せた『道化の華』は佐藤春夫の評価を得た。このように太宰治は大学時代から文学活動に勤しみ、そして作品も一定のレベルに達していた（表48-1）。

表48-1 大学時代の同人誌・作品

序号	同人誌	作品
1	『座標』	『地主一代』
2	『海豹』	『思ひ出』『魚服記』
3	『鷭』	『葉』『猿面冠者』
4	『青い花』	『ロマネスク』
5	『日本浪漫派』	『道化の華』

太宰治は授業に出席していなかったため、卒業予定の年であった1933年に留年した。実家から2年の猶予をもらって仕送りを続けさせたが、1935年も卒業できず、お金に困り、就職しようと新聞社を受験した。受験は失敗し、行き詰って一人で鎌倉山に入り縊死を図った。3回目の自殺未遂である。その直後に急性盲腸炎に罹り、手術後に腹膜炎を併発した。痛みを和らげるために打った麻薬性鎮痛剤のパビナールが習慣化し、中毒症になった。大学は授業料未納のため1935年9月に除籍された。

● 芥川賞への執念

苦悩が続く中でも創作意欲は衰えず、同人誌『日本浪漫派』に『道化の華』を、商業誌『文芸』に『逆行』を発表した。『逆行』は第1回芥川賞の最終候補にあがり、太宰治は歓喜したが、選考の結果、芥川賞は石川達三の『蒼氓』に決まった。残念な結果ではあったが選考委員の佐藤春夫の知遇を得ることができた。

『文藝春秋』の9月号で選考委員の川端康成が太宰治について「作者目下の生活に厭な雲ありて、才能の素直に発せざる憾みあつた」と述べた。パビナール中毒による奇行などを指摘した文章であり、太宰治は『文芸通信』10月号に『川端康成へ』と題した抗議文を載せた[5]。

太宰治の芥川賞への執着は強く、第2回芥川賞の候補作が決まる前に、選考委員の佐藤春夫に手紙を書いたが、結果として第2回は「該当者なし」に終わった。

その頃、檀一雄は太宰治が薬物中毒で先が長くないと考え、せめて生きている間に作品集を刊行してあげたいとの考えから奔走し、1936年6月、『晩年』の出版にこぎ着けた。前書には、「これが、私の唯一の遺著になるだろうと思いましたから、題も、「晩年」として置いたのです」とあるが、大人しくこの世を去るという心境に至ったわけではない。8月初旬に『晩年』が第3回芥川賞候補に上がったことを佐藤春夫から知らされたとき、太宰治は欲望を持ち、かつて中傷した川端康成に懇願の手紙を書いた。

しかし太宰治はまたも落選した。芥川賞に固執す

■ 佐藤春夫への手紙 ■

芥川賞をもらへば、私は人の情に泣くでせう。さうして、どんな苦しみとも戦って、生きて行けます。元気が出ます。お笑ひにならずに、私を助けてください。

るのは、大学中退と就職失敗で実家に申し訳が立たず、せめて名のある文学賞を取って報いたいという気持ちがあったからである。またパビナール購入による借金を返済するために芥川賞の副賞500円が欲しかったという現実的な問題もあった。心酔していた芥川龍之介の文学賞を取りたいという文学青年の素朴な願望も抱いていたであろう（表48-2）。

> ■ 川端康成への手紙 ■
> 困難の一年でございました。死なずに生きとほして来たことだけでもほめてください。（中略）私に名誉を与えてください。（中略）すべての運をおまかせ申し上げます。

表48-2　芥川賞と太宰治

回	受賞者・受賞作	太宰の候補作
第1回（1935年上）	石川達三『蒼氓』	『逆行』
第2回（1935年下）	該当作品なし	なし
第3回（1936年上）	小田嶽夫『城外』 鶴田知也『コシャマイン記』	『晩年』

● **結婚、家族**

太宰治は井伏鱒二に説得され、精神病院に入院して薬物中毒を根治させた。入院中に妻の初代が姦通事件を起こしたことを知ると、山麓でカルモチンを多量服用し心中自殺を図った。4回目の自殺未遂である。

1937年6月、小山初代と離婚した太宰治は『二十世紀旗手』、『HUMAN LOST』などを発表した。井伏鱒二に縁談を持ちかけられ、1938年石原美智子と結婚した。結婚の影響で作風は明るくなり、『愛と美について』、『女生徒』、『走れメロス』など佳作を発表し、職業作家としての安定を見せた。友人の亀井勝一郎[6]や師匠の井伏鱒二、佐藤春夫との交際も増え、旅行や葡萄狩りを楽しんだ。精神的健康は作品に反映され、田中英光[7]、小山清などの文学青年が太宰治を慕って訪ねてくるようになった。太田静子ら女性ファンの訪問も受けた。

家郷との関係は薄くなっていたが、健康を害した母を見舞って帰郷してからは義絶も次第に解消されていった。母は1942年12月に死去した。この頃の作品に『正義と微笑』がある。

太宰治には正妻の美知子との間に長男、長女、次女がいた。長男はまもなく病没した。次女は作家の津島佑子である。愛人の太田静子との間に生まれた太田治子も作家である。

● **戦争と創作**

太平洋戦争時、作家は兵士として、あるいは従軍記者として戦地に送られた。石川達三は『生きてゐる兵隊』で日本の戦争を告発し、火野葦平は国策文学を書いた。戦争とは無関係の『細雪』[8]でさえも発禁処分を受ける状況下では、小説の題材はごく限られ、厳しい検閲制度もあったため、多くの作家は**国策文学**に走った。

太宰治は人道的な反戦作家ではないが、国策文学を書きたいとも思わない。実家からの仕送りで生活ができたことで、国策文学を書いて生活費を稼ぐ必要はなかった。また1941

年11月に文士徴用令書を受けたが胸部疾患のため免除されている。こうして太宰は戦争中でもゆったりと自己のペースで創作し、佳作を発表した（表48-3）。

この頃、鎌倉時代の源実朝を描く『右大臣実朝』（1943年）、地元津軽をスケッチする『**津軽**』（1944年）を書いた。井原西鶴の作品を翻案した短編集『**新釈諸国噺**』（1945年）は趣向が凝らされていて作家的資質が伺える。その前書で井原西鶴を称揚し、執筆目的として「日本の作家精神の伝統」を読者に伝えることを挙げている。

> ■『新釈諸国噺』前書■
> 西鶴は、世界で一ばん偉い作家である。メリメ、モオパッサンの諸秀才も遠く及ばぬ。

表48-3 戦時中の主要作品

作品	概要
『右大臣実朝』	鎌倉時代の歴史小説
『津軽』	青森県津軽の紀行文学
『新釈諸国噺』	井原西鶴作品の翻案
『お伽草紙』	『御伽草子』の翻案
『竹青』	『聊斎志異』の翻案
『惜別』	魯迅と藤野先生

『お伽草紙』（1945年）は室町時代の『御伽草子』を太宰治がアレンジを加えて書いた作品集であり、『瘤取り』、『浦島さん』、『カチカチ山』、『桃太郎』、『舌切雀』が収録されている。執筆の目的は、日本の国難を打開すべく頑張っている人たちにささやかな楽しみを送ることであるとしている。

『竹青』（1945年）は「新曲聊斎志異」という副題があり、中国の『聊斎志異』を土台にして太宰治の世界観を広げた作品である。作品の最後の「自註」には、中国の人に読んでもらいたいと書かれてある。

国策文学を避けていた太宰治であるが、唯一の例外として、魯迅と藤野先生と私の関係を描く『惜別』がある。これは内閣情報局と日本文学報国会から委嘱されて書いた作品である。しかし魯迅と藤野先生の心の繋がりが知られる佳作であり、戦争や国策とは無関係と言ってよく、太宰治自身、委嘱されなくてもいつかは書くつもりであったという。

アメリカ軍の空襲が連日続く中で、太宰治は資料を調べ、想像力を働かせ、面白い小説を書いた。検閲に引っ掛かり全文削除を命じられた作品は『花火』（1942年）のみであった。

● 終戦以後

> ■『如是我聞』■
> どだい、この作家などは、思索が粗雑だし、教養はなし、ただ乱暴なだけで、そうして己れひとり得意でたまらず、文壇の片隅にいて、一部の物好きのひとから愛されるくらいが関の山であるのに、いつの間にやら、ひさしを借りて、図々しくも母屋に乗り込み、何やら巨匠のような構えをつくって来たのだから失笑せざるを得ない。

空襲が激しくなり津軽に疎開して終戦を迎え、そこで新聞小説『パンドラの匣』を連載し、太田静子とも文通を続けた。彼女は戦争で母を亡くし一人きりであり、太宰治だけが支えだった。太宰治は上京後、没落貴族の家を描いた『**斜陽**』を構想し、資料として太田静子の日記を参照した。1947年に刊行されベストセラーになり、「斜陽族」[9]という流行語も生まれた。これは戦後の

改革による社会の急激な変化で没落した上流階級の人々を指して言う。

太宰治は山崎富栄(やまざきとみえ)と知り合い、急速に深い関係に落ちていき、既に懐妊していた太田静子を避け始めた。太田静子は子供を産むと、「この子は私の可愛い子で 父をいつでも誇って すこやかに育つことを念じてゐる 太宰治」という認知書を書かせ、更に毎月の養育費を約束させた。太宰治は名前を治子(はるこ)とした。同じ頃、太宰治は志賀直哉に短編『犯人』を批判されたのを受けて、随筆『如是我聞(にょぜがもん)』で彼を扱き下ろした。

『如是我聞』と並行して**人間失格**を書いた。肉体的に衰弱し、喀血もあったが、愛人の山崎富栄の看護のもとで最後まで書き続けた[11]。1948年6月13日、2人は玉川上水から身を投げて心中自殺を遂げた。6月19日、太宰治の39歳の誕生日に遺体が発見され、生前の願い通りに森鴎外の墓の向かい側に墓石が建てられた。死後に『人間失格』と『桜桃』などが刊行された。『朝日新聞』に連載していた『グッド・バイ』が絶筆となった。

太宰治が遺書の中で小説が書けなくなったと述べていることから、これを自殺の原因と見る見解がある。これに対して**坂口安吾(さかぐちあんご)**[12]は『太宰治情死考』(1948年)で、太宰治は山崎富栄と酒を飲んで泥酔し、作家との心中に陶酔した山崎富栄の勢いに巻き込まれる形で自殺した、本当は死ぬ気はなかった、と推測を述べている。

太宰は二十代の頃、自殺未遂を繰り返した(表48-4)。若しゆえの勢いと言えよう。ところが最後の自殺は39歳時である。坂口の言う通り、女に誘われ、酔いもあり、遊び感覚で川に飛び込んだのが真相かもしれない。

表48-4 自殺未遂と自殺[10]

1	1929年12月(20歳)	服毒自殺
2	1930年10月(21歳)	田部シメ子と心中
3	1935年3月(26歳)	首つり自殺
4	1937年3月(28歳)	妻の初代と服毒心中
5	1948年6月(39歳)	愛人の富栄と入水心中

<『人間失格』>

太宰文学の総決算ともいえる『人間失格』は「はしがき」、「第一の手記」、「第二の手記」、「第三の手記」、「あとがき」から構成される。「はしがき」では小説家の「私」が大庭葉蔵という男性の3枚の写真を見て、幼年時代の顔は薄気味悪く、学生時代の顔は作り物のようであり、3枚目の写真は年齢が判別できず、すでに死んでいるようだと感想を述べる。

3つの手記では、大庭葉蔵が生まれてから27歳現在までの人生を語る。この主人公は東北の田舎の裕福な家に育ち、学生時代に左翼思想に染まり、カフェの女給と結ばれ、心中自殺して自分だけが助かり、自殺幇助罪で警察に捕まる、という人生を辿り、太宰治が投影されていることは明白であるが、ただの私小説ではなく、小説とし

ての虚構と面白さにも配慮している。

■『人間失格』■

第一の手記
　恥の多い生涯を送って来ました。
　自分には、人間の生活というものが、見当つかないのです。自分は東北の田舎に生れましたので、汽車をはじめて見たのは、よほど大きくなってからでした。自分は停車場のブリッジを、上って、降りて、そうしてそれが線路をまたぎ越えるために造られたものだという事には全然気づかず、ただそれは停車場の構内を外国の遊戯場みたいに、複雑に楽しく、ハイカラにするためにのみ、設備せられてあるものだとばかり思っていました。しかも、かなり永い間そう思っていたのです。ブリッジの上ったり降りたりは、自分にはむしろ、ずいぶん垢抜けのした遊戯で、それは鉄道のサーヴィスの中でも、最も気のきいたサーヴィスの一つだと思っていたのですが、のちにそれはただ旅客が線路をまたぎ越えるための頗る実利的な階段に過ぎないのを発見して、にわかに興が覚めました。

　大庭葉蔵は生活の中にあふれる実用品や実利的なものを情趣的なものとしか認識できなかった。社会に対するこの異常な認識は他者と決定的に異なり、他者の理解や交流を妨げる巨大な壁となった。自分が人々の生活の外にいることを自覚する大庭葉蔵は、自分を道化させて他者を笑わせることで、目障りな存在にならないよう努力した。道化という偽りの姿の影に、ありのままの自分を隠したのである。高校時代に画学生の堀木正雄と出会い、世間と関わりを持つことができるようになるが、同時に淫売婦や左翼思想を知り破滅の道を歩んでいき、最後に脳病院に入れられるのであった。

　「あとがき」では、「はしがき」に登場した「私」が再登場する。知り合いのバーのマダムから、「小説の材料になるかもしれない」と大庭葉蔵の写真と手記を渡される。その手記は今から10年ほど前に書かれたものであった。「私」はそれを読み大いに興味を持ち、下手に手を加えるよりもそのまま発表したほうが有意義であろうと考え、ノートを借りた。マダムは手記の中にも登場し、大庭葉蔵のことをよく知っていて、脳病院に入った彼の人生について、「あのひとのお父さんが悪いのですよ」、「神様みたいないい子でした」と語るのであった。

　波乱万丈の人生であったが、最初期は「いい子」であったとするところに、人生に救いを求める作者の姿勢がうかがえる。

<文学史　38.　無頼派>

　第二次世界大戦直後に出現した反権威、反道徳的言動を示す作家群を無頼派、または新戯作派といい、**太宰治**、**坂口安吾**、**石川淳**[13]、**織田作之助**[14]、**檀一雄**らを指す。
　坂口安吾は1931年発表の『風博士』と『黒谷村』で宇野浩二らに賞賛され文壇に出たが、戦前は小説よりも『日本文化私観』などの随筆で注目された。戦後の混乱期に随筆『堕落論』と小説『白痴』（共に1946年）を発表し人気作家となる。『堕落論』

■ 日本文学史

は堕落の肯定と救済を説いた。

『白痴』は伊沢という男性が白痴の女性と同居することになり、アメリカ軍の空爆から共に逃れて走るという筋書である。

両作品は、戦争による喪失感や絶望にあえぐ日本人の心境に適合し、広く読まれた。坂口安吾は戦後を代表する作家であったが、のちに催眠剤や覚醒剤[15]を服用して中毒や錯乱状態を呈した。

> ■『堕落論』■
> 戦争に負けたから堕ちるのではないのだ。人間だから堕ちるのであり、生きているから堕ちるだけだ。（中略）堕ちる道を堕ちきることによって、自分自身を発見し、救わなければならない。政治による救いなどは上皮だけの愚にもつかない物である。

石川淳は『普賢』（1936年）で芥川賞を取り、小説ばかりでなく評伝や随筆も書いた。戦後に『黄金伝説』、『焼跡のイエス』、『処女懐胎』などを発表し無頼派作家となる。

織田作之助は『**夫婦善哉**』（1940年）で文壇に出て、戦後は混乱した世相を描く『アド・バルーン』、『世相』、『競馬』などの短編を発表し、流行作家になった。評論『**可能性の文学**』（1946年）では志賀直哉の私小説が文壇の主流となり、日本文学の発展が阻害されていると非難し、更に志賀直哉を称賛した小林秀雄にもその責任の一端があると主張する。大いなる野心を抱いていたが、結核で1947年1月に死去した。

太宰治は織田作之助と二度しか会っていなかったが、その印象は強く、『織田君の死』という随筆で彼を「死ぬ気でものを書きとばしている男」と評している。また、坂口安吾は太宰治の死に際し、「芸道に於ては、常時に於てその魂は闘い、戦争と共にするものである」と述べた。

これらの言葉は無頼派の姿勢を象徴的に語っていると言えよう。

【コラム　ＧＨＱの占領政策】

1945年8月28日、連合国軍最高司令官マッカーサーが日本を訪れ、「非軍事化」と「民主化」を目標に占領政策を行った。非軍事化政策では、特高警察の解体、治安維持法の廃止、政治犯の釈放、公職追放などを実行した。共産党幹部が釈放されたことで労働運動や社会運動が盛り上がりを見せた。民主化政策では日本国憲法の制定、農地改革の実施、労働組合の育成、農地改革、財閥解体、学校教育法の制定などを行った。

● **財閥解体**　財閥が日本の侵略戦争の経済的基盤であったとみなし、これを解体することで非軍事化が促進されるという考えのもとに、三井、三菱などが全資産を処分されるなどした。

● **農地改革**　農地改革は地主制の解体を目的に行われ、農地の所有権を地主から小作人に譲渡させた。このことで農業生産力が発展し、戦後の食糧難が解決

されることも期待された。太宰治の実家は農地改革で農地を失い、没落していったのである。

課題研究

1．太宰治の四度の自殺未遂は何を意味しますか。
2．太宰治にとって芥川賞はどんな意義がありますか。
3．結婚前と結婚後の作品の変化について述べなさい。
4．戦時下、太宰治はどんな作品を書きましたか。
5．無頼派の特徴を述べなさい。

注 釈

1. 義太夫は浄瑠璃の一派。
2. 5年前に小林秀雄も東大フランス文学科に入った。
3. 檀一雄（1912〜1976）は小説家。佐藤春夫に師事した。
4. 元々はドイツロマン主義文学のノバーリスの作品名であり、「青い花」という言葉は詩の精神と愛を象徴した。
5. 川端康成は『文芸通信』11月号で選考経緯を明確にし、太宰治の誤解を解き、自分の発言を暴言として詫びた。
6. 亀井勝一郎（1907〜1966）は『日本浪漫派』を創刊し、廃刊後に『文学界』に参加した。
7. 田中英光（1913〜1949）はオリンピック（1932年）にボート選手として出場。太宰治の墓の前で自殺した。
8. 『細雪』は谷崎潤一郎の作品。美貌の四姉妹の生活と運命を描く。
9. 1950年代、朝鮮戦争の特需景気で、会社の経費で料亭やバーで遊興するサラリーマンが出現した。彼らを「社用族（しゃようぞく）」と読んだ。「斜陽族（しゃようぞく）」の同音から作られた造語である。
10. 自殺しようとして4回も未遂に終わるのは不自然であろう。最初から「自殺未遂」自体を目的にして、自殺ごっこのような感覚で臨んでいたと思われる。
11. 戦後の主な創作場所は、家とは別に借りた仕事部屋、旅館、山崎富栄の下宿先であった。
12. 坂口安吾（1906〜1955）は無頼派の代表作家、脳出血で死去。
13. 石川淳（1899〜1987）は安部公房の師匠でもある。
14. 織田作之助（1913〜1947）は結核で死去。
15. 服用した覚醒剤はヒロポン（商品名）。坂口安吾が服用していた頃は、疲労感や眠気をなくす薬として販売されていて、違法行為ではなかった。1951年に覚せい剤取締法が制定され、使用・所持が禁止された。

■ 日本文学史

第49章 中島敦

■ 生没年：1909～1942　■ 小説家

キーワード：漢学者の家系、中国古典、原爆文学

<作者>

中島敦(なかじまあつし)は1909年5月5日、東京に生まれた。漢文学者の家系に生まれ、中国古典の教養をもとに『山月記』（1941年）、『李陵』（1943年）などを著した。作品が文壇に認められ、パラオ南洋庁の職を辞して創作に専念しようとした矢先、持病の喘息で夭折した。

■ 中島敦年表 ■

1909年（明治42年）　誕生
1930年（昭和5年）　東大入学
1933年（昭和8年）　東大卒業、高等女学校教諭
1936年（昭和11年）　深田久弥を訪れる。『狼疾記』脱稿
1941年（昭和16年）　高等女学校を休職。『山月記』脱稿。南洋庁勤務
1942年（昭和17年）　『光と風と夢』『南島譚』刊行。死去
1943年（昭和18年）　遺稿『弟子』、『李陵』が文芸誌に掲載される

<生い立ちと文学>

父方の祖父は漢学者、父は中学校の漢文教師であった。1歳のとき両親が離婚し、父方の祖父母に6才まで育てられた。父はそのあと再婚するが、妻がまもなくして死去したので、翌年ふたたび再婚した。二の三番目の妻は、三つ子の弟妹を生んだが、みんな幼児期に死去した。

中島敦は第一高等学校に入学し、校内の『校友会雑誌』に『下田の女』を発表した。20歳で文芸部委員になり、『校友会雑誌』の編集に参加したり、**吉田精一**[1]らと同人誌『しむぽしおん』を創刊したりした。在学中に肋膜炎にかかり、喘息の発作が出るようになって、健康に不安の影を落とした。

1930年、21歳で東大国文学科に入ると、耽美主義に興味を示して、永井荷風、谷崎潤一郎の作品を濫読した。卒業論文は『耽美派の研究』であった。1933年、大学院に進み、森鷗外を研究すると同時に、横浜高等女学校の教師として国語と英語を教え、また独自に英文学と中国文学の研究も進めた。大学院は1934年3月で中退した。表49-1に中島敦の学歴、職歴を示す。

● 喘息と人生

中島敦は1932年、23歳の時に橋本たかと結婚し、同年秋に朝日新聞社の入社試験を受けるが、身体検査で不合格となった。

表49-1　学歴と職歴

1933～1934年	東京大学大学院の学生
1933～1941年	横浜高等女学校教師
1941～1942年	南洋庁勤務

1937年1月に長女が生まれるが3日目に死んでしまった。こうした辛さをまぎらわせるためか、同年の暮れに和歌500首を作り、『和歌でない歌』として発表した。

また、一人将棋、草花つくり、相撲、天文学、音楽、アッシリア、古代エジプトの歴史など様々なものに興味を持った。アッシリアの研究は、文字の精霊の寓話である『文字禍』[2]（1942年）に結晶した。

小説の創作の面では懸賞小説に応募した『虎狩』（1934年）が選外佳作になった。1936年に『文学界』同人の**深田久弥**[3]を知り、文壇への糸口をつかんだ。1941年、横浜高等女学校を休職し、同年に南洋庁[4]内務部地方課勤務となり、パラオ島の赴任がきまった。その直前に、中島敦は『山月記』（1942年）などの原稿を持って頻繁に深田久弥を訪れた。その甲斐があって、1942年2月、『文学界』誌上に『山月記』と『文字禍』が『古譚』という題で掲載された、7月には第一作品集『光と風と夢』が刊行され、芥川賞候補となった。作家としての一歩を進めたが、喘息が酷くなり、8月に南洋庁を辞職した。南洋庁での経験は『環礁―ミクロネシヤ巡島記抄―』、『南島譚』にまとめられた。

11月、第二作品集『南島譚』を刊行し、12月4日に死去した。33歳であった。遺稿は『李陵』と『弟子』などである。『李陵』は中島敦が題名を付けていなかったため、深田久弥が代わりに命名した。当作品は上海の出版社も1944年8月に中国語訳で出版している。1949年に友人らの尽力で、『中島敦全集第三巻』が出版された。

● **中国古典文学の影響**

漢学に精通していた祖父と父の影響で中島敦の文学的風土が形成された。『西遊記』に取材した『悟浄歎異』、孔子と弟子の関係を描く『弟子』、漢の時代の李陵を中心に司馬遷、蘇武を描く『李陵』の他、古代中国を舞台にした『名人伝』、『盈虚』、『牛人』がある。

『かめれおん日記』は博物教師が学生からカメレオンをもらったのを機に、身体や同僚教師への思索を深めていく物語である。冒頭に韓非子の「蟲有虺者。一身兩口、爭相齕也。遂相食、因自殺」が引用されている。

『狼疾記』はカフカ[5]やスピノザ[6]など作家や思想家を取り上げ、主人公が思索する小説である。冒頭には孟子の「養其一指、而失其肩背、而不知也、則為狼疾人也」という言葉が置かれている。

中国文学以外では南洋庁勤務の経験が作品に反映されている他に、和歌への関心も示される。『かめれおん日記』には和歌が挿入されている。

<作品>

● **『山月記』**

『山月記』は中国唐の伝奇小説『人虎伝』に創造を加えて成った作品である。漢文訓読体を交えた格調高い文章で主人公の人生への後悔や絶望を描く。中学や高校の国

語教科書によく採用されるため中島敦の作品の中では最も有名である。あらすじは以下の通りである。

　官吏の李徴は詩人になることを夢見て退官し、詩作に励んでいたが、文名は容易には揚がらず、生活も苦しくなる一方であった。妻子の衣食の問題もあり、李徴は半ば詩人を断念して地方官吏の職に就いた。低い身分のため、取るに足りない人物に付き随わなければならない。自尊心が傷つけられた李徴は気が狂い、叫びながらどこかへ走っていった。それ以来、行方不明となった。

　翌年、官吏の袁傪が勅命を奉じて外地に赴いたとき、人喰い虎が現れた。しかし虎はすぐに草藪の中に隠れて、「危なかった」と呟いた。袁傪はその声を聞いて、李徴ではないか、と問う。

　李徴は草藪に隠れたまま、自分が虎になってしまった経緯を告白した。1年ほど前のある夜、闇から自分を呼ぶ声が聞こえて、その方角へ走ると、みるみる力が湧いてきて、毛が生えて、気づけば虎の体に変身していたという。当初は兎を見ると喰らいつき、人間の心に返って罪悪感に苦しんだが、時とともに人間の心も失われていった。

　李徴は完全に虎になってしまう前に、自作の詩を後代に伝えたいと願い、袁傪に筆録を依頼した。袁傪はその詩を聞きながら、一流ではあるが、まだ何かが欠けていると感じた。李徴は詩を詠み終わってから、次のように言った。

　尊大な自尊心は猛獣の虎であり、これが自分の姿を変えたのだと李徴は嘆いた。李徴は袁傪が草地を離れて丘の上まで行ったところで、草叢から姿を出し、咆哮した。袁傪が自分の恐ろしい姿を見ればもう二度とここを訪れず、自分が彼を襲ってしまうことも避けられると考えたからである。それは李徴の人間としての最後の良心であった。

●「鏡花氏の文章」

　これは大学院時代の1933年に書いた評論文である。泉鏡花は「言葉の魔術師。感情装飾の幻術者」であり、エドガー・アラン・ポーの神秘性とホフマンの情趣性を超えていると絶賛する。夏目漱石

> ■『山月記』■
> 　お笑い草ついでに、今の懐を即席の詩に述べて見ようか。この虎の中に、まだ、曾ての李徴が生きているしるしに。
> 　袁傪は又下吏に命じてこれを書きとらせた。その詩に言う。
> 　偶因狂疾成殊類　災患相仍不可逃
> 　今日爪牙誰敢敵　当時声跡共相高
> 　我為異物蓬茅下　君已乗軺気勢豪
> 　此夕渓山対明月　不成長嘯但成嘷
> （中略）人間であった時、己は努めて人との交わりを避けた。人々は己を倨傲だ、尊大だといった。実は、それが殆ど羞恥心に近いものであることを、人々は知らなかった。勿論、曾ての郷党の鬼才といわれた自分に、自尊心が無かったとは云わない。しかし、それは臆病な自尊心とでもいうべきものであった。己は詩によって名を成そうと思いながら、進んで師に就いたり、求めて詩友と交って切磋琢磨に努めたりすることをしなかった。かといって、又、己は俗物の間に伍することも潔しとしなかった。共に、我が臆病な自尊心と、尊大な羞恥心との所為である。

> ■ 泉鏡花『隣の糸』■
> 凩刻んで夜の壁に描き得た我が霊妙なる壁画を瞬く間に擾して、越後獅子の譜の影は蠅になって舞踏する。蚯蚓も輪に刎ね蚰蜒は反って踊る。

の『倫敦塔』、『幻影の盾』、『虞美人草』などを読んでいる間は、これが作り物であることを認識できるが、泉鏡花の作品は夢と現実との境がなくなってしまい、優れて眩惑的である。ただし鏡花世界に到達するには晦渋な文章表現を乗り越えなければならないとする。

中島敦は、泉鏡花の文章表現は新感覚派に通じているが、相違点もあると述べる。新感覚派は感覚の表現方法の新しさを求めた結果として奇抜なる文章を書き、泉鏡花は純粋に自分の感覚に忠実に従って文章を書いている。読者の目には新奇に映る表現でも、泉鏡花自身にとってそれは他に書きようがない、唯一無二の表現なのである。気まぐれや思いつきの文章ではないからこそ彼の文学は長きに渡って読者に愛されているのである、と結論づけている。

中島敦は泉鏡花の幻想的、神秘的な世界に魅了され、文字の精霊の『文字禍』、詩人が虎になる『山月記』などを著したのであろう。和歌にもその影響が見られる。しかし晩年には、『李陵』の如き歴史的事実に基づいた硬質な作品を書いている。森鴎外が浪漫主義から始まって晩年に歴史小説、史伝へと傾倒していった文学的変遷を、中島敦も辿ったような印象を受ける。

●『和歌でない和歌』

中島敦の和歌は五七五七七の形式を取っているが、詠まれている内容は伝統から大きく外れている。右はそのことを詠んだ歌である。「人麿」と「憶良」は、それぞれ『万葉集』の代表歌人の「柿本人麻呂」と「山上憶良」を指している。

『和歌でない和歌』では、いくつかのタイトルのもとに和歌が分類されている。「遍歴」というタイトルでは、海外の文学者や芸術家の名前を取りだして、それにまつわる話を構成している。

フロイド[7]は精神分析学の創始者である。阮籍は中国三国時代の思想家で、俗人を白眼視した故事がある。

「憐れみ讃ふるの歌」のタイトルには、地球や文明など壮大な言葉が詠み込まれる。

喘息への心情を明白に述べた歌は一首のみである。作家によっては自分の悲惨な状況を積極的に題材にして作品を作ろうとするが、その点、中島敦は文学の虚構性を重視したのであろう。

■ 和歌 ■
我が歌はをかしき歌ぞ人麿も憶良もいまだ得詠まぬ歌ぞ

■「遍歴」より5首 ■
ある時はラムボーと共にアラビヤの熱き砂漠に果てなむ心
ある時はバルザックの如コーヒーを飲みて猛然と書きたき心
ある時はフロイドに行きもろ人の怪しき心理さぐらむとする
ある時は李白の如く酔ひ酔ひて歌ひて世をば終らむと思ふ
ある時は阮籍がごと白眼に人を睨みて琴を弾ぜむ

■「憐れみ讃ふるの歌」より2首 ■
この地球の人類の文化の明るさよ背後の闇に浮出て美し
みづからの運命知りつゝなほ高く上らむとする人間よ切なし

■ 喘息の和歌 ■
わが歌はわが胸の邊の喘鳴をわれと聞きつゝよみにける歌

■ 日本文学史

● 『河馬』

　『河馬』は動物を主題にした和歌集である。「河馬の歌」、「狸」、「黒豹」、「眠り獅子の歌」、「山椒魚」、「駝鳥」、「仔山羊の歌」などに分かれ、一つのタイトルにつき平均して5首ほどの短歌が集められている。

> ■『河馬』より2首■
> 何時見ても眠るよりほかにすべもなきライオンの身を憐れみにけり
> 大島も黒雲がくり隠れけり仔山羊は何を見らむとすらむ

　『和歌でない和歌』も『河馬』も当時の歌壇には見られない作風であり、中島敦の独創性が発揮されている。耽美主義の他にデカダンスのような退廃的ムードも感受される。度重なる身内の死や喘息を抱えた身体で、自ずと滅亡に意識が向いたのであろう。

＜文学史　39．小説の変遷6（戦時中～戦後まもなく）＞

● 戦時下の文学

　20世紀30年代以降、戦争文学が流行した。文学者が兵士として戦争に参加し書いた小説と、文学者が従軍記者として戦地に赴いて書いた小説に大別される。前者の代表は**火野葦平**であり、『麦と兵隊』、『土と兵隊』、『花と兵隊』（すべて1938年）の兵隊三部作はベストセラーになった。兵士の感情や理性をリアルに描き、月、赤い夕日、麦畑など広大な大自然もしっかりと描写している。両者の対比から、自然の中における人間の無力感やはかなさを主張している。火野葦平は参戦前、労働組合や北九州プロレタリア芸術連盟を結成して活動していたが、逮捕されて転向した。戦争に応召される前に書いた『糞尿譚』（1937年）が翌年に芥川賞を受賞して、文芸春秋社の特派員として戦地に派遣された小林秀雄から賞を受け取った。火野葦兵は下士官に過ぎなかったが、この受賞で報道班に入れられ、第一作『麦と兵隊』を書くことになった。前書でも「これは従軍中の日記を整理したものに過ぎず、小説ではない」という旨を記している。第一作には作品の中に悪の意識があったが、第三作目の『花と兵隊』は戦争に肯定的である。その原因として、磯貝英夫は1974年の「政治と文学」というシンポジウムの中で、「『麦と兵隊』が売れて大衆作家になったから、大衆を喜ばせようという意識が働いた」ことと、「軍人から無理に書かせられた」ことの二つの可能性を指摘している[8]。

　火野葦平と対照的なのが**石川達三**である。従軍記者として一か月足らず中国大陸に滞在し、帰国後に『**生きてゐる兵隊**』（1938年）で日本の侵略戦争の悪を暴き、残酷な戦地を描写した。編集部が政府の検閲を考慮して危険な表現を伏字にしたが、発禁処分を受け、石川達三は有罪となった。

　毎日新聞社から派遣された林芙美子は『戦線』で、兵士への敬愛、男の偉さ、戦場では食糧が不足し食欲が湧くことなどが書かれた。他に丹羽文雄『海戦』、徳永直『先遣隊』などがある。

一部の文学者は戦争という国策を高揚するために作品を書くことを余儀なくされ、また一部の文学者は自ら進んで国情に適合する作品を書いた。これらの文学を総称して**国策文学**という。国策に沿わず、自己の文学性を貫いた作家もいた。谷崎潤一郎は『細雪』が発売禁止を受けてもなお細々と書き続け、永井荷風も発表の当てもなく『踊子』を書いていた。中島敦も戦争とは無関係に、自分の興味のままに、古代中国などに取材した小説を書いた。ただし中島敦は生前は無名の作家であった。人気作家が発表の場を奪われて憤懣を抑えつつ細々と書くのと、無名作家が好きなものを書くのとでは、根本的に異なり、同列に論じることはできない。

● **終戦直後の文学**

1945年8月、戦争が終わって、GHQが日本の民主化に乗り出した。大衆から支持を得ていた火野葦平は一転して戦争責任を問われ、かつての部隊の部下からも兵隊三部作を非難された[9]。

戦後いち早く動きを見せた文学一派は「新日本文学会」であった。1945年12月30日に民主主義文学の普及を目指して結成された。発起人は秋多雨雀、江口渙、蔵原惟人、窪川鶴次郎、壺井繁治、徳永直、中野重治、藤森成吉、宮本百合子の9名であり、いずれも元プロレタリア文学運動の文学者である。翌年3月に機関紙『新日本文学』が創刊され、6月号で戦争責任者として25名の文学者を指名した。河上徹太郎、小林秀雄、亀井勝一郎、佐藤春夫、武者小路実篤、尾崎士郎らであった。しかし発起人の中にも藤森成吉や徳永直など検挙されて転向し戦争賛美の作品を書いた者もいたので、その指弾は道理に欠けていたと言える。更に新日本文学会はただの民間の文学結社に過ぎず、戦争責任者として指名した作家たちを文壇から追放する権限など有していなかった。事実、河上徹太郎や小林秀雄などは戦後も堂々と文筆活動を行っていた。

新日本文学会の言説は、被弾圧的立場にいた人間の怒りや悲哀を戦後の**解放感**の中で一度に発散しようとした感があり、感情的、衝動的、短絡的であったと言えよう。その後、新日本文学会は内紛や分裂を起こし、1950年に藤森成吉、徳永直らが『人民文学』を創刊した。

平野謙らが創刊した『近代文学』は政治からの文学の独立を主張し、新日本文学会と対立した。文学の水準は『近代文学』のほうが上であり、多くの有力な作家を**輩**出し、戦後派を形成した。

▰▰▰▰▰▰▰▰▰▰▰▰▰▰▰▰▰▰▰▰
■『原爆詩集』冒頭文と序文■

一九四五年八月六日、広島に、九日、長崎に投下された原子爆弾によって命を奪われた人、また現在にいたるまで死の恐怖と苦痛にさいなまれつつある人、そして生きている限り憂悶と悲しみを消すよしもない人、さらに全世界の原子爆弾を憎悪する人々に捧ぐ。
　序
ちちをかえせ　ははをかえせ
としよりをかえせ
こどもをかえせ

わたしをかえせ　わたしにつながる
にんげんをかえせ

にんげんの　にんげんのよのあるかぎり
くずれぬへいわを
へいわをかえせ
▰▰▰▰▰▰▰▰▰▰▰▰▰▰▰▰▰▰▰▰

■ 日本文学史

● 原爆文学

　アメリカ軍の原爆投下による数々の悲惨な出来事を題材にして原爆文学が生まれた。戦争文学は世界各国にあるが、原爆文学は唯一の被爆国である日本にのみ存在する。

　被爆体験を持つ作家では、**原民喜**[10]（はらたみき）の『夏の花』（1947年）、『廃墟から』（同年）、**峠三吉**（とうげさんきち）の『**原爆詩集**』（1952年）、大田洋子（おおたようこ）の『屍の街』（1948年）、林京子（はやしきょうこ）『祭りの場』（1975年）などがある。

　被爆体験を持たない作家では、井伏鱒二の『黒い雨』（1965、1966年）、佐多稲子『樹影』（1972年）、福永武彦の『死の島』（1971年）などがある。大江健三郎の『ヒロシマ・ノート』（1965年）は広島のルポタージュであり、井上ひさしの『父と暮せば』は原爆投下後の広島を舞台にした二人芝居である。1994年に初演されてから現在まで繰り返し上演され、中国香港やモスクワなど海外公演もされている。

　前ページに峠三吉の『原爆詩集』の冒頭部分を挙げる。

● 戦後の文壇

　戦後の文壇を1945年から1955年の10年に限って俯瞰する（表49-2）。主な文学流派は、まず第一次戦後派、第二次戦後派、新日本文学会、原爆文学が挙げられる。次に老大家の復活がある。志賀直哉、永井荷風、谷崎潤一郎、正宗白鳥、武者小路実篤、川端康成らが小説を発表し始めた。戦後派の後に出た第三の新人と、戦時中から活動していた無頼派も加えることができる。ただし無頼派作家は相次いで死去し、存続の期間は短い。

表49-2　戦後の文壇 1945～1955年

文学流派	代表作家
無頼派	太宰治、坂口安吾
新日本文学会	宮本百合子、徳永直
第一次戦後派	野間宏、梅崎春生
第二次戦後派	安部公房、大岡昇平
原爆文学	原民喜、峠三吉
老大家	川端康成、谷崎潤一郎
第三の新人	安岡章太郎、遠藤周作

◆　◆　◆

【コラム　朝鮮戦争の影響】

　1950年6月、朝鮮戦争が勃発した。米軍は韓国を支援した。日本は米軍の補給基地となり、特需景気をもたらした。兵器、石炭、麻袋、自動車部品、綿布などの物資、建物の修理、自動車修理、電信・電話、機械修理がなどのサービスが買われ、利益を得た。この朝鮮特需が1960年代の高度経済成長の礎石となった。

　GHQは米軍が朝鮮半島に派遣され、日本国内の警備が手薄になることを問題視して、警察予備隊の創設を日本に命令した。約75000人の警察予備隊は、1952年に保安隊に改編され、1954年に自衛隊になった。自衛隊は憲法9条に反しているとして反対する人もいる。大江健三郎はその一人である。

課題研究

1. 中島敦の読書傾向は中島文学にどのような影響を与えましたか。
2. 中島敦の小説の特徴を述べなさい。
3. 中島敦の和歌の特徴を述べなさい。
4. 国策文学について説明しなさい。
5. 原爆文学について説明しなさい。

注　釈

1. 吉田精一（1908～1984）は国文学者、東大教授。
2. ペンクラブ会長の阿刀田高が短編小説の傑作の一つとして本作品を挙げている（阿刀田．2006）。
3. 深田久弥（1903～1971）は第9、10次『新思潮』、『文学界』に参加した。『あすなろう』（1932年）で文壇での地位を固めた。
4. ベルサイユ条約により、ドイツ領の南洋群島が日本の委任統治領となった。それに伴い、日本はパラオ諸島に行政官庁を置いた。これが南洋庁である。喘息が悪化していた中島は、暖かい地域への転地療養を必要とし、南洋予勤務を選んだ。仕事内容は現地の小学校の国語編集書記であった。
5. カフカ（1883～1924）はKafka, Franz。ユダヤ系ドイツ語作家。代表作『変身』（1915年）。
6. スピノザ（1632～1677）はSpinoza, Baruch de。オランダの哲学者。
7. 通常は「フロイト」と言う。
8. シンポジウム日本文学18：政治と文学．学生社．1976：214．
9. 火野葦平はもともと左翼的であったが、日本に弾圧されて転向し、戦後に指弾された。この経緯を考えれば、時代の流れに翻弄された作家であると言える。
10. 原民喜（1905～1951）は同人詩誌『歴程』に参加した。当時、『夏の花』など原爆の悲惨さを訴える作品はＧＨＱによる過酷な検閲で公表するのが困難であった。

■ 日本文学史

第50章 小林秀雄

■ 生没年：1902～1983　■ 評論家

キーワード：近代批評の確立、戦後の評論、第三の新人

<作者>

小林秀雄(こばやしひでお)は1902年4月11日、東京に生まれた。評論『様々なる意匠』（1929年）で文壇に出た。川端康成らと『文学界』を創刊し、文芸評論を発表した。太平洋戦争の頃、音楽や美術、歴史に没頭し、批評対象を拡大した。批評を文学の一ジャンルに成長させた功績は巨大である。

■ 小林秀雄年表 ■

1902年	（明治35年）	誕生
1924年	（大正13年）	『山繭』創刊
1925年	（大正14年）	東大入学
1929年	（昭和4年）	『様々なる意匠』
1933年	（昭和8年）	『文学界』創刊
1946年	（昭和21年）	明治大学辞任
1948年	（昭和23年）	創元社取締役
1967年	（昭和42年）	文化勲章受章
1978年	（昭和53年）	『本居宣長』
1983年	（昭和58年）	没

<生い立ちと文学>

● 中学、高校

小林秀雄は中学のとき河上徹太郎[1]と出会い、一緒に野球をした。そのほか、小説やマンドリンにも熱中していたので、成績はあまり良くなかった。当時から志賀直哉を私淑し、のちに『志賀直哉』（1929年）を書くことになる。

1921年、第一高等学校入学の直前に父が死去し、やがて母も喀血して、小林秀雄自身も盲腸を病んだ。関東大震災を経て1924年、永井龍男らと同人誌『青銅時代』に参加して小説『一ツの脳髄』、『飴』、『断片十二』を発表する。同年に『青銅時代』を脱退し、永井龍男、富永太郎[2]、河上徹太郎らと『山繭』(やままゆ)を創刊した。この頃にフランスの詩人ランボー[3]に深く影響された。

● 大学

1925年東京大学フランス文学科に入学した。小林秀雄は中原中也と交友を深めるが、中原中也が同棲していた長谷川泰子(はせがわやすこ)と逢引した。駆け落ちする予定だったが、約束の時間に長谷川泰子が来なかったため、絶望して自殺を考え、単身で大島(おおしま)[4]に向かった。結局自殺を思いとどまって帰京し、盲腸を病んで手術を受けた。退院後、長谷川泰子は中原中也のもとを去り、2人は同棲を始めるのであった。

小林秀雄は彼女の潔癖症に悩まされ続けたが、この間に多くの批評文を書いた。『佐

藤春夫のヂレンマ』（1926年）、『志賀直哉の独創性』、『アルチュル・ランボオ伝』、『芥川龍之介の美神と宿命』、『「悪の華」一面』（いずれも1927年）などである。

● **文芸批評家へ**

1928年東大を卒業し、長谷川泰子と別れ、志賀直哉の家に出入りするようになる。翌年、評論『様々なる意匠』で懸賞評論二席に入選[5]し、文壇デビューを果たした。それ以降、表50-1の示す批評を精力的に発表していく。小林秀雄は文壇の「写実主義」や「象徴主義」を意匠とみなし、作家はそれらの言葉に盲目的に支配されるのではなく、言葉の持つ論理構造に自覚的になるべきだとした。

文芸批評の理論と方法については、批評が文学の一つである以上、は論理を展開しつつ何らかの感動を含有しなければいけないと考える。ここには小説家を志望しながらも文芸評論家になった小林秀雄の経歴が大きく関わっている。この後、活発な文芸批評を展開するが、小説は捨てたわけではなく、『からくり』（1930年）、『眠られぬ夜』（1931年）、『Xへの手紙』（1932年）などを書いている。しかし、文芸批評の水準は小説よりも遙かに高く、小林秀雄は否応なく批評の中枢的存在になっていく。小説は『Xへの手紙』が最後になった。

表50-1　文壇登場以後の主な批評

1929年	『志賀直哉』
1930年	『新興芸術派運動』、『横光利一』、『批評家失格Ⅰ』
1931年	『批評家失格Ⅱ』、『井伏鱒二の作品について』、『心理小説』、『文芸批評の科学性に関する論争』、『谷崎潤一郎』、『フランス文学とわが国の新文学』
1932年	『正宗白鳥』、『堀辰雄の「聖家族」』、『現代文学の不安』

1932年、明治大学に文芸科が創設されると講師に就任し、文学概論を担当し、戦後そこを辞すまでドストエフスキーと日本の歴史を講じた。1933年、プロレタリア文学退潮後の文芸復興を目指して、川端康成、広津和郎、林房雄、武田鱗太郎らと『文学界』を創刊した。

『文学界』は創作のほか批評にも紙面を割いた文芸誌であり、小林秀雄の『ドストエフスキイの生活』、中村光夫[6]の『二葉亭四迷論』、舟橋聖一[7]の『岩野泡鳴伝』などを載せた。『文学界』は戦後、商業文芸誌になり現在に至っている。

● **戦時下の評論活動**

1940年、菊池寛は日本政府の方針に沿う形で、国民の翼賛精神を高めるために文芸家が全国各地を遊説する文芸銃後運動を提案した。小林秀雄もこれに参加して言論活動をし、日本文芸報国会が発足すると評論随筆部会常任

■『モオツァルト』■

tristess allante[9]——モオツァルトの主題を形容しようとして、かういふ互に矛盾する二重の観念を同時に思ひ浮べるのは、極めて自然な様に思はれる。或るものは残酷な優しさであり、あるものは真面目臭った諧謔である、といふ風なものだ。ベエトオヴェンは、好んで、対立する観念を現す二つの主題を選び、作品構成の上で、強烈な力感を表現したが、その点ではモオツァルトの力学は、遙かに自然であり、その故に隠れてゐると言へよう。一つの主題自身が、まさに破れんとする平衡の上に慄へてゐる。

表50-2　芸術・歴史に関する評論

1941年	『歴史と文学』
1942年	『平家物語』、『徒然草』、『バッハ』、『西行』
1943年	『実朝』、『梅原龍三郎[8]』

幹事に就任した。やがて戦争と政治から離れ、自己の世界に沈潜して、陶器・土器・仏画などの古美術、音楽、歴史に傾倒した。表50-2は、小林秀雄が戦時中に発表した芸術と歴史に関する主な評論を挙げたものである。

● 戦後

戦後は『モオツァルト』（1946〜1947年）、『ゴッホの手紙』（1948〜1952年）を連載し、ヨーロッパ各地を回って『近代絵画』（1954〜1958年）を書いた。『本居宣長』（1965〜1978年）は日本文学の伝統を考察した大作である。

役職については、1946年明治大学教授の職を辞し、1948年出版社の創元社の取締役に就任、1961年に辞任している。

1983年3月1日腎不全で死去したが、小林秀雄が確立した文芸批評という分野は今も日本の文壇で一つの地位を占めている。文芸作品に依拠していた批評文は自立しそれ自体に十分な実感とイメージを持つに至ったのである。

<作品>

『モオツァルト』から抜粋する。文学批評で見せた鋭い感覚を音楽でも発揮している。

『志賀直哉』は、志賀直哉への敬愛が執筆動機になっているという。志賀文学を緻密な論理と文学的表現で論述する。

前半部分は、芸術と生活が一体となった所に文学が生まれるゆえに、志賀直哉の文体は直接的に読者に伝わる、と論じている。冒頭の文にはレトリックが使われている。「思索する人でもない、感覚する人でもない」というふうに「〜でもない」の否定を二つ置き、志賀氏が「行動の人である」ことを強調している。

後半に出てくる「蛇」と「雷鳥」の野生動物は、「直接」ということの感覚を実感するのに好適な直喩であり、「水の上に拡る波紋」も具体性を帯びた映像的な隠喩である。

小林秀雄の文章はレトリックを駆使して緻密な論理を展開していき、なおかつ小説で見られるような文学的な美しさも備えている。

■『志賀直哉』■

志賀氏は思索する人でもない、感覚する人でもない、何を置いても行動の人である。氏の魂は実行家の魂である。氏の有するあらゆる能力は実生活から離れて何んの意味も持つ事が出来ない。志賀氏にあっては、制作する事は、実生活の一部として、実生活中に没入するのは当然な事である。芸術は実生活の分裂によつて現れる事なく、実生活の要約として現れるのは当然な事である。（中略）

氏の印象はまことに直接だ。笛の音に鎌首を擡げる蛇の様に、冬の襲来と共に白変する雷鳥の翼の様に直接だ。この印象の直接性は、或る印象の表現するに如何なる言葉を選ぼうとするかといふためらひを許さない。水の上に拡る波紋は、拡り了らない内に捕へられて了ふ。氏の文体の魅力は、これを貫くすばらしい肉感にあるのである。

<文学史 40. 評壇の変遷（戦前～戦後）>

戦前の評壇は小林秀雄と『文学界』の存在によって活性化し、戦後は表現の自由を得てより多くの評論家が登場した。表50-3にその全景を提示する。

● **戦前・戦後を通して活躍した評論家**

千葉亀雄[10]は雑誌記者、新聞記者であり、文芸批評を行って大正時代の文学運動を進めた。1924年に『新感覚派の誕生』と題する文章で『文芸時代』創刊号を批評し、「**新感覚派**」という用語を作った。

中国文学者の**竹内好**は戦前は『魯迅』（1944年）を、戦後は『現代中国論』、『国民文学論』などを発表した。中国文学との比較から、日本文化と近代化を批判した。「中国の会」を発足し、雑誌『中国』を創刊した。晩年に『魯迅全集』の翻訳を行った。

坂口安吾は小説家、評論家であり、『日本文化私観』（1943年）、『**堕落論**』（1946年）を発表した。

哲学者の**三木清**[11]は欧州に留学し、ハイデッガー[12]に師事して、『唯物史観と現代の意識』（1928年）、『**人生論ノート**』

表50-3 戦前・戦後の評壇

評論家	主著 / 用語
千葉亀雄	『新感覚派の誕生』/ 新感覚派
竹内好	『国民文学論』
坂口安吾	『堕落論』
三木清	『人生論ノート』
山本健吉	『古典と現代文学』/ 第三の新人
平野謙	『文藝時評（上・下）』/ 政治と文学論争
小田切秀雄	『文学概論』/ 内向の世代
中野好夫	『もはや戦後ではない』/ 同
桑原武夫	『第二芸術論』/ 同
吉本隆明	『共同幻想論』
江藤淳	『漱石とその時代』

（1938～1941年）、『読書と人生』（1942年）、『文学史方法論』（1946年）などを著し、思想界に大きな影響を与えた。

中村光夫は戦前に『二葉亭四迷論』を書き、戦後は日本の私小説と西欧のリアリズム小説の比較検討を深めて、『風俗小説論』（1950年）、『異邦人論』（1952年）を発表した。長編作家論である『谷崎潤一郎論』（1951～1952年）、『志賀直哉論』（1953年）、『佐藤春夫論』（1961～1962年）を著し、小説と戯曲の才能にも恵まれた。

唐木順三[13]は『現代日本文学序説』（1932年）などで認められ、近代日本人論である『鴎外の精神』（1943年）を発表した。戦後の評論には『中世の文学』（1955年）、『日本人の心の歴史』（1970年）などがある。

中島健蔵[14]はフランス文学の批評を行い、『懐疑と象徴』（1934年）を著した。戦後は『昭和時代』（1957年）、『現代文化論』（1966年）などを書き、日本比較文学会の創立、日中文化交流協会会長の就任と多岐に渡って活動した。

山本健吉[15]は『批評』を創刊し、評論文を発表して、『私小説作家論』（1943年）を刊行した。戦後は『純粋俳句』、『古典と現代文学』など俳句と古典文学の評論に業績を残した。また戦後派に次ぐ作家群を**第三の新人**と称した。

■ 日本文学史

● 戦後から活躍した評論家

　荒正人[16]は評論中心の文芸誌『近代文学』を創刊し、『第二の青春』（1946年）などを書いた。加藤周一、中野重治との論争や漱石研究もある。

　平野謙は文学の政治からの独立を主張して**政治と文学論争**を起こした。主著に『芸術と実生活』（1949年）、戦後の『文芸時評』上・下（1963、1969年）などがある。

　小田切秀雄[17]は戦前『万葉の伝統』（1941年）を発表した。戦後に『近代文学』の同人となり、政治と文学論争に反発して新日本文学の設立に参加した。『日本の近代文学』（1948年）、『民主主義文学論』（1948年）、『北村透谷論』（1970年）、『文学概論』（1972年）など多くの著作がある。1970年前後に登場した内向的文学主題を持つ作家を**内向の世代**と呼称し、論争を起こした。

　中村真一郎は加藤周一、福永武彦と『1946－文学的考察』で文筆活動を開始した。彼らは小説家としても活躍した。

　中野好夫[18]は『文学試論集』（1943年）、『蘆花徳富健次郎』（1972〜1974年）のほか、モーム[19]、シェイクスピアの翻訳を行った。護憲、反核、沖縄返還など社会問題にも積極的に関わった。1956年の朝鮮戦争による好況を背景に、評論**『もはや戦後ではない』**を書いた。この言葉は経済白書[20]にも取り上げられ流行語になった。

　桑原武夫[21]はフランス文学の研究者であるが、**『第二芸術――現代俳句について』**（1946年）では俳句が余技的であり、芸術ではなく、強いていうなら第二芸術であると論じた。更に『第二芸術論』（1952年）では俳句、短歌などの短詩型文学の結社性[22]、独立した作品としての未完結性を指摘した。俳壇、歌壇を揺さぶる発言であったが、西欧の文学理念をそのまま日本に当てはめた印象があり、一過性の言説に終わった。

　吉本隆明[23]は詩人から出発して評論『高村光太郎』（1957年）を書き、その後、文学者の戦争責任、古典文学、宗教論など広範な分野で批評活動を続けている。主著に『言語にとって美とは何か』（1965年）、国家の存在を考察する**『共同幻想論』**（1968年）がある。

　江藤淳[24]は大学在学中に『夏目漱石』（1956年）を発表し、『明暗』が本格的な近代小説であるとした。**『漱石とその時代』**は1970年から1999年まで断続的に発表された五部作である。『小林秀雄』（1961年）の研究もある。

　柄谷行人[25]は夏目漱石の批評から出発し、戦争や哲学、社会問題に対して積極的に発言している。著作に『漱石論集成』（1992年）、『世界史の構造』（2010年）などがある。

　加藤周一（1919〜2008）は東大医学部で血液学を専攻したが、文学活動も行った。フランスでの生活を通して日本文化を考察し、**『雑種文化』**（1956年）では「純粋種」のヨーロッパに対して、日本文化の「雑種性」を指摘した。堀辰雄の晩年の主治医を務めた。

　中村雄二郎（1925〜2017）は東大卒の哲学者で**『現代情念論』**（1963年）、『共通感覚論』（1979年）などがある。『述語集』（1984年）は哲学書でありながらベストセラーとなった。

大岡信（1931〜2017）は東大国文科卒。詩人、評論家として活動。『超現実と叙情』（1965年）は大岡の詩論、詩人観の集大成となっている。ほかに『紀貫之』（1971年）、『折々のうた』（1979年）などがある。

山崎正和（1934〜2020）は5歳から14歳まで中国東北部に住み、1948年に帰国。京都大学大学院修了。現代日本を代表する劇作家、評論家であり、『劇的なる精神』（1966）、『鴎外　戦う家長』（1972年）、『柔らかい個人主義の誕生』（1984年）、『社交する人間』（2003年）など著書多数。

> 【コラム　第五福竜丸】
>
> 　1954年3月1日、日本の漁船、第五福竜丸が操業中、ビキニ環礁におけるアメリカの水爆実験に遭い、放射性物質を含む灰を浴びて、船員23名全員が被爆した。数日後、頭痛、吐き気を催し、皮膚が赤黒く水ぶくれとなり、歯茎から血が滲み出るなどの放射線症状が出て、1人が死亡した。これを**ビキニ事件**という。
>
> 　アメリカの対応は、「アメリカに法的責任は無い」という無責任なものであった。賠償金ではなく見舞金として7億2000万円が支払われたが、漁業関係の被害総額24億7000万円を大幅に下回る金額であった。船員と漁業が大きな被害を受けたにも関わらず、日本政府はアメリカ政府に対して抗議もせず、沈黙するばかりであった。亡くなった船員の久保山愛吉は、遺言として、「原水爆の被害者は、私を最後にして欲しい」という言葉を残した。
>
> 　ビキニ事件を契機に原水爆禁止運動が広がり、1955年8月、広島で第1回原水爆禁止世界大会が行われた。

課題研究

1. 小林秀雄の功績は何ですか。
2. 『文学界』の特徴は何ですか。
3. 小林秀雄の戦時下の行動について要約しなさい。
4. 小林秀雄以降の評壇の動向についてまとめなさい。
5. 小林秀雄は志賀直哉をどのように評していますか。

注　釈

1. 河上徹太郎（1902〜1980）は評論家。近代批評を推進した。
2. 富永太郎（1901〜1925）は詩人。肺結核のため24才で夭折した。
3. ランボー（1854〜1891）は象徴派の代表的詩人。代表作『地獄の季節』。

■ 日本文学史

4. 大島は東京都、伊豆諸島の中で最大の島。
5. 一席は、宮本顕治の『敗北の文学』。
6. 中村光夫（1911～1988）は評論家、劇作家、小説家。
7. 舟橋聖一（1904～1976）は劇作を経て、徳田秋声の門に入り、小説を書いた。評論家としての活動は少ない。
8. 梅原龍三郎（1888～1986）は洋画家。フランスに留学し、ルノアールに師事した。
9. フランス語。「疾走する悲しみ」などの訳になる。
10. 千葉亀雄（1878～1935）は早稲田大学中退。
11. 三木清（1897～1945）は1945年政治犯として獄中に入れられ、劣悪な衛生環境が原因で発病し、終戦後1か月後に、死亡しているのが確認された。
12. ハイデッガー（1889～1976）はHeidegger, Martin。ドイツの哲学者。主著『存在と時間』。
13. 唐木順三（1904～1980）は西田幾多郎、三木清の影響を受ける。出版社筑摩書房の創立に関わった。
14. 中島健蔵（1903～1979）は無名だった宮沢賢治を評価した。中国切手のコレクターでもある。
15. 山本健吉（1907～1988）は折口信夫に師事した。
16. 荒正人（1913～1979）は気性が荒く、何かあると出版社の社員に早朝3時や4時に電話したり、ミスをした女子社員を土下座させたりしたという。埴谷雄高は彼を「異常児」と呼んだ。
17. 小田切秀雄（1916～2000）は弟の小田切進は文芸評論家で、伊藤整らと日本近代文学館の設立に尽力した。
18. 中野好夫（1903～1985）は東大で教職に就いていた頃、教え子に木下順二、丸谷才一らがいた。
19. モーム（1874～1965）はMaugham, William Somerset。イギリスの小説家、劇作家。『月と六ペンス』など。
20. 経済白書は内閣府が国民経済の1年間の動きを分析する年次報告。
21. 桑原武夫（1904～1988）はフランス文学だけでなく、多方面に渡って学際的な研究をした。京都学派の中心的存在であった。
22. 作者の名前を伏せて俳句を読んだ時、それが著名俳人のものか無名俳人のものかは判断がつかない。俳句自体の質ではなく、作者の師事する師匠や所属する結社によって、その俳句が有名になるに過ぎない。短歌も同様である。桑原はこうした結社性を前近代的として退けた。
23. 吉本隆明（1924～2012）。作家の吉本ばななは娘。
24. 江藤淳（1933～1999）は慶応義塾大学卒。先輩に安岡章太郎がいた。大江健三郎らとグループを結成し60年安保に反対した。妻が亡くなった翌年、脳梗塞の後遺症の悩みなどから、手首を切って自殺した。
25. 柄谷行人（1941～）は江藤淳に憧れ、彼の著書を読んで文章を学んだ。また作家中上健次と親友であった。

第51章　江戸川乱歩

■生没年：1894～1965　■小説家

キーワード：初の推理小説、怪奇幻想、大衆文学

＜作者＞

江戸川乱歩（えどがわらんぽ）は本名を平井太郎（ひらいたろう）といい、1894年10月21日、三重県に生まれた。『二銭銅貨』（1923年）など優れた推理小説を発表するほか、怪奇・幻想の作品も書き、大衆文学を発展させた。また探偵作家クラブを作り、推理小説の保護・育成に努めた。

■江戸川乱歩年表■

1894年	（明治27年）	誕生
1916年	（大正5年）	早稲田大学入学
1923年	（大正12年）	『二銭銅貨』
1934年	（昭和9年）	『黒蜥蜴』
1947年	（昭和22年）	日本探偵作家クラブ
1963年	（昭和38年）	日本推理作家協会
1965年	（昭和40年）	脳出血で死去

＜生い立ちと文学＞

中学のとき押川春浪（おしかわしゅんろう）の冒険小説や黒岩涙香（くろいわるいこう）の探偵小説を耽読した。1916年早稲田大学に進学する頃には、**エドガー・アラン・ポー**[1]、コナン・ドイル[2]、ドストエフスキー、谷崎潤一郎、佐藤春夫なども愛読していた。最も影響を受けたエドガー・アラン・ポーは**推理小説**[3]の開拓者と言われ、怪奇的・幻想的な小説も書いている。江戸川乱歩というペンネームはこの作家の名前に由来するのである。

大学を卒業後、貿易会社、古本屋経営などを経て、文芸誌『**新青年**』に『**二銭銅貨**』（1923年）を発表し、認められた。これが**日本最初の本格的推理小説**とされている。その後、『D坂の殺人事件』（1925年）、『心理試験』（同年）、『屋根裏の散歩者』（同年）などを発表し、推理を中心とした幻想的、怪奇的な作風で読者を魅了した。『芋虫』（1929年）は、戦争で両手両足と五感のほとんど失った傷痍軍人と嗜虐的な妻との関係を描く独特な物語であるが、反戦的な記述があり、戦時中は短編集からの削除を命じられた。

1923年のデビューから1929年までが短編作家の時代と位置付けられている（表51-1）。この期間に江戸川乱歩の全短編約50のうち40編が執筆されているからである。続いて1929年の『蜘蛛男』以降が長編

表51-1　短編・長編時代と代表作

短編作家時代	1923～1929年	『二銭銅貨』
長編作家時代	1929～1965年	『怪人二十一面相』

— 335 —

■ 日本文学史

作家の時代となる。『黒蜥蜴』（1934年）は女盗賊と明智小五郎の対決を描き、後年三島由紀夫が戯曲化している。同年、江戸川乱歩は立教大学の隣の住宅に移住した。二階建ての書斎を兼ねた書庫は「幻影城」と呼ばれ、江戸文学の貴重な文献などを保存していた[4]。

1936年に発表された『**怪人二十一面相**』では、名探偵明智小五郎が活躍する少年探偵団と怪人二十一面相の対決が描かれ、シリーズ化されて多くの続編が書かれた。少年探偵団は少年の心を掴み、愛読された。

● 戦後の推理小説界

戦争が進行するにつれて日本政府は探偵小説に貴重な紙資源を使うことに難色を示し、作家たちは冒険小説やＳＦ小説を書くようになった。終戦後は一転して自由になり、『ロック』や『宝石』など専門誌が創刊されて探偵小説は復活を見た。江戸川乱歩も創作、海外ミステリ小説の紹介、新人の発掘と育成に全力を尽くし、『宝石』の経営が悪化すると、私財を投じて再建に努めた。

江戸川乱歩を慕ってファンや作家志望の者たちが家を訪れるようになった。訪問客は次第に増えてきて部屋に入りきらなくなったので、出版社の広間を借りて親睦会を開くことにした。この親睦会を元にして1947年に日本探偵作家クラブが発足し、江戸川乱歩が初代会長に就任した。主な活動は毎月1回の探偵作家クラブ会報の発行、毎年1回の日本探偵作家クラブ賞の授賞と日本探偵小説年鑑の編集である。1955年から江戸川乱歩賞を設定し、仁木悦子、**松本清張**[5]など有力な推理作家を輩出した。

1963年、任意団体であった日本探偵作家クラブは社団法人日本推理作家協会となり、江戸川乱歩が初代理事長を務めた。

以上のように江戸川乱歩は日本における推理小説の発展に尽力してきたが、1965年7月28日、脳出血のため死去した。

<『屋根裏の散歩者』>

主人公の郷田三郎は仕事が長続きせず、いろいろな遊びを試しても満足できない男であった。ある日、引っ越したばかりのアパートの天井から屋根裏に上がれることに気がつき、徘徊しながら住人たちの部屋を覗き見するという楽しみを覚えた。

郷田三郎は変態的な精神の持ち主で、隣の部屋の遠藤を殺してみたいという欲望に駆られた。そして天上の穴から、仰向けに寝ている遠藤の口を狙

■『屋根裏の散歩者』■

この屋根裏という屈強の舞台を発見しますと、郷田三郎の顔には、いつの間にか忘れてしまっていた、あの犯罪嗜好癖がまたムラムラと湧き上がってくるのでした。この舞台でならば、あの当時試みたそれよりも、もっともっと刺激の強い「犯罪のまね事」ができるに違いない。そう思うと、彼はもう嬉しくてたまらないのです。どうしてまあ、こんな手近な所に、こんな面白い興味があるのを、今まで気づかないでいたのでしょう。魔物のように暗闇の世界を歩き廻って、二十人近い東栄館の二階じゅうの下宿人の秘密を、次から次へと隙見して行く、そのことだけでも、三郎はもう充分愉快なのです。そして、久かたぶりで、生き甲斐を感じさえするのです。

って、モルヒネを垂らしたのである。殺人は成功し、郷田三郎はモルヒネの瓶を部屋に落として、遠藤の自殺を装う。警察が来たが、自殺を疑わず、完全犯罪は成功した。

探偵の明智小五郎が現われ、遠藤が死んだ日以来、郷田三郎が煙草を吸っていないことを手掛かりにトリックを見破る。あのとき天井から落とした瓶は、偶然遠藤の煙草の箱の中に落ちた。郷田三郎はそれを見て、深層意識の中で、「煙草」と「毒物」が結びつき、自然と煙草を吸うことに恐怖を感じ、吸わなくなっていたのだ。フロイトの精神分析が生かされた、推理と怪奇が味わえる短編小説である。

<文学史 41. 大衆文学（明治時代～現代）>

● 戦前の大衆文学

明治時代、大衆文学の主流は時代小説と家庭小説であった。大正時代になると、中里介山[6]が幕末を舞台に一人の剣士が活躍する長編小説『大菩薩峠』を書き、大好評を博した。1913年から連載を始め、1941年まで書き継がれたが、中絶している。

第一次世界大戦で日本は好況となり軽工業、重工業の生産額を増やした。新聞もまた増資して自動活字鋳造機など最新の機器を導入し、発行部数を飛躍的に伸ばした。雑誌界も急成長を遂げ、講談社は大正時代に『少年倶楽部』、『婦人倶楽部』、『幼年倶楽部』など多くの雑誌を創刊した（表51-2）。

表51-2　戦前の大衆文芸誌

雑誌名	発行期間	内容
『少年倶楽部』	1914～1962年	少年対象
『婦人倶楽部』	1920～1988年	婦人対象
『幼年倶楽部』	1926～1958年	小学低学年対象
『新青年』	1920～1950年	探偵小説誌
『キング』	1924～1957年	万人向け
『文藝春秋』	1923年～現在	総合雑誌

マスメディアの発達を背景にして通俗小説が多く書かれるようになった（表51-3）。久米正雄[7]や菊池寛は純文学作家であったが、劇作家時代の経験を生かして明快な主題や人物造形による話題作を発表した。中村武羅夫[8]なども彼らの動向に影響され、『嘆きの都』（1929～1930年）などの通俗文学を書いた。マイナーな存在であった通俗小説が新聞、雑誌の部数増加とともに多くの読者に受容され、純文学に対立する文学として認識されるようになった。

1920年に創刊された雑誌『新青年』は海外の探偵小説の翻訳・紹介、新人作家発掘の役割を果たした。最初に見出されたのが江戸川乱歩であるが、その他に、東北帝国大学医学部助教授の

表51-3　戦前の大衆文学

作家	代表作
中里介山	『大菩薩峠』
久米正雄	『破船』
菊池寛	『真珠夫人』
中村武羅夫	『嘆きの都』
横溝正史	『蔵の中』
吉川英治	『宮本武蔵』
直木三十五	『南国太平記』
大佛次郎	『鞍馬天狗シリーズ』

■ 日本文学史

小酒井不木、東大応用化学出身の甲賀三郎、大阪薬学専門学校出身の**横溝正史**[9]など多彩な経歴を持った人物を輩出した。

1925年講談社が「万人のための百万雑誌」を目指して創刊した大衆雑誌『**キング**』[10]は空前の成功を収め[11]、ここから**吉川英治**[12]が出た。代表作に『**宮本武蔵**』（1935～1939年）があり、戦後も歴史小説の佳作を発表した。

大正時代最後の年の1926年1月、大衆文芸研究と作家の交流を目的に同人誌『大衆文芸』[13]が創刊された。同人には江戸川乱歩、国枝史朗、直木三十三[14]らがいる。直木三十三は当初、『文藝春秋』で文壇のゴシップ欄を担当していたが、『南国太平記』（1930年）などの成功で流行作家となった。筆名は31歳のとき直木三十一として、毎年三十二、三十三と変えていき、三十四を飛ばして、三十五を名乗って定着し、以後直木三十五を名乗った。没後、友人の菊池寛は大衆文学の新人作家の登竜門として1935年に直木賞を設定した。

この他の大衆文学作家では外務省官吏であった**大仏次郎**[15]が著名である。『鬼面の老女』（1924年）に始まる**鞍馬天狗**[16]シリーズを発表し人気を博した。戦後では『パナマ事件』（1959年）、『パリ燃ゆ』（1961～1963年）、『天皇の世紀』（1967～1973年）など歴史に題材を得た大作がある。

大衆文学の隆盛を受けて、芥川龍之介は1926年の随筆『亦一説？』で、「大衆文芸は小説と変りはない」と述べた。ここで言う「小説」は純文学を指している。純文学を面白いと思う読者はもともと少なく、読者数は講談よりも下であるとした上で、大衆文学は講談に飽き足らない読者を開拓したのだと結論した。

横光利一は1935年『**純粋小説論**』[17]で純文学の行き詰まりを指摘し、文芸復興の可能性を右のように述べた。

> ■『純粋小説論』■
> もし文芸復興というべきことがあるものなら、純文学にして通俗小説、このこと以外に、文芸復興は絶対に有り得ない、と今も私は思っている。

● 戦後の推理・SF・幻想小説

戦後の大衆文学には非常に多くのジャンルがあるが、ここでは推理・SF・幻想小説に限定して解説する。

戦後の推理小説界を先導したのは松本清張である。『**点と線**』（1957～1958年）、『眼の壁』（1958年）で、謎やトリックよりも事件の背景や犯行の動機に焦点を当てて描く社会派推理小説を開拓した。『昭和史発掘』（1964年）など歴史の暗部を探る著作も多い。森鴎外への関心が強く、芥川賞を受賞した『或る「小倉日記」伝』（1952年）も森鴎外の小倉赴任の際の日記を現代の青年が探し求めるという物語である。

森村誠一[18]も社会派推理小説作家であり、社会問題を題材に多くの小説を書いた。映画化を前提に書かれた『人間の証明』（1976年）は出世作となった。

宮部みゆき[19]は『龍は眠る』（1991年）で日本推理作家協会賞を受賞したが、時代小説、ファンタジー小説など作品の範囲は幅広い。文壇に出てから現在まで人気作家であり続ける。

その他、西村京太郎[20]、大沢在昌[21]、東野圭吾[22]らがいる。

SF小説では星新一[23]がショートショートの形式で斬新な発想をもとにSFを書いた。生涯に残した作品は1000を超える。祖母は森鴎外の妹の小金井喜美子である。

同時代の小松左京[24]は奇抜な着想と科学的知識で『日本沈没』（1973年）などの話題作を世に送った。この2人に筒井康隆[25]を加えてSF御三家と言う。

阿刀田高[26]は奇妙な味を得意とする短編作家として知られる。奇妙な味とは江戸川乱歩による造語であり、読後に不気味な感覚を残すジャンルを示す。膨大な数の短編小説、ショートショートを書いており、その功績は星新一と並び称されてよい。

幻想小説の第一人者は澁澤龍彦（1928～1987）である。フランスの小説家マルキ・ド・サド（1740～1814）の性的倒錯の作品を1956年に翻訳刊行し、日本初のサド研究家となったが、猥褻と判断され裁判で有罪となった。ヨーロッパ中世の悪魔学、異端文学、エロティシズムの研究に励み、特異な文学作品を発表した。また三島由紀夫と深い親交があった。

◆　◆　◆

【コラム　景気と社会問題】

　戦争が終わった直後、日本は貧しかったが、朝鮮戦争の特需景気で経済を回復し、1960年代の高度経済成長に繋がっていく。1960年12月、池田勇人首相は所得倍増計画という政策を開始した。これは10年間で国民所得を倍増させるという計画であった。法律の整備や東京オリンピック、ベトナム戦争、大坂万博で特需があり、日本の経済成長率は年平均10％を超える急速な成長を遂げた。テレビ、洗濯機、冷蔵庫が**三種の神器**と呼ばれ、家庭に普及した。電化製品は主婦の家事を大幅に助け、女性の社会進出を促進する要因となった。

　しかし、環境保護意識が未熟なまま重化学工業を発展させたため公害問題が起こり、さらに、労働力人口の確保のため農業人口を削減した結果、農業従事者が極端に減るなどの問題が出た。

　それから50年後の現在、日本は未曽有の不景気に直面し、ニートや引きこもりの青年の増大などの社会問題を引き起こした。不景気のため詐欺、強盗などの犯罪も増加している。2011年3月には「3.11東日本大震災」で壊滅的な被害を受け、今後数十年の放射能汚染の影響が危惧され、経済的損失も莫大である。景気と社会問題はいつの時代も不可分である。

　戦争直後の日本は米軍の空襲で一面焼け野原であり、すべてを失っていたが、瞬く間に世界第2位の経済大国にのしあがった。日本に備わるこの回復力で現在の苦境も乗り越えられると信じたい。

■ 日本文学史

課題研究

1. 江戸川乱歩の学生時代の愛読書は、彼の文学にどのような影響を与えましたか。
2. 江戸川乱歩の推理小説への貢献について述べなさい。
3. 「奇妙な味」の後継者である阿刀田高について調べなさい。
4. 戦前の大衆文学を概括しなさい。
5. 社会派推理小説と江戸川乱歩の推理小説との違いを述べなさい。

注 釈

1. エドガー・アラン・ポー（1809～1849）は Edgar Allan Poe。アメリカの詩人・小説家。代表作『アッシャー家の崩壊』。
2. コナン・ドイル（1859～1930）は Arthur Conan Doyle。イギリスの小説家・医者。作中に名探偵シャーロック・ホームズを登場させ、人気を博した。
3. もともと推理小説のことを探偵小説と言った。現代では「推理小説」の名称を使うのが普通である。
4. 現在、立教大学がこの住宅と蔵書を購入し、江戸川乱歩研究を進めている。
5. 松本清張（1909～1992）は生家は貧しく、尋常高等小学校を出た15歳から働き始める。1952年、43歳のとき、『或る「小倉日記」伝』を発表し、坂口安吾に賞賛され芥川賞を取った。
6. 中里介山（1885～1944）はキリスト教、仏教に関心を持ち、木下尚江を知って社会主義者になった。
7. 久米正雄は夏目漱石の長女、筆子に恋をしたが、破れた。この失恋を書いたのが『破船』（1922年）である。
8. 中村武羅夫（1886～1949）は小栗風葉に師事した縁で、『新潮』の編集者になった。文芸評論を行い、小説も書いた。
9. 横溝正史（1902～1981）は戦後の推理小説に名探偵金田一耕助を登場させ、人気を博した。
10. 1943年、アメリカと戦争していた日本政府は、「キング」は敵性語だとして使用することを禁止した。雑誌『キング』は戦争終結まで『富士』と改称した。
11. 1925年1月の『キング』は77万部、翌年新年号は150万部売れた。
12. 吉川英治（1892～1962）は日本の歴史小説が多いが、独自に解釈した『三国志』、『新水滸伝』も書いている。
13. 『大衆文芸』は1926年、江戸川乱歩ら大衆作家十一人による組織「二十一日会」の同人誌として創刊された。休刊と復刊を繰り返しながら娯楽的小説の書き手を輩出した。
14. 直木三十三（1891～1934）は金遣いが荒く、よく借金をする作家であったが、執筆は物凄く早かった。どころで、日本の文学賞の最高峰は芥川賞と直木賞である。芥川龍之介の知名度は現代でも高く、作品もよく読まれているが、直木

三十五はほとんど忘れられている。ただ「直木賞」の存在で、かろうじて名前が知られている程度である。
15. 大仏次郎（1897～1973）は大の猫好きで生涯に500匹もの猫を世話してきた。
16. 鞍馬天狗は幕末に天皇忠誠を誓い、新撰組と戦った志士。
17. フランスの小説家アンドレ・ジッドが、小説と無関係な要素を除去する「純粋小説」を追求し、『贋金つかい』（1926年）を発表した。横光利一はこれに影響を受けた。
18. 森村誠一（1933～　）は『高層の死角』で江戸川乱歩を受賞した。
19. 宮部みゆき（1960～　）は『理由』で直木賞を受賞した。他にも多くの文学賞を受賞している。
20. 西村京太郎（1930～　）は列車や旅行先を舞台にした推理小説の第一人者である。
21. 大沢在昌（1956～　）は警察組織を詳細に描いた『新宿鮫』で人気作家となった。
22. 東野圭吾（1958～　）は社会派推理小説家である。『容疑者Ｘの献身』で直木賞を受賞した。
23. 星新一（1926～1997）は父は星薬科大学、星製薬の創立者。父の死で、星新一は星製薬を継ぐが、倒産した。その頃読んだアメリカのＳＦ小説に感銘を受け、ＳＦ作家を目指す。ＵＦＯの研究団体「空飛ぶ円盤研究会」にも所属した。ここには三島由紀夫、石原慎太郎もいた。
24. 小松左京（1931～2011）は日本ＳＦ作家イラブと日本ＳＦ大賞の創設に尽力した。
25. 筒井康隆（1934～　）は1993年、国語教科書に載った『無人警察』の中で、癲癇についての記述が差別的だとされ、日本てんかん協会から抗議を受けた。これを契機に、筒井康孝は断筆宣言を行い、筆を置いた。しかし1997年に復帰を果たした。
26. 阿刀田高（1935～　）は早稲田大学を出た後、国立国会図書館に10年間勤め、読書から膨大な知識を得て、作家へ転身した。『ナポレオン狂』で芥川賞受賞。1993年から1997まで日本推理作家協会会長、2007年から2011年まで日本ペンクラブ会長を務めた。

■ 日本文学史

◆大正、昭和(戦前)文学重要事項一覧◆

□ 小説
　○白樺派　志賀直哉『暗夜行路』、武者小路実篤『お目出たき人』、有島武郎『或る女』
　　　【雑誌】『白樺』
　○耽美派　谷崎潤一郎
　　　【雑誌】『スバル』、結社「パンの会」
　○新思潮派　芥川龍之介『鼻』、『羅生門』，菊池寛，久米正雄，山本有三
　　　【雑誌】『新思潮』
　○新早稲田派　葛西善蔵『子をつれて』、広津和郎『神経症時代』
　　　【雑誌】『奇蹟』
　○その他　佐藤春夫、室生犀星
　○プロレタリア文学　小林多喜二『蟹工船』、徳永直『太陽のない街』
　　　【雑誌】『種蒔く人』、『文芸戦線』、『戦旗』
　○新感覚派　横光利一『頭ならびに腹』，川端康成『伊豆の踊り子』、『雪国』
　　　【雑誌】『文芸時代』
　○新興芸術派　井伏鱒二『山椒魚』、梶井基次郎
　○転向文学　中野重治，島木健作
　○既成作家　永井荷風『濹東綺譚』、谷崎潤一郎『春琴抄』、島崎藤村『夜明け前』、志賀直哉『暗夜行路』
　○国策文学　火野葦平『麦と兵隊』
　○同人誌と代表作家　『文学界』（小林秀雄ら）、『日本浪漫派』（亀井勝一郎）
　○その他　中島敦『山月記』

□ 詩歌
　○耽美派　北原白秋、木下杢太郎
　○理想主義　高村光太郎『道程』、宮沢賢治『春と修羅』
　○民衆詩　白鳥省吾
　○近代詩完成　萩原朔太郎『月に吠える』、堀口大学『月下の一群』
　○前衛詩　高橋新吉『ダダイスト新吉の詩』
　○プロレタリア詩　中野重治
　○モダニズム　三好達治『測量船』、西脇順三郎『Ambarvalia』
　　　【雑誌】『詩と詩論』
　○四季派　中原中也『山羊の歌』、立原道造
　○歴程派　草野心平『第百階級』
　○反戦詩　小野十三郎『大坂』、金子光春

□　短歌
　○アララギ派　島木赤彦、斎藤茂吉『赤光』、釈迢空
　○反アララギ派　川田順、木下利玄
　　　　【雑誌】『日光』
　○新興短歌運動
　○新しい浪漫主義　北原白秋

□　俳句
　○ホトトギス派　飯田蛇笏、村上鬼城
　○四Ｓ時代　水原秋桜子、阿波野青畝、山口誓子、高野素十
　○新興俳句運動　水原秋桜子、山口誓子、西東三鬼、秋元不死男
　　　　【雑誌】『馬酔木』
　○人間探求派　中村草田男、加藤楸邨、石田波郷

□　劇文学（明治～戦前）
　1．歌舞伎
　○演劇改良会　河竹黙阿弥
　○新歌舞伎　岡本綺堂『修善寺物語』
　○前進座　河原崎長十郎
　2．新派
　○尾崎紅葉『金色夜叉』
　3．新劇
　○坪内逍遥「文芸協会」、島村抱月「芸術座」、小山内薫「自由劇場」、土方与志「築地小劇場」、丸山定夫「新築地劇団」、「左翼劇場」、村山知義「新協劇団」、岸田国男「文学座」

戦後、現代文学概観

時代区分：1945年から現代まで

■ 戦後──1945〜1970年代

　戦時中に表現が制限されていた文学は終戦後に自由を得て、多くの文学流派や作品を生み出した。いち早く行動を開始したのは宮本百合子らの「新日本文学会」であり、文学者の戦争責任を追及し、民主主義文学を主張した。平野謙らの同人誌『近代文学』は、文学は政治から独立するべきと主張して「新日本文学会」と論争を広げた。『近代文学』からは大岡昇平や三島由紀夫など実力のある作家が育ち、戦後派を成した。戦後派に続いて、昭和20年代後半から活躍し始めた新人作家が第三の新人である。戦後派と比較して思想性に欠け、私小説的である。昭和30年代に石原慎太郎、大江健三郎が文壇に出て大きな文学的主題を扱い存在感を示した。既成作家で

■ 戦後文学 ■

1945年	第二次世界大戦終戦
1946年	文芸誌『新日本文学』、『近代文学』創刊
	坂口安吾『堕落論』
1947年	太宰治『斜陽』
	詩誌『荒地』創刊
1948年	大岡昇平『俘虜記』
	谷崎潤一郎『細雪』
1949年	三島由紀夫『仮面の告白』
1950年	井上靖『闘牛』
1951年	安部公房『壁―S・カルマ氏の犯罪』
1952年	野間宏『真空地帯』
1953年	安岡章太郎『悪い仲間』
1954年	川端康成『山の音』
1955年	遠藤周作『白い人』
1956年	三島由紀夫『金閣寺』
1957年	大江健三郎『死者の奢り』
1960年	ベトナム戦争、60年安保
1966年	井伏鱒二『黒い雨』
1968年	川端康成ノーベル文学賞受賞
1972年	司馬遼太郎『坂の上の雲』
1976年	村上龍『限りなく透明に近いブルー』
1978年	中日平和友好条約
1987年	村上春樹『ノルウェイの森』
1994年	大江健三郎ノーベル文学賞受賞

は、太宰治、坂口安吾らの無頼派、川端康成や谷崎潤一郎らの老大家が作品を書いた。1970年前後から、社会と対決せず、個人の内向を重視して小説の主題とする内向の世代が現れた。

かつて文壇には純文学しかなかったが、大正時代から娯楽性の強い大衆小説が書かれ、2つに分かれた。戦後、純文学と大衆文学の中に位置する中間小説が出た。時代とともに純文学と大衆文学の境界が不鮮明になり、中間小説という呼称も使われなくなった。

■ 新しい傾向──現代

現代は文学史上、もっとも小説のジャンルが多彩な時代である。終戦前後から長期にわたって活躍した井上靖・司馬遼太郎の歴史小説、安部公房の前衛小説、遠藤周作のキリスト教、瀬戸内寂聴の恋愛小説は現代文学の輝かしい遺産である。経済小説やライトノベルなど新しい時代の中で生まれた小説も多い。心理学や精神医学の発展で、人間の異常性を帯びた心理の分析が可能となった。またストレスからうつ病、神経症などの精神疾患が増え、心への関心が強まっていることも現代の特徴である。それを反映して小説に異常犯罪者や軽度の神経症者などが登場している。女性の地位の向上に伴って女流作家が増えていることも現代文学の特徴である。

■ 作家と素人の差

文学賞でもっとも権威があるのは芥川賞と直木賞であり、どちらかを受賞すれば作家の地位が安定すると言っても過言ではない。しかし、これ以外にも文学賞は数多くあり、受賞すれば文壇に出ることもできる。現代ほど作家になりやすい時代はない。文学賞をとらなくても、ケータイ小説を書いたり、ホームページに投稿したりして、不特定多数の人に読んでもらうことが可能である。作家になるのに試験や資格が不要である以上、人気のない専業作家と、よく読まれる素人の作家との間に、本質的な区別など存在しない。日本文学の未来を見据えた発展を考えるなら、純文学であろうと大衆文学であろうと、質の高い作品が社会に普及することが目指されなければならない。

■ 韻文学

明治時代から現代まで、韻文に対する散文の優位が続いているが、短歌や俳句の質が下がっているわけではなく、韻文学の作者数と読者数が相対的に少ないだけのことである。俳壇は正岡子規から続く伝統を守りつつ、金子兜太などのような実験的作品も許容し、発展している。状況は詩、短歌も同様である。

■ 戦後・現代文学の変遷

1945年に戦争が終わり、日本文学は「復興」と「創造」を果たした。「復興」とは谷崎潤一郎、川端康成に代表される老大家の創作活動の再開を示す。戦時中に抑圧されていた創作意欲を戦後の自由の空気の下で発揮した。

太宰治らの無頼派（新戯作派）も戦前から存在し、戦後から自由な創作を始めた点で復興と言えよう。無頼派以前に勃興したプロレタリア文学は警察による小林多喜二の虐殺で勢いが衰え転向文学となったが、それは実質的に労働者文学の放棄であった。しかし戦争終結をもってプロレタリア文学は文学結社「新日本文学会」の姿を取って息を吹き返した。

　一方の「創造」とは、戦前になかった文学思潮による創作を示す。ここに挙げられるのが従軍経験を持つ作家の作品群である。彼らは第一次戦後派、第二次戦後派に別れるが、ともに戦争の極限状態を主題とし、文芸誌『近代文学』を拠点に創作した。原爆の悲惨を主題に据えた原爆文学も戦争直後特有の文学と言える。1952年から1955年に文壇に登場したのが第三の新人で、戦争から離れて私小説の手法で日常生活を描いた。これとは別に井上靖、安部公房、開高健、大江健三郎などは「昭和30年代の作家」として括られる。北杜夫、黒井千次など昭和40年代に現れた作家は思想のない内向的性格を作風とすることから内向の世代と呼ばれた。昭和50年代以降はフェミニズム運動の盛り上がりから女性作家が活躍するようになったのが大きな特徴である。その勢いは一過性のものではなく、持続して今に至り、令和4年（2022年）上半期の芥川賞は候補者5人全員が女性、直木賞も5人中4人が女性という快挙をもたらした。

　近年はITの発展に伴って新しい思想が即座に人々に伝達され、またメタバースなどの新しい技術が従来の価値観にゆさぶりをかけている。文学がそれらをそのまま反映するならば、新聞記事を物語風に構成したものに過ぎず、およそ文学の名に値しない。作家自身が社会に流布する思想、価値観をどのように捕らえるか、どう否定してどう新しいものを作り出すか、それを描くのが文学であろう。

　現代文学は過去と比すると潤沢な素材・主題が用意されている。しかしこの環境が作品の豊饒さを生み出すかというと、ことはそれほど単純ではない。環境が豊かであっても最終的に文学作品を作り出すのは人間であって、文学的資質や才能を欠いていたり経験や思想を作品に昇華する技術を持っていなければ佳作、傑作は生まれ得ない。それどころか時代のキーワードを適当に選び、AIの自動文章創造機能を使って、もっともらしい作品に仕立て上げることもできる。そのような誤魔化しができてしまうぶん、現代文学は危機を孕んでいるとも言える。文学賞も創設ラッシュが続き、今の日本は一年に約二百人が文壇デビューできる時代となったが、彼らが太宰治や谷崎潤一郎になりえるかどうかはまったくの未知である。

　再度繰り返すが、文学を作るのは素材の揃った環境ではなく人間そのものである。現代の作家が、戦前の作家、戦後の作家と同等のレベルか、越えているか、衰えているか、一般読者は審査者の目で文学を見つめ、質を保持して後世へと繋げていく責任を持っている。日本文学はこのような新

しい時代を迎えている。SNSが普及して作家と読者の双方向の関係が築かれた現代の文学とは、そのような性質を帯びているのである。

　他はすべて戦後という新しい時代背景から生まれた文学流派である。中間小説は流派というより文学のジャンルであるが、参考のため付記しておく。

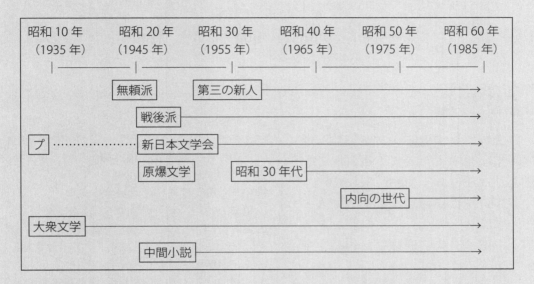

■ 日本文学史

第52章　井上靖

■ 生没年：1907～1991　■ 小説家

キーワード：中国古典の傾倒、叙情性、戦後派

＜経歴＞

井上靖（いのうえやすし）は1907年5月6日、北海道旭川市に生まれた。長く新聞記者を勤め、43歳のとき『闘牛』（1950年）で芥川賞を受賞し、作家生活に入った。『風林火山』、『敦煌』など日本と中国の歴史に取材した作品を発表した。

■ 井上靖年表 ■

1907年	（明治40年）	誕生
1930年	（昭和5年）	九州大学入学
1932年	（昭和7年）	京都大学入学
1936年	（昭和11年）	毎日新聞社入社
1950年	（昭和25年）	『闘牛』で芥川賞受賞
1957年	（昭和32年）	『天平の甍』
1966年	（昭和41年）	『おろしや国酔夢譚』
1976年	（昭和51年）	文化勲章受章
1981年	（昭和56年）	日本ペンクラブ会長
1989年	（平成1年）	『孔子』
1991年	（平成3年）	没

＜生い立ちと文学＞

父は軍医、母は医家の長女である。5歳の時、父母を離れて郷里の静岡県伊豆湯ケ島に移り、曽祖父の妾の「かの」に育てられた。曽祖父はかのを娘（井上靖の母に当たる）の養母として入籍していたが、井上靖との血の繋がりはないわけである。このように幼少期の環境には孤独感が漂っていた。

小学6年生のとき祖母が死去し、父の任地の浜松に移ったが、父が海外へ転勤になると、井上靖は伯母の家で生活し、それから寺に預けられた。中学では初めは良い成績を収めていたが、次第に下がっていき、煙草や酒も覚えた。文学の目覚めもあった。中学時代のことは自伝的小説『夏草冬涛』（なつくさふゆなみ）（1964年）に書かれている。

第四高等学校理科に入学し、柔道部で練習に励むが、柔道部の先輩と練習時間のことで衝突し退部した。この頃から詩作を通して感情表現を始め、投稿したり、同人誌『北冠』（ほくかん）を創刊したりした。

1930年、九州帝国大学法学部英文科に入学するが、学問に興味が持てず、上京して部屋を借り文学書を読みふけった。ここでも投稿や同人誌の創刊を行っている。1932年、九州帝大を退学して京都帝国大学文学部哲学科に入り美学を専攻した。授業は休みがちで、同人誌を作ったりした。お金に困り、懸賞小説に応募しては賞金を

稼いでいたので、この当時から実力があったことがわかる。大学卒業の年に、懸賞小説に応募した『流転』が千葉亀雄賞を受賞した。千葉亀雄は各種新聞の社会部長を務めたり文芸評論を書いたりした評論家・ジャーナリストである。井上靖はこの授賞がきっかけで毎日新聞大阪本社に入社し、宗教記者、のちに美術記者として勤務した。後輩に山崎豊子(やまざきとよこ)がいた。

　太平洋戦争で召集されたが、幸いにも病気を患い帰国した。終戦後、井上靖は精力的に詩を発表し、散文に転向して1950年『闘牛』で芥川賞を受賞した。小説に専念するために翌年新聞社を退社し、それ以降、取材を兼ねた旅行を通して多くの長編小説、短編小説、随筆、紀行文を書き、更に井上文学の原点である詩の創作も続けるのであった。

● 劣等感[1]の影響

　井上靖は中学受験、高校受験にそれぞれ一度失敗し、大学も九州大学を中退して京都大学に入るという回り道をしている。卒業したときは既に28歳であり、劣等感があった。この劣等感は後年まで人格形成に影響したと井上靖は『私の自己形成史』で述べている。作者の中の強い感情体験は意識的にせよ無意識的にせよ小説の登場人物に投影されるものである。『ある偽作家の生涯』（1951年）は、ある画家が天才的な日本画家に出会い、自信を喪失する。『僧行賀の涙』（1954年）は唐に渡った僧が無事に帰国するが、長い滞在のため日本語を忘れた悲劇の物語である。『**あすなろ物語**』（1953年）は鮎太が祖母と2人で生活し、青年時代を経て新聞記者になり、終戦を迎えるまでを描く。作者はこの作品を自伝的小説ではなく、郷里にあった「翌檜(あすなろ)」の木にまつわる悲しみを描いた小説としている。翌檜は檜(ひのき)に似ているが、材質が多少劣っているため、「明日(あす)は檜になろう」という願いを持っている。そこから「あすなろ」の名前が付いたという。人間もまた努力しても限界があり、達成できないことや果たせない夢も多い。井上靖はその悲しみを翌檜に仮託して人間を描いたのである。

　晩年は第9代日本ペンクラブ会長を1981年から1985年まで務め、この間に国際ペン東京大会を開催し成功させた。1976年には文化勲章を受けている。

　1991年1月29日に死去した。84歳の長寿であった。

● 作品の分類

　中国に取材した作品には、鑑真と日本の僧を描く『**天平の甍**(てんぴょうのいらか)』（1957年）、大帝国を築くチンギスハンの『**蒼き狼**』[2]（1959年）、西夏と敦煌の歴史を描く『**敦煌**』（同年）、『孔子』（1989年）などがある。ノーベル文学賞候補の声も聞かれた。

　日本史に取材した作品は、戦国時代の『風林火山』（1953年）、平安時代末期から鎌倉時代成立という激動期の『後白河院』（1984年）、『万葉集』の女流歌人を描く『額田女王』（1968年）などがある。

　歴史小説にはこの他、18世紀の日本・ロシアの交渉史の『**おろしや国酔夢譚**(こくすいむたん)』（1966年）などがある。歴史に豊かな知識を持ち、同時代の歴史小説家の司馬遼太郎と対談も行っている。

　現代を舞台にした作品では、ザイルが切れて墜死した友人の死の謎を追う『氷壁』

■ 日本文学史

（1956年）、新婚旅行の途中で逃げ帰った妻を巡る『地図にない島』（1957年）などがある。

自伝的な作品では、静岡県伊豆湯カ島の幼年時代の『しろばんば』（1960年）、柔道に明け暮れた青春時代の『北の海』（1968年）などがある。

<『闘牛』>

大坂の新聞社編集局長の津上は、愛媛県でしか行われていない闘牛を大阪市でも開催するという企画を立てる。目的は新聞社の財政を立て直すためであった。闘牛や会場の準備、資金の捻出、広告制作など、着実に進めていき、当日1月20日を迎えたが、大雨が降り、観客はみんな帰ってしまった。雨は21日の夜ようやく止み、22日は快晴で絶好の闘牛日和となったが、会場を借りた日数は3日間であり、2日間も無駄にしたため、見込んでいた収益が得られず赤字である。社運を賭けた闘牛大会は失敗に終わった。

闘牛は進行していた。三谷牛と川崎牛[3]の闘いは互角であり、既に1時間が経っていた。勝負を諦めて牛を引き離すかどうかを観客に拍手の大きさで決めてもらうと、闘牛を続行して欲しいという人が大勢を占めた。

津上と愛人の「さき子」は並んで闘牛を眺めている。さき子は心の中で、「もしも赤いほうの牛が買ったら、津上と別れよう」と密かに賭けをしていた。自分自身の未来を闘牛の勝敗に委ねたのである。

新聞社や津上、さき子などそれぞれが持つ勝負が、闘牛に集約される。

文中の竹矢来とは竹を交差させて作った囲いのことである。

■『闘牛』■
さき子は改めて会場を見渡した。リングでは赤と黒の二匹の牛が、まるで塑像のように身揺ぎをしないで立っていた。リングと竹矢来と、それを取り巻く群衆の上に、雨上がりの冬の陽が冷たく落ちていた。勢子たちは牛をけしかけるために牛の尻を敲き、脇腹を敲いていた。幟りはばたばた風にあおられ、マイクは動きのない仕合の放送に同じ言葉を何十遍も繰り返し、疲れ、苛立ち、悲鳴に近いものをとぎれとぎれに吐き出していた。（中略）

その時であった。会場の静けさは破れて、喚声と共に観衆は総立ちになった。見るとリングではついに二匹の牛の力の均衡は破れて、猛り気負うた一匹の勝馬は、勝利の興奮を押えかねて竹矢来の中をぐるぐると廻りに廻っていた。さき子は、どっちの牛が勝ったのか即座に見極めることはできなかった。

<文学史　42．戦後派>

戦後派とは第二次世界大戦直後の新しい文学一派を指し、フランス語でアプレ・ゲ

ールと言う。1946 年創刊の同人誌『近代文学』は政治から独立した文学を重視して、多くの作家と評論家を育て、戦後派の中心をなした。1946 年、1947 年に文壇に登場した作家を**第一次戦後派**、1948 年と 1949 年に登場した作家を**第二次戦後派**と呼ぶ。

● 第一次戦後派

　戦争体験を軸に文学を創造する方向性を持ち、社会問題に積極的に発言した。代表作家は下記の通りである。

　野間宏(のまひろし)（1915 〜 1991）は京都帝国大学仏文科に入学後、マルクス主義に傾倒した。戦時中、思想犯として投獄されたこともある。1941 年フィリピンの戦線に送られた。戦後、自らの体験に基づいた『暗い絵』（1946 年）は左翼運動の弾圧における学生たちの挫折を描き、代表作家になった。人間性を奪われた戦争体験は『**真空地帯**』（1952 年）に著され、日本の軍国主義を批判した。

　椎名麟三(しいなりんぞう)（1911 〜 1973）は電鉄会社に入って組合活動をし、共産党員になったが、投獄された。その後、ニーチェ、キルケゴール、ドストエフスキーを耽読し、思想を深めて、『深夜の酒宴』（1947 年）、『重き流れのなかに』（同年）で文壇に出た。

　梅崎春生(うめざきはるお)（1915 〜 1965）は 1944 年に召集され、敗戦を迎えた。自己の戦火での極限状態をモチーフにして『桜島』（1946）、『日の果て』（1947 年）を発表した。『ボロ家の春秋』（1954 年）で直木賞を受賞した。

　武田泰淳(たけだたいじゅん)（1912 〜 1976）は東大を中退後に竹内好らと「中国文学研究会」を結成し、機関紙『中国文学月報』を創刊した。1937 年召集され、帰国後に評伝『司馬遷』（1943 年）を発表した。戦後は小説に転じて、『蝮のすゑ』（1947 年）などを書いた。

　大岡昇平(おおおかしょうへい)（1909 〜 1988）は戦前、スタンダールの翻訳書を出していた。召集されてフィリピンでアメリカ軍の捕虜になり、その経験を作品化した『**俘虜記**』(ふりょき)（1948 年）で横光賞を受け、作家としてデビューする。続いてフランス心理小説やスタンダールに倣った長編恋愛小説『武蔵野夫人』（1950 年）を発表した。飢えた敗兵の人肉食と神の幻想を題材した『**野火**』(のび)（1951 年）、およびレイテ島での決戦を再現し戦争への厳しい批判を込めた『**レイテ戦記**』（1967 〜 1969 年）は戦争文学の代表作である。

　埴谷雄高(はにやゆたか)（1910 〜 1997）は大学在学中に左翼運動で投獄され、転向した。戦後すぐに『**死霊**』を書き始め、1995 年まで断続的に発表し、思想面で大きな影響を与えたが、未完のまま死去した。

● 第二次戦後派

　戦前の私小説を捨て、西欧の文学理論や長編小説を積極的に導入したところに特徴がある。社会に向かって発言する姿勢を持っている。

　島尾敏雄(しまおとしお)（1917 〜 1986）は戦争体験をもとに『出孤島記』（1949 年）を書き、第 1 回戦後文学賞を受賞した。戦争小説のほかに『死の棘』（1960 年）など家庭生活を描いた作品もある。

　堀田善衛(ほったよしえ)（1918 〜 1998）は上海で終戦を迎え、その体験から『波の下』（1948 年）を発表した。アジア＝アフリカ作家会議[4]に出席し、インド、ソ連、中国、アフリカなどを歴訪し、国際的な視野に立った作家活動を展開した。

■ 日本文学史

井上光晴(いのうえみつはる)(1926～1992)は戦後、日本共産党に入り、処女小説『書かれざる一章』で共産党を内部批判して注目を浴びた。原爆被爆者、被差別部落民を主題に佳作を書いた。

他に、三島由紀夫、安部公房、井上靖らがいる。

◆ ◆ ◆

【コラム　歴代の日本ペンクラブ会長】

　国際ペンクラブは1921年、第一次世界大戦終結直後に結成された国際的な団体で、その目的を「文学を通じて諸外国の相互理解を深め、表現の自由を守ること」とする。日本ペンクラブは国際ペンクラブの日本支部であり、言論の自由の擁護や文化的国際交流の推進を行っている。発足して百年が経った2021年、女性初となる会長が誕生したが、これは女性活躍という社会の空気を反映したものであろう。

表52-1　歴代の会長の文学流派、特徴、業績など

代（期間）	会長	文学流派、特徴、業績など
第1代（1935～1943年）	島崎藤村	自然主義
第2代（1943～1947年）	正宗白鳥	自然主義
第3代（1947～1948年）	志賀直哉	白樺派
第4代（1948～1965年）	川端康成	新感覚派、ノーベル文学賞受賞
第5代（1965～1974年）	芹沢光治良(せりざわこうじろう)	小説家
第6代（1974～1975年）	中村光夫	文芸評論家
第7代（1975～1977年）	石川達三	小説家
第8代（1977～1981年）	高橋健二(たかはしけんじ)	ドイツ文学の翻訳家
第9代（1981～1985年）	井上靖	歴史小説家
第10代（1985～1989年）	遠藤周作	第三の新人
第11代（1989～1993年）	大岡信(おおおかまこと)	詩人
第12代（1993～1997年）	尾崎秀樹(おざきほつき)	文芸評論家
第13代（1997～2003年）	梅原猛(うめはらたけし)	哲学者
第14代（2003～2007年）	井上ひさし	小説家、劇作家
第15代（2007～2011年）	阿刀田高	小説家、奇妙な味
第16代（2011～2017年）	浅田次郎(あさだじろう)	小説家
第17代（2017～2021年）	吉岡忍	ノンフィクション作家
第18代（2021～）	桐野夏生	小説家、女性初の会長

課題研究

1. 井上靖の幼少期を概括しなさい。
2. 井上靖の記者生活は文学のどのような影響を与えていますか。
3. 井上靖の劣等感について述べなさい。
4. 戦後派の特徴は何ですか。
5. 第二次戦後派の中で、井上靖はどのような特徴を持っていますか。

注　釈

1. 本項は、福田宏年「人と作品」『あすなろ物語』新潮社、1958年、を参照した。
2. 大岡昇平は『常識的文学論』（1961年）で、この作品は歴史的確証がないまま作者の都合で人物を書いていると批判した。
3. 三谷牛と川崎牛というのは牛の所有者の名前から来ている。
4. アジア、アフリカの諸民族の相互交流を目指して開かれた会議。

第53章 三島由紀夫

■生没年：1925～1970　■小説家

キーワード：異端の天才、虚弱児体質、輪廻転生

<作者>

三島由紀夫(みしまゆきお)は本名を平岡公威(ひらおかきみたけ)と言い、1925年1月14日東京に生まれた。『仮面の告白』（1949年）で文壇での地位を得て以降、『金閣寺』など唯美的な作品を発表した。のちに右傾化して、自衛隊の駐屯地に入り、自殺した。

■三島由紀夫年表■

1925年（大正14年）	誕生
1947年（昭和22年）	東大卒後大蔵省に入る
1948年（昭和23年）	大蔵省退職
1949年（昭和24年）	『仮面の告白』
1956年（昭和31年）	『金閣寺』
1961年（昭和36年）	『憂国』
1968年（昭和43年）	「楯の会」結成
1970年（昭和45年）	『豊饒の海』完結、自殺

<生い立ちと文学>

　三島由紀夫の父方の祖父は東大法学部を卒業し、警察署長や福島県知事、樺太庁長官を歴任した。祖母の家は江戸幕府の徳川将軍と関係があり、幼少期には明治天皇の親戚の家で養女として育った。父は東大法学部卒業で農林省水産局長を経て会社社長を務めた。母は儒学の家に生まれた。

　父母は健在であったが、三島由紀夫は生まれてから中学校に上がるまで祖母に育てられた。生まれつき病弱であり、5歳のときに血を吐き死に瀕した。それ以来月に一度危険に見舞われるようになる。祖母は三島由紀夫を厳格に管理し、外出を禁じて、部屋に閉じ込めた。近所の数人の女の子と室内で遊ぶこともあったが、大きな音は祖母の足の神経痛に障るため、静かさを強要された。三島由紀夫はむしろ一人で読書したり空想したりすることを好んだ。男の子でありながら女の子のような振る舞いで日々を過ごしたため性的倒錯が形成され、画集の中の「聖セバスチャン」という殉教図に性的な興奮を覚えた。幼少期の環境や心情は自伝的小説『仮面の告白』（1949年）に詳細に書き表されている。

● 小学校から高校まで

　1931年、学習院初等科に入学した頃から詩歌、俳句、童話に親しんだ。学習院中等科では文芸部に所属し、処女短編『座禅物語』を書いた。詩人の川路柳虹(かわじりゅうこう)に師事し、俳句や詩歌を雑誌に投稿し、のちに『十五歳詩集』として刊行された。学習院の国文

学教師の清水文雄にも師事して、『花ざかりの森』を文芸誌『文芸文化』に連載した。弱冠16歳であった。

学習院高等科に進学すると、同人誌『赤絵』を創刊して創作や評論を発表した。この時期に日本浪漫派の影響を受けた。日本浪漫派は1935年から1938年まで続いた機関紙『日本浪漫派』の文学一派で、浪漫主義から始まり、日本古典美に傾斜し、戦争を積極的に肯定した。

三島由紀夫は多感な10代に日本史上に残る社会的事件に遭遇した。まず1936年の二・二六事件である。これは、陸軍青年将校22人が昭和恐慌や貧窮する農村を背景に政治改革を目指し、下士官と兵1400人余を率いて起こした反乱である。大臣や教育総監を射殺し、陸軍省や国会、首相官邸を占拠し、陸軍首脳に国家改造の要求を突きつけた。反乱は鎮圧され、首謀者のほとんどが銃殺された。

10代の三島由紀夫は日本の激動期に生き、生来の作家的資質の上に文学性を形成していったのである。

● **戦時下の大学生活**

1944年、学習院高等科を首席で卒業し東大法学部に入学した。文学部への関心もあったが父から強く勧められて法学部を選び、法学の論理性を学ぶことになった。この論理性は三島由紀夫の小説や戯曲に対して、緻密な構成と明晰な展開と主題の一貫性を付与するという文学的貢献をした。同年に『花ざかりの森』が刊行された。

1945年2月、応召されて入隊検査を受けるが、軍医の誤診で戦争を免れ、帰郷となった。三島由紀夫は戦地で死ぬ覚悟をし、前もって遺書を書いていたが、兵役を免除されたために心境は複雑であった。空襲が起こり、警報が鳴り、防空壕の中に逃げ込む日々の中で、三島由紀夫は遺作のつもりで『エスガイの狩』や『中世』や『岬にての物語』を書いていた。胸裏にあるのは悲惨や恐怖という通常の感情ではなく、幸福という気分であった。就職や試験の心配がなく、あらゆる責任がなく、文学でも競争相手や批評家がおらず自由であるからだ。大都市への空襲を美しいとさえ言い、その有様を回想録『私の遍歴時代』の中で「死と破滅の大宴会」と形容している。

極限状態の中に幸福や美を感じることのできる感性は幼少期に既に培われていた。『仮面の告白』に右の1のような記述がある。三島由紀夫は病弱で自家中毒による死の危険と恐怖に晒されていたが、一方の空想上の死というものは完全なる虚構であるから、そこに恐怖の束縛からの解放感が生まれたと思われる。同様の表現は他にもあり、従妹たちとの戦争ごっこという遊びの中で、三島由紀夫は床に倒れて死んだふりをして右の抜粋2のように語る。

■ 『仮面の告白』抜粋 ■
1. 私は自分が戦死したり殺されたりしてゐる状態を空想することに喜びを持つた。そのくせ、死の恐怖は人一倍つよかつた。
2. 私はねぢれた恰好をして倒れてゐる自分の姿を想像することに喜びをおぼえた。自分が撃たれて死んでゆくといふ状態にえもいはれぬ快さがあつた。たとひ本当に弾丸が当つても、私なら痛くはあるまいと思はれた。

■ 日本文学史

　空想上の死の快感は肥大化し常識的な認識にも影響を与えるに至った。そして空襲の破壊からは、昨日あったものが今日なくなるという果かなさや不安定な現実感を深く心に刻まれたのであった。

　長かった戦争も8月に終わり、その直後に愛する妹がチフスで急死した。文壇から得ていたささやかな評価も消え、愛好していたラディゲ[1]やオスカー・ワイルド、日本古典なども戦後のGHQの統制による価値観の中で流行から大きく外れた。零からの出発であったが、三島由紀夫は戦後も思想を変えず、自己の文学を追求した。

　1946年、21歳のとき、『中世』と『煙草』の原稿を持って川端康成の家を訪れた。川端康成は『煙草』を評価して経営する出版社鎌倉文庫の雑誌『人間』に載せ、三島由紀夫を文壇に登場させた。しかし、作品の反響は乏しかった。

　翌年東大を卒業して大蔵省銀行局に勤務し、その傍ら創作を続けた。

● 専業作家へ

　仕事と文学の両立は難しく1年足らずで大蔵省を辞職して創作活動に専念した。『仮面の告白』は作者の同性愛を語る作品であり、『禁色』(きんじき)(1951年)、『秘楽』(ひぎょう)(1953年)の2部作も同性愛の美青年が活躍する。他に、女の激しい嫉妬を描く『愛の渇き』(1950年)、悪徳金融会社の勃興と衰退の『青の時代』(1950年)、金閣寺の美に圧倒される人生の一断面を描く『**金閣寺**』(1956年)、不倫の甘美と葛藤を描く『美徳のよろめき』(1957年)、元外相と高級料亭の女将を鮮やかに対比する『宴のあと』(1960年)、少年の残虐性を描く『午後の曳航』(ごご・えいこう)(1963年)など優れた長編小説を発表した。同性愛、不倫、死、破滅などが主題に表れる作品群において、『潮騒』(しおさい)(1954年)は青春の恋物語であり、異色の存在となっている。

　『真夏の死』(1953年)、『**憂国**』(ゆうこく)(1961年)などの短編小説、『近代能楽集』(1956年)、『鹿鳴館』(1957年)、『喜びの琴』(1963年)、『サド侯爵夫人』(1965年)などの戯曲にも傑作が多い。

　映画では「からっ風野郎」(1960年)に俳優として出演し、主題歌を作詞し自ら歌った。「憂国」(1965年)では監督・主演・脚色・美術を担当した。

　『憂国』は二・二六事件から題材を取った作品である。この事件では青島という中尉が割腹自殺をして、その妻も後追い自殺をはかった。更に岡沢という軍曹も、反乱軍を鎮圧しなければいけない立場にいたが、その反乱軍の中に自分の恩師がいたため葛藤があり、拳銃自殺をした。

　三島由紀夫の『憂国』の主人公武山信二は上記の2人をモデルに作られている。二・二六事件に際して、同じ軍人が反乱軍と鎮圧軍に分かれて闘い合うことに理不尽さを思い、割腹自殺を遂げ、妻も後を追って自殺するのである。物語の主題は武山の死に様にあり、割腹の場面がリアルに描写されている。

　『潮騒』がアメリカで翻訳出版されたのを機に三島由紀夫の作品は海外に紹介され、世界的な作家となっていく。

● 楯の会

　戦後の日本の右翼団体は親米と反共に傾いていたが、これに対して民族主義の復興という新しい右翼の在り方が提唱された。新右翼は民族派とも言い、自らの民族を政治や経済の主体として価値観の最上に置き、1960年代後半から勢力を持ち始めた。

　三島由紀夫は民族派雑誌『論争ジャーナル』副編集長を通して民族派学生と交流し感化された。1967年4月から1か月間、自衛隊に体験入隊し、自分たちの手で自国を防衛する構想を持ち始める。翌年3月と7月、学生を引率して再び体験入隊し、10月に民間人の編制による軍隊「楯の会」を結成した。会員は無給であるが制服や制帽、軍靴を支給された。会の運営費は三島由紀夫が負担した。

　三島由紀夫はもともと細身で、身長が163cmであること[2]を気にし、更に胃弱・虚弱体質であった。身体への劣等感からボディビル、ボクシング、剣道[3]で体を鍛え、写真集『薔薇刑』（1963年）で肉体美を披露するに至った。このような身体の鍛練が自衛隊の体験入隊を容易にしたと言える。

　1970年11月25日、三島由紀夫は「楯の会」の幹部格の学生の森田、古賀、小賀、小川を引き連れて、陸上自衛隊駐屯地に籠城し、憲法改正を訴える演説をした。日本国憲法第9条がある限り自衛隊は違憲の存在であり、三島由紀夫はこれを「軍の名を用ひない軍として、日本人の魂の腐敗、道義の頽廃の根本原因をなして来ている」と指摘し、自衛隊が本当の国軍となって日本が目覚めることを信じるのであった。演説の後、割腹し、森田が介錯した。その直後に森田が割腹し、古賀が介錯した。現場に残された3人はするべき事を終え、帰順を示した。これは国内ばかりか世界にも衝撃を与えた。

　自国を憂い、民族主義に駆り立てられ、自衛隊を正式な軍にするべきと主張することは、作品や講演を通しても可能であったが、三島由紀夫が選んだのは演説と自殺であった。

　三島由紀夫は短編小説『憂国』とその映画で割腹を理想化していた。また、三島由紀夫には老衰への恐怖と若くして死んで英雄になることの憧れがあり、日本は将来経済的に豊かなだけで中身がない国家に堕するという絶望もあった。三島事件の前年、1969年2月11日建国記念の日には、23歳の自衛隊員の江藤小三郎は日本の現状を憂い、同胞の覚醒を願って、国会議事堂の前で焼身自殺を遂げていた。これらの要因が重なって三島由紀夫は割腹自殺を断行したと思われる。

　三島由紀夫の死は日本文学の大きな損失でもあった。

● 川端康成との関係

　無名の三島由紀夫の作品『煙草』に対して中村光夫などは冷淡な評価を下した

■『豊饒の海』概説■

　三島由紀夫の最後の作品は輪廻転生を扱う『豊饒の海』となった。第1部『春の雪』、第2部『奔馬』、第3部『暁の寺』、第4部『天人五衰』の4部からなり、1965年から1970年まで長期連載された。三島由紀夫は『天人五衰』の最終回原稿を新潮社の編集者に渡した後、そのまま駐屯地に赴いた。

■ 日本文学史

だ、川端康成は輝くものを見つけ、新人作家として発掘した。それ以降、2人の師弟関係が続くが、川端康成は三島由紀夫を弟子というより年の離れた友人とみなしていた。三島由紀夫の結婚の際、川端康成は媒酌人を務め、初めての長編小説『盗賊』に序文を書き、『豊饒の海』第一部、第二部の序文には「『源氏物語』以来の日本小説の名作か」と絶賛の言葉を連ねた。ノーベル文学賞についても、三島由紀夫は英文で川端康成を推薦する文章を書き、受賞したときには真っ先に家に駆けつけた。

　三島由紀夫の自殺は1年半後の川端康成の自殺にも影響を与えたと考えられる。

<『金閣寺』>

　戦後文学の傑作『金閣寺』は実際に起こった事件が元になっている。1950年7月2日未明、金閣寺が全焼し、現場近くにいた若い僧侶を放火の容疑で逮捕した。カルモチン[4]を服毒し切腹していたが救命措置で助かった。僧侶は病弱で、重度の吃音があり、母からの過剰な期待を背負い、金閣寺の僧侶よりも事務員のほうが地位が上であることなど、不愉快な感情を処理できず犯行に走ったと解釈された。

　三島由紀夫の『金閣寺』の主人公溝口養賢は重度の吃音のため劣等感を持ち、人との交流も十分にできず、暗い青春を送っていた。金閣寺の美しさは少年期から父に聞かされていた。やがて金閣寺の僧侶となって働くが、その完璧な美は自分を圧倒した。もしも空襲が醜い自分も美貌の金閣寺もともに燃やせば同一次元に立てる。その心境が左のような美文で描かれる。

　しかし、金閣寺は空襲の被害に遭うことなく終戦を迎えた。溝口養賢は「美は怨敵」という思想を持ち続け、金閣寺を放火して自分も自殺しようと考える。

　溝口養賢は放火を成功させると、カルモチンとナイフを川に捨てて、自殺よりもこれから生きていこうと思うのであった。

　実際の事件と物語とでは相違点が多い。三島由紀夫は金閣寺全焼という衝撃を執筆動機とし、美と破滅を中軸に虚構を作り上げたのである。

> ■『金閣寺』■
> 　逃走する賊が高貴な宝石を嚥み込んで隠匿するやうに、私の肉のなか、私の組織のなかに、金閣を隠し持つて逃げのびることもできるやうな気がした。

> ■『金閣寺』の放火場面 ■
> 　法水院の内部には、大きなゆらめく影が起つた。中央の弥陀、観音、勢至(せいし)の三尊像はあかあかと照らし出された。義満像は目をかがやかせてゐた。その木像の影も背後にはためいた。
> 　熱はほとんど感じられなかつた。賽銭箱に着実に火が移るのを見て、もう大丈夫だと私は思った。
> 　私はカルモチンや短刀を忘れてゐた。この火に包まれて究竟頂で死なうといふ考へが突然生じた。

<文学史　43．翻訳文学>

　日本の翻訳文学は中国文学であった。その文学的収穫として一例を挙げれば、まず日本・インド・中国の説話を収録した『今昔物語集』がある。インドの説話は元々サンスクリット語などで書かれていたが、中国の僧がそれを中国語に訳し、日本が更に日本語に訳して日本文学に取り入れた。また、『源氏物語』と『奥の細道』の冒頭文も、それぞれ白居易と李白の漢詩の部分的翻訳によって文学世界を広げている。

　明治時代が始まると翻訳文学の対象は欧米に移り、表 53-1 のように日本の文学思潮成立の基礎を作った。なお、ここに紹介する作品はほんの一例に過ぎない。

表 53-1　明治時代の翻訳文学

国	文学者	作風、文学思潮、代表作	日本への影響
イギリス	ドイル	推理小説。「シャーロック・ホームズ」シリーズ	探偵小説
	ワーズワース	ロマン派。『叙情民謡集』『序曲』など	浪漫主義
	ワイルド	悪魔主義。『ドリアン・グレイの肖像』など	谷崎潤一郎、佐藤春夫
アメリカ	ポー	怪奇・推理小説。『アッシャー家の崩壊』など	江戸川乱歩
	マーク・トウェイン	ユーモア、社会風刺。『トム・ソーヤーの冒険』『ハックルベリー・フィンの冒険』など	児童文学
フランス	ユゴー	ロマン派、自由主義。『レ・ミゼラブル』など	政治小説（自由民権運動から生まれた文学）
	ゾラ	自然主義。『居酒屋』『ナナ』など	自然主義
ドイツ	ゲーテ	ロマン派。『ファウスト』など	浪漫主義
ロシア	トルストイ	人道主義的文学。『戦争と平和』など	白樺派

　欧米文学の翻訳は翻訳家のほか文学者によってもなされた。坪内逍遥のシェイクスピア全訳、森鷗外の『即興詩人』（イギリス／アンデルセン）、上田敏の『海潮音』（欧州各国）、二葉亭四迷の『あひびき』（ロシア／ツルゲーネフ）、永井荷風の『珊瑚礁』（フランス 13 人の詩人）、堀口大学（フランス 66 人の詩人）などがある。

　これとは反対に、外国語に翻訳される日本文学では、谷崎潤一郎、川端康成、三島由紀夫、安部公房、大江健三郎、遠藤周作、吉本ばなな、村上春樹の作品が多い。英語またはスウェーデン語に翻訳されることはノーベル文学賞受賞の最低条件であり、欧米の翻訳家の日本文化理解、日本語理解の能力も受賞の成否を決める。川端は翻訳者サイデンステッカーの功労に感謝し、賞金の半分を贈る意志を示したと言われている。

【コラム　戦時下の生活】

　政府は戦争に勝つために国民生活を圧迫した。国家総動員法（1938年）で政府は議会を経ずに人や物資を統制できるようになった。国民徴用令公布（1939年）では国民を軍需工場で働かせた。1940年から砂糖とマッチが配給制になり、町には「贅沢は敵だ」という看板が立った。1941年、米が1人1日約330グラムの配給制になった。1941年12月太平洋戦争が勃発すると、塩、味噌、醤油も配給制になった。金属回収令は国民の家の中の金属類を要求し、木や竹などの代用品が出回った。1943年1月に英米音楽の演奏を禁止し、同年12月、20歳だった徴兵の年齢を19歳に引き下げた。戦局が悪化し、米軍の空襲が激しくなると、東京、大阪、横浜などの学童は戦火を避けて地方へ疎開した。最初は個人で実施されていたが、1944年8月から学校単位の集団疎開が始まった。これを**学童疎開**という。

課題研究

1. 幼少期の環境は三島由紀夫にどんな影響を与えましたか。
2. 三島由紀夫は10代にどんな経験をしましたか。
3. 三島由紀夫と川端康成の関係を簡潔に述べなさい。
4. 三島由紀夫は「楯の会」にどんな思いを込めていますか。
5. 三島由紀夫の死生観について述べなさい。

注　釈

1. ラディゲ（1903～1923）はフランスの小説家。代表作『肉体の悪魔』。
2. 当時としては平均的な身長である。
3. 1968年8月に剣道五段に昇段した。
4. 鎮静催眠薬。

第54章 安部公房

■生没年：1924～1993　■小説家

キーワード：戦後派、シュルレアリスム、寓意の社会批判

＜作者＞

安部公房（あべこうぼう）は本名を安部公房（あべきみふさ）と言い、1924年3月7日、東京に生まれた。前衛的手法による『壁』（1951年）で芥川賞を受賞し、以降、同様の手法で人間関係や孤独を追究した。『砂の女』は世界各国語に翻訳された。

■ 安部公房年表 ■

1924年（大正13年）	誕生
1943年（昭和18年）	東大医学部入学
1947年（昭和22年）	『無名詩集』
1948年（昭和23年）	大学卒業、『終わりし道の標べに』
1951年（昭和26年）	『壁』で芥川賞受賞
1962年（昭和37年）	『砂の女』
1967年（昭和42年）	『友達』
1972年（昭和47年）	『箱男』
1977年（昭和52年）	アメリカ芸術科学アカデミー名誉会員
1991年（平成3年）	『カンガルー・ノート』
1993年（平成5年）	没、『飛ぶ男』絶筆

＜生い立ちと文学＞

父は満州医科大学[1]の医師であり、安部公房は満州の奉天市[2]で幼少期を過ごした。1940年旧制成城高等学校理科に入り、1943年東大医学部に入学した。この年に日本政府は太平洋戦争の兵力不足を補うため学徒出陣（がくとしゅつじん）を実行した。従来は26歳までの文科系大学生には徴兵猶予を認めていたが、これを停止して、20歳以上の学生を戦場に送りこんだのである。理科系の学生も学徒出陣があるかもしれないと危機を感じた安部公房は、大学に秘密で満州に避難した。開業医の父の手伝いをして日々を過ごし、終戦を迎えた。冬に発疹チフスで父が死去し、翌年日本に帰国した。1948年大学を卒業したが、父の死のショックなどがあり医師国家試験は受けなかった。

1947年に、『無名詩集』を自費出版し、処女長編『粘土塀』を文芸誌『近代文学』に発表した。安部公房はまったくの無名であったが、同人の**埴谷雄高**（はにやゆたか）が評価して掲載に至ったのである。翌1948年、同作品は『終わりし道の標べに』と改題されて刊行された。埴谷雄高、花田清輝（はなだきよてる）[3]、岡本太郎[4]らが結成した前衛芸術運動の「夜の会」に参加し、文学的素地が作られる。1951年、『近代文学』に短編『壁―S・カルマ氏の犯罪』を発表して芥川賞を受賞し、短編集『壁』を出版した。「新日本文学会」に所属して日本共産党に入っていた時期もあるが、やがて批判的な立場を取って除名された。

— 361 —

■ 日本文学史

● 小説、戯曲、映画

　安部公房は戦後派の作家であり、シュルレアリスムの手法を大胆に取り入れて文壇に新風を送った。

　『**砂の女**』（1962年）は砂穴の底にいる女に遭遇し、そこから脱出を試みる男を描く。世界20か国語に翻訳されて、フランス最優秀外国文学賞を受賞し、安部公房の名声を高めた。『他人の顔』（1964年）では爆発で顔を失った男が仮面をかぶり人との繋がりを求める。『燃え尽きた地図』（1967年）は失踪者を追跡する興信所員が自分を見失っていく。『箱男』（1972年）は浮浪者がダンボール箱を頭からかぶって街を徘徊する。『密会』（1977年）は救急車に連れ去られた妻を求めて病院を探索する。『方舟さくら丸』（1984年）は元カメラマンが世界滅亡の危機に備えて地下に核シェルターを作り仲間と共同生活を送る。『カンガルー・ノート』（1991年）は脛に「かいわれ大根」が生えてくる奇病の男が自走ベッドで様々な場所へ移動する。

　小説の奇妙な舞台設定は戯曲についても言える。『幽霊はここにいる』（1959年）、『無関係な死』（1964年）、『友達』（1967年）、『棒になった男』（1969年）、『緑色のストッキング』（1974年）など、いずれも日常の中に非日常を溶け込ませた筋書である。

　安部公房は映画とテレビドラマの脚本も多く手がけている。『砂の女』と『他人の顔』と『燃えつきた地図』が映画化される際には安部公房が脚本を担当した。

● 1970年以降

　安部公房は1973年に演劇集団「安部公房スタジオ」を結成し、演劇活動を始めた。海外公演は好評であったが日本国内では好ましい評判が得られず、1980年に活動を停止した。文壇との付き合いも減っていった。

　20世紀70年代以降は寡作となり、『密会』の7年後に『方舟さくら丸』が書かれ、更にその7年後に『カンガルー・ノート』が発表された。

　受賞関係では、1975年にアメリカのコロンビア大学から名誉人文科学博士を受け、1977年にアメリカ芸術科学アカデミー名誉会員に推された。海外から高い評価を得ていたが、80年代はほとんど作品を書かず、1993年1月22日、急性心不全で死去した。小説『飛ぶ男』が絶筆となった。

＜作品＞

● 『他人の顔』

　主人公の男が液体空気の爆発で顔面に大けがを負い、赤黒く膨れあがったケロイド状の醜い姿となる。男は顔を他者との連絡

■ 『他人の顔』仮面の作り方1 ■
　こめかみと顎の先は、白っぽくするために、酸化チタンを多目にしたものを、頬のあたりには、赤味を与えるために、カドミウム・レッドを加えたものを使用した。（中略）最後に、透明層——蛍光物質をふくみ、ケラチン層に近い屈折率をもった薄い被膜に、買い取った皮膚の表面をうつしたもの——を液状樹脂で貼りつける。

通路とし、精巧な仮面を作ることに人生を賭ける。仮面の色を肌と同じようにするために引用部分してこのような工夫をする。

怒り、悲しみ、笑い、など各種表情についても仮面で十分に表現できるように科学的な思考を重ね、実行に移す。仮面を鼻孔、唇、鼻梁、頰、顎と順に付けていき、定着してから、次の作業をする。

これらはほんの一例であるが、厳密な科学的記述は安部公房が理系の人間であったことに由来している。

『他人の顔』の主人公は他人の顔の仮面を付けて新しい生活を始めるが、その仮面は狩人のような顔であったため人格が攻撃的になっていき、自分を支配するのは心なのか、それとも外面的な顔なのか、本当の自分とは何かを読者に問い掛ける。小説の外観はＳＦ的であるが主題は重く、単に面白いだけのＳＦ小説とは根本的に文学的意義が異なっている。

■『他人の顔』仮面の作り方2■
赤外線ランプであたためてやり、一定の温度が保たれている間じゅう、ある特定の表情を繰返してやる。この材料には、一定の温度以上になると、弾性が急に低下する性質があるので、あらかじめ与えておいた繊維の方向、すなわちランゲル線にそって、その表情にふさわしい皺が、しぜんに刻み込まれてくるというわけだ。
その表情の内容や、配分については、一応次のような百分率を用意しておいた。
関心の集中………16％
好奇心……………7％
同意………………10％

● 『箱男』

主人公が被るダンボール箱を作ることから始まるのであるが、材料として適した箱の種類、覗き穴の大きさなどが具体的に説明される。小説の基本設定を「男はダンボール箱をかぶった」という結果的な文で読者に押しつけることはせず、箱の作成の段階から詳述して箱男の存在に十分なリアリティを持たせるのである。箱男の正体は不明であり、社会的存在を放棄したことぐらいしか分からない。1人称で語られて物語が進むが、いつの間にか箱の中の人間が不特定の誰かに入れ替わり、また本文の中に無関係な短い話が挿入され、読者の混乱と不安定感を誘発する。小説の中には8枚の写真が収められている。「期限切れの宝くじの番号に見入っている、若い暴力団員」、「喀血で呼吸困難におちいった重症患者のための病室の貼紙」、「スクラップの山」など作者が廃物や廃人をイメージするという写真である。『箱男』は前衛的、実験的手法で書かれた小説であり解釈は多様である。

人は共同体という全体の中に埋もれているが、箱の外観も箱の内部の男の独話も個人の存在を強烈に主張するものである。社会での生活には他者との共通性を備えることが条件となるが、箱男は社会に浸食される個人を守ろうとする一つの試みである。作品の奥には現代社会に立脚した主題が見える。

● 『笑う月』

『笑う月』（1975年）は創作についての考えやアイデアをエッセイ風に述べた作品である。奇抜な夢を見たらすぐに枕元の録音機に向かって夢の内容を話して保存する。何かを思いついたらノートにメモする。1つの発想から明確な自覚のもとに小説

■ 日本文学史

を書く。しかし或る発想について意識していなくても、無意識がそれを捉え、密かに成長させ、突然作者の目の前に置くこともあるといい、「書くという作業が作者の意識的操作を超えたものであることも否定はできない」と結論を述べている。

● **全体的な作風**

　安部公房の作品はいずれも奇妙な設定がなされ、ＳＦ的要素があり、前衛的である。最初期に「夜の会」を通して体得した前衛芸術が晩年まで作風に影響したわけである。夢による題材の発掘もまたシュルレアリスムの技法の１つである。奇想天外なアイデアは精緻な科学的記述で裏付けられ、実在感を獲得している。その上で現代社会や人間への探求が文学的主題として据えられ、追究されるのである。安部公房の小説は難解であると言われるが、それは多重的な隠喩のためである。箱男が現実の何を示すのか、脛に生えた「かいわれ大根」が何を指すのか、それぞれの隠喩を読解しなければ本当の主題は見えてこない。純文学作家が現実をそのまま捉えて言葉に移し替えるのとは対照的に、安部公房は現実を非日常的なものに置き換えて表現する。

　ＳＦやファンタジーの手法を採用して純文学的な主題を表現する文学をスリップストリーム[5]（Slip stream）、伴流文学などと言う。安部文学の一つの特徴である。

＜文学史　44．前衛文学＞

　19世紀末から20世紀初めにかけて、ヨーロッパで起こったダダイズム、シュルレアリスムなどの革新的芸術運動をフランス語でアバンギャルド（avant-garde）と総称するが、これを日本語に訳したのが「前衛」である。既成の芸術観念や形式を否定して、時代の先端に立つ芸術を目指し、文学ばかりでなく絵画、彫刻、建築、音楽など幅広い分野で運動を展開した。

　「前衛文学」という観点から日本文学史を捉え直すと、歴史に虚構を織り交ぜた『栄花物語』は、それまで史書しか存在しなかった日本文学に新しい形式を打ち立てたという意味で前衛的である。また『好色一代男』は、それまで文学の主人公が天皇や貴族、武士、隠者という支配階級であったのに対して、被支配階級の町人を主役にし、かつ「憂き世」という中世の価値観から「浮き世」という新しい価値観を提示しており、近世文学における前衛文学で評してよかろう。

　近現代文学では川端康成らの新感覚派が欧州の文学に学び、擬人法など斬新な文体で作品を書いた。特に川端は前衛文学の傾向が強く、精神病院を舞台にした無声映画『狂った一頁』（1926年）の原作や、男が若い娘からその片腕を借りて一夜を過ごす短編小説『片腕』（1964年）は前衛的作品として知られる。

　新感覚派と同時代に文壇を賑わせたプロレタリア文学も前衛文学と言われる。フランス語の「前衛」は元々、戦場で先頭に立つ精鋭部隊を示す軍事用語であった。この「前衛」が、資本家階級（ブルジョアジー）と労働者階級（プロレタリア）の階級闘争において、労働者階級の先頭に立つ「党」を隠喩的に表現するものとして用いられ

た。そうしたことから、戦前の第一次日本共産党の機関紙名も『前衛』となり、1920年代のプロレタリア文学運動の名称も「前衛芸術家同盟」となったのである。

　戦後における前衛文学の旗手と言えば、やはり安部公房を挙げなければならない。安部は一時期共産党員であり、フランス共産党員の哲学者・文学者のサルトルから影響を受けた。安部の後に文壇に出た大江健三郎もサルトルの影響を強く受け、前衛的手法で多くの小説を書いている。大江は自衛隊を否定するなど左翼の立場に立つ。このように前衛文学の作家が左翼的傾向を持つのは日本だけでなく全世界的に見られる現象である。

　この他、女流作家の倉橋由美子は『パルタイ』（1960年）を代表とする初期作品に前衛性を光らせる。SF作家の筒井康隆は奇抜な状況設定や斬新な文体、構成を追求し、『虚人たち』（1981年）、『邪眼鳥』（1997年）などの傑作を発表している。前衛文学の評論家では巖谷國士が著名である。

【コラム　インターン】
　戦時中、政府は医師不足を解消するため、その養成に急ぎ、不十分な教育のまま学生を医師にしていた。GHQの占領政策で教育制度が見直され、医学校を出た卒業生は1年以上のインターン（実地修練）で医師国家試験の受験資格が得られると定めた。インターン生は無給であり、更に医療事故が起こった場合は無免許医師の医療行為という問題が生じてしまう。東大医学部の学生は1967年、医師国家試験をボイコットし、反対運動を起こした。インターンは翌年に廃止された。

課題研究

1. 安部公房の文学の特徴を述べなさい。
2. 医学を学んだことは、安部公房の小説にどんな影響を与えましたか。
3. シュルレアリスムは安部公房にどんな影響を与えましたか。
4. 安部公房と大江健三郎を比較しなさい。
5. 「夜の会」の花田清輝と岡本太郎について調べて、簡潔にまとめなさい。

注釈

1. 現在の中国医科大学。
2. 現在の瀋陽市。
3. 花田清輝（1909～1974）は評論家。芸術運動を組織した。
4. 岡本太郎（1911～1996）は洋画家。作家岡本かの子の息子。
5. スリップストリームはアメリカのSF作家、ブルース・スターリングが提唱した。

■ 日本文学史

第 55 章　遠藤周作

■ 生没年：1923 〜 1996　■ 小説家

キーワード：カトリック文学、キリスト教作家、第三の新人

<作者>

遠藤周作は 1923 年 3 月 27 日、東京に生まれた。少年の時に洗礼を受け、リヨン大学でカトリック文学を学び、日本人におけるキリスト教の信仰を主題にした作品で注目された。代表作に『白い人』、『海と毒薬』、『沈黙』などがある。純文学の他、ユーモア小説、エッセイも多数ある。

■ 遠藤周作年表 ■

1923 年	（大正 12 年）	誕生
1926 年	（昭和 1 年）	大連に移住
1933 年	（昭和 8 年）	母、兄と帰国
1945 年	（昭和 20 年）	慶応義塾大学入学
1947 年	（昭和 22 年）	『神々と神と』
1950 年	（昭和 25 年）	フランス留学
1955 年	（昭和 30 年）	『白い人』で芥川賞受賞
1957 年	（昭和 32 年）	『海と毒薬』
1966 年	（昭和 41 年）	『沈黙』
1993 年	（平成 5 年）	『深い河』
1995 年	（平成 7 年）	文化勲章受章
1996 年	（平成 8 年）	没

<生い立ちと文学>

　遠藤周作は 3 歳のとき銀行員の父の転勤にともない中国の大連に移った。兄は学業成績が優れていたが、遠藤周作の成績は芳しくなく、父からよく説教され、劣等意識を持った。やがて父に愛人が出来て、両親は離婚した。

　遠藤周作は母、兄と帰国し、伯母の家で生活を始めた。伯母の影響を受けてカトリック教会に通うようになり、10 歳のとき母の懇望によって洗礼を受けた。毎朝早く遠藤周作は母に連れられてミサに参加したが、外国人の神父にも教会にもなかなかなじめなかった。日本人とカトリックの関係への意識はこの頃に生成され、日本人でありながらキリスト教を信仰することの疑問は終世遠藤周作を捕らえた。

　中学校では映画や読書に熱中し、特に江戸時代の滑稽本を愛読して過ごし、成績は最下位まで下がった。兄は第一高等学校を卒業し東大法学部に入ったが、遠藤周作は高校受験に失敗し続けた。母に経済的負担をかけたくないと考えて、既に帰国していた父の家で生活し、慶応義塾大学文学部予科[1]を受験して合格した。父は同居の条件として旧制高校か医学部予科に入ることを提示していたので、遠藤周作は家を追い出された。

　カトリックの学生寮に入り、友人の影響で哲学者のマリタン[2]や作家のリルケを読

みふける。その頃、東京の空襲を逃れて追分（おいわけ）に移ってきた堀辰雄の家を遠藤周作は頻繁に訪れた。そこで日本の宗教や文化の話を聞いたと推測される。遠藤周作の中に西欧の神と日本の神々という対立ができ、文学的主題として形成されていく。

高校を卒業すると慶応義塾大学のフランス文学科に入り、フランス文学を学んだ。学徒出陣で徴兵の声がかかったが、肋膜炎などの病気で入隊が延ばされ、そのまま終戦を迎えた。終戦後、母はカトリック雑誌の編集、刊行の仕事を始めた。画家の有島生馬が雑誌の表紙や挿絵を担当していたため、2人は親しくなり、やがて母は遠藤周作とともに有島家に夕食に招かれるようになった。遠藤周作は有島生馬の娘の暁子に弟のように可愛がられ、一家団欒のような暖かい時を過ごした。

モーリヤックなどフランスのカトリック文学に傾倒し、1947年、処女評論『神々と神と』が**神西清**に認められ批評家として文壇に出た[3]。1948年末に慶応義塾大学文学部の機関紙『三田文学』の同人となった。

● 留学時代

1950年、フランスのリヨン大学に留学してカトリック文学を学んだ。人種、信仰、風土など様々な面で見聞を広め、充実した生活を送っていた。評論家として生きるか、それとも小説家か、迷いがあったが結局小説を選んだ。肺結核が悪化して博士論文を断念し1953年2月に帰国すると、留学時代のエッセイを『フランスの大学生』にまとめ処女刊行した。同年に母が急死した。

● キリスト教作家として活躍

1954年、大学の先輩の**安岡章太郎**（やすおかしょうたろう）との付き合いを通じて、**庄野潤三**（しょうのじゅんぞう）[4]、**三浦朱門**（みうらしゅもん）[5]、**吉行淳之介**（よしゆきじゅんのすけ）[6]、**小島信夫**（こじまのぶお）[7]らを知り、交流する。

処女作『アデンまで』を発表して好評を得て、2作目の『白い人』（1955年）で芥川賞を受賞した。作品の舞台は第二次世界大戦中のドイツ占領下のフランス中東部の都市リヨンである。主人公は母から厳格な宗教教育を受けたにもかかわらず人を虐げることに喜びを覚え、挙げ句の果てに友人の神学生を裏切ってナチスの拷問にかけるが、友人は最後まで信仰心を捨てない。白い人＝西洋人における善悪や神の問題を追究する。

『**海と毒薬**』（1958年）は戦時下の大学医学部の医師が戦犯のアメリカ兵に臨床実験手術を施したという事件に題材した小説である。医師たちは生体解剖という悪を成してしまうが、それは日本人の中に神が不在であり、善と悪の行動原理がなく、容易に周囲に同調して動くからであるとした。

『**沈黙**』（1966年）は江戸時代初期の長崎を舞台にしたキリスト教が主題の歴史小説である。

■ **狐狸庵先生**（こりあん）■

遠藤周作は純文学作家であるがユーモア小説・随筆も書いている。1960年代初めに大病を患い、療養のため狐や狸が出没するような鄙びた土地に転居し、その家を狐狸庵と名付けたことから、狐狸庵先生と呼ばれた。この名前を冠した『狐狸庵人生論』、『狐狸庵食道楽』、『狐狸庵動物記』、『狐狸庵交友録』、『狐狸庵閑話』はいずれもユーモア精神あふれるエッセイである。同系列の作品として『ユーモア小説集』がある。ホラー、サスペンスも書き、文学の幅の広さを示している。

■ 日本文学史

　カトリックの文学的探求はその後も続く。『死海のほとり』（1973 年）、『イエスの生涯』（1973 年）、『キリストの誕生』（1978 年）はキリストの生き方を考察した作品である。
　『母なるもの』（1975 年）は裏切り者や背教者、弱者、罪人に対する救いを描き、母性的な優しさと許しを日本人の宗教観と位置付ける。
　『**侍**』（1980 年）は藩主の命令で西欧を訪れた侍がキリスト教に触れ、自らも信者となり、それが原因で帰国後に処刑される物語である。一度キリスト教に関わるとそれを捨てることはできなくなるというのが主題の一つになっている。武将の伊達政宗[8]が家臣の支倉常長に命じて、スペインのフェリペ 3 世に通商開設と宣教師派遣を求める文書を渡したことが小説のモデルになっている。
　『深い河』（1993 年）は悲しみなどを背負った 5 人の日本人がインド旅行に参加し、ガンジス河に癒しを得るという筋書きである。キリスト教は唯一神であるが、キリストは本当は宗教の違いを越えてあらゆる人々を包み込み救済するという作者の思想が表わされている。遠藤周作はこれを自己の文学の総決算とした。

● **遠藤文学の意義**

　遠藤周作は日本の多神教とカトリックの一神教という矛盾を融和して、日本人における独特のカトリックの宗教観を文学の中に築き上げようとした。そこには子どもの頃、洗礼やミサへの参加を母に半ば強制された苦い経験が生きている。日本人の自分がいかに西欧の宗教のカトリックを受容するか。敬虔な信者であった母の死を契機に遠藤周作はその課題に本格的に取り組んだ。離婚後、女手一つで育ててくれた母への感謝や愛情や思慕から、宗教にすべてを包み込むような母性的愛情を求める心性が生まれ、これを日本人の全体的な宗教観として解釈したと思われる。

　遠藤周作は歴史考証にも優れた資質を有し、物語の展開もドラマチックであり、多くの読者を持った。三田文学会理事長、芥川賞の選考委員と日本ペンクラブ第 10 代会長も務めた。文化勲章も授与された。海外から大学の名誉博士号を授与されたり講演に呼ばれたりと世界的な評価も高い。

　晩年は病気に悩まされ入退院を繰り返し、1996 年 9 月 29 日、肺炎で死去した。遺言により棺の中に『沈黙』と『深い河』が入れられた。

■ 『沈黙』 ■

　その踏絵に私も足をかけた。あの時、この足は凹んだあの人の顔の上にあった。私が幾百回となく思い出した顔の上に。（中略）人間が生きている限り、善く美しいものの顔の上に。そして生涯愛そうと思った者の顔の上に。その顔は今、踏絵の木のなかで摩滅し凹み、哀しそうな眼をしてこちらを向いている。（踏むがいい）と哀しそうな眼差しは私に言った。
　（踏むがいい。お前の足は今、痛いだろう。今日まで私の顔を踏んだ人間たちと同じように痛むだろう。だがその足の痛さだけでもう十分だ。私はお前たちのその痛さと苦しみをわかちあう。そのために私はいるのだから）
　「主よ。あなたがいつも沈黙していられるのを恨んでいました」
　「私は沈黙していたのではない。一緒に苦しんでいたのに」

<『沈黙』>

「ローマ教会に一つの報告がもたらされた。」という文で『沈黙』は始まる。それは、ポルトガルから日本に派遣された信仰心の強い教父が、キリスト教禁教令を断行する徳川幕府の拷問に耐えかねて、ついに棄教したという報告であった。教父を恩師とし、尊敬していた3人の若い司祭は日本に潜入するが、捉えられ、過酷な拷問を受け、聖母マリアやキリストを彫った木板を踏むという踏絵を迫られる。ロドリゴ司祭らは、神はなぜ沈黙を続けているのかと疑問を胸に抱く。司祭は踏絵を目の前にして激しい葛藤を経験する。前ページの抜粋はそれを回想する場面である。

『沈黙』は文壇から高い評価を得た。事件や実在の人物など史実を元にしながら小説としての虚構を巧みに作り出し、読者を引き付ける文章表現と物語展開を備えているからである。遠藤周作独自のキリスト教観がしっかり構築されていることも評価された。しかし『沈黙』はカトリック教会や信者からは、表55-1に示すようにキリストの描き方を巡って激しく非難された。カトリック系の上智大学もまた『沈黙』を禁書にするべきだと騒いだが、同大学の女子学生部長であった有島暁子は、「これは素晴らしい小説です」と果敢に擁護したのであった。その評価の正しさを示す如く、『沈黙』は翻訳されて海外でも広く読まれ、遠藤周作の作品の中で最も多く翻訳された作品となった。

表55-1　『沈黙』と批判

『沈黙』の中の記述[9]	批判の理由
キリストはユダを救おうとした。	背教者であるユダをキリストが救うはずがない。
神はなぜ黙っているのか。	神が黙っているのではなく、信仰心がないために声が聞こえないだけだ。
ロドリゴが踏絵をためらった時、キリストは踏めと言った。	キリスト教が棄教を勧めるはずがない。

<文学史　45．第三の新人>

戦後の文学は、第一次戦後派、第二次戦後派と続き、第三の新人[10]に至る。第三の新人は1952年頃から活躍し始めた新人作家たちの総称であり、社会性や思想性が薄く、人間の喜怒哀楽を私小説的に表現するところに特徴がある。戦後派が志向した長編小説とは対照的に短編小説を好んで書いた。次のような作家がいる。

安岡章太郎は『悪い仲間』と『陰気な愉しみ』（ともに1953年）で芥川賞を受賞した。『志賀直哉私論』（1968年）などの批評もある。

吉行淳之介は『驟雨』（しゅうう）（1954年）で芥川賞を受賞し、小説以外にもエッセイ、翻訳で活躍した。

■ 日本文学史

　庄野潤三は『プールサイド小景』（1955年）で芥川賞を受賞した。1年のアメリカ生活を経てから、家庭生活を描く『静物』（1960年）などを発表した。
　小島信夫は『アメリカン・スクール』（1955年）で芥川賞を受賞した。他に『抱擁家族』（1965年）などがある。
　阿川弘之（1920〜2015）は志賀直哉の最後の弟子であり、学徒兵としての体験を描いた『春の城』（1952年）、『山本五十六』（1964年）など戦記文学を書いた。
　遠藤周作も第三の新人に数えられる。
　これらの作家は続けて芥川賞を受賞した（表55-2）。ただし1955年上半期に遠藤周作が受賞する時まで芥川賞は社会的認知が薄かった。1955年下半期に大学生の石原慎太郎が既成道徳を否定する『太陽の季節』で受賞してマスコミに取り上げられ、これ以降、芥川賞は世間の注目を浴びるようになったのである。1958年に大江健三郎が受賞するなど昭和30年代は新しい作家の活躍が目立った。第三の新人は戦後派と昭和30年代作家の間で目立たない存在となったが、やがて長編小説を書き始めたこともあって、評価されるようになった。表55-3に「第三の新人」と前後の文壇を示す。

表55-2　「第三の新人」と芥川賞受賞

1952年下	五味康祐『喪神』 松本清張『或る「小倉日記」伝』
1953年上	安岡章太郎『悪い仲間・陰気な愉しみ』
1953年下	該当作品なし
1954年上	吉行淳之介『驟雨』
1954年下	小島信夫『アメリカン・スクール』 庄野潤三『プールサイド小景』
1955年上	遠藤周作『白い人』
1955年下	石原慎太郎『太陽の季節』

表55-3　「第三の新人」と前後の文壇

戦後派	安部公房、三島由紀夫
第三の新人	遠藤周作、安岡章太郎
昭和30年代の作家	石原慎太郎、大江健三郎

【コラム　1．日本キリスト教史】
　日本に初めてキリスト教を伝えたのはフランシスコ・ザビエルである。1549年、鹿児島に上陸し、2年間の滞在の間に、各地で布教して500人以上の信者を得た。
　治世者の織田信長はキリスト教に寛大であった。豊臣秀吉も当初は寛大であったが、スペイン人の航海士から、キリスト教布教がスペインの領土拡大の手段であると聞くなどして危機感を持ち、カトリック信者26人を処刑した。日本人が20人で、他にスペイン人、メキシコ人、ポルトガル人がいた。彼らを日本二十六聖人という。
　徳川幕府を開いた徳川家康は最初キリスト教を黙認していた。1612年に

岡本大八(おかもとだいはち)と有馬晴信(ありまはるのぶ)が賄賂事件を起こし、ともにキリシタンであったことから、徳川家康は禁教令に踏み切り、キリスト教信者を迫害した。明治時代になっても同じ政策を続けていたが、西欧から激しい抗議を受けたため、1873年にキリスト教禁止令を解いた。261年に及ぶキリスト教弾圧の終結であった。

【コラム 2．文化勲章】
　文化の発達に功績のあった者に授ける勲章を文化勲章といい、1937年に制定された。毎年11月3日、文化の日に授与される。文学者で最初の受賞者は幸田露伴（1937年）である。近年では、瀬戸内寂聴（2006年）、田辺聖子（2008年）、ドナルド・キーン（2008年）が受賞されている。ドナルド・キーンはアメリカの日本文学研究者であり、三島由紀夫、川端康成、安部公房らと親交が深かった。

課題研究

1. カトリック教が遠藤周作に与えた影響を考察しなさい。
2. 遠藤周作は母と父にどんな感情を持っていたか、考えてみましょう。
3. 日本人のキリスト教について、遠藤周作はどんな考えを持っていますか。
4. 遠藤周作の作家としての資質について述べなさい。
5. 第三の新人の特徴について述べなさい。

注　釈

1. 旧制高等学校に準じる過程であり、予科を卒業した後、大学の学部に入学する。
2. マリタン（1882～1973）は Maritain, Jacques。フランス人。
3. 神西清は堀辰雄の終生の友人であったから、堀辰雄と関係のある遠藤周作にも好意的であったと推測される。それは『神々と神と』への肯定的評価にも多分に影響を与えたであろう。
4. 庄野潤三（1921～2009）は兄は児童文学者の庄野英二。
5. 三浦朱門（1926～2017）は妻は作家の曾野綾子。
6. 吉行淳之介（1924～1994）は1945年東大に入学したが、雑誌編集のアルバイトに精を出し、大学は学費未納で除籍処分となった。
7. 小島信夫（1915～2006）は世代としては戦後派と同じだが、39歳と遅くデビューしたため、第三の新人に数えられる。
8. 伊達政宗（1567～1636）は安土桃山時代から江戸時代初期にかけての武将。
9. この表では、作品の実際の表現を簡略化して書いている。
10. 第三の新人の命名は評論家の山本健吉による。

■ 日本文学史

第56章　大江健三郎

■ 生没年：1935〜　■ 小説家

キーワード：ヒロシマ体験、ノーベル文学賞、戦後民主主義

<作者>

大江健三郎(おおえけんざぶろう)は1935年1月31日、愛媛県の山村に生まれた。東大在学中に『飼育』（1958年）で芥川賞を受賞し、学生作家となる。独特な文体で現代的なテーマを描き、核兵器反対運動にも参加する。1994年、ノーベル文学賞を受賞した。

■ 大江健三郎年表 ■

1935年（昭和10年）	誕生
1954年（昭和29年）	東大入学
1958年（昭和33年）	『飼育』で芥川賞受賞
1964年（昭和39年）	『個人的体験』
1967年（昭和42年）	『万延元年のフットボール』
1994年（平成6年）	ノーベル文学賞受賞
1998年（平成10年）	『私という小説家の作り方』
1999年（平成11年）	『宙返り』
2002年（平成14年）	『憂い顔の童子』
2005年（平成17年）	『さようなら、私の本よ!』
2009年（平成21年）	『水死』
2018年（平成30年）	『大江健三郎全小説』全15巻刊行開始

<生い立ちと文学>

森林の大自然に囲まれて成長したことが人格や文学に大きな影響を与えた。小学校入学の年に太平洋戦争が始まり、中学入学の年に新憲法が施行された。大江健三郎は早くから**戦後民主主義**の支持者であった。

高校在学中に文芸部に所属して同人誌を編集し、石川淳、小林秀雄などを愛読した。1954年東大に入学し、フランス文学を学ぶ。カミュ[1]、フォークナー[2]、サルトル[3]、安部公房などを読み、戯曲の習作も書く。1957年『東京大学新聞』に発表した小説『**奇妙な仕事**』が平野謙らに絶賛されたのを機に、『文学界』に『**死者の奢り**』を発表し、学生作家として華々しくデビューした。『死者の奢り』は川端康成、舟橋聖一らに注目されて芥川賞候補となり、翌年の『**飼育**』（1958年）で受賞した。弱冠23歳であった。1959年サルトルについて卒業論文を書き大学を卒業した。その後、政治に積極的に関わり、安保反対運動、開高健らと訪中して毛沢東や周恩来に面会し、帰国後に「新日本文学会」に加入した。アジア・アフリカ作家会議参加など、社会を視野に入れた活動に力を注いだ。

1960年10月12日、日本社会党委員長の浅沼稲次郎(あさぬまいねじろう)が総選挙の演説の際に右翼少年の山口二矢(やまぐちおとや)に刺殺される事件が起きた。大江健三郎は日本に右翼が生まれる土壌を

考察して、少年の心理と行動を描いた『セブンティーン』を文芸誌に発表したが、右翼団体から脅迫されるという危険に面した。

● **作品**

1963年、長男が知的障害を持って生まれた。我が子が知的障害を持つということへの拒絶感や現実逃避を経て、最終的に受容する精神遍歴を『個人的な体験』(1964年)で表現した。原爆の被害にあった広島を訪れ、世界原水爆禁止大会に出席し、原爆の悲劇を記録した『ヒロシマ・ノート』を連載した。

『万延元年のフットボール』(1967年)は万延4元年に四国の村で起きた一揆と安保闘争を重ねた物語である。この他、『洪水はわが魂に及び』(1973年)、『ピンチランナー調書』(1976年)、『同時代ゲーム』(1979年)、『新しい人よ眼ざめよ』(1983年)、『人生の親戚』(1989年)、『燃えあがる緑の木』(1994年)などがある。評論、随筆も多く書いている。文学の手法は谷崎潤一郎や川端康成らの日本の伝統的美学に拠るのではなく、大岡昇平や安部公房と同じく西欧の小説技術を模範としている。思想としては天皇制に反対であり、自衛隊の存在に対して否定的である。

● **天皇制への批判**

1960年10月12日、日本社会党委員長の浅沼稲次郎が総選挙の演説の際に右翼少年の山口二矢に刺殺されるという事件が起きた。山口は現行犯逮捕され、十一月二日夜、東京少年鑑別所で自殺した。大江健三郎はこの少年をモデルにし、『セブンティーン』『政治少年死す』の二部作を、1961年『文学界』一月号と二月号に掲載した。このことで文芸春秋は右翼団体から脅迫され、三月号に謝罪文を掲載した。

『セヴンティーン』は十七歳になったばかりの「おれ」が極右団体の活動を通して勇敢で狂暴で右よりな少年になっていく様を描く。『政治少年死す』では「おれ」が死を超えて、恐怖を至福に変えて、天皇との一体化を夢見ることにより、政治家刺殺事件を起こす。大江健三郎は「おれ」の性的衝動が激しい天皇礼賛と連動する描き方をしたため右翼団体の怒りを買った。

『セブンティーン』はともかくとして、『政治少年死す』は濃厚に右翼少年の犯罪を描いているため、どの単行本にも収められることなく時が過ぎた。しかし雑誌掲載

■ **ノーベル文学賞受賞** ■

1994年、大江健三郎は川端康成以来26年ぶりとなるノーベル文学賞を受賞した。記念講演は川端康成の「美しい日本の私」を意識した「あいまいな日本の私」であった。川端は、日本の伝統美や民族文化の特殊性を世界に主張し、言葉による真理表現の不可能性を伝えた。その意味で川端の言葉は東アジア人以外に閉じられていて vague（明瞭でない）であった。

大江はこれに対し ambiguous（両義的）であった。日本の近代化は西欧に倣いつつも伝統文化を守るという「あいまいさ」があり、アジア侵略と、そして西欧側に理解されない暗部を残す結果となったとした。

大江がノーベル賞を受賞したとき、日本政府は文化勲章と文化功労者の授与を決めた。それは天皇の親授式を伴うことから、大江は「私は戦後民主主義者である。民主主義に勝る権威と価値観は認めない」として受章を拒否している。

から57年間が経過した2018年7月、この問題小説はついに『大江健三郎全小説』(講談社)の第三巻に収録され、日の目を見たのだった。

　日本は戦前、天皇主権であったが、敗戦とＧＨＱ占領政策を経て主権在民となった。このような時代の変化を生きてきた大江には、天皇制への批判が基本的な生活態度だった。ところが右翼少年山口は大江よりも若い世代であるにもかかわらず天皇のために自分の主権や命を捧げたのである。大江はこれに衝撃を受け二部作を書いたのだった。

　1970年三島由紀夫がクーデターを起こし自殺を遂げたことも大江に少なからず衝撃を与え、『みずから我が涙をぬぐいたまう日』(1972年)では天皇制を主題にした小説を書いた。『水死』(2009年)では「父と天皇制」という新しいテーマで長編を発表した。天皇制は大江文学の底を流れ続ける重要な文学的主題なのである。

<『奇妙な仕事』>

　東京大学の学生が、150頭の犬を屠殺するというアルバイトに参加した。事の発端はイギリス人女性が新聞社に「ある病院が150頭の犬を生体実験しようとしている」と告発したことにある。病院も犬を飼い続ける予算がないということで、一気に殺してしまうことに決めたのであった。役割分担して仕事を進めた。「私」は倉庫の前の檻にいる犬を連れてきて、30歳過ぎの男は屠殺と皮剥ぎを担当し、私大生は犬の死体を運搬し、女子大生は犬の皮を整理した。仕事は順調であったが、「私」は皮膚病にかかった犬に足を噛まれ、病院に急いだ。手当を受けている時、警官に呼ばれた。このアルバイトの雇い主は実は犬の肉を不法に肉屋に売りつけるつもりだったのである。「私」は法廷に証人として召喚されるかもしれないと警官に言われた。4人はバイト代がもらえないばかりか、面倒なことに巻き込まれてしまった。檻の中に繋がれて殺されるだけの犬と同じく、「私」もまた現実の閉鎖的な空間に包囲され、絶望や無気力を覚えるのであった。

　物語の最後の部分を挙げる。

> ■『奇妙な仕事』後半■
> 　僕らは犬を殺すつもりだったろ、とあいまいな声でいった。ところが殺されるのは僕らの方だ。
> 　女子学生が眉をしかめ、声だけ笑った。僕も疲れきって笑った。犬は殺されてぶっ倒れ、皮を剥がれる。僕らは殺されても歩きまわる。しかし、皮が剥がれているというわけね、と女子学生はいった。全ての犬が吠えはじめた。犬の声は夕暮れた空へひしめきながらのぼって行った。これから二時間の間、犬は吠えつづけるはずだった。

<文学史　46. 昭和30年代の作家>

　1955年から1964年までの昭和30年代に、第三の新人とは異なり、思想性の強い

作家が出た。大江健三郎の他に以下の作家がいる。

深沢七郎(ふかざわしちろう)（1914～1987）は放浪生活、ギター奏者という異色の経歴を持ち、姥捨山を主題にした『楢山節考』(ならやまぶしこう)（1956年）が三島由紀夫、正宗白鳥らに絶賛されて文壇に出た。『風流夢譚』(ふうりゅうむたん)（1960年）で天皇や皇族が殺害される場面を描き、右翼団体の猛烈な抗議を受けてからは、創作から遠ざかった。

開高健(かいこうたけし)（1930～1989）は『裸の王様』（1957年）で芥川賞を受賞した。ベトナム戦争に新聞社の特派員として参加したり、平和活動を推進するなど行動派の作家であった。

江藤淳(えとうじゅん)（1932～1999）は戦後の文芸評論家の第一人者で二十代から優れた表論文を発表した。代表作に『奴隷の思想を排す』（1958年）、『小林秀雄』（1961年）、『漱石とその時代』（1970-1999年、未完）がある。江藤の仕事で特に重要なものはアメリカに渡りGHQの占領政策のときの検閲の具体的内容を調査し、明らかにしたことである。

北杜夫(きたもりお)（1927～2011）は小説家であるとともに精神科医である。ナンセンス・ユーモアのエッセイ『どくとるマンボウ航海記』（1959年）がベストセラーになり、ナチス・ドイツの「夜と霧作戦」をモチーフにした『夜と霧の隅で』（1960年）で芥川賞を受賞した。父親は歌人として著名な斎藤茂吉である。

【コラム　風流夢譚事件】

1960年12月、深沢七郎の『風流夢譚』(ふりゅうむたん)が文芸誌『中央公論』に掲載された。作品には皇太子が民衆に斬首されたり、皇居を襲撃されたりする場面があり、右翼団体の大日本愛国党は皇室を侮辱するものであると抗議した。作者は姿をくらましたので、中央公論社が矢面に立たされ、謝罪した。しかし右翼団体の感情は収まらず、翌年2月、大日本愛国党の17歳の少年が中央公論社の社長宅に侵入し、家政婦を刺殺し、社長夫人に重傷を負わせた。これを風流夢譚事件(ふうりゅうむたんじけん)という。社長が被害者側であったが、新聞に謝罪文を掲載し、事件は収拾した。

浅沼稲次郎暗殺事件に続く右翼少年の殺人事件であった。

課題研究

1. 大江健三郎の文学の方向性について述べなさい。
2. 大江健三郎と川端康成を比較しなさい。
3. 大江健三郎の戦争の考え方について述べなさい。
4. 昭和30年代の作家の特徴を述べなさい。

5　内向の世代の特徴を述べなさい。

注　釈

1　カミュ（1913〜1960）はCamus, Albert。フランスの小説家で、ノーベル文学賞受賞者。代表作『異邦人』（1942年）。
2　フォークナー（1897〜1962）はFaulkner, William Cuthbert。アメリカの小説家で、ノーベル文学賞受賞者。
3　サルトル（1905〜1980）はSartre, Jean-Paul。フランスの哲学者。代表作『存在と無』（1943年）。
4　万延は年号で1860年3月18日から1861年2月19日までを指す。

第57章　司馬遼太郎

■生没年：1923～1996　■小説家

キーワード：歴史小説、司馬史観、新撰組

<作者>

司馬遼太郎（しばりょうたろう）は本名を福田定一（ふくだていいち）と言い、1923年8月7日、大阪に生まれた。新聞社勤務を経て、『梟の城』（1960年）で直木賞を受けた。『坂の上の雲』、『竜馬がゆく』など独自の歴史観で多くの歴史小説を書いた。日本社会批評や対談も精力的に行った。

■司馬遼太郎年表■

1923年（大正12年）	誕生
1941年（昭和16年）	大坂外国語学校
1943年（昭和18年）	学徒出陣
1946年（昭和21年）	新聞社に入社
1956年（昭和31年）	『ペルシャの幻術師』で文壇登場
1960年（昭和35年）	『梟の城』で直木賞受賞
1966年（昭和41年）	『竜馬がゆく』、『国盗り物語』
1993年（平成5年）	文化勲章受章
1996年（平成8年）	没

<生い立ちと文学>

1942年大阪外国語学校[1]モンゴル語学科に入学し、ロシア文学や司馬遷を愛読した。文学青年のグループはあったが、司馬遼太郎は自分には才能がないと思い、近寄ろうとしなかった。学徒出陣で戦争に駆り出され、戦後に復員して新聞社に入った[2]。記者の仕事は性に合い、面白みを感じた。昇進して管理職になったら記事が書けなくなるから、そのとき仕事を辞めようと考えていた。7年ほど経って、実際に管理職に就いたとき、司馬遼太郎は寺内大吉という文学青年の僧に、小説を書く意志があることを伝えた。懸賞小説への応募を勧められ、雑誌『講談倶楽部』に原稿用紙70枚の『ペルシャ幻術師』（1956年）を送った。新聞記者として短い文章ばかり書いていたから、70枚はケタ違いの長さであった。この作品は入選したが、司馬遼太郎にはまだ「自分は小説がわからない」という自覚があり、続けて書くことができなかった。司馬遼太郎という筆名は、『ペルシャ幻術師』を郵送する準備をしていたとき、傍に読みかけの司馬遷の本があり、そこから取ったという。

寺内大吉に誘われて同人誌『近代説話』[3]を創刊し、何かを書こうとするがやはり書けなかった。記者時代に培われた文章を自分から追い出すために、漢文の知識を生かして漢文調の『戈壁（ごび）の匈奴（きょうど）』を書き、ようやく手ごたえを感じることができた。司馬遼太郎はこれが実質的に私の第一作であると述べている。

■ 日本文学史

● 専業作家へ
　知人の新聞の編集長に依頼されて、忍術使いの『梟の城』（1959年）を連載すると、これが直木賞受賞作となり、新聞社を退社して専業作家の道を進んだ。司馬遼太郎は一度書いた文章に粗を探しては添削するという習慣があり、一つの作品を完成させるのに苦労が多かった。記者時代の執筆スタイルが作家になっても持続したのであろう。しかし文章を意識の流れとみなし、添削で意識を中断するのはよくないと考え、『竜馬がゆく』（1962年）から文章を直さないようにして以来、執筆が楽になった。

● 歴史小説家
　司馬遼太郎は初期に推理小説を2作書いているが、それ以降は歴史小説のみを創作の対象とした。時代は戦国、幕末、明治が中心となっている。資料を徹底的に収集し、丹念に調べ上げ、史実を把握したうえで現代的な解釈を試みる。細部にこだわり、人物や人と人との関係を調べ尽くし、個性や特徴を把握する。対談『手堀り日本史』（1972年）で右のように述べている。

> ■『手堀り日本史』■
> 私は、ひとつのことを書くときに、その人間の顔だとか、その人間の立っている場所だとか、そういうものが目の前に浮かんでこないと、なかなか書けないのです。

　資料の情報を積み上げて人物を具体的に思い描くことができたとき、書斎に友人がいる感じがするという。友人という感覚からか、司馬遼太郎は登場人物を好意的に描く。
　『燃えよ剣』（1964年）は新撰組副長の土方歳三の生涯を描く。『坂の上の雲』（1969～1972年）は陸軍軍人の秋山好古、海軍軍人の秋山真之、正岡子規を主人公にして近代日本の勃興期を描く。『翔ぶが如く』（1975～1976年）は西郷隆盛を主人公に明治維新から西南戦争までを描く。『世に棲む日日』（1969～1970年）は幕末の吉田松陰と高杉晋作を描く。古代中国に取材した『項羽と劉邦』（1980年）もある。
　日本人とは何者かを考えて書いた作品として、幕末の坂本竜馬を主人公とする『竜馬がゆく』、戦国時代の武将を描く『国盗り物語』、『功名が辻』、幕末の家老を描く『峠』がある。『国盗り物語』に始まり、『関ヶ原』、『新史太閤記』、『城塞』という戦国四部作で独自の歴史観、人物解釈、作風方向を確立した。
　『殉死』（1967年）は明治天皇の死に際して自殺した陸軍大将の乃木希典を通して日本人の精神性を追究した作品で、作者自身の心にも深く絡み、脱稿した後も不快感が残ったと述懐している。

● 歴史観
　司馬遼太郎は自らを歴史家ではなく歴史小説家であると規定する。歴史的事実を積み重ね、そこに独特の史観を打ち立てるからであろう。史観は「歴史を全体的に把握し、解釈するときの基礎的な立場・考え方」と定義される[4]。歴史を考えるときに史観は重要なツールとなるが、司馬遼太郎はそれを、歴史を掘りかえす土木機械に過ぎないと断じる。歴史上の事件や人物を正確に見るには、史観に頼らずに自分の頭で合理的に考えなければいけないとする。

平安時代末期の源義経は、騎兵集団を指揮して平家滅亡を実現した天才的軍略家であったが、兄の源頼朝に疎まれ滅ぼされてしまう。日本人は悲劇の英雄である源義経に同情し、判官(ほうがん)びいき[5]という言葉も生まれた。司馬遼太郎はこの従来の見方に異議を唱え、1966年から『九郎判官義経』を連載した。史実として、源義経は平家を滅ぼして法皇や関白から賞賛され、天皇寄りの人間になった。しかし源頼朝は天皇中心の律令制に代わる新しい武士政権を鎌倉に築こうとしていたので、武士である源義経が体制側にいることは不都合極まりなく、討伐に出たのであった。司馬遼太郎は源頼朝が鎌倉政権を確立することで、「律令制社会の矛盾から当時の日本人を救ってくれた」[6]と考える。源義経は軍略には才能があったが政治には疎く、源頼朝の心情が終始わからなかった。源義経について考えるときは、英雄の悲劇という点ばかりを見るのではなく、その背後に鎌倉幕府成立という巨大な事業があったことも視野に入れなければいけない。ここに司馬遼太郎の新しい視点がある。

近代については、明治時代を合理的な人物が活躍し近代国家を作り上げた時代として評価する一方で、昭和時代の敗戦までを暗黒時代として否定する。この司馬遼太郎の歴史観を**司馬史観**という。徴兵されて軍部の非合理的な面を目の当たりにした自己の体験が昭和への否定的立場を形成したと思われる。

司馬遼太郎の作品はよく読まれ、多くがテレビドラマ化、映画化されている。豊臣秀吉や徳川家康など歴史上の人物像は司馬作品を通して作られた部分が大きい。従来ほとんど知られていなかった武将や商人が、作品の中に登場し、皆によく知られるようになったという社会現象も起きている。

司馬遼太郎は国民的作家であるが、批判がないわけではなく、例えば明治時代の肯定と昭和時代の否定に対して、偏向が指摘されている。時代考証のミス、長編小説の主題の一貫性の欠如などを指定する声もある。しかし、合理性に裏打ちされた史観と魅力的な人物造形で娯楽性に富んだ歴史小説を開拓した功績は日本文学史上に残るものである。

● **紀行、随筆、対談**

小説の他に、紀行文集『街道をゆく』(1971～1996年)、歴史随筆の『この国のかたち』(1986～1996年)などがある。近代文明や日本社会に対して建設的な批評を行った。対談の名手であ

■ 『燃えよ剣』の一場面 ■

「土方歳三、参る」

歳三は、踏みこんで左袈裟斬(ひだりけさ)り、トントンととびさがるなり、川を一足でとび越え、向う土手の草をつかみ、大またに這いあがった。その身ごなし、まるで喧嘩をするために地上に生まれてきたような男である。

路上では騒いでいる。

奇襲は成功した。相手は、歳三らが意外なところから這いあがってきたのに狼狽たばかりか、二手にわかれているために、どれほどの人数が来たかと思ったらしい。

歳三は、路上に這いあがった。

眼の前に欅(けやき)の巨樹がある。そこが橋の北詰めで、権爺ィの斥候(ものみ)ではもっとも人数が多い。その一部は、土手下の悲鳴をきいて河原へ駈けおりている。

歳三は、すばやく欅下に飛びこんで、黒い影を一つ、真向から斬りさげた。

相手は、凄い音をたてて地上に倒れた。一太刀で絶命したらしい。

り、ノーベル物理学賞受賞者の湯川秀樹、アメリカの日本文学者ドナルド・キーン、パナソニック創始者の松下幸之助、評論家の山崎正和、民族学者の山折哲雄、作家の丸谷才一、井上ひさし、井上靖、陳舜臣ら各界の名士と日本史や日本語、日本人について独自の意見を述べている。

1993年文化勲章を受け、1996年2月12日、72歳で死去した。

<『燃えよ剣』>

『燃えよ剣』は土方歳三を主人公とする歴史小説である。江戸時代末期、討幕を企てる尊皇派の動きが活発化していた。幕府はこれを弾圧するために新撰組を編成した。局長の近藤勇、副長の土方歳三、一番組長の沖田総司が中心となり、反幕府勢力を取り締まった。土方歳三は近藤勇を補佐して組織をまとめ、尊皇派の志士や新政府軍と果敢に闘ったが、最後は函館の五稜郭で戦死した。

前ページは闘いの一場面である。

<文学史 47. 内向の世代>

評論家の小田切秀雄は、1970年前後に登場した一群の作家の特徴として、政治的イデオロギーから離れ個人的な状況の中に自己の文学を築くことを指摘し、これを**内向の世代**と呼んだ。小田切秀雄は社会と関わり合いを持つ戦後派の文学者であるから、「内向」という言葉に閉鎖性への批判を込めた。

古井由吉(1937～2020)は大学のドイツ語教師を経て作家生活に入り、『杳子』(1970年)で芥川賞を受賞した。

黒井千次(1932～)は会社に勤務しながら「新日本文学会」に所属し、退社後はサラリーマン生活の経験を小説に生かした。

高井有一(1932～2016)は共同通信社の記者として働きながら創作し、『北の河』(1965年)で芥川賞を受賞した。

小川国夫(1927～2008)はカトリック教信者であり、『アポロンの島』(1957年)を自費出版し、島尾敏雄の推奨で文壇に出た。

他には、**阿部昭**(1934～1989)の『人生の一日』(1976年)、後藤明生(1932～1999)の『挟み撃ち』(1973年)、大庭みな子の『三匹の蟹』(1968年)などがある。

第 57 章 司馬遼太郎

◆ ◆ ◆

【コラム　1．新撰組】

　新選組とも書く。幕末浪士の武力団体。はじめ幕府は京都市内警備のため組織した浪士組であるが、京都守護職の下に、隊長の近藤勇（こんどういさむ）と副長の土方歳三（ひじかたとしぞう）が実権を握り、尊皇攘夷、討幕派の志士の弾圧に活躍した。

　新撰組は京都市内の治安を守る警察であり、攘夷派の志士を斬った。規律に厳しく、局中法度（きょくちゅうはっと）を破る隊士を切腹させた。局中法度には、「士道に背いてはいけない」、「金策してはいけない」、「個人的な闘争をしてはいけない」などがあった。新撰組は誰からも恐れられたが、土方歳三は特に「新撰組鬼の副長」と呼ばれた。

　土方歳三は農家の出身であり、自家製の薬の製造・販売もしていた。薬を売り歩きながら道場で剣術を習い、25歳のときに天然理心流に入門した。1863年京都に上がり、新撰組を結成し、指導的な立場に立った。1868年、新政府軍と**鳥羽（とば）・伏見（ふしみ）の戦（たたか）い**が始まると、大砲や小銃などの西洋式の軍事に圧倒された。幕臣の榎本武揚（えのもとたけあき）と蝦夷地（今の北海道）に渡り、函館の五稜郭（ごりょうかく）を拠点にして、闘い続けたが、腹部を銃撃され、35歳の若さで死去した。

　新撰組の隊員は四散し、解隊した。

【コラム　2．元新聞記者の作家】

　司馬遼太郎は元『産経新聞』の記者であったが、記者の経歴を持つ作家にはまず二葉亭四迷がいる。彼は文学よりも政治への関心が強く、ロシアに危機感を持ち、『朝日新聞』の記者として活躍した。同時代の作家徳富蘆花（とくとみろか）は雑誌社「民友社」の記者であり、同社発行の『国民新聞』に『不如帰』（ほととぎす）（1898～1899年）を連載して大評判となった。歌人の石川啄木は北海道放浪時代に『函館日日新聞』、『釧路新聞』、『小樽日報』などで記者の仕事をし、上京後に『朝日新聞』の校正係となった。社会派推理小説の大家で芥川賞作家の松本清張は、『朝日新聞』の記者を経て作家になった。同じく芥川賞作家の井上靖は『毎日新聞』の記者で、後輩の山崎豊子はのちに直木賞作家となった。山崎は実在の人物をモデルにフィクションを加えて小説を書くタイプの作家で、新聞社と政界を舞台にした作品に『運命の人』（2009年）がある。

課題研究

1. 新聞記者であったことは司馬遼太郎が小説を書くときにどんな影響を与えましたか。
2. 司馬遼太郎は歴史小説を書く前に、どんな準備をしますか。
3. 司馬遼太郎は歴史観についてどう考えていますか。

■ 日本文学史

4. 戦争への従軍は司馬遼太郎にどのような影響を与えましたか。
5. 日本史において新撰組はどのような役割を演じましたか。

注　釈

1. 大阪外国語学校は現在の大阪大学外国語学部。
2. この新聞社は小さく2年後に倒産した。司馬遼太郎は次に大手の産経新聞社に入社した。
3. 『近代説話』は1957年から1963年まで続いた。同人の黒岩重吾、伊藤圭一などが直木賞を受賞した。
4. 『デジタル大辞泉』小学館から引用した。
5. 判官びいきは義経に同情する気持ち。転じて、才能があるのに不遇である者に対して、第三者が同情して肩を持つこと。
6. 司馬遼太郎．手堀り日本史．文藝春秋．1972：101．

第58章　瀬戸内寂聴

■生没年：1922～2021　■小説家

キーワード：仏教とキリスト教、女流文学、パセティック

＜作者＞

瀬戸内寂聴（せとうちじゃくちょう）は本名を瀬戸内晴美（せとうちはるみ）と言い、1922年5月15日、徳島県に生まれた。夫の教え子と恋愛したために離婚するなど、奔放な恋に生きた。作品も情熱的な恋愛小説が多数を占める。また与謝野晶子など女流作家の評伝物にも才能を発揮した。やがて仏門に入り、筆名を晴美から寂聴とした。

■ 瀬戸内寂聴年表 ■

1922年（大正11年）	誕生
1946年（昭和21年）	中国を引き上げて日本に帰る
1950年（昭和25年）	離婚。上京
1956年（昭和31年）	『女子大生・曲愛玲』
1957年（昭和32年）	『花芯』
1961年（昭和36年）	『田村俊子』
1973年（昭和48年）	出家
1996年（平成8年）	『現代語訳源氏物語』
2001年（平成13年）	『場所』
2006年（平成18年）	文化勲章受章
2021年（令和3年）	没

＜生い立ちと文学＞

父は指物職人[1]であり、自分の店を持っていた。木造の稲荷（いなり）、荒神（こうじん）、臼や杵などを作り、欄間（らんま）を彫った。家は仕事で忙しく両親にもなかなか構ってもらえず、瀬戸内寂聴は日曜日に近所の教会に遊びに行き、賛美歌を歌い、牧師の話を聞いた。

幼稚園の時、父は親類の金銭問題に巻き込まれ、生活の資産を失い、10人余りいた弟子も消えた。零からの出発であった。家族で引っ越ししてから、父は一心に仏壇を作り、弟子を呼び戻し、神仏具商を営み始めた。やがて身寄りのない大伯母[2]の家を継ぎ、家族で養子になった。瀬戸内寂聴はもともと三谷という姓であったが、瀬戸内姓に変わった。

大伯母はキリスト教徒であった。夫も息子も洗礼を受けていたが、早々と死んでしまった。大伯母はキリスト教の教えを心の拠り所として生き食事の度に、幼い瀬戸内寂聴に祈りを教え、アーメンと言わせるのだった。

● 原風景

徳島県は四国南東部の県である。四国には弘法大師とゆかりのある寺が88か所あり、これらを巡礼する四国八十八カ所巡りが平安時代末期から始まって、江戸時代には庶民にも広まった。現在でも遍路する人は多い。瀬戸内寂聴は幼い時から巡礼する

人々や「南無大師遍照金剛」と唱える声を聞いていた。
　また、母は家の中で辛いことが多く、瀬戸内寂聴を背負って家を飛び出すことがあった。淋しげに線路に沿って歩いたり、夜道を歩いたりする母の背中で、瀬戸内寂聴は心細さを感じていた。
　これらの幼少時の情景は終生忘れ得ぬ記憶として瀬戸内寂聴の心に残った。

● 文学の目覚め
　瀬戸内寂聴は地元の人形浄瑠璃をよく見ていたため、台詞を節を付けて暗誦することができた。実家が神殿仏具商であるから『祝詞』や『般若心経』も身近にあり、それらも自分で節を付けて暗誦できた。小学生になってから、瀬戸内寂聴は姉に連れられて、担任の先生の家によく遊びに行き、本棚に並べられていた世界文学全集や日本文学全集を読み漁った。同級生の家で児童文学全集を読み、町の図書館にも行った。
　小学生のときから、将来小説家になりたいと思うようになった。

● 結婚と不倫
　瀬戸内寂聴はキリスト教系の東京女子大学に入学し、毎週学長の祈りの声を聞き、多くのクリスチャンの友人を得た。在学中に中国の師範大学講師の日本人男性と見合い結婚し、北京で生活した。子供も生まれた。やがて夫が現地召集を受け、日本の文部省からの月給も止まり、瀬戸内寂聴は生活のために日本人が経営する運送会社の電話番の仕事を始めたが、その直後、戦争が終わった。中国人から復讐されることを危惧したが、中国の人々は皆、「仇を恩で返す」と言って親切にしてくれたという。
　夫、子と故郷の徳島に帰ると、姉から母が空襲で亡くなったことを聞かされ、深い悲しみに沈む。日本での生活が始まって間もなく、瀬戸内寂聴は夫の教え子の青年木下涼太と密かに激しい純愛をして、やがて夫にそのことを打ち明けた。夫は激昂して、瀬戸内寂聴と子を連れて上京し新しい家に住んだ。しかし瀬戸内寂聴の気持ちは変わらず、家庭を捨てて京都の友人の家に転がり込んだ。このとき彼女は家を捨てた人妻という身分であり、恋人の青年には負担が重すぎて恋は破局した。父にも嫌悪され、徳島の実家に帰ることもできなかった。

● 作家への道
　1950年離婚すると、単身で上京して作家を目指した。同人誌『文学者』に参加して、同人の純文学作家の小杉慎吾と知り合う。小説を通じて分かり合い、瀬戸内寂聴はいつしか妻のいる彼と不倫の関係に落ちていく。小杉慎吾の応援のもとで完成させた『女子大生・曲愛玲』（1956年）は新潮同人雑誌賞を受け、作家の地位を得た。
　しかし受賞後第1作の**『花芯』**（1957年）はポルノ小説であると酷評された。この作品は一人の女性が恋愛に情熱を傾け、夫と子を捨て、やがて売春婦となる物語であり、作者の経験の一部が投影されている。瀬戸内寂聴はポルノと批判した男性批評家たちに猛烈に反論したため、5年もの間、出版界から追放された。その頃、かつての恋人木下涼太が瀬戸内寂聴を訪れてきて関係が復活する。木下涼太は作家の小杉慎吾を敬愛し、小杉慎吾も木下涼太に好意を持っていて、複雑な関係を呈した。

瀬戸内寂聴は恋に一途であり、与謝野晶子を超えるほどの爆発的な恋情を持つ作家であった。『夏の終り』（1962年）は小杉慎吾との8年間の不倫を告白する私小説であり、これに『あふれるもの』（1963年）、『みれん』（同年）、『不惑妊心』（1964年）が続く。

　これらの一連の私小説に先立つのが、明治末期の女流作家田村俊子の人生を描いた『**田村俊子**』（1961年）である。本作品は第1回田村俊子賞を受賞し、瀬戸内寂聴の文壇復帰を実現した。

● **女性の評伝物**

　瀬戸内寂聴は女性の評伝物に才能を発揮した。北原白秋と3人の妻の愛を描く『ここ過ぎて』（1956～1958年）、作家岡本かの子の一生を描く『**かの子撩乱**』（りょうらん）（1962～1964年）、無政府主義者の大杉栄と恋に落ちた伊藤野枝を描く『美は乱調にあり』（1965年）、国際的オペラ歌手の三浦環[3]（みうらたまき）を描く『お蝶夫人』（1969年）、無政府主義者の管野スガ[4]を描く『遠い声』（1970年）、婦人運動家の平塚らいてうを描く『青鞜』（1984年）などがある。

　近作に、生まれ育った町や恋愛をした町を訪れ、自己の半生を述懐する『**場所**』（2001年）がある。

● **出家**

　瀬戸内寂聴は人気作家であったが、1973年、51歳のとき突然出家した。その理由ははっきり語っていないが、2007年のインタビューでは、恋では満たされず他のものを追い求めたかったと述べている。瀬戸内寂聴は幼少期からキリスト教と仏教に親しんでいたから、宗教の道に入るとき選択肢は2つあったことになる。

　瀬戸内寂聴は子供の頃、大伯母に「キリスト教信者がなぜ仏壇屋の父を養子に迎えたのか」と聞いたことがある。大伯母は、キリスト教も仏教もともに目に見えないけれども尊い存在であり、それを拝むのは同じだから、と答えた。瀬戸内寂聴はこの答えに深く納得したという。51歳で宗教を始めようとした時、どちらを選んでも不思議はないのであるが、仏門に入ったのは、作家であり天台宗僧侶の**今東光**（こんとうこう）（1898～1977）の影響が考えられる。今東光は川端康成らと『文芸時代』を創刊した新感覚派作家であったが、芥川龍之介の自殺に考えるところがあり、1930年に出家した。約20年間文学から遠ざかっていたが、『お吟さま』（1956年）で直木賞を受け文壇復帰したという経歴を持つ。

　瀬戸内寂聴は今東光を師僧として得度（とくど）[5]した。法名は寂聴であり、以後これを筆名とした。

　天台宗尼僧として大衆に説法を行い、犯罪者を更生し、死刑囚の心を支えたりと熱心に活動する一方、創作も続け、『源氏物語』を自己の世界観で描いた『女人源氏物語』（1988年）、鎌倉時代の僧の一遍（いっぺん）と彼につき従った尼僧に現代の男女を対照させた『花に問え』（1992年）、『現代語訳源氏物語』（1996～1998年）などを発表した。

■ 日本文学史

● 思想[6]

　瀬戸内寂聴は家を出るとき、子供を置いていかざるを得なかった。養うお金がないからである。そのことが終生心残りであったのか、瀬戸内寂聴は女性の経済的自立を主張する。

　また、芸術の力、文学の力を信頼し、想像力を訓練することを推奨する。経験してから過ちに気付くのではなく、想像によって問題性を認識し、事前に回避することが大切であるとする。瀬戸内寂聴は戦争の悲劇を身を持って体験しているので、自国が再び戦争へと向かうのを避けるために想像力を働かせるべきだとの思いを強くするのである。

<『あふれるもの』>

　瀬戸内寂聴は既婚者の小杉慎吾と不倫の関係を結び、かつ小杉慎吾に秘密で独身の木下涼太とも交情を続けていた。二重の背徳であった。小杉慎吾に、木下涼太との関係がばれることの恐怖はあったが、恋の情熱は抑えられない。

　『あふれるもの』の知子は作者自身である。

■『あふれるもの』■

「こんなことが、小杉さんに内証でいつまでもつづけられると思ってるの」

　知子は涼太の目から目をそらせながら、曖昧な表情をして、じぶんの家の方をふりかえった。

　慎吾は今夜、そこにいる筈がないのに、不意に、そこに慎吾が何かの事情で予定より早く来て、じっと背をまるめ、じぶんの帰りを待っているような幻影を見た。

　声に出したい恐怖が知子の背をかすめた。

<文学史　48．女流文学の変遷２（明治時代～現代）>

● 戦前

　近現代の女流文学は樋口一葉から始まる。続いて明治40年代に男女の官能的な小説を書く田村俊子が出て、更に評論家の平塚らいてう、短歌の与謝野晶子が文壇に登場した。岡本かの子は与謝野晶子に師事して、耽美的な作品を書いた。

　野上弥生子（1885～1985）は夏目漱石の門下となり、『ホトトギス』に『縁』（1907年）を発表して文壇に出た。

　宇野千代（1897～1996）は明治、大正、昭和、平成の時代を生き抜いた長寿の作家であり、恋愛に著書が多く、代表作は『色ざんげ』（1935年）、『おはん』（1957年）である。

　中里恒子（1909～1987）は同人誌に参加して、横光利一、川端康成、堀辰雄の知遇を得た。国際結婚を描いた『乗合馬車』（1938年）で**女性初の芥川賞**を受賞した。

　由起しげ子（1900～1969）も『本の話』（1949年）で芥川賞を受けた。『女中ッ子』（1954年）は映画化されベストセラーになった。

　壷井栄（1900～1967）はプロレタリア作家の壷井繁治と結婚し、ナップの運動に

参加した。代表作に『**二十四の瞳**』（1952年）がある。

林芙美子（1903～1951）は自伝的小説『**放浪記**』（1930年）で流行作家になった。戦後は多くの連載小説を抱えたが、心臓麻痺で急逝した。

佐多稲子（1904～1998）は『キャラメル工場から』（1928年）でデビューした。プロレタリア文学運動の参加や日本共産党の入党と除名などを経験し、『渓流』（1963年）で党内部の抗争を描いた。

平林たい子（1905～1972）は社会主義に関心を持ち、産んだばかりの女児が栄養不足で死んだ体験から『施療室にて』を書いてプロレタリア作家となったが、戦後は転向した。

円地文子（1905～1986）は戦前から小説を発表していたが評価されず、戦後になってから認められた。『源氏物語』の現代語訳がある。

● 戦後

女性軽視の風潮は明治、大正、昭和まで続いたが、終戦後の1945年10月、ＧＨＱが日本の憲法の改正に着手して、改善の糸口となった。女性に関する権利として、「婚姻は両性の合意のみに基づいて成立する」など、男女平等を謳った条項が明文化されたのである。この草案を作ったのは、ＧＨＱ民生局のスタッフのベアテ・シロタ・ゴードンという22歳のアメリカ人女性であった。彼女の父はユダヤ人であり、ヨーロッパにいるとき人種差別を受けていたが、山田耕作という日本人に招かれて、日本で暮らすこととなった。ベアテ・シロタは5歳から15歳まで日本社会の中で生活し、女性の弱い立場を目の当たりにしていた。彼女の草案には、人種差別、女性差別への嫌悪感から来る、平等への強い願望が表れていると言える。ベアテ・シロタの草案に対して、日本政府は最初、拒絶反応を示したが、最終的には同意した[7]。

新しい憲法によって社会意識が変わり、女性の地位が向上した。それに伴い女性の作家が増え、平安時代を彷彿させる様相を呈している。

河野多恵子（1926～2015）は谷崎潤一郎のマゾヒズムや異常性愛を継承した作品を書き、『蟹』（1963年）で芥川賞を取った。

宮尾登美子（1926～2014）は『連』（1962年）で文壇に出て、『一絃の琴』（1978年）で直木賞を受賞した。

田辺聖子（1928～2019）は『感傷旅行(センチメンタルジャーニイ)』（1964年）で大阪弁による恋愛小説を書き、芥川賞を受賞した。

大庭みな子[8]は夫の仕事の都合でアメリカに11年住み、生活体験から得られた感性や文体で作品を書いた。『三匹の蟹』で芥川賞を受けた。

曾野綾子（1931～　）は『遠来の客たち』（1954年）が芥川賞候補になり、文壇に出た。夫は作家の三浦朱門である。文学史では第三の新人に属する。

有吉佐和子（1931～1984）は『恍惚の人』（1972年）で老年痴呆症の問題を扱い、『複合汚染』（1974、1975年）では汚染物質の人体への悪影響を警告した。これら社会小説以外に、歴史に取材した『華岡青洲の妻』など多数の分野を手掛ける。

■ 日本文学史

倉橋由美子（1935～2005）は明治大学に入って中村光夫に師事した。大学新聞に発表した『パルタイ』が平野謙に称揚され文壇から注目された。女性作家には珍しく抽象的世界を得意とする。

津島佑子（1947～2016）は太宰治の次女であり、『謝肉祭』（1971年）で文壇に出てから現在まで多くの作品を書き、各種文学賞を受けている。

評論家の吉本隆明を父に持つ**吉本ばなな**（1964年～ ）は処女作『キッチン』（1987年）でデビューした。作品の多くは外国語に翻訳され、海外で知名度が高い。

綿谷りさ（1984～ ）は19歳のとき『蹴りたい背中』（2004年）で芥川賞を受賞した。2011年現在、最年少の受賞である。

【コラム 1. 女性の地位向上】
法律が整備され女性の地位が保証されるようになった。
- 1933年　婦人弁護士制度……女性に弁護士への道を開いた。
- 1946年　衆議院議員選挙法……女性が選挙権・被選挙権を持った。
- 1986年　男女雇用機会均等法……男女平等の雇用を実現した。
- 1997年　男女雇用機会均等法改正法……企業にセクハラ防止を義務付けた。

【コラム 2. 宗教と文学】
● 仏教

仏教は6世紀中頃に日本に伝わり、以来、日本文化の形成に大きく関わってきた。文学も然りである。説話集『日本霊異記』、『今昔物語集』は仏教説話を収め、随筆『方丈記』、『徒然草』は仏教的無常観を基調にして作者の世界観が語られる。軍記物語『平家物語』は仏教の諸行無常を説く。日本の歴史で特に仏教が隆盛したのは中世であり、この時代に豊穣な隠者文学が形成された。

近代では宮沢賢治が法華宗の熱心な信者としてその宗教世界をもとに多くの童話を書いた。また新感覚派の今東光は、文壇を去り仏門に入ったあと、復帰して『お吟さま』（1956年）で直木賞を取り、以後、僧侶として作品を書き続けた。瀬戸内寂聴も同様の経歴を持つ。大衆文学作家の吉川英二は浄土真宗を開いた親鸞を生涯慕い、『親鸞』を書いた。

現代では、直木賞作家の五木寛之が仏教への関心から浄土真宗の僧である蓮如を描く『蓮如物語』（1995年）の他、『親鸞』（2010年）、『親鸞　激動篇』（2012年）を発表している。芥川賞作家の玄侑宗久は禅僧であり、禅語の世界を紹介する『禅語遊心』（2005年）、解離性同一性障害という症状を阿修羅と結び付けて解釈した小説『阿修羅』（2009年）など、仏教思想を背景に作品を書いている。

● キリスト教

　キリスト教は中世の一時期に日本に入ったものの、豊臣秀吉が「西欧のキリスト教布教を手段とする他国への植民地化」を恐れて禁教令を出し、次の統治者の徳川家康も同じ政策を取った。しかし近代となり、日本が西欧列強に加わる中で、自ずとキリスト教の布教、信仰も許可された。森鴎外、夏目漱石は信者ではないが聖書をよく読み、自身の思想や文学を豊かにした。芥川龍之介も非信者だが、『煙草』（1916年）から『西方の人』（1927年）に至るまで、作家生活のほぼ全てに渡って切支丹物と呼ばれるキリスト教関係の作品を書いた。自殺する際にも枕元に聖書を置いていた。志賀直哉は内村鑑三から7年間キリスト教を学んだ。彼は結果的にキリスト教を放棄し、葬式も遺言により無宗教で行われたが、小説『范の犯罪』（1913年）には「バイブル」、「黙祷」、「キリスト教」という用語が認められ、晩年の随筆『私の空想美術館』（1958年）でも「キリストの顔が立派に見えた」と述べ、キリスト教への思いが断絶していたわけではないことを伺わせる。

　キリスト教作家の代表者は遠藤周作であるが、そのほか三浦綾子（みうらあやこ）は人間の原罪と神の愛を追求し、『塩狩峠（しおかりとうげ）』（1968年）、『銃口（じゅうこう）』（1994年）などを発表した。第三の新人に属する曽野綾子もキリスト教思想を根底に置いて『神の汚れた手』（1980年）、『天上の青』（1990年）などを著した。なお、遠藤周作と曽野綾子はカトリック教徒、三浦綾子はプロテスタント教徒である。

課題研究

1. 瀬戸内寂聴の文学的資質はどのように育成されましたか。
2. 瀬戸内寂聴の出家は自己の文学にどのような影響を与えましたか。
3. 恋という観点から、瀬戸内寂聴の性格を述べなさい。
4. 女流文学の歴史の中で、瀬戸内寂聴はどのような位置を占めていますか。
5. 戦争は瀬戸内寂聴にどのような影響を与えましたか。

注　釈

1. 指物識人は板をさし合わせて家具や器具を作る職人。
2. 祖父母の姉妹。
3. 三浦環（1884～1946）は欧米各地でオペラ『蝶々夫人』に2000回出演した。
4. 管野スガ（1881～1911）は幸徳秋水の影響で無政府主義者になり、一時同棲した。大逆事件で処刑された。
5. 得変は出家して僧や尼になること。
6. 本節は寂聴の2007年のインタビューを参照した。

■ 日本文学史

7. ベアテ・シロタについては、佐藤俊子「比較女流文学―小野小町の場合―」『北星学園女子短期大学紀要』Vol.33：21―32.1997を参照した。
8. 大庭みな子（1930～2007）は川端康成は自殺する3日前に大庭みな子の家に電話していた。3日後に会おう、と言われたが大庭みな子は用事があって断った。

第 59 章　村上龍

■生没年：1952〜　■小説家

キーワード：米軍基地、学園紛争、社会へのコミット

＜作者＞

村上龍(むらかみりゅう)は本名を村上龍之介(むらかみりゅうのすけ)と言い、1952年2月19日、長崎県佐世保市に生まれた。米軍基地のある環境で育ったことが文学に影響を与えた。24歳のとき『限りなく透明に近いブルー』で芥川賞を受賞した。以降、現代社会に関心を持ち、多くの問題作を発表している。テレビ番組の司会者、メールマガジン発行など文学に留まらない活動を示す。

■村上龍年表■

1952年（昭和27年）	誕生
1967年（昭和42年）	高校入学
1972年（昭和47年）	武蔵野美術大学入学
1976年（昭和51年）	『限りなく透明に近いブルー』で芥川賞受賞
1980年（昭和55年）	『コインロッカー・ベイビーズ』
2000年（平成12年）	『希望の国エクソダス』
2005年（平成17年）	『半島を出よ』
2010年（平成22年）	電子書籍会社設立

＜生い立ちと文学＞

　父は美術教師、母は数学教師であった。終戦からまだ間もない時期で、日本全体が貧しかった。父は絵を描くために山奥に10坪ワンルームのアトリエを建て、村上龍も6歳くらいまでそこにいた。近くに水道がなく、野生動物も出現し、幼少の村上龍には過酷な生活状況であった。この原体験がのちの『**コインロッカー・ベイビーズ**』、『五分後の世界』などの世界観に表れた。村上龍が小学校に上がる頃、妹が生まれ、祖父母の近くの家に引っ越した。両親が共働きのため、村上龍は祖父母に面倒を見てもらったが、学校から帰るときに放浪する癖があり、祖父母を心配させることがしばしばあった。

　小学校と中学校は米軍基地の近くに位置していて、学校の窓から米兵と街娼がキスをするのをよく目にし、性に関して何らかの影響を受けた。村上龍は成績優秀で、1967年に佐世保市内でいちばんの進学校の高校に進学した。

　1968年、16歳のとき、アメリカの原子力空母エンタープライズ[1]が佐世保港に入港し、4万7千人もの労働者や学生が反対デモを行って警官隊と激突した。普段は平穏な日常に突如として血と暴力があふれ出す瞬間を目撃した。ベトナム戦争に反対す

■ 日本文学史

る運動家が米軍に対してシュプレヒコールを起こしたが、戦闘機の爆音にかき消された。それはアメリカの圧倒的な強さを象徴的に示すものであり、デモの無力さを思い知るのであった。

● **学園紛争**

日本社会では1960年代半ばから大学を中心に**学園紛争**が起こり、68年と69年のピーク時には70校でバリケード封鎖が行われた。大学は旧体質の権威主義で学生の団体結成や印刷物の発行を許可せず、教員は教育の熱意に欠け、学費の負担も大きかった。学習意欲に燃えていた学生は大学の現状に失望し、不満を爆発させた。学園紛争の社会背景にはベトナム戦争を開始したアメリカと、そのアメリカに沖縄や横須賀などの軍事基地を提供した日本政府への怒りがあった。1970年に迎える**日米安保条約**の自動延長への反対運動もあった。

学園紛争が1968年にピークを迎えたのは、世界の青年たちの社会に対する運動が高まっていたからである。中国では"文化大革命"でが行われ、チェコスロバキアでは「プラハの春[2]」が起こり、パリでは「五月革命[3]」が発生した。

学園紛争は大学が中心であったが高校でも行われた。村上龍の高校は名門校であったが、学生たちが校門や校舎の壁にスプレーで「学園解放区」、「国体粉砕」などを書き記した。村上龍はこの紛争の首謀者であり、刑事に聴取された。退学を覚悟したが、3か月の謹慎という処分で済んだ。この経緯は、自伝的青春小説『69 sixty-nine』(1987年)に描かれている。

● **専業作家へ**

村上龍は高校在学中勉強に身が入らず、希望する美大はすべて不合格となった。東京の美術学校に入るがすぐに退学し、数か月の間、東京都西部の米軍基地付近の福生市に住んだ。1972年、武蔵野美術大学に入り、福生市での体験から、性と薬に乱れる若者を描く『**限りなく透明に近いブルー**』(1976年)を発表し群像新人文学賞及び芥川賞を受賞した。24歳の学生が成し遂げた快挙であり、石原慎太郎を彷彿させる社会的事件となり、ベストセラーを記録した。

村上龍は子供の時からお金を稼ぐことに関心があり、最も効率よく稼げるのは小説であると考えていた。意図した通り『限りなく透明に近いブルー』の印税1400万円が入ってきた。村上龍は反権威的であるから、文壇に評価されたことを嬉しく思うわけではないし、これで作家としての自信を付けたわけでもないが、お金を得て経済的自立を果たした喜びは大きかった。

受賞の年に結婚し、大学を中退して、文筆活動に専念した。『海の向こうで戦争が始まる』(1977年)から3年間の空白期間を置き、『コインロッカー・ベイビーズ』(1980年)を発表した。幼児がコインロッカーに捨てられたという事件に取材し、孤児の破壊衝動を描いた作品であり、村上龍の自信作となった。

● **小説の主題**

近未来の政治小説『愛と幻想のファシズム』(1987年)、ＳＭクラブの女性を描く連作集『トパーズ』(1988年)を発表した。

『五分後の世界』（1994年）は第二次世界大戦から現代まで日本が連合軍と戦争を続けているというパラレルワールドを描いた。『ラブ＆ポップ』（1996年）は女子高生の援助交際を描く。『イン　ザ・ミソスープ』（1998年）は外国人犯罪をサイコホラー風に描く。

『共生虫』（2000年）は引きこもりの青年と戦争の関係を描く。**『希望の国エクソダス』**（同年）は経済の停滞した日本社会に絶望した中学生たちが、北海道に土地を購入し、そこに日本から独立した街を作り上げるという物語である。『半島を出よ』（2005年）は北朝鮮が日本に侵攻する危機を描く。『歌うクジラ』（2010年）は不老不死の遺伝子というＳＦを取り入れた近未来小説である。

村上龍はデビューしてから一貫して全世界的な視野に立って現代日本社会を客観的に見据え、諸社会問題を摘発し、現状への違和感を小説の主題とする。これに魅力的な人物造形、巧みな物語展開、膨大な取材ノートに基づくディテールが加わって、小説としての完成度を高めている。

● **社会への発信**

1999年、金融と経済を主要な論題とするメールマガジン『ＪＭＭ（ジャパン・メール・メディア）』を主宰した。また、バブル経済の浪費を批判する絵本『あの金で何が買えたか』を発表した。『13歳のハローワーク』（2004年）では中学生のために514の職業を紹介するイラスト入りの本を刊行した。続編『新13歳のハローワーク』（2010年）では新たに90職種を加えている。

2006年からビデオ配信『ＲＶＲ』を開始した。時事問題や映画、音楽、スポーツを独自の視点で語る。テレビ番組では「カンブリア宮殿」の司会者を務め、経営者などをゲストに呼び対談している。

2010年11月には、日本ではまだ数が少ない電子書籍の制作・販売会社を設立し、自分の作品を発表した。アップル社のiPadが発売され、普及した状況から、電子書籍の発展の可能性を見たのである。

● **映画など**

村上龍は高校を卒業した頃から趣味で映画撮影を始めていた。映画への興味や技術は自作の小説の映画化にも生かされ、『限りなく透明に近いブルー』、『だいじょうぶマイ・フレンド』、『トパーズ』、『KYOKO』では監督と脚本を務めた。

恋愛や経済についてのエッセイも多く書いている。イラストレーターと組んだ絵本も多い。高校時代にロックバンドを組み、ドラムを担当していたので、音楽にも造詣が深い。

■『心はあなたのもとに』■

送信日時　03/1/26　11 39
件名　入院
西崎さん、忙しそうですね。くれぐれも無理をしないでください。実は昨日から入院しました。病院は、去年救急で入院した東洋付属です。
やはり疲れが溜まっていたようです。しばらく調整します。
（中略）
香奈子が入院したと知ったとき、大切な女が外部から遮断され病院内に閉じこめられたことで、まず私は独占欲を充たすことができたし、関係性を維持する努力から一時的に解放された。

■ 日本文学史

<『心はあなたのもとに』>

『心はあなたのもとに』（2011年）は恋愛小説である。西崎健児は風俗嬢の香奈子を愛し、彼女に別の仕事を与え、専門学校に通わせて、将来の夢を与える。しかし香奈子は重病にかかり、入退院を繰り返すようになった。本作品の特徴はメールのやりとりがそのままの形で取り入れられている点にある。香奈子は自分の部屋で倒れ、そのまま死んでしまった。西崎健児は、ある国の女性ジャーナリストが死亡し、そのことで国家が変わったことを想起する。ジャーナリストには生きていたという証があったが、香奈子にはない。西崎健児は何とか香奈子のこの世の証を残そうとして、記念碑を建てるのであった。

【コラム　日米安全保障条約と在日米軍】

　1951年9月8日、日本とアメリカの間で日米安全保障条約、略称日米安保条約が締結された。日本は駐留するアメリカ軍のために基地を提供するという条約であったが、アメリカ軍が日本を防衛することは明文化されていなかった。1960年、岸内閣は旧条約を改定した新条約を結び、アメリカの日本防衛義務を明文化したが、日本国民は「日本がアメリカの戦争に巻き込まれる」と激しい拒絶感を示し、反対運動を起こした。これを**安保反対運動**という。反対請願名者は2500万人に上り、国会を包囲してデモを行った。警察との衝突から死傷者も出た。しかし条約は締結された。効力は10年であり、その後は双方どちらかが終了する意志を伝えれば、1年後に無効となる。1970年、条約が自動延長される年に、再び反対運動が起こった。東大など国公立大学で激烈な運動が展開されたが、安保条約は延長され、現在に至る。条約改定問題はそれぞれ**60年安保、70年安保**と言われる。

　在日米軍は1952年から2007年までに事件・事故を20万件起こし、約1000人の日本人が巻き込まれて死亡している。日本を守る義務を有する米軍が、殺人、強盗、強姦などの凶悪犯罪をしている。これが米軍の真実である。日本側には1953年の密約のために裁判する権限がなく、米軍の犯罪は野放しというのが現状である。

課題研究

1. 米軍基地は村上龍にどのような影響を与えましたか。
2. 学園紛争に参加したという事実から、作者のどのような性格が伺えますか。
3. 村上龍と社会との関わりについて説明しなさい。

4. 村上春樹と村上龍を比較検討しなさい。
5. 村上龍の作品の特徴について述べなさい。

注　釈

1. 世界最初の原子力空母。原子炉8基を持ち、戦闘機を100機積載できる。
2. 「プラハの春」は1968年春から夏にかけて起きた民主化の動き。
3. 「五月革命」は1968年5月、学生たちが起こした社会改革を求める運動。

■ 日本文学史

第60章　村上春樹

■ 生没年：1949〜　■ 小説家・翻訳家

キーワード：ジャズ喫茶、現代人の喪失感、アメリカ文学

＜作者＞

村上春樹(むらかみはるき)は1949年1月12日、京都市に生まれた。ジャズ喫茶店の経営を経て小説を書き始め、『風の歌を聴け』で文壇に出る。アメリカ文学を好み、自己の小説にもその影響が表れている。文章は平易だが、膨大なメタファーのため、物語の解釈は難解な傾向がある。作品は世界各国語に翻訳され、ノーベル文学賞候補にも上がっている。

■ 村上春樹年表 ■

1949年（昭和24年）	誕生
1968年（昭和43年）	早稲田大学入学
1971年（昭和46年）	結婚
1974年（昭和49年）	ジャズ喫茶
1979年（昭和54年）	『風の歌を聴け』
1987年（昭和62年）	『ノルウェイの森』
1994年（平成6年）	『ねじまき鳥クロニカル』
2006年（平成18年）	フランツ・カフカ賞受賞
2009年（平成21年）	エルサレム賞受賞
2016年（平成28年）	アンデルセン文学賞受賞

＜生い立ちと文学＞

両親は国語教師で読書を愛し、その影響で村上春樹も世界文学全集を読み、特に『グレート・ギャツビー』、『ロング・グッドバイ』、『カラマーゾフの兄弟』を愛読した。アメリカ人作家の平易な言葉で心を響かせる文章に良さを感じ、のちに小説を書くときに反映された。

1968年、早稲田大学第一文学部に入って演劇科を専攻し、映画の脚本を書いた。大学の勉強は二の次であり、ジャズ喫茶に足しげく通っていた。22歳で結婚し、25歳から夫婦でジャズ喫茶「ピーター・キャット」を開店した。店名は以前飼っていた猫の名前に由来する。

1975年、7年間在籍した早稲田大学を卒業した。1979年、付近の球場で野球を観戦中に、ふと小説を書いてみようと思い、喫茶の営業が終わった夜に小説を書いた。それが処女作『**風の歌を聴け**』であり、群像新人文学賞を受賞して文壇登場となった。店の営業の傍ら第2作『1973年のピンボール』を書いた。両作品はそれぞれ芥川賞の候補になったが、選考委員の丸谷才一以外に強い推奨がなく、受賞には至らなかった。

1982年、33歳のとき、村上春樹は専業作家になる決意をして店を人に譲り、『**羊をめぐる冒険**』（1982年、野間文芸新人賞受賞）、『**世界の終りとハードボイルド・ワンダーランド**』（1985年）、『**ノルウェイの森**』（1987年）など話題作を発表した。三部作の長編小説『**ねじまき鳥クロニカル**』（1994～1995年）の後、地下鉄サリン事件の被害者にインタビューしたノンフィクション『アンダーグラウンド』（1997年）を発表し、社会への関心を示した。村上春樹はそれを「コミットメント」という言葉で表現し、のちの小説にも影響を与えていく。

　他の長編小説には『スプートニクの恋人』（1999年）、『**海辺のカフカ**』（2002年）、『アフターダーク』（2004年）、『**1Q84**』三部作（2009～2010年）がある。短編、ショートショート、紀行文も多数書いている。このような創作活動のほかレイモンド・カーヴァーをはじめ多くのアメリカ文学を日本語に翻訳している。翻訳を通して影響を受け、それを自身の創作に生かすという循環が村上文学をたくましくしている。

　執筆の場所は日本より海外のほうが多い。またテレビや雑誌などのメディアに登場することも非常に少なく、文壇との付き合いもない。自分の作品の評論が出ても読まない。しかし、ファンとの交流はホームページで行っている。

● **小説の執筆**

　長編小説『羊をめぐる冒険』を書いた時、村上春樹は小説を完成させるには体力が要るとの認識を強く持った。愛煙家であったが禁煙に踏み切り、体力を付けるために毎日10キロのジョギングを始めた。夜は早く寝て、夜中の2時か3時に起床して小説を書く。調子が悪いときも書きたくないときも10枚書くことを自らに強制する。逆に調子がよくて10枚以上書けそうなときでも10枚で止める。村上春樹にとって小説を書くことは楽しく、また楽なことであるが、楽なことを続けると人間として堕落するという意識を持っている。そこでジャズ喫茶を経営していた頃の労働倫理を作家生活にも適用し、あえて自分を律しているのである。書きたい日に書き、書きたくない日に書かない、という芸術家的な態度を自己から一切排除している。

　一作ごとに新しい可能性を広げ、物語を発展させていくことを理想とし、多くの長編小説を書き続ける村上春樹の体力と精神力は、こうした生活から培われたのである。

　50代になってからジョギングのペースが落ち、タイムが下がった。若い時は失敗作を書いても次があると思えたが、体の衰えと残りの人生を意識する今では、そのような余裕もなくなり、一作の無駄も出してはいけないという気持ちになる。それがより主題を掘り下げる小説の完成に繋がっていく。

　『走ることについて語るときに僕の語ること』（2007年）では、走り続けてきた25年間を振り返り、走ることで今まで小説が書けてきたと述べている。

● **文学の特質**

　村上春樹の小説は読みやすいが、隠喩がちりばめられているので、文章の表面に表れた意味だけを理解するのでは作品の真の意味や主題には到達できない。多様な解釈が可能となり、唯一の正しい読み方というものは存在しない。物語にはファンタジー

が導入され、不思議な気配が漂い、作家阿刀田高が得意とした「奇妙な味」に通じる文学性があるように思える。阿刀田高は日常の中に潜む恐怖や不気味さを鋭く描き、そこから来る意外性を作品の価値に据える。日常の中に非日常が突如出現し、両者は異質な存在として溶け合うことはない。村上春樹は小説の主題を語るための道具として非日常を取り入れる。そこでは日常と非日常、現実と非現実が連続している。阿刀田高と村上春樹の方法の違いは大衆文学・娯楽小説と純文学との質的な違いから生まれてくるものである。

村上文学をただのファンタジーであると批判する批評家もいれば、淡々としていて中身がないと感想を述べる読者もいる。村上春樹の小説はそのように空虚な物語として読まれる脆弱性をはらんでいるのである。

同時代の作家の村上龍は、現実に根ざした骨太の物語を築く。小説の中に仕込まれる、現在まで続く第二次世界大戦という設定や不老不死の遺伝子なども、現実的問題に対する批判や解釈と関連性を持ち、娯楽性以上のものを提示する。村上春樹もまた裁判の傍聴や戦争批判など現実的問題にコミットメントしているが、それが物語の前面に出ることはない。そのため政治や宗教、経済など社会の重要な問題に関心がない読者でも、自然と村上春樹の世界に入っていけるのである。小説がただの表層的な物語になるか、豊穣な意味を秘めた物語になるかは、読者の想像力や感性や解釈の力にかかっている。国内外における村上文学の圧倒的多数の読者数から言えば、村上春樹は人々に豊かな物語を提供しうる小説を書いていることがわかる。

● **海外の評価**

村上春樹の最初の海外翻訳作品は1986年中国が翻訳した『1973年のピンボール』であった。1989年、『羊をめぐる冒険』が英語に訳され、『ノルウェイの森』、『ダンス・ダンス・ダンス』が韓国語に訳された。村上春樹の知名度は徐々に上がり、2000年代に世界各国で翻訳され始めた。中国でも若者を中心に村上春樹の愛読者が増え続けている。

国際的評価の高まりから2006年にフランク・オコナー国際短編賞と**フランツ・カフカ賞**[1]を受賞、2008年にプリンストン大学から名誉博士号を授与された。2009年、イスラエル最高の文学賞、エルサレム賞が贈られることが決まったが、当時イスラエル軍がガザを侵攻し、多くの市民の命を奪っていた。村上春樹は敢えて賞を受け、受賞式の記念講演でイスラエルを批判した。ノーベル文学賞については、度々候補に挙がるものの受賞には至っていない。

村上春樹の海外の年収はすでに日本の年収を超えている。日本文学史上これほど世界に読まれた作家は存在せず、文学の普遍性を証明している。村上春樹は物語を世界共通言語と考える。物語を書くことは、魂の中に降りていくことであり、そこには言語、習慣、思想、文化、民族を超えた世界共通の世界がある。村上文学のファンタジー性、抽象性は共通世界に通じる連絡通路となるのである。それは小説の主人公の多くが経歴を持たない青年期の「僕」であることも関係している[2]。20世

紀70年代への強い共感を示し、読者はこの「僕」に自分を投影し、物語に入っていくのである。

<作品>

●『スプートニクの恋人』

「僕」はすみれに出会い密かに恋をするが、すみれは17歳年上の女性ミュウに恋をした。『スプートニクの恋人』はこの3人が織りなす恋愛小説であり、人間の孤独と愛の理不尽さという主題を扱っている。右は冒頭部分である。恋の気持ちの大きさをレトリックの誇張法で畳み掛け、読者を引き込む。「すみれ」という名前は女性であるから、読者は恋の相手は男性であると当然のように思いこむが、最後に「女性だった」という情報が付加され、強烈な意外性が引き起こされる。巧みな文章展開である。

夜明け前、すみれが電話ボックスから僕に電話をかけて、「寝てた？」と聞いた。仕事で疲れていた僕は小声で「うむ」と言った。すみれはその素っ気なさが気に食わず、非難するように大仰に自分の非を述べる。下に示すようなレトリックも村上文学の楽しみの一つである。

■『スプートニクの恋人』の冒頭文■
22歳の春にすみれは生まれて初めて恋に落ちた。広大な平原をまっすぐ突き進む竜巻のような激しい恋だった。それは行く手のかたちあるものを残らずなぎ倒し、片端から空に巻き上げ、理不尽に引きちぎり、完膚なきまでに叩きつぶした。そして勢いをひとつまみもゆるめることなく太平洋を吹き渡り、アンコールワットを無慈悲に崩し、インドの森を気の毒な一群の虎ごと熱で焼きつくし、ペルシャの砂漠の砂嵐となってどこかのエキゾチックな城塞都市を丸ごとひとつ砂に埋もれさせてしまった。みごとに記念碑的な恋だった。恋に落ちた相手はすみれより17歳年上で、結婚していた。さらに付け加えるなら、女性だった。

●『ノルウェイの森』

恋愛を素材としながら、社会から距離を置き、漠とした喪失感にとらわれた若者像をせつなく描いた長編小説である。

■レトリックの一例■
ねえ、こんな時間に電話をかけたのは確かに悪いと思うわよ。心からそう思う。まだニワトリすら鳴いていない時間に。気の毒なお月さまが、東の空の隅っこに、使い古しの腎臓みたいにぽこっと浮かんでいるような時間に。

●『海辺のカフカ』

主人公の15歳の少年、田村カフカの旅と、猫と話ができる老人ナカタの猫探しが、交互に描かれる構成を取る。カフカの成長の物語であるが、重層的なメタファーが駆け巡り、読者に様々な解釈を引き起こす。文章は平易だが意味は深いという村上文学の特徴がよく表れた作品である。

■ 日本文学史

<文学史　49．小説の変遷7（文学と心理）>

● 戦前文学と心理

　神経症や精神病などの病気は戦前にも存在したが、現代ほど社会の認知度は高くなく、1915年の時点で「神経衰弱」の存在が一般化し始めたという状況であった。精神医学の学問的蓄積も少ない[3]から、小説に登場することも少なかった。一例を示せば、国木田独歩『春の鳥』（1904年）では知的障害の少年が登場し、幸田露伴の『観画談』（1915年）では神経衰弱らしき大学生が主人公になっている。大学生は非常に勤勉のため、大器晩成先生と綽名（あだな）をつけられていた。最初の部分を抜粋する。

　他に、夢野久作（ゆめのきゅうさく）の『ドグラ・マグラ』（1935年）は精神病の独房に収容された若い精神病患者が主人公である。

> ■『観画談』■
> 　晩成先生は、（中略）気の毒にも不明の病気に襲われた。その頃は世間に神経衰弱という病名が甫めて知られ出した時分であったのだが、真にいわゆる神経衰弱であったか、あるいは真に漫性胃病であったか、とにかく医博士たちの診断も朦朧で、人によって異る不明の病に襲われて段段衰弱した。

● 現代文学と心理

　社会や学問、科学の発展にともなって小説が扱う分野も拡大していく。警察組織や政治や病院を舞台にしたり、弁護士、外交官、臨床心理士などに主人公にした小説も登場した。出版業、インターネットの発達で膨大な情報にも簡単に接触でき、海外の文化に取材した小説や科学的知識に基づいたＳＦ小説も、資料的には、戦前と比較して格段に書くことが容易になった。

　社会が豊かになる一方で、人間の心の問題も発生した。児童虐待、性的虐待、ネグレクト[4]、学校のいじめ、職場のストレスは心に深刻な傷害をもたらし、リストカット、摂食障害、非行、アルコール中毒、麻薬中毒、うつ病、精神障害、異常犯罪、自殺といった症状や行動を引き起こした。日本は西欧の臨床心理学、精神分析学、心理療法を直接、または日本風に加工して取り入れ、臨床の場に生かし、理論を蓄積している。心理学と精神医学の専門書はもとより、一般の人に特化した分かりやすい本も多数出版されている。心の問題の日常化や関心の強さは、精神病者や異常心理が小説に登場する動力となった。

　多島斗志之（たじまとしゆき）[5]の『症例Ａ』や**貴志祐介**（きしゆうすけ）[6]の『13番目の人格　isola』には多重人格障害者が登場する。江國香織の『緑の猫』は女子高生が精神病を病む過程が描かれる。村上春樹の『ノルウェイの森』は女性主人公が精神病にかかる。村上龍の『オーディション』に登場する女性は残虐性を秘め、異常心理を持っている。

　以上は病状の程度の高い作品であるが、不安や無気力や鬱など軽度の症状を持つ人物も、特別な存在ではなく日常的なものとして小説に登場する。

<文学史 50. 小説の変遷8（戦後まもなく～現代）>

戦後派は戦争体験を通して文学を創造した作家たちを指す。「戦後」といっても彼らの思想的源流は終戦前にすでに形成されていたのであるから、戦争を直接経験していない純粋な「戦後」の文学は、1945年以降に生まれた作家によって書かれることになる。民主主義の政治の下で、全体が工業化、都市化して、経済的に豊かになった日本からは、必然的に戦前と異なる作家・作品が生みだされていった。

● 中間小説

大正時代から昭和時代初期にかけて、「純文学」と「大衆文学」の概念が確立した。文学にはもともと一つの総体的な概念しかなかったが、直木三十五、吉川英治らが娯楽性の強い作品を発表し、同系統の小説が数を増して、概念が自ずと二つに分かれたのである。戦後に純文学の芸術性と大衆文学の娯楽性を兼備する作品が現われ、これを「中間小説」と呼んだ。中間小説は流行し、二つの文学の境界は曖昧になっていき、やがて「中間小説」という概念も消失した。

今日では風俗小説とほぼ同義に用いられる。

● 現代文学の豊饒性

戦前と対比したとき、病んだ心や異常心理の精密な描写は現代文学の特徴とすることができる。これらは心の負の面であるが、明るく健康的な人物の小説も多く書かれている。現代文学は膨大な知識と多様な価値観のもとで、この世に存在するすべてを描こうとする野心を持っている。ジャンルを設けて各種作品を分類する試みがあるが、どのジャンルにも属さない境界線上の小説もある。村上春樹が言うように、物語が可能性を求めて発展していかなければならないのならば、むしろ規制の概念を脱する分類不能な小説が増加していくことが望まれよう。

以下に現代文学におけるジャンルを、古代および近代の関連から解説する。

1. 純文学

芸術性の高い小説のことであり、夏目漱石や芥川龍之介など戦前の作家はほとんど純文学作家である。島崎藤村の私小説や志賀直哉の心境小説もここに含まれる。戦前に生まれ現代でも活動する作家には大江健三郎や古井由吉がいる。戦後生まれの作家では**中上健次**[7]、**宮本輝**[8]、**立松和平**[9]、**島田雅彦**[10]らがいる。**吉本ばなな**など女性作家の活躍も目覚ましい。近年では**辻仁成**[11]、**平野啓一郎**[12]、**吉田修一**[13]、中国籍の**楊逸**[14]がいる。

2. 歴史小説

歴史小説は史実に基づいた小説であり、『栄華物語』や『大鏡』を端緒とする。明治時代以降は森鷗外の『阿部一族』、島崎藤村の『夜明け前』がある。吉川英治は娯楽性の強い『宮本武蔵』などを書き人気を博した。戦後は司馬遼太郎が強い人気を誇った。

3. 時代小説

時代小説は主に江戸時代を舞台とし、史実にとらわれず自由な想像力で人物や事

件を描く。江戸時代、三味線の伴奏で語る**浪花節**(なにわぶし)、仇討や世話物を語る**講談**(こうだん)が娯楽の一つとなり、明治末から大正中期にかけて刊行された『**立川文庫**』(たちかわぶんこ)の各種物語も青少年に歓迎された。これらが時代小説の源流となった。戦前は大仏次郎、直木三十五、吉川英治らが活躍し、戦後にGHQの文化統制を受けて停滞したが、のちに再興した。剣豪を描く**五味康祐**(ごみやすすけ)[15]、庶民や下級武士を描く**藤沢周平**(ふじさわしゅうへい)[16]の他、**吉川英治**、**池波正太郎**(いけなみしょうたろう)[17]などがいる。

4. 社会小説

社会小説は社会問題を題材とする小説である。男女関係や人情を描く硯友社が文壇を席巻していたとき、徳富蘇峰の起こした民友社は自由や平和を阻害する明治政府の問題を取り上げる文学を提唱した。代表的作品として**内田魯庵**(うちだろあん)の『くれの廿八日』(にじゅうはちにち)(1898年)がある。大きな成果はなかったが、その批判精神は社会運動家の木下尚江の『火の柱』(1904年)、『良人の自白』(1904～1906年)など社会主義小説に継承され、プロレタリア文学へと繋がっていく。

現代文学では大胆な虚構を取り入れて社会に警告する村上龍や、『白い巨塔』で医学界の暗部を明るみに出す山崎豊子が有力な書き手である。社会派推理小説の松本清張、森村誠一、東野圭吾らも、社会問題を推理小説という手法で提示する点では、社会小説の作家と言える。

5. 政治小説

政治小説は自由民権運動に伴い政治革新運動の一環として書かれた。矢野竜渓の『経国美談』、東海散士の『佳人之奇遇』が先駆的作品である。戦後は**戸川猪佐武**(とがわいさむ)[18]が『小説吉田学校』で吉田茂首相以降の政界の権力闘争を描き、ベストセラーになった。

一般に、「政治小説」と言えば明治時代の作品を指す。

6. 経済小説

経済小説は古代にも戦前にもないという点で戦後文学の特色を打ち出している。日本は1960年代に高度経済成長を経験し、組織の人間関係や経営理念、経済事件への関心が高まった。**城山三郎**(しろやまさぶろう)[19]は『輸出』(1958年)以降、企業を舞台にした小説を書き、経済小説の開拓者となった。梶山季之の『黒の試走車』(かじやまとしゆき)(1962年)は産業スパイを扱った作品である。**邦光史郎**(くにみつしろう)[20]は『社外極秘』、『巨人商社』、『黒の商標』などを書いたが、歴史小説や推理小説も書いた。**清水一行**(しみずいっこう)[21]は60年代から2000年代まで一貫して経済の関する小説を発表し、大御所とされる。**高杉良**(たかすぎりょう)[22]は主にサラリーマンを主人公に小説を書き、『エリートの反乱』、『炎の経営者』などがある。タイトルだけを見てジャンルが特定できるのは経済小説の特徴と言える。

上記の他に、ホラー小説、恋愛小説、SF小説、冒険小説、ファンタジー小説、官能小説、推理小説、警察小説、ノンフィクションなどのジャンルがある。

● ライトノベル

大衆文学の多彩なジャンルを包括する文学がライトノベルである。ライトノベルはlightとnovelを合成した和製英語で、定義としては「10代、20代を対象とした、読みやすく娯楽性の強い小説」となる。「ライトノベル」という呼称は1970年代に

生まれ、2000年頃一般に普及した。表紙と挿絵にアニメ調のイラストが使われ、イラストの美しさが小説の売り上げを伸ばすこともある。登場人物のキャラクター性が強く、独特の世界観があり、漫画化、アニメ化、ゲーム化などメディアミックスされる傾向が強い。物語の舞台設定はＳＦやファンタジーが多い。内容としては必ず恋愛があり、作品によってはホラーや推理や冒険もある。韓国、中国、北米、西欧、ロシアなど海外でも人気が高い。

ライトノベルは日本文学の伝統から言えば異端的存在であるが、ライトノベル作家が純文学を書き、ＳＦ作家がライトノベルを書くなど、文学の越境現象が起きており、無視できないジャンルとなっている。

> ■ ゲームブックの例 ■
> ＜１＞王女が西の島のドラゴンに捉えられているという。勇者のあなたは王女を助けるために冒険の旅に出た。西の島までどうやって行けばいいだろうか。
> ●歩いていく……２へ進む　●魔法を使って空を飛ぶ……４へ進む
> ＜２＞あなたは西へ向かって歩き出した。目の前に邪悪な目の色をした魔法使いが現れた。
> ●剣を抜く……３へ進む　●友好的に話し掛ける……６へ進む
> ＜３＞あなたが剣を抜くと、魔法使いの目が紫色に光った。「FIRE!!」口から呪文が飛びだし、あなたを炎が包み込んだ。
> ●降参する……５へ進む　●覚えたばかりの「WATER」の呪文を使う……７へ進む。
> ※以下、略。

● 文学の媒体、形式の多様化

戦前のメディアミックスでは小説の映画化しかなかったが、戦後はメディアが発達し、映画、テレビドラマ、漫画、ゲームが小説化されるという現象が起きた。1960年代からは小説を朗読したカセット本が売れ始めた。

1980年代半ばには**ゲームブック**[23]という全く新しい形の小説が流行した。読者が主人公となり、行動の選択肢を選んで物語を進めていくのである。

ゲームブックの源流はファンタジー小説であり、その世界観も勇者、魔法、剣、王女、ドラゴンなどから構成される。ファンタジー小説は文学の一種であるが、ゲームブックも果たして文学と言えるのかという疑問はあろう。しかし、言語で書かれた物語である以上は、これも広義の大衆文学として認めるべきである。日本におけるゲームブックは1990年頃に廃れたが、2005年頃から復活の兆しを見せた。

科学の発達は文学にも影響を与えた。小説が**電子書籍**となり、インターネット上で販売され、**電子ブックリーダー**[24]で読めるようになった。またAmazonの「Kindleダイレクト・パブリッシング」というサービスを使えば、無名の素人でも電子書籍を制作・販売し、購入数と読まれたページ数に応じて利益を得ることができる。

ケータイ小説は携帯電話で書かれ、読まれる小説のことである。改行が多く、一文が短く、情景や心理描写が少ないなどの特徴を持っている。サイトを通して読者が感想や意見を作者に伝え、作者がそれを取り入れて小説の内容を変える、という双方向性も持つ。

井上夢人はインターネットの**ハイパーテキスト**[25]という特性を生かして、ネット

上に『99人の最終電車』（1996〜2005年）を発表した[26]。ここには紙の媒体では不可能な小説空間が構築されている。『電車男』は電車の中で酔客に絡まれた女性を助けた青年が、**ネットの掲示板**[27]に書き込まれた多数の人々のアドバイスを元に、その女性との恋を成功させる物語である。大反響となり、2004年に書籍化され、ドラマ化、映画化もされた。文学の新しい産出方法として興味深い。

　リレー小説は複数の作者が打ち合わせすることなく順番に物語を書いていき、最終的に1つの物語を完成させるものである。雑誌の誌上やネット掲示板で行われる。

　最後に、作家になる一般的な方法は文学賞を受賞することであるが、現代は「小説家になろう」をはじめとする小説投稿サイトからデビューする者も出てきている。上述したKindleの電子書籍も同様のことが言えるが、いまほど素人作家が自由に作品を世に問える時代はない。市場に素人作家とプロ作家の作品が混在する中で、読者が審美眼をもって優れた作品を選別し鑑賞するとは限らない。このような時代だからこそ各種文学賞、特に芥川賞・直木賞には権威が必要なのであり、普遍的な価値を有する作品を選出し、読者を導いていかねばならないと言えるのである。

【コラム　日本文化としての心理療法】

　日本文化と聞くと、アニメ、ゲーム、寿司、相撲、富士山、桜、温泉、コスプレなどを思い付く。少し詳しい人だと、歌舞伎、浄瑠璃、能、三味線などを言うだろう。しかし日本語学習者の中で、**森田療法、内観療法**を知っている人はいないと言ってよい。これは日本人が考え出した心理療法であり、世界の治療期間でも導入されている普遍性の高いものである。医学者の太田耕平は論文の中で「**伝統的な日本文化から生まれた内観療法**[28]」という言い方をして、文化と心理療法の不可分性を指摘している。日本文化という枠組みを広げて心理療法にも目を向けることは、日本への更なる理解を可能とするはずである。

● 森田療法

　森田正馬は1874年に生まれ、東大医学部を卒業し、1920年頃、精神療法である森田療法を創始した。神経症者は、自分の情緒反応を良くないものとして否定する素質がある。症状に対して否定的になると、かえって情緒反応に意識が向くようになり、症状も強まってしまう。この悪循環を精神交互作用といい、これを断ち切るために、森田は「あるがまま」の心構えで

■ 森田療法の方法 ■
第1期　入院して一日中、布団の中で寝る。食事やトイレ以外の活動を禁止する。
第2期　外に出て軽作業をする。主治医と個人面談なども行う。
第3期　睡眠時間以外は常に何らかの活動をする。
第4期　社会生活に戻る準備をする。
※これを40日から60日の期間に渡り実施する。

すべてを受容することを説いた。不安に逆らわず、不安をあるがままに受容して、本来持っている「生への欲望」を高めていくのである。

森田自身、学童期からすでに神経症的な性格を有しており、苦しみながら生きてきたから、その葛藤の克服の過程で森田療法が生まれたと言っても過言ではない。その後、森田療法は日本の精神医療として定着した。

「あるがまま」は現状に価値判断を加えず、そのまま認めて受け入れる心構えである。現状を否定するとそこで流れが止まるから、「あるがまま」は現状とともに生きていく姿でもある。『平家物語』は栄華の後に滅びが来る諸行無常の概念で平家の滅亡を説明した。この仏教的無常観もまた、滅亡という好ましくない現状を否定せずに受け入れる点で、「あるがまま」と通底関係にある。仏教は6世紀に日本に伝来し、日本の思想に影響を与えてきたから、日本の風土に根ざした「あるがまま」を導入した治療法が効果的なのも当然であった。

● **内観療法**

■ 内観療法の方法 ■
1. 屏風やカーテンで仕切られた薄暗い空間に入る。
2. (1) してもらったこと、(2) してあげたこと、(3) 迷惑をかけたこと、の三問を自分の両親、兄弟、親戚、学校の先生など、身近な人に対して0歳から今現在の年齢まで順次調べていく。
3. 約2時間ごとに訪れる面接者に調べたことを伝える。
4. この面接を1日8回、1週間続ける。

内観療法は、**吉本伊信**が浄土真宗の修行法である身調べから宗教色を除き、修身法として1960年代に完成させた。

吉本伊信は医学者ではなく、客観的な理論に基づいて実施したわけではないが、少年刑務所やアルコール中毒者などに内観療法は劇的な効果を上げた。その後、精神科医や臨床心理士などが神経症患者などにも応用し、治療効果を確認するとともに、その理論化に努めて現在に至っている。

「薄暗い空間」は一種の感覚遮断であり、退行が促され、過去への想起を容易にする。内観三問で最も大切なのは (3) の「他者に対する迷惑」である。内観者はこの命題をもとに他者との関係を振り返り、今まで気が付いていなかった迷惑を知り、罪悪感とともに、差恥心を覚える。

ベネディクトの日本人論の名著『菊と刀』には、次のようにある。「日本人の生活において恥が最高の地位を占めているということは、恥を深刻に感じる部族または国民がすべてそうであるように、各人が自己の行動に対する世評に気をくばるということを意味する」。恥が日本人の行動を規定しているというわけだ。そしてその恥を雪辱しようとする意志が良い行いをする動機に変わる。

内観の「してもらったこと」を調べることは、他者への感謝の気持ちを高める作用がある。他者に迷惑をかけたという恥がある分、他者の一つひとつの行動に非常にありがたみを覚えることとなる。そして内観後、過去の至らない自

> 分を否定して、他者との共生的、協調的な生き方を実現していくこととなる。ここにも日本人の和の精神が認められる。

課題研究

1. アメリカ文学や家庭環境は村上文学にどのような影響をあたえましたか。
2. 村上春樹の労働観についてまとめなさい。
3. 村上春樹の小説が中国で人気を博している理由は何だと思いますか。自分なりに考えてみましょう。
4. 心理学という学問が小説に与えた影響について意見を述べなさい。
5. 小説のジャンルと媒体の多様化はどんな現象をもたらすと考えられますか。

注 釈

1. フランツ・カフカ賞はチェコの文学賞。
2. 2000年以降の『神の子どもたちはみな踊る』や『アフターダーク』は三人称である。また村上春樹は2008年3月30日の『信濃毎日新聞』のインタビュー記事で、世界の混沌を包み込む「総合小説」を書く意欲を見せ、それには三人称が必須であると述べている。
3. 精神病理学などの学問が未発達な状態では、病状の客観的、合理的理解も不可能となり、小説でもそのような人間を描くことができなくなる。
4. neglect。親が育児を放棄すること。
5. 多島斗志之（1948～　）は2009年、両目の失明に際し、自殺をほのめかす手紙を残して失踪した。2011年現在も行方不明。
6. 貴志祐介（1959～　）は生命保険会社勤務の経験を生かしたホラー小説『黒い家』でデビューした。
7. 中上健次（1946～1992）は『岬』（1976年）は戦後生まれの初めての芥川賞受賞作である。
8. 宮本輝（1947～　）は『蛍川』（1978年）で芥川賞受賞。
9. 立松和平（1947～2010）は純文学作家としては多作で知られる。二度の盗作事件がある。
10. 島田雅彦（1961～　）は6度、芥川賞候補になるがすべて落選した。これは候補の最多記録である。
11. 辻仁成（1959～　）は『海峡の光』（1997年）で芥川賞受賞。
12. 平野啓一郎（1975～　）は23歳のとき『日蝕』（1999年）で当時最年少の芥川賞作家となった。
13. 吉田修一（1968～　）は『パーク・ライフ』（2002年）で芥川賞受賞。

14. 楊逸（1964～）は『時が滲む朝』（2008年）で芥川賞受賞。
15. 五味康祐（1921～1980）は『喪神』（1953年）で芥川賞受賞。
16. 藤沢周平（1927～1997）は『暗殺の年輪』（1971年）で直木賞受賞。
17. 池波正太郎（1923～1990）は『錯乱』（1960年）で直木賞受賞。
18. 戸川猪佐武（1923～1983）は政治家との付き合いが深く、通夜には中曽根総理大臣なども出席した。
19. 城山三郎（1927～2007）は『総会屋錦城』（1959年）で直木賞受賞。
20. 邦光史郎（1922～1996）は『社外極秘』（1962年）で直木賞候補。
21. 清水一行（1931～2010）は『動脈列島』（1975年）で日本推理作家協会賞受賞。
22. 高杉良（1939～）は幼少期は虚弱で、よく童話を読んでいた。
23. 1982年、イギリスのスティーブ・ジャクソン、イアン・リビングストンの共著『火吹山の魔法使い』が本格的ゲームブックの始まりである。
24. 電子ブックリーダーは電子書籍を読むための端末。
25. ハイパーテキストはhypertext。超文本。
26. サイトは、http://www.shinchosha.co.jp/99/。
27. ネットの掲示板は電子伝告欄。
28. 第14回日本内観学会大会論文集．1991：23-31．

■ 日本文学史

◆戦後、現代文学重要事項一覧◆

❏ **小説**
　○無頼派　太宰治『人間失格』、坂口安吾『白痴』
　○新日本文学会　宮本百合子、徳永直
　　　　　　【雑誌】『新日本文学』
　○第一次戦後派　野間宏『真空地帯』、梅崎春生『桜島』
　○第二次戦後派　三島由紀夫『金閣寺』、大岡昇平『俘虜記』
　　　　　　【雑誌】『近代文学』
　○原爆文学　原民喜『夏の花』、峠三吉『原爆詩集』
　○老大家　川端康成、谷崎潤一郎
　○第三の新人　安岡章太郎『陰気な愉しみ』、遠藤周作『白い人』
　　　　　　吉行淳之介、庄野潤三、小島信夫
　○昭和30年代　石原慎太郎『太陽の季節』、大江健三郎『奇妙な仕事』、安部公房、
　　　　　　開高健
　○内向の世代　古井由吉『杏子』、黒井千次、大庭みな子
　○現代文学の特質　心理学・精神医学の導入、ジャンルの多様性、ライトノベル、
　　　　　　ケータイ小説、ゲームブック、電子書籍、小説投稿サイト

❏ **詩**
　○詩誌　『荒地』、『現代詩手帖』
　○主存詩人　谷川俊太郎『二十億光年の孤独』、石垣りん『私の前にある鍋とお釜
　　　　　　と燃える火と』、相田みつを『にんげんだもの』

❏ **短歌**
　○歌誌　『多麿』、『八雲』、『月光』
　○主な歌人　中城ふみ子、寺山修司、佐佐木幸綱、俵万恵『サラダ記念日』

❏ **俳句**
　○流派　ホトトギス派、四S時代、新興俳句運新、人生探求派
　○主存俳人　水原秋櫻子、中村草田男、金子兜太、飯田龍太、鷹羽狩行

❏ **劇文学**
　1. 歌舞伎
　○新作歌舞伎　三島由紀夫、大仏次郎
　2. 新派
　○「劇団新派」
　3. 新劇
　○「文学座」「東京芸術座」
　4. 現代の演劇
　○アングラ演劇　唐十郎「状況劇場」、寺山修司「天井桟敷」
　○テレビドラマの脚本家　倉本聡、橋田寿賀子、北川悦吏子、三谷幸喜

参考文献

デジタル大辞泉：逆引き大辞泉．小学館，1995．
ブリタニカ国際大百科事典：小項目電子辞書版．ブリタニカ，2005．
百科事典マイペディア：電子辞書版．日立システムアンドサービス，2006．
梁海燕．简明日本语古文教程．华东理工大学出版社，2006．
王述坤．日本近现代文学名家名作集萃．中国科学技术大学出版社，2007．
秋山虔・三好行雄．シグマ新日本文学史．文英堂，2003．
芥川龍之介．改編　羅生門・鼻・芋粥．角川書店，1989．
高田瑞穂．芥川龍之介論考．有精堂，1976．
阿刀田高．短編小説より愛をこめて．新潮社，2008．
安部公房．友達・棒になった男．新潮社，2002．
安部公房．笑う月．新潮社，2003．
安部公房．他人の顔．新潮社，2004．
天沢退二郎．新潮日本文学アルバム：宮沢賢治．新潮社，1984．
市古貞次．日本文学全史3：中世．學燈社，1978．
池内紀．世の見方の始まり（四）——与謝野晶子・髪．新潮，105(11)，新潮社，2008．
磯田光一．昭和文学アルバム1：新潮日本文学アルバム別巻．新潮社，1986．
入江春行．新潮日本文学アルバム：与謝野晶子．新潮社，1986．
岩城之徳．新潮日本文学アルバム：石川啄木．新潮社，1984．
江戸川乱歩．江戸川乱歩全短篇2：本格推理Ⅱ．筑摩書房，2002．
遠藤順子．夫—遠藤周作から教わったこと．文藝春秋SPECIAL季刊夏号：心の時代を生きる，文藝春秋，2007．
遠藤周作．沈黙．新潮社，1981．
大江健三郎．新潮日本文学64：大江健三郎集．新潮社，1969．
大江健三郎．なぜ人間は文学を作りだすか．岩波講座文学1：文学表現とはどのような行為か．岩波書店，1975．
尾崎紅葉・泉鏡花．日本文学全集2：尾崎紅葉・泉鏡花集．集英社，1968．
加賀野井秀一．日本語は進化する．日本放送出版協会，2002．
川端康成．掌の小説．新潮社，2002．
川端康成．伊豆の踊り子・温泉宿．他四篇．岩波書店，2004．
幸田露伴・樋口一葉．日本文学全集3：幸田露伴・樋口一葉集．集英社，1968．
紅野敏郎他．シンポジウム日本文学17：大正文学．学生社，1976．
小久保実．新潮日本文学アルバム：堀辰雄．新潮社，1984．
久保田淳．日本文学史．おうふう，2004．
現代日本文学大系53：大仏次郎・岸田國士・岩田豊雄集．筑摩書房，1976．

■ 日本文学史

現代日本文学大系 51：横光利一・伊藤整集．筑摩書房，1974．
解釈と鑑賞．国文学　第 72 巻 8 号，至文堂，2007．
小出光．文法全解：徒然草．旺文社，2003．
小林多喜二．蟹工船・党生活者．新潮社，2008．
小町谷照彦・吉田熙生．日本文学史．東京書籍，2002．
坂本賞三・福田豊彦．新編日本史図表．第一学習社，2000．
志賀直哉．日本文学全集 24：志賀直哉集．集英社，1967．
司馬遼太郎．燃えよ剣：上．文藝春秋，1998．
司馬遼太郎．燃えよ剣：下．文藝春秋，1998．
司馬遼太郎．手堀り日本史．文藝春秋，1996．
清水孝純．鑑賞日本現代文学 16：小林秀雄．角川書店，1981．
新元良一．村上春樹訳『ロング・グッドバイ』考．文学界，2007(5)．
進藤純孝．日本文学全集 65：現代名作集（三）．筑摩書房，1978．
瀬戸内寂聴．日本人の宗教観．文藝春秋 SPECIAL 季刊夏号：心の時代を生きる，文藝春秋，2007．
相馬正一．新潮日本文学アルバム：太宰治．新潮社，1983．
祖父江昭二他．シンポジウム日本文学 18：政治と文学．学生社，1976．
高田瑞穂．芥川龍之介論考．有精堂選書，1976．
田中登・山本登朗．平安文学研究ハンドブック．和泉書院，2004．
谷崎潤一郎．日本近代文学大系 30：谷崎潤一郎集．角川書店，1971．
永井荷風．濹東綺譚．新潮社，1994．
長尾剛．早わかり日本文学．日本実業出版社，2001．
夏目漱石．明治文学全集 55：夏目漱石．筑摩書房，1977．
夏目漱石．草枕．講談社，1985．
夏目漱石．三四郎．新潮社，1987．
夏目漱石．こころ．新潮社，1987．
夏目漱石．門．新潮社，1988．
夏目漱石．それから．新潮社，2000．
夏目漱石．文鳥・夢十夜．新潮社，2009．
野島博之．一冊でわかるイラストでわかる図解日本史．成美堂，2006．
久松潜一他．日本文学史：近世：改訂新版．至文堂，1968．
兵藤裕己．すぐわかる日本の文学．東京美術，2004．
二葉亭四迷．二葉亭四迷全集：第一巻．岩波書店，1953．
保坂正夫．新潮日本文学アルバム：川端康成．新潮社，1984．
前田愛他．シンポジウム日本文学 11：幕末の文学．学生社，1977．
三島由紀夫．潮騒．新潮社，2004．
三島由紀夫．日本文学全集 58：三島由紀夫集．筑摩書房，1969．
三好行雄．新潮日本文学アルバム：島崎藤村．新潮社，1984．

村上哲見．漢詩と日本人．講談社，1994．

村上春樹．スプートニクの恋人．新潮社，1999．

村上龍．心はあなたのもとに．文学界，2008(11)．

和田茂樹．新潮日本文学アルバム：正岡子規．新潮社，1986．

附録1　文学史年表

- 「※」の記号は成立推定年代を示す。
- 『〜集』などの作品集は通常、複数の選者がいるため、（　）にはその代表選者を載せた。

	西暦	日本文学作品	中国及び世界文学
大和時代	350? 615? 697?	※『祝詞・神話・伝説』 ※『三経義疏』（聖徳太子） ※『最初の宣命』（続日本紀）	『詩経』 孔子 『論語』 屈原 『史記』（司馬遷） 『漢書』（班固） 『三国志』（陳寿） 陶淵明 『后漢書』（范曄） 『文心雕龍』（劉勰） 『文選』（昭明太子籯統） 『大唐西域記』（玄奘）
奈良時代	712 720 733 751 759	『古事記』（太安万侶） 『日本書紀』（舎人親王） 『出雲国風土記』 『懐風藻』 ※『万葉集』（？大伴家持）	李白 杜甫
平安時代	814 818 827 835 905 935 951 965 974 984 1057	『凌雲集』（小野岑守） 『文華秀麗集』（藤原冬嗣） ※『日本霊異記』（景戒） 『経国集』（良岑安世） ※『性霊集』（空海） ※『竹取物語』 ※『伊勢物語』 『古今和歌集』（紀貫之） 『土佐日記』（紀貫之） 『後撰和歌集』（源順） ※『大和物語』 ※『平中物語』 ※『将門記』 ※『宇津保物語』 ※『蜻蛉日記』（藤原道綱母） ※『日本往生極楽記』（慶滋保胤） 『三宝絵』（源為憲） ※『落窪物語』 ※『枕草子』（清少納言） ※『和泉式部日記』 ※『源氏物語』（紫式部） ※『紫式部日記』 ※『拾遺和歌集』（花山院？） ※『栄花物語正編』（赤染衛門か） ※『浜松中納言物語』	「長恨歌」（白居易） 『千夜一夜物語』 『資治通鑑』（司馬光） 蘇軾

続表

	西暦	日本文学作品	中国及び世界文学
平安時代	1080	※『狭衣物語』	『ニーベルンゲンの歌』
	1086	『後拾遺和歌集』（藤原通俊）	
	1115	※『俊頼髄脳』（源俊頼）	
	1120	※『大鏡』	
		※『今昔物語集』	
	1127	※『金葉和歌集』（源俊頼）	
	1151	『詞花和歌集』（藤原顕輔）	
	1170	※『今鏡』	
	1179	※『宝物集』（平康頼）	
	1188	『千載和歌集』（藤原俊成）	
鎌倉時代	1193	『六百番歌合』	
	1201	※『無名草子』	
	1203	『千五百番歌合』	
	1205	『新古今和歌集』（藤原定家）	
	1209	『近代秀歌』（藤原定家）	
	1212	『方丈記』（鴨長明）	
	1213	『金槐和歌集』（源実朝）	
		※『古事談』（源顕兼）	
		※『発心集』（鴨長明）	
		※『保元物語・平治物語』	
		※『平家物語』	
	1220	『愚管抄』（慈円）	『薔薇物語』（ロリス）
	1235	※『新勅撰和歌集』（藤原定家）、百人一首	『神学大全』（トマス・アクィナス）
		※『宇治拾遺物語』	
	1251	『続後撰和歌集』（藤原為家）	
	1252	『十訓抄』	
	1254	『古今著聞集』（橘成季）	
	1265	『続古今和歌集』（藤原為家）	『竇娥冤』（関漢卿）
	1271	『風葉和歌集』（藤原為家か）	『西廂記』（王実甫）
	1278	『続拾遺和歌集』（藤原通俊）	
	1280	※『十六夜日記』（阿仏尼）	
	1303	『新後撰和歌集』（二条為世）	
	1312	※『とはずがたり』（後深草院二条）、『玉葉和歌集』（京極為兼）	『神曲』（ダンテ） 『デカメロン』（ボッカチオ）
	1320	『続千載和歌集』（二条為世）	
	1326	『続後拾遺和歌集』（二条為藤）	
	1331	※『徒然草』（吉田兼好）	
室町時代	1339	『神皇正統記』（北畠親房）	『カンタベリ物語』（チョーサー）
	1348	『風雅和歌集』（光厳院）	『剪灯新話』（瞿佑）
	1349	※『梅松論』	王陽明
		※『太平記第一次本』	『三国志演義』（羅貫中）
	1356	『菟玖波集』（二条良基）	『水滸伝』（施耐庵）
	1359	『新千載和歌集』（藤原為定）	『痴愚礼讃』（エラスムス）
	1364	『新拾遺和歌集』（二条為明）	『ユートピア』（トマス・モア）
	1371	『覚一本平家物語』	『君主論』（マキャベリ）
		※『増鏡』	
	1381	『新葉和歌集』（宗良親王）	
	1384	『新後拾遺和歌集』（二条為遠）	
		※『明徳記』	
	1400	『風姿花伝』（世阿弥）	
	1402	『難太平記』（今川了俊）	
	1411	※『義経記』	

■ 日本文学史

続表

	西暦	日本文学作品	中国及び世界文学
室町時代	1439 1463 1488 1495 1532	『新続古今和歌集』(飛鳥井雅世) ※『正徹物語』(正徹) 『ささめごと』(心敬) 『水無瀬三吟百韻』(宗祇) 『新撰菟玖波集』(宗祇) ※『犬筑波集』(山崎宗鑑)	『唐詩選』(李攀龍) 『西遊記』(呉承恩) 『金瓶梅』(？) 『ハムレット』(シェイクスピア) 『牡丹亭』(湯顕祖) 『醒世恒言』(馮夢龍) 『タルチュフ』(モリエール)
江戸時代	1682 1686 1688 1690 1692 1702 1703 1715 1716 1765 1768 1775 1785 1795 1796 1798 1802 1807 1808 1809 1812 1814 1819 1825 1829 1832 1860	『好色一代男』(井原西鶴) 『好色五人女』、『好色一代女』(井原西鶴) 『日本永代蔵』(井原西鶴)、『笈の小文』(松尾芭蕉) 『万葉代匠記』(契沖) 『世間胸算用』(井原西鶴) 『奥の細道』(松尾芭蕉) 『曽根崎心中』(近松門左衛門) 『国性爺合戦』(近松門左衛門) 『折たく柴の記』(新井白石) 『柳多留・初編』(柄井川柳) 『雨月物語』(上田秋成) 『金々先生栄花夢』(恋川春町) 『江戸生艶気樺焼』(山東京伝) 『玉勝間』(本居宣長) 『源氏物語玉の小櫛』(本居宣長) 『古事記伝』完成(本居宣長) 『東海道中膝栗毛』(十返舎一九) 『椿説弓張月』(曲亭馬琴) 『春雨物語』(上田秋成) 『浮世風呂』(式亭三馬) 『浮世床』(式亭三馬) 『南総里見八犬伝』(曲亭馬琴) 『おらが春』(小林一茶) 『東海道四谷怪談』(鶴屋南北) 『偐紫田舎源氏』(柳亭種彦) 『春色梅児誉美』(為永春水) 『三人吉三廓初買』(河竹黙阿弥)	『失楽園』(ミルトン) 『聊斎志異』(蒲松齢) 『ロビンソン・クルーソー』(デフォー) 『ガリバー旅行記』(スウィフト) 『紅楼夢』(曹雪芹) 『群盗』(シラー) 『悪徳の栄え』(サド) 『青い花』(ノヴァーリス) 『ファウスト』(ゲーテ) 『グリム童話集』(グリム兄弟) 『フランケンシュタイン』(シェリー) 『即興詩人』(アンデルセン) 『アッシャー家の崩壊』(ポー) 『死せる魂』(ゴーゴリ) 『悪の華』(ボードレール) 『戦争と平和』(トルストイ) 『罪と罰』(ドストエフスキー)
明治時代	1870 1871 1872 1882 1883 1885 1886 1887 1888 1889 1890 1891 1894 1895 1896	『西洋道中膝栗毛』(仮名垣魯文) 『安愚楽鍋』(仮名垣魯文) 『学問ノススメ』(福沢諭吉) 『新体詩抄』(外山正一ら) 『経国美談』(矢野龍渓) 『当世書生気質・小説神髄』(坪内逍遥)、『佳人之奇遇』(東海散士) 『小説総論』(二葉亭四迷) 『浮雲』(二葉亭四迷) 『あひびき・めぐりあひ』(二葉亭四迷訳) 『風流仏』(幸田露伴)、『於母影』(森鴎外ら)、『楚囚の詩』(北村透谷) 『舞姫』(森鴎外) 『五重塔』(幸田露伴)、"没理想論争"(坪内逍遥・森鴎外) 『滝口入道』(高山樗牛)、『桐一葉』(坪内逍遥) 『たけくらべ・にごりえ・十三夜』(樋口一葉)、『書記官』(川上眉山)、『夜行巡査・外科室』(泉鏡花) 『多情多恨』(尾崎紅葉)	『海底二万海里』(ヴェルヌ) 『居酒屋』(ゾラ) 『人形の家』(イプセン) 『女の一生』(モーパッサン) 『ドリアン・グレイの肖像』(ワイルド) 『復活』(トルストイ)

	西暦	日本文学作品	中国及び世界文学
明治時代	1897	『金色夜叉』(尾崎紅葉)、『若菜集』(島崎藤村)	『夢判断』(フロイト)
	1898	『不如帰』(徳富蘆花)、『歌よみに与ふる書』(正岡子規)	『どん底』(ゴーリキー) 『桜の園』(チェーホフ)
	1900	『高野聖』(泉鏡花)、『自然と人生』(徳富蘆花)	
	1901	『武蔵野』(国木田独歩)、『みだれ髪』(与謝野晶子)	『ジャン・クリストフ』(ロマン・ロラン)
	1904	『竹の里歌』(正岡子規)	
	1905	『吾輩は猫である』(夏目漱石)、『海潮音』(上田敏)	『車輪の下』(ヘッセ)
	1906	『野菊の墓』(伊藤左千夫)、『茶の本』(岡倉天心)、『破戒』(島崎藤村)、『坊っちゃん・草枕』(夏目漱石)	『青い鳥』(メーテルリンク) 『狭き門』(ジッド)
	1907	『虞美人草』(夏目漱石)、『蒲団』(田山花袋)	
	1908	『生』(田山花袋)、『何所へ』(正宗白鳥)、『春』(島崎藤村)、『あめりか物語』(永井荷風)、『三四郎』(夏目漱石)、『新世帯』(徳田秋声)、『有明集』(蒲原有明)、『海の声』(若山牧水)	
	1909	『耽溺』(岩野泡鳴)、『ヰタ・セクスアリス』(森鷗外)、『ふらんす物語・すみだ川』(永井荷風)、『それから』(夏目漱石)、『田舎教師』(田山花袋)、『邪宗門』(北原白秋)、『廃園』(三木露風)	『マルテの手記』(リルケ)、『オペラ座の怪人』(ルルー)
	1910	『青年』(森鷗外)、『家』(島崎藤村)、『門』(夏目漱石)、『網走まで』(志賀直哉)、『土』(長塚節)、『刺青』(谷崎潤一郎)、『別離』(若山牧水)、『NAKIWARAI』(土岐哀果)、『酒ほがひ』(吉井勇)、『一握の砂』(石川啄木)	
	1911	『或る女』(有島武郎)、『お目出たき人』(武者小路実篤)、『雁』(森鷗外)、『修善寺物語』(岡本綺堂)、『思ひ出』(北原白秋)	
	1912	『彼岸過迄・行人』(夏目漱石)、『千曲川のスケッチ』(島崎藤村)、『悲しき玩具』(石川啄木)	
大正時代	1913	『阿部一族』(森鷗外)、『赤光』(斎藤茂吉)	『失われし時を求めて』(プルースト)
	1914	『こころ』(夏目漱石)、『道程』(高村光太郎)	『変身』(カフカ)
	1915	『道草』(夏目漱石)、『羅生門』(芥川龍之介)	『狂人日記』(魯迅)
	1916	『渋江抽斎・高瀬舟』(森鷗外)、『鼻・芋粥』(芥川龍之介)、『明暗』(夏目漱石)	
	1917	『カインの末裔』(有島武郎)、『城の崎にて・和解』(志賀直哉)、『父帰る』(菊池寛)、『月に吠える』(萩原朔太郎)	
	1918	『生れ出づる悩み』(有島武郎)、『地獄変』(芥川龍之介)	『月と六ペンス』(モーム)
	1919	『恩讐の彼方に』(菊池寛)、『幸福者・友情』(武者小路実篤)	
	1920	『小僧の神様』(志賀直哉)、『惜しみなく愛は奪ふ』(有島武郎)	『阿Q正伝』(魯迅) 『ユリシーズ』(ジョイス)
	1921	『暗夜行路』(志賀直哉)、『殉情詩集』(佐藤春夫)、『月光とピエロ』(堀口大学)	『魔の山』(マン)
	1923	『子を貸し屋』(宇野浩二)、『日輪』(横光利一)、『山椒魚』(井伏鱒二)、『二銭銅貨』(江戸川乱歩)、『青猫』(萩原朔太郎)、『ダダイスト新吉の詩』(高橋新吉)	
	1924	『伸子』(宮本百合子)、『痴人の愛』(谷崎潤一郎)、『嵐』(島崎藤村)、『春と修羅』(宮沢賢治)	
	1925	『檸檬』(梶井基次郎)、『月下の一群』(堀口大学)	
	1926	『伊豆の踊り子』(川端康成)、『海に生くる人々』(葉山嘉樹)、『嵐』(島崎藤村)	『日はまた昇る』(ヘミングウェイ)

■ 日本文学史

続表

	西暦	日本文学作品	中国及び世界文学
昭和時代	1927	『河童・歯車』、『文芸的な、余りに文芸的な』(芥川龍之介)	『テレーズ・デスケルウ』(モーリヤック) 『チャタレー夫人の恋人』(ロレンス)
	1928	『放浪記』(林芙美子)	『恐るべき子供たち』(コクトー)
	1929	『蟹工船』(小林多喜二)、『太陽のない街』(徳永直)、『夜明け前』(島崎藤村)、『敗北の文学』(宮本顕治)、『様々なる意匠』(小林秀雄)	
	1930	『機械』(横光利一)、『聖家族』(堀辰雄)、『測量船』(三好達治)	『家』(巴金) 『大地』(パール・バック)
	1932	『女の一生』(山本有三)	『人間の条件』(マルロー)
	1933	『春琴抄・陰翳礼讃』(谷崎潤一郎)、『美しい村』(堀辰雄)、『Ambarvalia』(西脇順三郎)	『風と共に去りぬ』(ミッチェル) 『嘔吐』(サルトル)
	1934	『紋章』(横光利一)、『あにいもうと』(室生犀星)、『山羊の歌』(中原中也)	『怒りの葡萄』(スタインベック) 『雷雨』(曹禺)
	1935	『雪国』(川端康成)	『子夜』(茅盾)
	1936	『風立ちぬ』(堀辰雄)	『原野』(曹禺)
	1937	『濹東綺譚』(永井荷風)、『生活の探求』(島木健作)、『火山灰地』(久保栄)	
	1938	『麦と兵隊』(火野葦平)、『人生論ノート』(三木清)、『在りし日の歌』(中原中也)、『蛙』(草野心平)	
	1940	『夫婦善哉』(織田作之助)、『走れメロス』(太宰治)	『駱駝祥子』(老舎) 『異邦人』(カミュ) 『存在と無』(サルトル)
	1941	『縮図』(徳田秋声)、『智恵子抄』(高村光太郎)	
	1942	『山月記』(中島敦)	
	1943	『李陵』(中島敦)、『細雪』(谷崎潤一郎)	
	1946	『無常といふ事』(小林秀雄)、『暗い絵』(野間宏)、『死の影の下に』(中村真一郎)、『桜島』(梅崎春生)、『死霊』(埴谷雄高)、『堕落論』(坂口安吾)、『第二芸術』(桑原武夫)	
	1947	『ヴィヨンの妻・斜陽』(太宰治)	『四世同堂』(老舎)
	1948	『俘虜記・野火』(大岡昇平)、『永遠なる序章』(椎名麟三)、『人間失格』(太宰治)、『マチネ・ポエティク詩集』(中村真一郎ら)、『落下傘』(金子光晴)	『凱旋門』(レマルク) 『遠い声 遠い部屋』(カポーティ) 『セールスマンの死』(アーサー・ミラー) 『ライ麦畑でつかまえて』(サリンジャー)
	1949	『千羽鶴・山の音』(川端康成)、『夕鶴』(木下順二)	『老人と海』(ヘミングウェイ)、『蠅の王』(ゴールディング)
	1951	『原爆詩集』(峠三吉)	
	1952	『真空地帯』(野間宏)	
	1953	『悪い仲間』(安岡章太郎)	『悲しみよこんにちは』(サガン)
	1954	『潮騒』(三島由紀夫)、『プールサイド小景』(庄野潤三)	
	1955	『白い人』(遠藤周作)、『太陽の季節』(石原慎太郎)	
	1956	『金閣寺』(三島由紀夫)、『楢山節考』(深沢七郎)	
	1957	『鹿鳴館』(三島由紀夫)、『死者の奢り』(大江健三郎)	『ロリータ』(ナボコフ) 『茶館』(老舎)
	1958	『飼育』(大江健三郎)	『長距離走者の孤独』(シリトー)
	1959	『敦煌』(井上靖)	
	1960	『忍ぶ川』(三浦哲郎)	
	1961	『古都』(川端康成)	

附録1 文学史年表

続表

	西暦	日本文学作品	中国及び世界文学
昭和時代	1962	『砂の女』（安部公房）	
	1965	『黒い雨』（井伏鱒二）、『本居宣長』（小林秀雄）	『カッコーの巣の上で』（ケン・ケッシー）
	1966	『沈黙』（遠藤周作）	『帰郷』（ピンター）
	1967	『レイテ戦記』（大岡昇平）、『共同幻想論』（吉本隆明）	『闇の左手』（ル・グウィン）
	1973	『箱男』（安部公房）、『洪水はわが魂に及び』（大江健三郎）、『日本沈没』（小松左京）	『モモ』（エンデ）
	1976	『限りなく透明に近いブルー』（村上龍）	『ガープの世界』（アーヴィング）
	1979	『風の歌を聴け』（村上春樹）	『薔薇の名前』（エーコ）
	1987	『ノルウェイの森』（村上春樹）、『サラダ記念日』（俵万智）	『悪童日記』（アゴタ・クリストフ）
平成時代	1996	『海峡の光』（辻仁成）	『アルガン川の右岸』（遅子建）
	1998	『日蝕』（平野啓一郎）	『三体』（劉慈欣）
	2002	『パーク・ライフ』（吉田修一）	『火星の人』（アンディーウィ）
	2008	『時が滲む朝』（楊逸）	『ソンカーンとさまょえる靈魂たさ』（ジョージ・ソーンダーズ）
	2009	『IQ84』（村上春樹）	
	2012	『abさんご』（黒田夏子）	
	2015	『火花』（又吉直樹）	
	2016	『エンビ二人間』（村田沙耶香）	
	2019	『むらさきのスカートの女』（今村夏子）	
令和時代	2020	『推し、燃ゆ』（宇佐見りん）	

■ 日本文学史

附録2
主要な文学賞（創立年、主催者）

● 小説──
　芥川賞（昭和10年、文藝春秋創立、日本文学振興会主催）
　直木賞（昭和10年、文藝春秋創立、日本文学振興会主催）
　野間文芸賞（昭和16年、野間奉公会）
　推理作家協会賞（昭和22年、日本推理作家協会）
　江戸川乱歩賞（昭和29年、日本推理作家協会）
　文学界文学賞（昭和29年、文藝春秋）
　農民文学賞（昭和30年、日本農民文学会）
　新群像人文学賞（昭和33年、講談社）
　女流新人賞（昭和33年、中央公論社）
　田村俊子賞（昭和35年、田村俊子会）
　女流文学賞（昭和36年、中央公論社）
　新日本文学賞（昭和35年、新日本文学会）
　文藝賞（昭和36年、河出書房新社）
　谷崎潤一郎賞（昭和40年、中央公論社）
　吉川英治文学賞（昭和41年、吉川英治国民文化振興会）
　川端康成文学賞（昭和48年、川端康成記念会）
　三島由紀夫賞（昭和62年、新潮文芸新興会）
　山本周五郎賞（昭和62年、新潮文芸新興会）

● 児童文学──
　新群像人文学賞（昭和27年、小学館）
　講談社児童文学新人賞（昭和34年、講談社）
　日本児童文学者協会賞（昭和36年、日本児童文学者協会）
　野間児童文芸賞（昭和37年、講談社）
　赤い鳥文学賞（昭和46年、赤い鳥の会）

● 随筆・評論──
　日本エッセイスト・クラブ賞（昭和28年、日本エッセイスト・クラブ）
　亀井勝一郎賞（昭和44年、講談社）

● 劇・詩──
　芸術選文部大臣賞（昭和22年、文部省）
　岸田国士劇曲賞（昭和29年、白水社）
　H氏賞（昭和44年、現代詩人会）
　高見順賞（昭和46年、高見順文学振興会）

● 短歌・俳句──
　角川短歌賞（昭和30年、角川書店）
　現代歌人協会賞（昭和31年、現代歌人協会）
　迢空賞（昭和42年、角川文化振興財団）
　現代俳句協会賞（昭和23年、現代俳句協会）
　角川俳句賞（昭和30年、角川書店）
　俳人協会賞（昭和36年、俳人協会）
　蛇笏賞（昭和42年、角川文化振興財団）